Steinhilber - Von der Tugend zur Freiheit

D1735750

121a
€ 34,80
€ 9,95

Historische Texte und Studien

Band 14

Horst Steinhilber

Von der Tugend zur Freiheit

1995
Georg Olms Verlag
Hildesheim · Zürich · New York

Horst Steinhilber

Von der Tugend zur Freiheit

Studentische Mentalitäten an deutschen Universitäten 1740 - 1800

1995
Georg Olms Verlag
Hildesheim · Zürich · New York

Das Werk ist urheberrechtlich geschützt.
Jede Verwertung außerhalb der engen Grenzen
des Urheberrechtsgesetzes ist ohne Zustimmung
des Verlages unzulässig und strafbar.
Das gilt insbesondere für Vervielfältigungen,
Übersetzungen, Mikroverfilmungen
und die Einspeicherung und Verarbeitung
in elektronischen Systemen.

Die Deutsche Bibliothek - CIP-Einheitsaufnahme

Steinhilber, Horst:
Von der Tugend zur Freiheit : studentische Mentalitäten an deutschen Universitäten 1740 - 1800 / Horst Steinhilber. - Hildesheim ; Zürich ; New York ; Olms, 1995
(Historische Texte und Studien ; Bd. 14)
Zugl.: Stuttgart, Univ., Diss., 1994
ISBN 3-487-10028-2
NE: GT

© Georg Olms AG, Hildesheim 1995
Alle Rechte vorbehalten
Printed in Germany
Gedruckt auf säurefreiem und alterungsbeständigem Papier
Umschlagentwurf: Prof. Paul König, Hildesheim
Herstellung: J & P Offsetdruckerei GmbH, Freden
ISSN 0175-9329
ISBN 3-487-10028-2

D 93
Stuttgarter philosophische Dissertation

Inhaltsverzeichnis

1 Einleitung **7**
1.1 Studentengeschichtsschreibung 8
1.1.1 Die traditionelle Sicht auf die Studenten . . 10
1.1.2 Die neuere Forschung zur Studentengeschichte 15
1.2 Beschreibung studentischer Mentalität 18
1.2.1 Was ist Mentalitätengeschichte? 18
1.2.2 Methode 23
1.2.3 Quellengrundlage 26
1.2.4 Aufbereitung des Materials 41
1.2.5 Historische Semantik 47

2 Jenseitiges und Diesseitiges **57**
2.1 Gott 57
2.2 Die göttliche Voraussicht 63
2.3 Die Hoffnung auf ein Jenseits 69
2.3.1 Die konventionelle Vorstellung von einem Leben nach dem Tode 69
2.3.2 Unsterblichkeit jenseits der eigenen Person 76
2.4 Die Rolle der christlichen Lehre 81
2.5 Wahrheit 85
2.6 Das Leben 89
2.7 Der Mensch 93
2.8 Das Streben nach Glück 100
2.9 Vergänglichkeit 106

2.10 Der Tod 119
2.11 Die Macht des Schicksals 123

3 Die Macht der Tugend 129
3.1 Natursehnsucht 129
3.1.1 Natur 129
3.1.2 Idylle 138
3.1.3 Zivilisation 144
3.2 Das menschliche Gefühl 145
3.2.1 Empfindsamkeit 145
3.2.2 Innerlichkeit 148
3.3 Tugend 149
3.3.1 Der Begriff 150
3.3.2 Der Lohn der Tugend 163
3.3.3 Die Beziehungen der Menschen 167
3.3.4 Die politische Rolle der Tugend 169
3.3.5 Kritik an den Tugendvorstellungen 173
3.4 Virtus 175
3.5 Ehre 179
3.6 Bescheidung 182
3.7 Vernunft 187
3.8 Weisheit 193
3.9 Altruismus 201
3.10 Erziehung 205
3.11 Nutzen 209
3.12 Pflicht 211
3.13 Handeln 216
3.14 Klagen über Zeit und Zeitgenossen 225
3.15 Verderbtheit 227

4 Der Ruf nach Freiheit 235
4.1 Das Feindbild Despotismus 235
4.2 Versklavtes Volk 244
4.3 Kritik am Adel 247
4.4 Die schönen Seelen 253

4.5 Der Adel der Aufklärung . . . 255
4.6 Der geschmähte Fürstenknecht . . . 261
4.7 Vernunftregierung . . . 263
4.8 Formen von Freiheit . . . 266
4.8.1 Innere Freiheit . . . 266
4.8.2 Gesellschaftliche Freiheit . . . 270
4.8.3 Freiheit durch Revolution – Das Vorbild Frankreichs . . . 277
4.9 Der Tod für die Freiheit . . . 280
4.10 Freiheitsparolen . . . 284
4.10.1 Die studentische Freiheit . . . 284
4.10.2 Freiheit als gesellschaftsbezogener Begriff . . . 286
4.10.3 Vorbilder und die Konsequenzen . . . 289
4.11 Gerechtigkeit . . . 291
4.12 Vaterland . . . 297
4.13 Utopie . . . 303
4.14 Revolutionsparolen . . . 308
4.15 Revolutionskalender . . . 312
4.16 Gegnerische Stimmen . . . 317
4.17 Revolutionäres Gedankengut . . . 321

5 Literaturgeschichte **333**
5.1 Die beliebtesten Autoren . . . 335
5.2 Weitere Autoren . . . 357

6 Mentalitätenwandel **363**
6.1 Allgemeine Entwicklung . . . 363
6.2 Die verschiedenen Fakultäten . . . 371
6.3 Regionale Besonderheiten . . . 375

A Stammbuchblatt **383**

B Schaubilder **385**
B.1 Übersicht: Autoren . . . 386
B.2 Übersicht: Mentalitäten . . . 387

C Literaturverzeichnis **389**

C.1 Stammbücher 389

C.1.1 **BSM** : Bayerische Staatsbibliothek München 390

C.1.2 **DLA** : Deutsches Literaturarchiv Marbach 390

C.1.3 **GNM** : Germanisches Nationalmuseum Nürnberg 391

C.1.4 **HABW** : Herzog August Bibliothek Wolfenbüttel 392

C.1.5 **HAAB** : Herzogin Anna Amalia Bibliothek Weimar 392

C.1.6 **IHKW** : Institut für Hochschulkunde Würzburg 393

C.1.7 **LBS** : Württembergische Landesbibliothek Stuttgart 394

C.1.8 **MKF** : Museum für Kunsthandwerk Frankfurt a.M. 395

C.1.9 **NSU** Niedersächsische Staats- und Universitätsbibliothek Göttingen 396

C.1.10 **NSW** : Niedersächsisches Staatsarchiv Wolfenbüttel 396

C.1.11 **SA N** Stadtarchiv Nürnberg 397

C.1.12 **SAW** : Stadtarchiv Worms 397

C.1.13 **SB N** Stadtbibliothek Nürnberg 398

C.1.14 **UAT** : Universitätsarchiv Tübingen 398

C.1.15 **UBE** : Universitätsbibliothek Erlangen . . 398

C.1.16 **UBG** : Universitätsbibliothek Gießen . . . 399

C.1.17 **UBJ** : Universitätsbibliothek Jena 399

C.1.18 **UBT** : Universitätsbibliothek Tübingen . . 400

C.2 Archivalien 400

C.3 Nachschlagewerke 401

C.4 Zu Autobiographien 403

C.5 Stammbuchforschung 407

C.6 Sprüchesammlungen 412

C.7 Mentalitätsgeschichtsschreibung 414

C.8 Historische Semantik 417
C.9 Zur Quantifizierung 421
C.10 Soziologische Modelle 422
C.11 Aufklärung und Revolution 423
C.12 Studentengeschichte 428
C.13 Literaturrezeption 432
C.14 Literarische Werke 433

D Index **438**

Kapitel 1

Einleitung

Vorliegende Arbeit ist im weitesten Sinne an der schon oft diskutierten Frage interessiert, wie die Französische Revolution auf Deutschland gewirkt hat. Sie nimmt jedoch mit den Studenten eine ganz bestimmte, klar umschriebene Gruppe in den Blick, erweitert aber den zeitlichen Rahmen, indem sie schon in der Mitte des 18. Jahrhunderts beginnt. Studenten gehören zwar zur Schicht der Intellektuellen, nehmen aber doch als noch nicht Etablierte eine Sonderstellung unter diesen ein. Über die Schicht der etablierten Intellektuellen gibt es traditionelle geistesgeschichtliche Arbeiten. Für die Haltung bedeutender Schriftsteller und Philosophen zur Französischen Revolution konnte bis auf wenige Ausnahmen (z.B. Johann Georg Forster) eine Übereinstimmung mit konstitutionellen Idealen in Frankreich festgestellt werden. Mit der Radikalisierung der Revolution wandte sich die deutsche Intelligenz von den Idealen der Revolution ab. Dies liegt meiner Meinung nach vor allem daran, daß die deutschen Intellektuellen größtenteils nicht in Opposition zu den vielfach aufgeklärten absolutistischen deutschen Staaten standen. Demgegenüber waren sie sogar oftmals Staatsbedienstete. Französische Philosophen, die den Absolutismus des eigenen Staates bekämpften, sahen vielfach vor allem im aufgeklärten Absolutismus im Preußen Friedrichs II.

die Verwirklichung ihrer Vorstellungen, so z.B. Voltaire. Für die nichtetablierte Intellektuellenschicht der Studenten fällt die wirtschaftliche Bindung an den Staat noch nicht ins Gewicht. Das Studentenleben war eine Gegenwelt zur bürgerlichen Existenz, in der eine vorberufliche Ungebundenheit sichergestellt war. Fühlten und dachten Studenten deshalb auch anders? Nahmen sie im besonderen eine radikalere Position, gemessen an ihrer Beziehung zur Französischen Revolution, ein als die ältere Generation? Es mag überraschen, daß diese Fragen in der bisherigen Geschichtsschreibung kaum ernsthaft thematisiert, geschweige denn beantwortet wurden. Der folgende Forschungsbericht wird nicht nur nach den Ursachen solcher Vernachlässigung fragen; er wird auch überleiten zu Methode und Quellen, die meiner Arbeit zugrundeliegen.

1.1 Studentengeschichtsschreibung

„Die an sich höchst umfangreiche Literatur zur deutschen Studentenschaft, vor allem aus den Jahren vor 1933, blieb fast durchweg entweder in kulturgeschichtlichen Schilderungen älteren Stils oder in reinen, an Traditionsstiftung und Traditionspflege interessierten Korporationsgeschichten stecken.“[1] Dazu genügt sie meist nicht den „Kriterien wissenschaftlicher Forschung“[2]. Darüberhinaus bewerten die älteren der noch verbleibenden brauchbaren Forschungen die Studentengeschichte vor der *Urburschenschaft* in Jena teleologisch nur im Hinblick auf die im frühen 19. Jahrhundert über-

[1] Wolfgang Hardtwig: Studentische Mentalität - Politische Jugendbewegung - Nationalismus. Die Anfänge der deutschen Burschenschaft. In: Historische Zeitschrift 242. 1986. S.581-628, hier: S.582. Vgl. auch den Forschungsbericht: Wolfgang Hardtwig: Die Burschenschaften zwischen aufklärerischer Sozietätsbewegung und Nationalismus. Bemerkungen zu einem Forschungsproblem. In: Aufklärung, Vormärz, Revolution. Bd.4. Hrsg. von Helmut Reinalter. Innsbruck 1984, S.46-55. Hardtwig will hier „die Frage nach den Entstehungsbedingungen und Strukturmerkmalen des burschenschaftlichen Nationalismus neu “ [S.50.] gestellt wissen.

[2] Hardtwig:Die Burschenschaften zwischen aufklärerischer Sozietätsbewegung und Nationalismus, S.46.

nommene Vorreiterrolle der Studenten in Fragen der Nationalisierung in Deutschland, die zunächst aus der Gegnerschaft zum napoleonischen Frankreich und dessen imperialistischen Bestrebungen erwachsen war.

Eine modernere Ausrichtung der Erforschung studentischer Geschichte beschäftigt sich zum einen mit Protestverhalten und zum anderen mit Fragen der Bildung, beides meist im größeren Zusammenhang der Geschichte einer jugendlichen Schicht.[3]

Eine Untersuchung der studentischen Mentalität im engeren Sinne gibt es bisher nicht. Wehlers Liste der Gruppen, für die eine Beschreibung der Mentalitäten aussteht, wäre also durch die der Studenten zu ergänzen.[4] Dies hat umso mehr Aussicht auf Erfolg als die Untersuchung anderer Gruppen, weil wir es hier mit einer rechtlich, kulturell und gesellschaftlich relativ geschlossenen Gruppe zu tun haben. Bisher jedoch „ist der studentische Sozialisations- und Mentalitätwandel vielfach durch das auffälligere und lautstarke traditionelle Ausleben ‚studentischer Freiheit ‘verdeckt worden“[5]. Aus der ansonsten erschienenen Literatur zur Studentengeschichte möchte ich nur beispielhaft einige ausgesuchte Werke besprechen. Eine die Fülle der Erscheinungen erschöpfende Diskussion ist nicht notwendig. Zum einen wird in den meisten dieser Arbeiten nicht die mit der hier vorliegenden Arbeit gestellte Problematik behandelt. Zum anderen leistete schon Hardtwig eine ausführliche Besprechung.[6]

---

[3] Vgl. auch hierzu einen Forschungsbericht von Wolfgang Hardtwig: Krise der Universität, studentische Reformbewegung 1750-1819 und die Sozialisation der jugendlichen Bildungsschicht. Aufriß eines Forschungsproblems. In: Geschichte und Gesellschaft. 11. Jahrgang. 1985, S.155-176.

[4] Vgl. Hans-Ulrich Wehler: Zum Verhältnis von Psychoanalyse und Geschichtswissenschaft. In: Geschichte und Psychoanalyse. Hrsg. von Hans-Ulrich Wehler. Berlin 2. Aufl.1974, S.9-30, bes. S.22-30.

[5] Hardtwig: Krise der Universität, S.175.

[6] S. die beiden vorigen Anmerkungen.

1.1.1 Die traditionelle Sicht auf die Studenten

Am Anfang stehe die „Geschichte des jenaischen Studentenlebens" von Robert und Richard Keil.[7] Diese auf eine Universität beschränkte Arbeit kann gleichwohl die Tendenz umreißen, mit der die Geschichte der Studenten traditionell betrachtet wird.

Weit über die Hälfte der Arbeit beschreibt wohlwollend die nationale Politisierung der Studenten und das Wesen der Burschenschaft bis zum Erscheinungszeitpunkt des Werkes 1858. Der verbleibende Teil handelt ca.350 Jahre studentischer Geschichte ab. Dabei ist zu beachten, daß die Verfasser die studentischen Verbindungen im Hinblick auf die später erfolgte Gründung der Burschenschaft teleologisch bewerten. Die Diktion ist im ganzen gesehen deutschtümelnd. Französische Zitate oder an die Schäferdichtung angelehnte Eintragungen in Stammbüchern der ersten Hälfte des 18. Jahrhunderts z.B. werden als „süßliche Schreib- und Dichtungsweise"[8] bezeichnet. Dagegen werden martialische Kraftmeiersprüche mit dem Attribut „männlich" bedacht.

Ferner ist auffällig, daß der Abschnitt über „Stammbücher der Studenten" [9] seine Dokumentation kurz vor Beginn der Französischen Revolution abbricht.[10] Auch in den folgenden Abschnitten wird keine Beziehung zwischen den Idealen der Französischen Revolution und den Studenten hergestellt. Die Verfasser greifen vielmehr das schon seit den Zeiten der Revolution gängige Schema auf, die Schicht der Intellektuellen hätte den Idealen der Revolution nahegestanden, sich aber nach deren Radikalisierung „mit Entschiedenheit auf das Studium der Philosophie [geworfen], um

[7]Robert und Richard Keil: Geschichte des jenaischen Studentenlebens von der Gründung der Universität bis zur Gegenwart. (1548-1858). Eine Festgabe zum dreihundertjährigen Jubiläum der Universität Jena. Leipzig 1858.

[8]Keil: Geschichte des jenaischen Studentenlebens, S.222.

[9]Keil: Geschichte des jenaischen Studentenlebens, S.214-243.

[10]Vgl. auch: Robert und Richard Keil: Die deutschen Stammbücher des sechzehnten bis neunzehnten Jahrhunderts. Ernst und Scherz, Weisheit und Schwank in Original-Mittheilungen zur deutschen Kultur-Geschichte. Berlin 1893.

in dem freien Gebiet der Speculation sich für die politische Beschränkung zu entschädigen.“[11]

Ansonsten hält das Werk, was sein Titel verspricht. Es ist eine sehr gute Alltagsgeschichte, allerdings mit einem für das 19. Jahrhundert bezeichnenden Rigorismus in Fragen der Sexualität. Ebenso werden die Geschichte der studentischen Verbindungen und des Duellwesens behandelt. Die Unruhen mit Auszügen aus Jena sind genauso Gegenstand der Untersuchung wie Studentenlieder und Kleidung.[12]

Aufgrund der politisch begründeten Stellungnahmen weniger positiv zu bewerten ist die Arbeit von Wilhelm Fabricius über die deutschen Corps.[13] Der Verfasser bezeichnet aufklärerische Ideen pejorativ als „Phrasen, die in der aufklärerischen und humanisierenden Tendenz des ganzen Zeitabschnittes ihre Erklärung finden.“[14] Konsequent in dieser Linie befürwortet er Duelle. Duellgegner aber werden als „klingenscheu“[15] bezeichnet und in eine konspirative Ecke gerückt. Sie seien nach Meinung von Fabricius unehrlich und ahmten nur die französischen Revolutionsideale nach. Daß sich die studentischen Orden progressiver Ideale angenommen hätten, und sich damit „dem rein studentischen Boden entfremdeten“[16], habe nachgerade zu ihrem Untergang geführt. Fabricius will ein Kennzeichen der Mentalität „in der geselligen Natur der Deutschen“[17] finden. Der Verfasser erklärt die Studenten durch seine Darstellung insgesamt zu unkritischen Wesen, die

---

[11] Keil: Geschichte des jenaischen Studentenlebens, S.245.

[12] Das als „specifisch-jenaisches Lied aus dem Jahre 1811“[Keil: Geschichte des jenaischen Studentenlebens, S.300.] bezeichnete Lied ist allerdings nichts weniger als das, sondern vielmehr eine Adaption von Mignons Lied aus Goethes Roman „Wilhelm Meisters Lehrjahre“.

[13] Wilhelm Fabricius: Die deutschen Corps. Eine historische Darstellung der Entwicklung des studentischen Verbindungswesens in Deutschland bis 1815, der Corps bis zur Gegenwart. Frankfurt a.M. 2.Aufl./1926.

[14] Fabricius: Die deutschen Corps, S.58.

[15] Fabricius: Die deutschen Corps, S.145.

[16] Fabricius: Die deutschen Corps, S.144.

[17] Fabricius: Die deutschen Corps, S.95.

ihrer Nation treu seien und sich ansonsten im anscheinend politikfreien Raum der Universitäten gesellig und raufend betätigten.

Durchaus wertvoll kann das Werk indes sein, wenn man an der Auflösung von Abkürzungen der Wahlsprüche oder an der Zuordnung von Zeichen studentischer Verbindungen interessiert ist. Zusätzlich zum Text bietet es noch einen hilfreichen Anhang.

Ähnlich tendenziös wie Fabricius ist Ssymank. Er meint, das akademische Leben des 18. Jahrhunderts könne nur als Vorbereitung für „die großartige Entwicklung des akademischen Lebens während des neunzehnten Jahrhunderts“ [18] gelten. Der Verfasser diffamiert progressive Kräfte unter den Studenten, wie den „Göttinger Hain“, als „Kreis abseitsstehender Jünglinge“, die seiner Ansicht nach „wegen Kränklichkeit“[19] nicht am burschikosen Leben teilnehmen konnten. Diese Tendenz sei durch kantische und rousseauistische Philosophie und die Französische Revolution verstärkt worden.

Auch Wentzcke[20] hält die Aufklärung für „schlaff“ und „weichlich“.[21] und bewertet die Ideale der Französischen Revolution als „Schwärmerei“[22]. Er stellt aber im Gegensatz zu Fabricius und Ssymank heraus, daß die Studenten in Deutschland zumindest teilweise von letzteren beeinflußt waren. Seine Quelle dafür sind Stammbuchblätter aus Jena. Ansonsten verfolgt der Verfasser die Geschichte der Orden und Landsmannschaften als studentische Verbindungen im Vorfeld der Burschenschaften und im Hinblick auf deren erst später erfolgte Gründung. Positiv zu vermerken

[18] Paul Ssymank: Das deutsche Studententum von 1750 bis zur Gegenwart. In: Friedrich Schulze und Paul Ssymank: Das Deutsche Studententum von den ältesten Zeiten bis zur Gegenwart. Leipzig 1910. Hier: S.125.

[19] Schulze/Ssymank: Das Deutsche Studententum, S.141.

[20] Paul Wentzcke: Geschichte der deutschen Burschenschaft. Heidelberg 1919. Bd.1. Vor- und Frühzeit bis zu den Karlsbader Beschlüssen. Reihe: Quellen und Darstellungen zur Geschichte der Burschenschaft und der deutschen Einheitsbewegung. Hrsg. von Herman Haupt. Heidelberg 1910 ff. Bd.VI.

[21] Wentzcke: Geschichte der deutschen Burschenschaft. Bd.1, S.23.

[22] Wentzcke: Geschichte der deutschen Burschenschaft. Bd.1, S.30.

ist, daß Wentzcke, im Gegensatz zu anderen in der Reihe „Quellen und Darstellungen zur Geschichte der Burschenschaft und der deutschen Einheitsbewegung“[23] erschienenen Arbeiten die Zeit vor der Nationalisierung der Studenten überhaupt beachtet und ihr eine über die bloße Vorgeschichte hinausgehende Darstellung zukommen läßt. Außerdem beschreibt er die Geschichte der Studenten im gesamten und bleibt nicht bei einzelnen korporationsgeschichtlichen Untersuchungen stehen wie wiederum andere Arbeiten der erwähnten Reihe, die zudem „einen –natürlich wichtigen– Gesichtspunkt burschenschaftlicher Programmatik, die nationalstaatliche Einigung, in erkenntnishemmender Weise [verabsolutieren]“[24].

Gerth betrachtet die Studenten in seiner 1935 erschienenen und 1976 neu aufgelegten Dissertation nicht als isolierte Gruppe, sondern im Rahmen der bürgerlichen Intelligenz um 1800.[25] Im besonderen stellt der Verfasser die Studenten der Befreiungskriege und der frühesten Burschenschaft dar. Er betont dabei vor allem den Rigorismus der Jugend im Kampf für Ideale. Im ganzen stellt er die Einflüsse der unsicheren Arbeitsmarktsituation für junge Akademiker auf deren Mentalität heraus. Es wird hervorgehoben, daß die Gruppierung der Studenten als nicht privilegiert „durch Besitz, Amt oder Standesehre“ [26] zu gelten habe. Weiter entwickelt der Verfasser die These, „der plebejisch-proletaroide Teil der Intelligenz [hätte bislang], er mochte sich rekrutieren aus Journalisten, Hauslehrern, Sekretären und Subalternbeamten, keine

---

[23]Quellen und Darstellungen zur Geschichte der deutschen Burschenschaft und der deutschen Einheitsbewegung. Hrsg. von Herman Haupt. Heidelberg 1910 ff.

[24]Hardtwig: Die Burschenschaften zwischen aufklärerischer Sozietätsbewegung und Nationalismus, S.47.

[25]Hans H. Gerth: Bürgerliche Intelligenz um 1800. Zur Soziologie des deutschen Frühliberalismus. Hrsg. von Ulrich Herrmann. Göttingen 1976. (= Die sozialgeschichtliche Lage der bürgerlichen Intelligenz um die Wende des 18. Jahrhunderts – Ein Beitrag zur Soziologie des deutschen Frühliberalismus. Diss. Frankfurt a.M. 1935.).

[26]Gerth: Bürgerliche Intelligenz, S.45.

eigenen Formen entwickelt und vergeblich die ihm unverständlichen und undemokratisierbaren Formen der vornehmen Beamten und Residenzliteraten nachgeahmt, so entwickelten Jahn und der bäuerliche Arndt im Teutonismus eine selbständige Form, die der Studentenschaft weitgehend genehm war."[27] Die Studenten disziplinierten sich im Hinblick auf ihre zu erwartende Stellung in der Gesellschaft im Sinne der Elias'schen Affektenkontrolle.[28]

Neben solchen hauptsächlich Ereignisse herausstellenden Geschichtswerken gibt es auch noch solche, die im weitesten Sinne studentische Kultur darstellen. Letztere kann in Literatur und bildender Kunst gefunden werden, wie Ssymank dokumentiert, der allerdings bei einer bloßen Auflistung bleibt und seine Quellen nicht auswertet.[29] Ganz anders Bauer[30], der eine gute Beschreibung studentischen Alltagslebens in vielen kleinen, thematisch geordneten Abschnitten, mit zahlreichen Zitaten und Bildern bietet. Ebenfalls in diese Art von Geschichte gehört Pernwerth von Bärensteins Werk. [31] Es ist in zwei Teile geschieden. Der erste Teil ist eine Darstellung, dem im zweiten Teil ein umfangreiches systematisches Literaturverzeichnis anhängt. Die jeweiligen Abschnitte, die für uns von Interesse sind, sind eher kurz, [32] wie auch schon aus dem Titel der Arbeit zu schließen ist. Der Verfasser hebt hervor, daß sich die „fortschreitende Bildung"[33] bei den Studenten nur langsam durchsetzte, und nennt als Grund das Re-

---

[27]Gerth: Bürgerliche Intelligenz, S.49/50.

[28]Norbert Elias: Über den Prozeß der Zivilisation. Soziogenetische und psychogenetische Untersuchungen. 2 Bde. Frankfurt a.M. 1976.

[29]Paul Ssymank: Bruder Studio in Karikatur und Satire. Stuttgart 1929.

[30]Max Bauer: Sittengeschichte des deutschen Studententums. Dresden o.J.

[31]Adolf Pernwerth von Bärenstein: Beiträge zur Geschichte und Literatur des deutschen Studententhums von Gründung der ältesten deutschen Universitäten bis auf die unmittelbare Gegenwart, mit besonderer Berücksichtigung des XIX.Jahrhunderts. Photomechanischer Nachdruck der Ausgabe Würzburg 1882. Graz 1970.

[32]S.23-30 und S.115-124.

[33]Pernwerth von Bärenstein: Geschichte und Literatur des deutschen Studententhums, S.24.

nommistentum. Auch gibt er sich in Anmerkungen zur zitierten Literatur als Anhänger der akademischen Freiheit zu erkennen. Paulsen schließlich bespricht wichtige neue pädagogische und Bildungsprogramme und -gesetze, vor allem in Verbindung mit den großen Ideen der jeweiligen Zeit.[34] Dabei zeigt er eine durchaus kritische Haltung gegenüber den ansonsten meist positiv bewerteten Entscheidungen der sogenannten aufgeklärten Fürsten. „Die Einmischung der Regierung in alle Universitätsverhältnisse war zu keiner Zeit so groß, der Widerstand nie geringer, als im Zeitalter des aufgeklärten Despotismus."[35]

1.1.2 Die neuere Forschung zur Studentengeschichte

Nach 1945 ging aus „berechtigter und historisch wohlbegründeter Skepsis gegenüber der Betonung nationaler Besonderheit oder gar Superiorität" die Beschäftigung mit der Geschichte der Burschenschaften zurück.[36] Zu nennen wäre hier, weil er neue Gesichtspunkte in die Studentengeschichtsschreibung einbringt, Eyck.[37] Er stellt vor allem dar, daß höchstens 20% der Studenten Burschenschafter waren und relativiert damit die durch Historiker von Metternich (seit 1809 österreichischer Außenminister, seit 1821 Haus-, Hof- und Staatskanzler) übernommene Darstellung der Studenten im allgemeinen als politische Radikale. Ludz[38] vertritt für

[34] Friedrich Paulsen: Geschichte des gelehrten Unterrichts auf den deutschen Schulen und Universitäten vom Ausgang des Mittelalters bis zur Gegenwart. Mit besonderer Rücksicht auf den klassischen Unterricht. 2 Bde. Leipzig 2.Auflage/1897.

[35] Paulsen: Geschichte des gelehrten Unterrichts, Bd.II, S.125.

[36] Hardtwig: Die Burschenschaften zwischen aufklärerischer Sozietätsbewegung und Nationalismus, S.46.

[37] F.Gunther Eyck: The political Theories and Activities of the German academic Youth between 1815 and 1819. In: Journal of Modern History 27 (1955), S.27-37.

[38] Christian Ludz: Ideologie, Intelligenz und Organisation. Bemerkungen über ihren Zusammenhang in der frühbürgerlichen Gesellschaft. In: Jahrbuch für Sozialwissenschaft 15, S.82-114.

diese studentische Avantgarde die These, daß sich mit der „sozialen Marginalität“, die durch die Karlsbader Beschlüsse (1819) mitbedingt war, die Theoriebildung einer Gruppe radikalisiere.

Eine Politisierung schon unter dem Einfluß der Französischen Revolution beschreibt, wohl auch wegen der Studenten Hegel, Schelling und Hölderlin, Wandel für Tübingen.[39] Später ordnet dieser die erwähnte Politisierung in einen größeren Zusammenhang ein.[40] Auch Kuhn beschäftigt sich mit der Tübinger Studentenbewegung [41], stellt aber deren Revolutionsbegeisterung nicht nur auf später berühmte Persönlichkeiten bezogen vor. Er ist wohl auch der erste, der Eintragungen in Stammbüchern über das jeweilige Stammbuch hinweg verfolgt, indem er eine Chronologie der Eintragungen herstellt, die auf eine Nähe zu den Idealen der Französischen Revolution schließen lassen. Schon vorher ordnete Ruiz[42] das Handeln eines politisierten Studenten in weltgeschichtliche Dimensionen ein. Im Gegensatz dazu bleibt Dann[43] in einer regionalen Studie befangen, die inhaltlich keine neuen Aspekte bietet, sondern aus den vorhandenen Arbeiten kompiliert.

---

[39] Uwe-Jens Wandel: „... in allen Stücken prudenter und reifflich eingerichtet.“ Tübinger Reformversuche im 18. Jahrhundert. In: Beiträge zur Geschichte der Universität Tübingen. Hrsg. von Hans-Martin Decker-Hauff u.a. 1977, S.105-134, bes. S.130/131; vgl. auch Wilhelm G. Jacobs: Zwischen Revolution und Orthodoxie? Schelling und seine Freunde im Stift und an der Universität Tübingen. Stuttgart 1989.

[40] Uwe-Jens Wandel: Verdacht von Democratismus? Studien zur Geschichte von Stadt und Universität Tübingen im Zeitalter der Französischen Revolution. Tübingen 1981, bes. S.62- 68 und 91-93.

[41] Axel Kuhn: Schwarzbrot und Freiheit. Die Tübinger Studentenbewegung zur Zeit Hölderlins und Hegels. In: Bausteine zur Tübinger Universitätsgeschichte. Folge 6. Hrsg. von Volker Schäfer. Tübingen 1992, S.9-62.

[42] Alain Ruiz: Universität Jena anno 1793/94. Ein jakobinischer Student und Geheimagent im Schatten Reinholds und Fichtes. In: Revolution und Demokratie in Geschichte und Literatur. Hrsg. von J.H. Schoeps und I. Geiss. Duisburg 1979. S.95-132.

[43] Otto Dann: Jena: Eine akademische Gesellschaft im Jahrzehnt der Französischen Revolution. In: Soziale Unruhen in Deutschland während der Französischen Revolution. Hrsg. von Helmut Berding. Göttingen 1988. S.166-188.

Ganz anders Hardtwig. In seinen Arbeiten[44] untersucht er die gruppenspezifische Kultur im weiteren Sinne und generationsbedingte Verhaltensformen von Studenten, hauptsächlich auf der Ebene studentischer Verbindungen („Sozialverhalten und Wertwandel"). Speziell diese hat er im Auge. Er beschreibt deren Rolle im Rahmen der sich während des aufgeklärten Zeitalters verändernden Formen der Soziabilität („Studentenschaft und Aufklärung"). In einem weiteren Schritt dringt Hardtwig dann wieder zum traditionellen Feld der Studentenhistorie vor. Er fragt nach den vielfältigen Voraussetzungen für die Anfänge der deutschen Burschenschaft und rückt dabei die gewandelten Sozialisations- und Kommunikationsformen, sowie die Mentalität der Studenten stark in den Vordergrund („Studentische Mentalität"). Indem Hardtwig vor allem Verhaltensregeln der Verbindungen und autobiographische Schriften zum Gegenstand seiner Untersuchung macht, zeigt sich ein eingeschränkter Mentalitätsbegriff. Auch Ziolkowski benutzt Autobiographien, allerdings nicht zur Darstellung von Mentalitäten, sondern von studentischem Leben. Er ist auf der Suche nach der Antwort, warum Jena die Geburtsstätte der Romantik ist.[45] Ferner arbeitet er in das Kapitel über die Universität noch literarische Quellen über Studenten, sowie Schriften und Vorlesungen von Schiller und Fichte ein. Dabei interessiert Ziolkowski vor allem die Unterscheidung in Schillers Antrittsvorlesung zwischen *Brotgelehrten* und *philosophischen*

---

[44] Wolfgang Hardtwig: Sozialverhalten und Wertwandel der jugendlichen Bildungsschicht im Übergang zur bürgerlichen Gesellschaft (17.-19. Jahrhundert). In: Vierteljahrschrift für Sozial- und Wirtschaftsgeschichte 73. Heft 3 (1986), S.305-335; Ders.: Studentenschaft und Aufklärung: Landsmannschaften und Studentenorden in Deutschland im 18. Jahrhundert. In: Sociabilité et Société Bourgeoise en France, en Allemagne et en Suisse. 1750-1850. Hrsg. von Etienne François. Paris 1986, S.239-259; Ders.: Studentische Mentalität – Politische Jugendbewegung – Nationalismus. Die Anfänge der deutschen Burschenschaft. In: Historische Zeitschrift 242. 1986, S. 581-628.

[45] Theodore Ziolkowski: German Romanticism and Its Institutions. Princeton1990.

Köpfen , die sich durch die Jenaer Universitätsgeschichte ziehe.[46] Auch das Verhalten von Studenten, und nicht etwa Mentalitäten, beschreibt Brunschwig[47], wozu er gleichfalls Autobiographien und des weiteren vor allem Zeitungsberichte als Quellen gebraucht.

1.2 Beschreibung studentischer Mentalität

1.2.1 Was ist Mentalitätengeschichte?

Wenn die Mentalität der Studenten an deutschen Universitäten von 1740 bis 1800 beschrieben werden soll, ist es notwendig, sich über den Begriff *Mentalität* zu verständigen. Letzterer stammt ursprünglich aus der französischen Geschichtsschreibung[48], ist sehr

[46] Vgl. dazu auch: Günter Steiger: Brotgelehrte und Philosophische Köpfe: Universitäten und Hochschulen zwischen zwei Revolutionen. In: Magister und Scholaren, Professoren und Studenten: Geschichte deutscher Universitäten und Hochschulen im Überblick. Hrsg. von Günter Steiger und Werner Fläschendräger. Leipzig, Jena, Berlin 1981, S.72-102.

[47] Henri Brunschwig: Gesellschaft und Romantik in Preußen im 18. Jahrhundert. Die Krise des preußischen Staates am Ende des 18. Jahrhunderts und die Entstehung der romantischen Mentalität. Frankfurt a.M., Berlin, Wien 1976, S.104-109.

[48] Zum Überblick über Forschungen der Mentalitätsgeschichtsschreibung vgl. Rolf Reichardt: «Histoire des Mentalités». Eine neue Dimension der Sozialgeschichte am Beispiel des französischen Ancien Régime. In: Internationales Archiv für Sozialgeschichte der deutschen Literatur. 3.Bd. 1978, S.130-166; Georges Duby: Über einige Grundtendenzen der modernen französischen Geschichtswissenschaft. In: Historische Zeitschrift Band 241 (1985), S.543-554; Philippe Ariés: Die Geschichte der Mentalitäten. In: Die Rückeroberung des historischen Denkens. Grundlagen der Neuen Geschichtswissenschaft. Hrsg. von Jacques LeGoff, Roger Chartier, Jacques Revel. Frankfurt a.M.1990, S.137-165. Die Geschichte des Begriffs *Mentalität* und die Schwierigkeiten deutscher Historiker mit diesem beschreibt: Volker Sellin: Mentalität und Mentalitätsgeschichte. In: Historische Zeitschrift Band 241 (1985), S.555-598, hier: S.555-561. Sellin selbst betrachtet die Erforschung von Mentalitäten als Weg zur Erklärung von Verhalten. Vgl. bes. S.571-580, ebenso in: Ders.: Mentalitäten in der Sozialgeschichte. In: Sozialgeschichte in Deutschland.

vage und wird von den unterschiedlichsten Arbeiten in Anspruch genommen.[49] Es dreht sich nicht darum, Ereignisse oder Strukturen aufzuzeigen. Auch ist die Mentalitätsgeschichtsschreibung nicht mit der Verhaltensforschung zu verwechseln.[50] Jene betrachtet das Innenleben der Menschen innerhalb ihrer Gesellschaften.

Entwicklungen und Perspektiven im internationalen Zusammenhang. Hrsg. von Wolfgang Schieder und Volker Sellin. Bd.3. Soziales Verhalten und soziale Aktionsformen in der Geschichte. Göttingen 1987, S.101-121.

[49] Zur Erforschung der Mentalität im 18. Jahrhundert vgl. Erich Schön: Der Verlust der Sinnlichkeit oder Die Verwandlungen des Lesers. Mentalitätswandel um 1800. Stuttgart 1987. Hierbei handelt es sich um eine Geschichte des Lesens. Auf dem Hintergrund von Elias' Zivilisationstheorie wird ein Wandel des Leserverhaltens beschrieben; vgl. auch Hans Sanders: Das Subjekt der Moderne. Mentalitätswandel und literarische Evolution zwischen Klassik und Aufklärung. Tübingen 1987. Literatur wird als Institution aufgefaßt, die von der Gesellschaft bedingt ist, d.h. diese bzw. deren Wandel durch ihren eigenen auch erklären kann, wobei der Modernität des Romans besondere Bedeutung zukommt. Letzterer wird insofern als quasi-mentalitätsgeschichtliche Quelle benutzt, als der Verfasser nach der Auffassung des Subjekts und nach der Auffassung der Wirklichkeit -hier im engeren Sinne am Beispiel des Immoralismusvorwurfs des 17. und teilweise auch des 18. Jahrhunderts gegenüber dem Roman- fragt. Theoretisch lehnt sich diese Art der Forschung an soziologische Modelle an. Vgl. dazu: Peter L. Berger und Thomas Luckmann: Die gesellschaftliche Konstruktion der Wirklichkeit. Eine Theorie der Wissenssoziologie. Übers. von M. Plessner. (engl. Original 1966) Nachdruck der 5.Aufl. Frankfurt a.M.1980; Pierre Bourdieu: Zur Soziologie der symbolischen Formen. Frankfurt a.M. 1970, vor allem S.123 zum Begriff der konstruierten Wirklichkeitsauffassung als „Habitus“; Peter Bürger: Institution Kunst als literatur-soziologische Kategorie. Skizze einer Theorie des historischen Wandels der gesellschaftlichen Funktion der Literatur. In: Romanistische Zeitschrift für Literaturgeschichte 1 (1977), S.50-76. Mehr mit einer ideengeschichtlichen Methodik verfährt: Walter Hornstein: Vom „jungen Herrn“ zum „hoffnungsvollen Jüngling“. Wandlungen des Jugendlebens im 18. Jahrhundert. Heidelberg 1965. Hornstein entwirft ein Bild der Jugend, das die Erwachsenen von der Jugend hatten, da er als Quelle literarische und zeitgenössische wissenschaftliche Zeugnisse heranzieht. Er meint aber, daß diese in einigen Fällen bildend auf die Realität zurückwirkten, so daß die Jugend tatsächlich wie beschrieben gewesen sei.

[50] Richard Münch: Mentales System und Verhalten. Grundlagen einer allgemeinen Verhaltenstheorie. Heidelberger Sociologica 10. Tübingen 1972.

Damit ist aber nicht gesagt, daß sie eine Art von Psychologie der Kollektive wäre. Nicht massenpsychologische Phänomene, wie z.B. das Aggressionsgebaren in größeren Menschenansammlungen, sind gemeint. Vielmehr gilt die Aufmerksamkeit „der nur unmittelbar zu erschließenden psychischen und sozio-kulturellen Eigenstruktur der Gruppen und Schichten“[51].

„Sie [die Mentalitäten; H.St.] sind weniger reflektiert, formloser, fließender, einfacher und beständiger als Ideologien, aber doch auch nicht völlig von diesen zu trennen; denn wie vereinfachte, schnell absorbierbare Elemente einer Religion, einer Ideologie zu Bestandteilen der Mentalität absinken können, so macht umgekehrt eine bestimmte Mentalität für eine entsprechende Ideologie empfänglich, ja kann diese als Selbstauslegung aus sich hervorbringen.“[52] Da Ideologien Teil von Mentalitäten sind, müssen sie auch zusammen betrachtet werden.[53] Mentalitäten sind Gefühle, Ideale, Überzeugungen. Sie sind kollektive Erscheinungen, denen sich das Individuum nicht kraft seines Willens entziehen kann. Es ist an seine Gesellschaft und innerhalb dieser an eine bestimmte Schicht gebunden.[54] *Die* Mentalität einer Gesellschaft besteht ihrerseits aus mehreren voneinander abhängigen Mentalitäten, die jede für sich im ganzen unabdingbar sind. Mentalitäten bilden und verändern sich nur langsam. Sie gehören zur Ebene der «longue durée» in der Geschichte; Phänomene die nach Fernand Braudel

[51] Rolf Reichardt: «Histoire des Mentalités», hier: S.134.

[52] So beschreibt Reichardt die Theorie Theodor Geigers. Rolf Reichardt: «Histoire des Mentalités» , hier: S.131; vgl. Theodor Geiger: Die soziale Schichtung des deutschen Volkes. Soziographischer Versuch auf statistischer Grundlage. Stuttgart 1932, S.77-80.

[53] Vgl. in diesem Sinne und auch weiter differenzierend: Sellin: Mentalität und Mentalitätsgeschichte, S.581-587; zu einer speziellen Ideologiegeschichte vgl.: Régine Robin: Langage et idéologies. In: Langage et idéologies. Le Discours comme objet de l'Histoire. Le mouvement social 85. Hrsg. von Régine Robin. Paris 1973, S.3-11, bes. S.5-8.

[54] Zum Problem der Anerkennung bzw. Nichtanerkennung von gruppenspezifischen Mentalitäten vgl.: Sellin: Mentalität und Mentalitätsgeschichte, S.564 und 568.

mindestens 50 Jahre, aber auch bis zu mehreren Jahrhunderten unverändert bleiben können. [55] Die Ereignisse hingegen sind von diesem Standpunkt aus schnell vergangen und haben kaum eine geschichtsbildende Kraft. Sie nehmen selten auf die «longue durée» Einfluß. Die Mentalitäten wandeln sich erst im Laufe der Zeiten durch die Summe verschiedener langfristiger Veränderungen in Strukturen, Institutionen, Bildung im weitesten Sinne. Nur vereinzelt kann auch großen Ereignissen ein mentalitätsverändernder Charakter zugesprochen werden. Dies behauptet z.B. Michel Vovelle für die Französische Revolution.[56] Ein Ereignis genügenden Ausmaßes präge die Mentalitäten dergestalt, daß es die bestehenden durch seine Erfahrung umwandelt. Vovelle hat es auch als eine Gefahr der «longue durée» bezeichnet, „die Idee der Revolution in Frage zu stellen".[57] Die lange Zeit und das Ereignis gehen eine Wechselwirkung ein, die als „Dialektik der kurzen und der langen Zeitläufe"[58] bezeichnet werden kann.[59]

Daraus erhellt, daß Mentalitäten in einem sinnvollen Rahmen nur durch die Untersuchung eines entsprechend großen Zeitraums zu beschreiben sind. Die Zeit zwischen 1740 und 1800 kann als ein solcher Zeitraum gelten. Es soll untersucht werden, ob die Mentalitäten sich schon vor der Französischen Revolution veränderten und inhaltlich auf diese zusteuerten, ohne daß sie in Deutschland

[55] Fernand Braudel: Das Mittelmeer und die mediterrane Welt in der Epoche Philipps II. Übersetzt von Grete Osterwald und Günter Seib. 3 Bde. Frankfurt a.M. 1990. Bd.1, S.20/21 und 26; Ders.: Histoire et sciences sociales. La longue durée (1958). In: Ders.: Ecrits sur l'histoire. Paris 1969, S.41-83.

[56] Michel Vovelle: Die Französische Revolution – Soziale Bewegung und Umbruch der Mentalitäten. München/Wien 1982 (Ital. Original Rom 1979). Besonders S. 147/148 im Nachwort zur deutschen Ausgabe.

[57] Michel Vovelle: Die Geschichtswissenschaft und die «longue durée». In: Die Rückeroberung des historischen Denkens. Grundlagen der Neuen Geschichtswissenschaft. Hrsg. von Jacques LeGoff, Roger Chartier, Jacques Revel. Frankfurt a.M. 1990, S.103-136, hier: S.123.

[58] Vovelle: Die Geschichtswissenschaft und die «longue durée», S.126.

[59] Zur Geschichtlichkeit von Mentalitäten im allgemeinen vgl. auch: Sellin: Mentalität und Mentalitätsgeschichte, S.562/63.

zu einer politischen Revolution geführt hätten. Die Masse des quantifizierten Quellenmaterials stammt deshalb aus den neunziger Jahren, um detaillierter fragen zu können, inwieweit die Französische Revolution die Mentalität einer Schicht in Deutschland beeinflußte und dadurch eine katalysatorische Wirkung auf zum Teil schon progressive Mentalitäten ausübte.

Die Eckdaten der Arbeit sind nicht willkürlich gesetzt. Zum einen leiten sie sich durch das oben skizzierte hauptsächliche Anliegen der Untersuchung her, den Stellenwert eines herausragenden Ereignisses für Mentalitäten festzustellen. Damit ist das Jahr 1800 als das Ende der Französischen Revolution schon festgelegt. Der Staatsstreich Napoléons vom November 1799 läutet eine neue politische Epoche ein. Gleichzeitig mit dieser geht auch eine Wende auf kulturhistorischem Gebiet einher. Stark vereinfacht gesagt ist das Ende der Revolution die Geburtsstunde der Romantik. Für die Zeit, mit der die Untersuchung einsetzt, gilt analog das gleiche. 1740 wird Friedrich II. König von Preußen, durch dessen Herrschaft neue Mächtekonstellationen in Europa geschaffen werden. Schon ab ca. 1740 verändern sich auch die geistigen Haltungen. Der strenge aufklärerische Rationalismus bröckelt langsam ab zugunsten einer Einstellung, die mehr an Gefühlen und das Individuum betreffenden ethischen Werte orientiert ist. Auch an den Kunsttheorien wird dies einsichtig, wenn sich die Schweizer Johann Jacob Bodmer und Johann Jacob Breitinger gegen den etablierten Kunstrichter Johann Christoph Gottsched richten. Der Untersuchungszeitraum ist durch die wertebildende Funktion der späten Aufklärung also hinreichend begründet. Die Bildung wird zum wichtigsten Konstituens der bürgerlichen Gesellschaft.[60] Sie

[60] Vgl. Jürgen Habermas: Strukturwandel der Öffentlichkeit. Untersuchungen zu einer Kategorie der bürgerlichen Gesellschaft. Darmstadt 17.Aufl./1987, bes. S.92-94; allgemein zur Deutung des ausgehenden 18. Jahrhunderts: Ernst Heilborn: Zwischen zwei Revolutionen. Bd.1. Der Geist der Schinkelzeit (1789-1848). Berlin 1927; Fritz Valjavec: Die Entstehung der politischen Strömungen in Deutschland 1770-1815. (1951). Kronenberg/Ts., Düsseldorf 1978. Valjavec kommt mit einer anderen Methode im großen und

institutionalisiert sich in den Lesegesellschaften, welche für ein politisch räsonierendes Publikum Öffentlichkeit bilden. Mit der Kultur verschiedener Gesellschaften setzt auch eine Demokratisierung ein, die durch den Primat der Bildung teilweise für ihren Bereich die Standesschranken zu überwinden vermag.

1.2.2 Methode

Um eine Mentalitätsgeschichte im oben skizzierten Sinne zu schreiben, verlasse ich mich nicht auf eine gleichsam impressionistische Darstellung aus einzelnen Quellen. Diese beziehen ihren Stellenwert meist einzig daraus, daß ihre Produzenten später bekannte Persönlichkeiten geworden sind, und sie deshalb der Überlieferung für wert erachtet wurden, wie Briefe, Tagebücher und Memoiren. Abgesehen von Einwänden quellenkritischer Art, wie der Produktion zu bestimmtem Zweck, der dem Erkenntnisinteresse dieser Arbeit widersprechen kann, und der zeitlichen Ferne zur behandelten Zeit, entspricht die Ausbeute weder vordergründigen Erwartungen noch dem verfolgten Ziel.[61] Auch zahlreiche andere

ganzen zum selben Ergebnis wie ich. Die Politisierung in Deutschland beginnt schon vor der Französischen Revolution und erst recht schon vor den nationalen Befreiungskriegen, und zwar als eigenständige deutsche Entwicklung. Die Revolution in Frankreich fungiert hier also nicht als Auslöser, sondern nur als Verstärker auf schon Vorhandenes.

[61] Es wurden von mir untersucht: F.C. Laukhard: ein abenteuerliches Leben während der Französischen Revolution. „F.C. Laukhards Leben und Schicksale, von ihm selbst beschrieben". Bearbeitet von Franz Dobmann. (Abenteuerliche Lebensläufe. Hrsg. von Helmut Christmann. Bd.1.) Heidenheim 1969; Rist: Lebenserinnerungen. Bd.1. 1880; Ernst Moritz Arndt: Erinnerungen. 1769-1815. Hrsg. von Rolf Weber. Berlin (DDR) 1985; Die Memoiren des Ritters von Lang. 1764-1835. Hrsg. von Hans Haussherr. Stuttgart 1957; Henrich Steffens: Was ich erlebte. Bde.I u.II. Breslau 2.Aufl./1844. Bd.IV [1841]; Justus Möser: Briefe. Hrsg. von Ernst Beins und Werner Pleister. Hannover 1939; Adolf Stoll: Der junge Savigny. Kinderjahre, Marburger und Landshuter Zeit Friedrich Karl von Savignys. Zugleich ein Beitrag zur Geschichte der Romantik. Mit 217 Briefen aus den Jahren 1792-1810. Berlin 1927; Briefe von und an Gottfried August Bürger. Ein Beitrag zur Literaturgeschichte seiner Zeit. Hrsg. von Adolf Strodtmann. Erster Band. Briefe von

Beiträge können mit diesen Quellen nur auf das Handeln begrenzte Ergebnisse aufweisen oder beschränken sich auf eine literarische Analyse.[62] Einen besseren Weg verspricht die Quantifizierung von Quellenmaterial. Zuerst wurde die quantitative Methode im Rahmen der Wirtschaftsgeschichte genutzt, wo auch im weiteren Verlauf Simiands Phasen steigender und fallender bzw. stagnierender Preise in Zusammenhang mit der gesamtgesellschaftlichen Entwicklung gebracht wurden und mit der verspäteten Rezeption der konjunkturellen Geschichtsschreibung von Labrousse in den fünfziger und sechziger Jahren unseres Jahrhunderts die quantitative Konjunkturgeschichte ihren Höhepunkt hatte. Theoretische Überlegungen von seiten deutscher Historiker bleiben auf die Wirtschaftsgeschichte bezogen und sehen die Quantifizierung zudem nur als Ergänzung an[63] oder sie bleiben in bloßen statistischen Darstellungen befangen[64]. Die «nouvelle histoire» verfolgte

---

1767- 1776. Berlin 1874; Briefe zwischen Gleim, Wilhelm Heinse und Johann von Müller. Aus Gleims litterarischem Nachlasse herausgegeben von Wilhelm Körte. Band 1. Zürich 1806; Wilhelm Heinrich Wackenroder. Werke und Briefe. Berlin [o.J.]; Friedrich Daniel Schleiermacher: Briefwechsel 1774-1796 (Briefe 1-326). Hrsg. von Andreas Arndt und Wolfgang Virmond. Berlin/New York 1985; Die Briefe Barthold Georg Niebuhrs. Hrsg. von Dietrich Gerhard und William Norvin. Bd.1: 1776-1809. Berlin 1926.
Handschriften: Karl Philipp Conz: Briefe an Reinhard. Signatur: DLA A:Reinhard; Ludwig Timotheus Frhr. von Spittler: Briefe an seine Schwester Louise Hedwig, verh. Hummel. Signatur: HStA Stuttgart Rep.: Q 2/6 Bü.20; Fulda: Briefe. Signatur: UBT Md 613; Lebensläufe der Eheleute Christian Jakob Zahn in Calw. Masch. einer sich in Privatbesitz befindlichen Handschrift. Signatur: UBT Mh 985; Tagebuch eines Tübinger Studenten [Friedr.Ludw.Wilh. Theus]. Signatur: UBT Mh 855.

[62] Vgl. die im Anhang C.4 aufgeführte Literatur.

[63] Gerd Hohorst: Historische Statistik und statistische Methoden in der Geschichtswissenschaft. In: Geschichte und Gesellschaft 3 (1977), S.109-124.

[64] Quantifizierung in der Geschichtswissenschaft. Probleme und Möglichkeiten. Hrsg. und eingeleitet von Konrad Jarausch. Düsseldorf 1976. Eine Ausnahme stellt bezeichnenderweise der Aufsatz von Charles Tilly in diesem Band dar: Quantifizierung in der Geschichte aus der französischen Perspektive, S.31-63.

zunächst mit der von ihr geprägten historischen Demographie,[65] dann auch mit den Geschichten von Mentalitäten als Prinzip einer sich auf statistische Angaben berufenden Quellenausbeutung, die sie aus der Wirtschaftsgeschichte übernahm und weiterentwickelte, die Quantifizierung von Quellenmaterial. Zu diesem Zeitpunkt war bereits der wegweisende Aufsatz Chaunus erschienen. Demnach ist die Statistik für die «quantitatif au troisième niveau»[66] ein Mittel. Das Dokument, das in letztere eingegangen ist, wird in zweifacher Hinsicht ausgewertet: zunächst für sich gesehen und dann im Verhältnis zu seiner Stellung innerhalb einer homogenen Serie.[67] Keineswegs muß der eigenständige Wert einer Quelle ignoriert werden.[68] Parallel zur Theoriebildung Chaunus hatte Vovelle mit seiner «thèse» die Praktikabilität solchen Denkens gezeigt.

---

[65] Vgl. Rolf Reichardt: Bevölkerung und Gesellschaft Frankreichs im 18. Jahrhundert. Neue Wege und Ergebnisse der sozialhistorischen Forschung 1950-76. In: Zeitschrift für historische Forschung 4 (1977), S.154-221, besonders S.159-176.

[66] Der Titel Chaunus spielt auf die dritte Ebene der Geschichtsschreibung im Titel der Zeitschrift „Annales. Economies. Sociètes. Civilisations." an. Unter die Zivilisationen sind auch Mentalitäten zu fassen. Vgl. auch: Vovelle: Die Geschichtswissenschaft und die «longue durée», S.107; Peter Schöttler: Mentalitäten, Ideologien, Diskurse. Zur sozialgeschichtlichen Thematisierung der „dritten Ebene". In: Alltagsgeschichte. Zur Rekonstruktion historischer Erfahrungen und Lebensweisen. Hrsg. von Alf Lüdtke. Frankfurt/ New York 1989, S.85-136.

[67] Pierre Chaunu: Un nouveau champ pour l'histoire sérielle, le quantitatif au troisième niveau. In: Mélanges en l'honneur de Fernand Braudel. T.2. Toulouse 1973, S.105-125, besonders S.108. Vgl. auch: François Furet: Histoire quantitative et fait historique. In: Annales E.S.C. 26 (1971), S.63-75; Pierre Chaunu: Histoire, science sociale. La durée, l'espace et l'homme à travers l'époque moderne. SEDES 1974, S.73-75.

[68] Dies meint der der Mentalitätsgeschichtsschreibung insgesamt offensichtlich kritisch bis ablehnend gegenüberstehende Daniel Gordon in seiner Besprechung von Michel Vovelles „Ideologies and Mentalities". Translated by Eamon O'Flaherty. Chicago 1990. In: History and Theory. Studies in the Philosophy of History. Volume 32. Number 2. 1993, S.196-213, besonders S.207-209. Er verwechselt hier einen vorgeschalteteten Arbeitsgang mit der vollständigen Auswertung des aufbereiteten Materials, so daß er zum Schluß kommt, es würden nur quantitative Verhältnisse beachtet, nicht aber qualitative.

Er klassifiziert verschiedene Typen von Texten in Testamenten unter den vielfältigsten Aspekten und kann so anhand von Entwicklungskurven ein Nachlassen von Frömmigkeit nachweisen.[69] Eine so betriebene Geschichtswissenschaft hebt sich von der traditionellen, insbesondere der deutscher Prägung ab. Sie „steht und fällt nicht mit Vielfalt und Zahl, sondern mit Repräsentativität und Homogenität der Quellen; ihre Ergebnisse sind bisher meist umso überzeugender, je mehr sie sich auf die Auswertung jeweils einer einzigen Quellengattung konzentriert hat.“ [70]

1.2.3 Quellengrundlage

Für die zweite Hälfte des 18. Jahrhunderts sind Stammbücher die beste Quelle, um Mentalitäten der Studenten zu untersuchen. Im Gegensatz zu auf Druckverzeichnisse, Bibliothekskataloge, Verzeichnisse von Privatbibliotheken, Auftragsbücher von Verlagsunternehmen oder Lagerinventare gestützte Untersuchungen zur Buch- und Lesergeschichte, die „indirekt Aufschluß über die kollektiven Mentalitäten“ [71] geben, lassen die Eintragungen auf Stammbuchblättern einen direkten Blick auf studentisches Fühlen und Denken zu. Sie haben den Vorteil, daß zumindest der auf dem Stammbuchblatt eingetragene –meist zitierte– Textausschnitt gelesen, wenn nicht gar verinnerlicht worden ist. Für die oben genannte Art von Untersuchungen ist die tatsächliche Rezeption von nur verzeichneten Druckerzeugnissen keineswegs erwiesen. Daher ist dort auch ein Rückschluß auf Mentalitäten problematisch. Die Stammbucheintragungen des hier untersuchten Zeitraums instrumentalisieren Texte aus unterschiedlichen Zeiten und Kulturen für ihre Zwecke. Daraus lassen sich Ideen destillieren, die in einer Schicht tatsächlich vorhanden sind. Der Text verliert seinen ei-

---

[69] Michel Vovelle: Piété baroque et déchristianisation en Provence au XVIIIe siècle. Les attitudes devant la mort d'après les clauses des testaments (Civilisations et Mentalités). 1973.

[70] Rolf Reichardt: «Histoire des Mentalités», S.137.

[71] Rolf Reichardt: «Histoire des Mentalités», S.151/152.

genständigen Stellenwert und wird auf den bloßen Inhalt reduziert. Die Eintragungen bringen durch ihre Existenz eine neue Gattung hervor. Die in ihnen verwandten Texte sind aus ihrem Beziehungszusammenhang zum Werk, aus dem sie stammen, gelöst. Zudem werden die meist fragmentarischen Zitate auch abseits von der ursprünglichen Intention des Autors betrachtet. Die Studenten instrumentalisierten die Texte für ihre Zwecke. Zudem wird im Ablauf der Geschichte und durch sie ein Werk ein anderes. Der Prozeß dauert noch nach der Produktion an. Das ist es, was Adorno unter der Historizität des Kunstwerks versteht.[72]

In der traditionellen Ideengeschichte gelten die Produkte der Höhenkammliteratur als die wichtigsten Zeugnisse der jeweiligen Zeit. Die erste Formulierung einer bestimmten neuen Vorstellung zu finden, ist das erklärte Ziel dieser Forschungsrichtung. Aber diese weitreichenden und einsichtigen Ideen müssen nicht zwangsläufig das Signum einer Epoche sein. Eine Sonderstellung nehmen Groethuysens Schriften aus dem ersten Drittel unseres Jahrhunderts ein.[73] Er interessiert sich für die Geschichte der kollektiven Mentalitäten, betreibt diese jedoch methodisch intuitiv. „Aber diese Betonung des Unterschieds [zur neueren Revolutionshistorie] in Arbeitsansatz, Zielsetzung und Methode darf nicht übersehen lassen, daß bis heute keine überzeugenderen Arbeiten zur Ausprägung der Bourgeois-Mentalität im 18. Jahrhundert vorliegen als die seinen, und daß seitherige Fallstudien zum Thema

---

[72]Theodor W. Adorno: Ästhetische Theorie. Hrsg. von Gretel Adorno und Rolf Tiedemann. Frankfurt a.M. 1973, bes. S.9-31 und 262-296.

[73]Bernhard Groethuysen: Philosophie der Französischen Revolution. Mit einem Nachwort von Eberhard Schmitt. Aus dem Französischen von M.Müller und G.H.Müller. Frankfurt a.M./New York 1989 (Französische Originalausgabe: Paris 1956. Dabei handelt es sich um eine von Groethuysen im Wintersemester 1907/08 in Berlin gehaltene Vorlesung.); Bernhard Groethuysen: Die Entstehung der bürgerlichen Welt- und Lebensanschauung in Frankreich. Bd.1: Das Bürgertum und die katholische Weltanschauung. Halle a.d.Saale 1927. Bd.2: Die Soziallehren der katholischen Kirche und das Bürgertum. Halle a.d.Saale 1930.

seine Ergebnisse eher bestätigt haben."[74] Nicht nur das; Groethuysen hat meines Erachtens auch schon den Begriff *Mentalität* inhaltlich bestimmt, allerdings unter Verwendung eines anderen, in diesem Falle synonym zu verstehenden Begriffs. „Weltanschauung ist nicht Philosophie, sondern die Philosophie bringt nur eine schon vorhandene Weltanschauung in einer besonderen Weise zum Ausdruck.

Weltanschauung in diesem Sinne ist eine über die einzelnen in sich abgegrenzten und differenzierten Gebiete geistigen Schaffens übergreifende und von ihnen unabhängige Tatsache geistigen Lebens. Die Funktion der Weltanschauungsbildung kann so nicht einfach einem bestimmten Gebiete geistiger Tätigkeit zugewiesen werden, sondern sie erweist sich als etwas, was ihnen allen zugrunde liegt und sich schließlich als etwas Allgemeinmenschliches darstellt, das in den verschiedensten Formen auftritt, dessen Ursprung aber jenseits dieser Formen liegt."[75] In der Umsetzung seiner Ideen schreibt Groethuysen auch keine Ideengeschichte, wie z.B. Cassirer[76] sondern er beschreibt den Wandel von unbewußten Erfahrungen, Haltungen, Sensibilitäten etc.

Geschichte des Stammbuchs

Das Stammbuch[77], ursprünglich ein „Verzeichnis von Familienangehörigen (Stammtafel, Geschlechterbuch)"[78], ist in seinem Quel-

[74] Eberhard Schmitt: Bernhard Groethuysen. In: Bernhard Groethuysen: Philosophie der Französischen Revolution, S.193-207, hier: S.205.

[75] Groethuysen: Die Entstehung der bürgerlichen Welt- und Lebensanschauung. Bd.1, S.VIII.

[76] Ernst Cassirer: Philosophie der Aufklärung. Tübingen 3.Aufl./1973; Ders.: Freiheit und Form. Berlin 1916.

[77] Hugo Schuenemann: Stammbücher. In: Schrifttumsberichte zur Genealogie und zu ihren Nachbargebieten. 2.1965, S.67-108. Schuenemann verzeichnet 913 Titel zur Sekundärliteratur von Stammbüchern. Diese hohe Zahl erklärt sich daher, daß er nicht nur Arbeiten über Stammbücher, sondern auch solche, die Stammbücher untersuchen, in seine Liste aufnimmt.

[78] Konrad Fuchs und Heribert Raab: dtv-Wörterbuch zur Geschichte. München 6. Aufl./1987, S.774.

lenwert für die Geschichte des 16. bis 19. Jahrhunderts sehr wohl erkannt. Die Überzeugung, beim Stammbuch handle es sich um eine Entwicklung der „libri gentilitii" des Adels, [79] ist aber irrig, schreibt sich jedoch von den Anfängen der Stammbuchforschung her fort.[80] Das Stammbuch soll, auch wegen der lexikologischen Verwandtschaft des Begriffs, zunächst ein Stammbaum des Adels gewesen sein, der zum Zwecke des Nachweises der Turnierfähigkeit geführt wurde.[81] Dabei ist nicht geklärt, wie sich aus diesen die jeweiligen Wappen verzeichnenden Sammlungen das Stammbuch entwickelt haben soll.[82] Auch neuere und neueste Forschungsbeiträge können diese Frage nicht klären, beharren aber gleichwohl in der Abstammungstheorie auf den –nur angenommenen, nicht tradierten– Turnierbüchern.[83]

Den Ursprung der Stammbücher betreffend ist eine andere Erklärung einleuchtender. Zu Zeiten des Humanismus und vor allem der Reformation wurden Autographen der Leitfiguren, vor

[79] Gero von Wilpert: Sachwörterbuch der Literatur. Stuttgart 6. Aufl./1979, S.783.

[80] Michael Lilienthal und Joh. Balthasar Charisius: Schediasma Critico-Literarium de Philothecis varioque earundem usu et abusu, vulgo von den Stammbüchern. Regiomonti Prussorum: Typis Zaenckerianis 1711; Fr. Wilh. Hoelbe: Geschichte der Stammbücher nebst Bemerkungen über die bessere Einrichtung derselben für jeden, dem Freundschaft lieb ist. Camburg a.d. Saale 1798.

[81] Vgl. Hoelbe: Geschichte der Stammbücher, S.15.

[82] Vgl. Hoelbe: Geschichte der Stammbücher, S.16.

[83] Vgl. Robert und Richard Keil: Die Deutschen Stammbücher des sechzehnten bis neunzehnten Jahrhunderts, S.5/6; Wilhelm Schultz-Oldendorf: Der Wechsel der Zeiten im deutschen Stammbuch. In: Zeitwende. Hrsg. von Tim Klein, Otto Gründler, Friedrich Langenfaß. Zweiter Jahrgang. Zweite Hälfte München 1926, S.198-203, hier: S.199; Alfred Fiedler: Vom Stammbuch zum Poesiealbum. Eine volkskundliche Studie. Weimar 1960, S.5, 13 und 15; Anneliese Bodensohn: Das Ich in zweiter Person: Die Zwiesprache des Poesiealbums. Frankfurt a.M. 1968, S.23; Konrad Marwinski: „Der Freundschaft und der Tugend heilig." In alten Weimarer Stammbüchern geblättert. In: Marginalien 34 (1969), S.33-50, hier: S.37; Jürgen Rossin: Das Poesiealbum. Studien zu den Variationen einer stereotypen Textsorte. Frankfurt a.M./ Bern/ New York 1985, S.14.

allem Luthers und Melanchthons, gleichsam als *Reliquien* gesammelt. Daraus ist auch die Vorreiterrolle der Bräuche in Wittenberg für die neue geistige Elite im protestantischen Deutschland zu erklären. Luther z.B. machte Eintragungen in Bücher (Bibel, Gesangbuch, Psalter, Katechismus). Die Reaktion auf diese Erscheinung kam prompt. Schon von 1548/49 sind zwei Bücher bekannt, die mehr leere Blätter als das eine übliche Vorstoßblatt hatten, um Autographen aufnehmen zu können.[84] Zunächst wurden weiße Blätter in ein gedrucktes Buch eingelegt. Dann wurden schon mit leeren Blättern *durchschossene* Bücher hergestellt und sehr schnell auch vollständig leere.[85] Teilweise wurde dann auch umgekehrt Gedrucktes eingeschossen und so eine höhere Anspruchsnorm an die Eintragenden gesetzt. Die Reformatoren selbst besaßen aber noch keine Stammbücher. Die zunächst protestantische Sitte ging in Deutschland auch auf katholische Uni-

[84] Vgl. dazu und im folgenden: Wolfgang Klose: Stammbücher – eine kulturhistorische Betrachtung. In: Bibliothek und Wissenschaft Band 16. Wiesbaden 1982, S.41-67; Ders.: Frühe Stammbücher (Alba Amicorum). Stammbuch Hans Gal (1585-1598). In: Librarium. Zeitschrift der Schweizerischen Bibliophilen-Gesellschaft 26 (1983) Heft 3, S.150-164; Ders.: Corpus Alborum Amicorum. Ein Bericht über die Sammlung und Beschreibung von Stammbüchern der frühen Neuzeit. In: Internationales Archiv für Sozialgeschichte der deutschen Literatur. Bd.10. Hrsg. von Wolfgang Frühwald, Georg Jäger, Alberto Martino. Tübingen 1985, S.154-169; Kloses zusammenfassende Darstellung geht aus den Erkenntnissen folgender Wissenschaftler hervor: Karl Masner: Die Schlesischen Stammbücher und ihre künstlerische Ausschmückung. In: Schlesiens Vorzeit in Bild und Schrift. Jb. des Schlesischen Museums für Kunstgewerbe und Altertümer. Bd.4. Breslau 1902, S.137-161; Max Rosenheim: The Album Amicorum. In: Archaeologia 62. London 1910, S.251-308; M.E. Nickson: Early Autograph Albums in the British Museum. London 1970; Peter Amelung: Die Stammbücher des 16./17. Jahrhunderts als Quelle der Kultur- und Kunstgeschichte. In: Zeichnung in Deutschland. Deutsche Zeichner 1540-1640. Katalog von Heinrich Geisler. Bd.2. Stuttgart 1980, S. 211-222.

[85] Wilfried Setzler: Studentenstammbücher als Kulturdokumente. Streiflichter zur Tübinger Universitätsgeschichte. In: Schwäbische Heimat. Zeitschrift zur Pflege von Landschaft, Volkstum, Kultur. Hrsg. vom Schwäbischen Heimatbund. 28. Jahrgang. Stuttgart 1977, S.241-247, hier: S.241/242.

versitäten über. Trotz Kontakten mit deutschen Studenten –die die eifrigsten Benutzer von Stammbüchern waren, gefolgt von Patriziern, Bürgern und vereinzelt auch Handwerkern –[86] konnte sie sich im katholischen europäischen Ausland nicht nennenswert behaupten. Zumindest im 16. Jahrhundert wurden die Alben fast nur im protestantischen Europa geführt. Der Grund für die Ausnahme der deutschen Katholiken ist in der gemeinsamen humanistischen Tradition zu sehen.[87] Das Stammbuch ist kein genealogisches Geschlechterbuch des Adels mit Wappen, obwohl die einstige humanistische *Sitte* durch emblematische Eintragungen vor allem im Barock ersterem immer ähnlicher wurde. Von daher ist auch der Irrtum der Deckungsgleichheit hypostasierter Turnierbücher mit Stammbüchern zu erklären. Die Unterscheidung in Emblematabücher und eigentliche Stammbücher mit Widmungstexten[88] ist daher nur von der Form der Stammbücher her, nicht aber aus ihrer Geschichte zu legitimieren.

Ihre größte Verbreitung hatten die Stammbücher um 1800. Die Überlieferung bis heute ist eher spärlich zu nennen, da sie als Dinge rein persönlichen Interesses nach dem Tode des Besitzers meist untergingen. Schon im 1744 erschienenen 39. Band von Zedlers Universallexikon[89] wird das zeitgenössische Stammbuch negativ beurteilt, da Besitzer und Eintragende es oftmals nur aus Eitelkeit benutzten, auch weil jeder zu einer Eintragung aufgefordert wurde, der sonst nichts mit dem Besitzer zu tun hatte. Der Verfasser führt auch schon die Verballhornung literarischer Zitate an und geißelt Zweideutiges und Bilder nackter Mädchen als „schänd-

[86] Robert und Richard Keil: Die Deutschen Stammbücher des sechzehnten bis neunzehnten Jahrhunderts, S.5; Fiedler: Vom Stammbuch zum Poesiealbum, S.5 und 13; Marwinski: „Der Freundschaft und der Tugend heilig“, S.37; Rossin: Das Poesiealbum, S.14.

[87] Klose: Corpus Alborum Amicorum, S. 156 und 164.

[88] Willibald Franke: Deutsche Stammbücher des XVI. bis XVIII. Jahrhunderts. In: Zeitschrift für Bücherfreunde: Monatshefte für Bibliophilie und verwandte Interessen. Hrsg. von Fedor von Zobeltitz. 3. Jahrgang 1899/1900. Heft 9. Dezember 1899, S.329-338.

[89] Sp.1062-1071.

lich"[90]. Goethe hingegen bewertete den Nutzen der Stammbücher als Erinnerungen positiv. Schon zu Beginn der Stammbuchsitte soll Melanchthon mit Blick auf einen wissenschaftlichen Ertrag aus Stammbüchern argumentiert haben: „Gar nichts Seltenes ist es, daß in Stammbüchern bedeutende Stellen aus sonst unbekannten und wenig gelesenen Autoren sich finden, und daß sie endlich Biographisches enthalten, welches man sonst vergebens sucht."[91]

Das Stammbuch als Gattung

Ein Stammbuch soll das Leben des Besitzers begleiten.[92] Meist wurde daraus aber nur ein Lebensabschnitt, vornehmlich die Studienzeit oder die einer längeren Reise. Die Stammbücher hatten üblicherweise ein kleines Format[93], meist Oktav, manchmal auch Duodez, um sie auf Reisen mitnehmen zu können.[94] Sie

---

[90] Sp.1069.

[91] Philipp Melanchthon, zitiert nach: Robert und Richard Keil: Die Deutschen Stammbücher des sechzehnten bis neunzehnten Jahrhunderts, S.9/10. Vgl. dazu auch: Felix Heinzer: Das Album amicorum (1545-1569) des Claude de Senarclens. In: Stammbücher des 16. Jahrhunderts. Hrsg. von Wolfgang Klose. Wiesbaden 1989. (Wolfenbütteler Forschungen. Hrsg. von der Herzog August Bibliothek. Band 42.), S.95-124, hier: S. 111/112.

[92] Mit dem lateinischen *stamen* –dem Schicksals-/Lebensfaden– das die Humanisten von Properz, Tibull, Ovid und Plinius übernommen hätten, hat das Stammbuch gleichwohl nichts zu schaffen. Dies behauptet hingegen Wolfgang Klose [Ders.: Stammbücher des Pfalzgrafen Christoph. In: Bibliotheca Palatina. Ausstellungskatalog Heidelberg 1986. Textband, S.222-224.]. Ihn widerlegt Lotte Kurras [Dies.: Zu gutem Gedenken. Kulturhistorische Miniaturen aus Stammbüchern des Germanischen Nationalmuseums. 1550-1770. Ausgew., eingel. u. erl. von Lotte Kurras. München 1987, S.22-27.].

[93] Hans Henning: Die Weimarer Stammbuchsammlung der Zentralbibliothek der deutschen Klassik. In: Marginalien. Zeitschrift für Buchkunst und Bibliophilie. Hrsg. von der Pirckheimer-Gesellschaft im Kulturbund der DDR. H.66 (1977), S.46-60.

[94] Vgl. Hubert Freund: Aus der deutschen Gesellschaft des 18. Jahrhunderts. Nach Stammbuchblättern. Wissenschaftliche Beilage zum Jahresbericht des Königl. Kaiserin Augusta-Gymnasiums zu Charlottenburg. Berlin 1902. Die Arbeit hat ein Reise-Stammbuch der Jahre 1775-1777 zum Gegenstand. Es handelt sich hierbei um eine *gelehrte Reise* im klassischen Sinne.

waren entweder schon gebunden, nur provisorisch geheftet oder existierten auch als Sammlung loser Blätter. Der letztgenannte Fall hatte den Zweck, das Herausreißen von Blättern aus fremden Stammbüchern durch Autographensammler zu verhindern: es wurde nur das einzelne leere Blatt zur Eintragung übergeben, nicht das ganze Buch. Ferner konnte so die Sammlung „rein" gehalten werden von als obszön empfundenen Eintragungen und Zeichnungen. Auch Nebenbemerkungen zu Eintragungen wurden so verhindert. Die Sammlung loser Blätter in einem Schuber hebt aber den eigentlichen Charakter eines gebundenen Stammbuchs mit der gegenseitigen Erhellung z.B. benachbarter Eintragungen, die sich aufeinander beziehen, oder einer bestimmten stammbuchräumlichen Folge von Eintragungen, auf. Das Stammbuch war so gesehen nicht nur eine Erinnerungs-, sondern auch eine Kommunikationsform und sogar ein Diskussionsforum.

Man erinnerte sich bei der späteren Durchsicht seines Stammbuches an Personen und Situationen.[95] Oftmals wurde auch der weitere Lebenslauf der früheren Kommilitonen verfolgt und auf dem Stammbuchblatt der entsprechenden Eintragung ergänzt. Meist beschränkte sich eine solche „Freundschaftspflege" allerdings auf die Zeichnung eines Kreuzes zuzüglich dem Vermerk des Todesdatums im Falle des Ablebens eines Freundes. Einige Stammbücher sind voll mit Kreuzen. Der jeweilige Besitzer hatte

---

Das Stammbuch entält Eintragungen von Gelehrten, Schriftstellern und Beamten. Nur diese bespricht der Verfasser auch „in kulturgeschichtlicher Hinsicht"[S.6.], eingebettet in eine Beschreibung des biographischen und gesellschaftlichen Umfelds.

[95]In diesem Zusammenhang ist auch der Hinweis Lotte Kurras' [Dies.: Zwei österreichische Adelige des 16. Jahrhunderts und ihre Stammbücher: Christoph von Teuffenbach und Johann Fernberger von Egenberg. In: Stammbücher des 16. Jahrhunderts, S.125-135, hier: S.133-135.] zu beachten. Sie erinnert an die, auf das Jenseits ausgerichteten, *Libri memoriales* des Mittelalters und an patrizische Geschlechterbücher des 16. Jahrhunderts, die –auf je eigene Weise– dem Gedächtnis, dem Andenken, dienten. In diese Reihe gedächtnisbewahrender schriftlicher Fixierungen stellt Kurras nun die Stammbücher.

offenbar sehr lange gelebt, zumindest die meisten seiner ehemaligen Freunde überlebt, so daß die Anhäufung von Kreuzen schon wie eine Beschwörung der Parzen anmuten kann. Jedes weitere Kreuz erscheint als Schritt zur persönlichen Unsterblichkeit, die freilich nicht erreicht wurde. Andererseits war die *Renovation* einer Eintragung durchaus üblich, wenn sich zwei Freunde noch Jahre oder Jahrzehnte nach der Ur-Eintragung wiedersahen. Man suchte seine frühere Eintragung auf und ergänzte diese. Oft schrieb man auch nur das neue Datum ein. Manchmal bezog man sich auf sein altes Motto oder ergänzte dieses.

Kommuniziert wurde in Stammbüchern dergestalt, daß schon der Ort der Eintragung ein Bekenntnis war. Je nachdem, in welcher Nachbarschaft, die sich nicht nur auf die Person, sondern auch auf den Inhalt beziehen konnte, eine Eintragung gemacht wurde, kann eine Beziehung zwischen verschiedenen Eintragenden und die Qualität der Beziehung festgestellt werden. Der Dialog von Eintragendem zu Besitzer wurde durch die Bezugnahme auf eine andere Eintragung zum „Trialog“ [96]. Auch wurden –nicht immer gern gesehene– Bemerkungen zum Inhalt einer Eintragung an deren Platz gemacht, oftmals allerdings anonym. Die verbreitetste Form einer sichtbaren Stammbuch-Beziehung war eine Klammer am oberen Rand benachbarter Seiten, meist mit dem Zusatz: „haec pagina iungit amicos“.

Stammbüchern des 18. Jahrhunderts und ihren Eintragungen sind einige wenige Merkmale gemeinsam, die aber nicht immer alle auf jedes einzelne Stammbuch oder jede einzelne Eintragung zutreffen müssen. Das Stammbuch wird meist eröffnet von einer Präambel des Stammbuch-Besitzers, worin dieser sein Album normalerweise Freunden und Gönnern widmet und, weniger oft, zu Sorgfalt im materiellen wie auch im übertragenen Sinne, die Eintragungen betreffend, aufruft. Danach folgen die Eintragungen –mit oder ohne Zeichnungen, Aquarellen, Silhouetten, Haarlocken und -arbeiten, Scherenschnitten– fast immer mit einem Motto.

[96] Anneliese Bodensohn: Das Ich in zweiter Person, S.48.

Das Motto kann ein zitiertes Gedicht, ein Gedichtausschnitt,[97] literarische Prosa oder auch ein eigens produzierter Text sein. Literarische Zitate kommen meist nur in studentischen Stammbüchern vor. Bei Kaufleuten, Handwerkern und Mädchen/ Frauen sind Lebensregeln, Erinnerungsverse und -prosa stark vertreten. Die Eintragung beschließt eine Widmung mit dem Namen des Eintragenden und meist Ort und Datum der Eintragung, eventuell noch dem Ort und Datum einer Renovation. Zu diesem Grundbestand einer Eintragung treten fallweise noch das Symbolum des Eintragenden und –sehr selten– ein Memorabile.[98] Das Motto ist für den Stammbuch-Besitzer gedacht. Es ist eine Mitteilung, eine bekundete Übereinstimmung der Gedanken, eine Überzeugung, eine Mahnung. Das Symbolum hingegen charakterisiert den Eintragenden und seine Einstellungen selbst und wird von diesem immer, oder zumindest für einen größeren Zeitraum, beibehalten. Eine etwaige Änderung des bekenntnishaften Symbolums hat seine –je eigene– Bedeutung. Das Memorabile ist eine Aufzählung der Stationen des Kennenlernens oder gemeinsamer Erlebnisse in Stichworten. Zur Unterschrift des Eintragenden tritt fast immer noch eine Berufs-/ Standesbezeichnung –oft in Abkürzungen bis hin zur einfachen Nennung der bloßen Anfangsbuchstaben– oder des Verwandschaftsverhältnisses. Bei studentischen Eintragungen kann noch ein Kürzel hinzukommen, das die Zugehörigkeit zu einer bestimmten Verbindung, sei es ein Orden oder eine Landsmannschaft, kundtut.[99]

Die Eintragungen sind hierarchisch geordnet. Ein Platz vorne im Buch spricht für die Stellung des/der Eingetragenen. Zunächst trugen sich die Eltern des Besitzers ein. Danach folgten Honoratio-

---

[97]In dieser Arbeit wiedergegebene Verse folgen in ihrer Typographie dem jeweiligen Zitat im Stammbuch.

[98]Siehe die im Anhang A auf S.384 dieser Arbeit als Muster abgebildete Eintragung, welche auf S.137 besprochen wird.

[99]Dies war –vor allem im 19. und frühen 20. Jahrhundert– wichtiges Quellenmaterial für Erforscher der Studentengeschichte, deren Interesse auch der Stärke der einzelnen Verbindungen galt.

ren, wie Professoren und höhere Beamte, für die eigens Seiten frei gelassen wurden. Die Masse der Eintragungen bildeten danach die von Freunden und Kommilitonen. Die Blattfolge in einem Stammbuch entspricht also nicht der chronologischen Folge der Eintragungen. Diese Hierarchie innerhalb von Stammbüchern weicht im Laufe der Zeit zusehends auf. Spätestens seit ca. 1770 werden Eintragungen von Professoren seltener. Das Stammbuch verliert seine Funktion der Referenz. Nur noch gleichgestellte Freunde trugen sich ein. In fast allen Fällen sind die Eintragenden eines Stammbuchs auch Gleichgesonnene. Die Solidarität innerhalb einer Gruppe bringt die Gattung von Stammbüchern gehaltvollen Inhalts hervor. Jeder konnte die Eintragungen seiner Vorgänger lesen und tat dies auch meist, wie vielfältige Anspielungen zeigen. Die Beschränkung auf einen bestimmten Kreis war umso wichtiger als das Stammbuch in den neunziger Jahren des 18. Jahrhunderts zum Träger progressiver Ideale wurde.[100] Läßt sich aus dem hier Entwickelten und aus Heinzers mangels gleichartiger Untersuchungen nur sehr vorsichtig formuliertem Ergebnis[101] die immer noch durch weitere Untersuchungen zu erhärtende These bilden, daß das Stammbuch in bestimmten historischen Konstellationen des Umbruchs, die zusammentreffen müssen mit einer herausgehobenen Stellung oder zumindest der Sensibilisierung der Stammbuchbenutzer, zum Träger von Ideen wird und nach einer, wie auch immer gearteten, Beendigung dieser je einmaligen aber in ihrer Struktur übereinstimmenden historischen Situationen (wieder) zu einer eher banalen und harmlosen Form wird, wie wir sie heute im

[100] Vgl. auch Fiedler: Vom Stammbuch zum Poesiealbum, S.28/29. Fiedler bewertet das Stammbuch generell „in den Zeiten großer revolutionärer und nationaler Erregungen“ als fortschrittlich.

[101] Vgl. Heinzer: Das Album amicorum (1545-1569) des Claude de Senarclens, S.111 und 113. Heinzer hypostasiert für ein Album der Reformationszeit, daß „das *album sodalium* als ursprüngliche Gestalt des *album amicorum* “ [S.111.] zu bewerten sei. Schon Wolfgang Harms [Ders.: Geleitwort. In: Stammbücher des 16. Jahrhunderts, S.7-11, hier: S.9/10.] erkannte die Bedeutung von Heinzers Ergebnis.

Poesiealbum von Schüler(inne)n haben?

Zu Zeiten des Despotismus, welcher durch das Beispiel der Französischen Revolution für den Gedanken an Verschwörungen und Aufstände erst eigentlich sensibilisiert worden war, war es ratsam, allzu moderne oder gar revolutionäre Ideen oder solche, die von der Obrigkeit dafür gehalten werden konnten, nicht bekannt werden zu lassen. Eine Entsprechung hat diese Furcht der Herrschenden in der Zeit der Karlsbader Beschlüsse. Sie kann auch eine Erklärung für eine auffallende Erscheinung geben. Es kommt vor, daß in Stammbüchern mehrere Blätter fehlen. Dieser Sachverhalt mag dadurch zu erklären sein, daß Autographenjäger aller Zeiten Eintragungen herausschnitten und sammelten oder verkauften. Das Frappierende an den fehlenden Eintragungen ist aber, daß durch ihr Fehlen das Rest-Stammbuch als vollkommen harmlos und banal erscheint. Nun muß dies nicht zwangsläufig und für jeden Fall bedeuten, daß es sich bei den herausgeschnittenen Eintragungen um solche revolutionären Inhalts handelt. Vor allem für die Stammbücher, aus denen eine größere Anzahl von Blättern fehlt, möchte ich dies aber behaupten. Da es sich bei den Eintragenden meist um einen Kreis Gleichgesonnener handelt, müssen viele der Eintragungen in einem Stammbuch inhaltlich gleicher Art sein. Für deren nachträgliche Entfernung durch den Besitzer selbst zu Zeiten der napoleonischen Kriege und dann der Restauration spricht eine veränderte Einstellung gegenüber dem nun imperialistischen Frankreich und die Angst der inzwischen in Beruf und Ämtern etablierten ehemaligen Studenten. Z.B. mußten viele der während der neunziger Jahre des 18. Jahrhunderts revolutionären Jurastudenten nach den Karlsbader Beschlüssen als Staatsbedienstete die Verfolgung der nunmehr progressiven gesellschaftlichen Kräfte, meist auch Studenten, betreiben. Zumindest sie mußten an einer Auslöschung ihrer politischen Vergangenheit interessiert sein.

Schon ab dem ersten Drittel des 19. Jahrhunderts beginnen sich die Eintragungen in Stammbüchern auf ein gemeinsames –niedrigeres– Niveau einzuebnen. Der Abfall in die Trivialität des Poesiealbums ist vorgezeichnet. Bekenntnisse zu Idealen, politische Forderungen und utopische Hoffnungen müssen Glückwünschen allgemeiner Art, wie sie heute noch von Schulmädchen in Poesiealben eingetragen werden, weichen. Drückte das studentische Stammbuch des 18. Jahrhunderts seine Inhalte noch mit den vielfältigsten Zitaten unterschiedlicher Autoren aus, so verengte sich die Auswahl sowohl der Zitate als auch der Autoren auf jetzt nur noch wenige. Eine Ursache dafür war wohl auch das Aufkommen von Spruchsammlungen, die die persönlichen Beiträge zu konfektionierten bloßen Übertragungen werden ließen. Man schöpfte nicht mehr aus dem Schatz des Rezipierten –nicht nur aus der Literatur, auch aus Vorlesungen– sondern vertraute auf Zusammenstellungen ausgesuchter, handverlesener, auf bestimmte Situationen anwendbarer, gleichsam von nun an kanonisierter Verlautbarungen bestimmter, ebenso bewußt selektierter Wertvorstellungen. Diese Kompendien von Sprüchen, die sich in der Vergangenheit herauskristallisiert hatten, geben für sich genommen weder eine Entwicklung in der Stammbuchsitte wider, noch lassen sie eine Auseinandersetzung mit zeitgenössischen Tendenzen erkennen. Sie sind gleichsam ein Museum, das nur das durch Übereinkunft Gesicherte bewahrt. Es gab sie auch schon im 18. Jahrhundert, aber eben verstärkt dann ab dem beginnenden 19. Jahrhundert.[102] Diese Tradition der Sammlung von Albenver-

[102] Vgl. z.B.: Devisen für Stammbücher in teutscher, lateinischer, französischer, italischer und englischer Sprache. Stuttgart 1794. Interessant sind hier nicht die sehr allgemein und verbindlich gehaltenen Sprüche, sondern die Tatsache, daß bei dem im Besitz der Landesbibliothek Stuttgart befindlichen Exemplar nachträglich zwei aus einem Druck ausgeschnittene Verse aus Schillers Ode „An die Freude“ (zweite Hälfte der 15.Strophe) unter das Frontispiz geklebt wurden:

> „Maennerstolz vor Koenigsthronen,
> Wahrheit gegen Freund und Feind.
> Schiller.“;

Die neuesten Devisen und Stammbuchstückchen gesammelt aus den besten Dichtern und Prosaisten in deutscher, lateinischer, französischer englischer und

sen findet sich auch in der neuesten Zeit noch.[103] Die Eintragung in ein Stammbuch verkam von einer auch kritischen Stellungnahme zur nur noch modischen, unreflektierten Wiederholung von Vorgegebenem. Dies soll keine Verurteilung sein. Auch dieser Sachverhalt ist erklärbar. Er spiegelt die Kultur des Biedermeier, dessen

---

italienischer Sprache. Reutlingen 1807; Stammbuchaufsätze und kleine Gelegenheitsgedichte, 400 neue, sorgfältig ausgewählte, für Freunde und Freundinnen, Geschwister, Söhne und Töchter an ihre Aeltern, ihre Lehrer und Lehrerinnen, Verwandten etc. Aus den besten deutschen Classikern. Wien 1830; Kleines Stammbuch für Jugend-Lehrer, welche ihren Schülern bey verschiedenen Gelegenheiten gerne etwas Schönes und Lehrreiches zum Andenken schreiben wollen. Ried 1832; Stammbuchsprüche und Devisen für Gedenkblätter. Zusammengestellt nach Inhalt und Hauptwort. Ulm 1843; Neueste Blumensprache in morgen- und abendländischer Deutung und in Reimen. Auch zur Auswahl für Stammbücher. Reutlingen 1846; Vergißmeinnicht oder Auswahl beliebter Stammbuchverse. Nebst einer Beigabe, die Bedeutung der Blumen enthaltend. Reutlingen 1875; Vergißmeinnicht. Vollständige Blumensprache nach orientalischer und deutscher Art mit einer allegorischen Deutung der Farben und einer Auswahl der schönsten Stammbuchverse. Stereotyp-Ausgabe. Reutlingen 1881; Robert und Richard Keil: Die deutschen Stammbücher des sechzehnten bis neunzehnten Jahrhunderts. Ernst und Scherz, Weisheit und Schwank in Original-Mitteilungen zur deutschen Kulturgeschichte. Berlin 1893; Studentisches Stammbuch 1790-1840. Hrsg. von Walter Blankenburg und Fritz Lometsch.

[103] E. Fandrey: Stammbuch-Verse. Widmungen, Sinnsprüche. Ausgew. von E.W. Fandrey. Reutlingen 1961; Sei glücklich und vergiß mein nicht. Stammbuchblätter und Glückwunschkarten. Hrsg. von Guenter Boehmer. München 1973; Zu gutem Gedenken. Kulturhistorische Miniaturen aus Stammbüchern des Germanischen Nationalmuseums. 1570-1770. Ausgew., eingel. u. erl. von Lotte Kurras. München 1987; Blätter der Erinnerung. Aus Stammbüchern von Frauen des 18. und 19. Jahrhunderts. Hrsg. von Hans Henning. Leipzig 1988; Poesie aus Stammbüchern und Alben von 1789 bis 1991. Hrsg. von Hanna Wolff. Bremen 1991. Für die wiederentdeckte Beliebtheit der Beschäftigung mit Stammbüchern sprechen auch Ausstellungen. Vgl. z.B.: Eva Maria Hanebutt-Benz: „Der Freundschaft gewidmet“. Stammbücher der Goethezeit. Ausstellung vom 20. März 1982 bis 9. Mai 1982. Frankfurt a.M.1982; Studentische Stammbücher. Studentenalben, Stammbuchblätter und Kupferstiche des 16. bis 19. Jahrhunderts. Ausstellung in der Landesbibliothek Coburg 2. bis 6.6.1979 (Katalogtext von Ulrich Becker). Institut für Hochschulkunde, Würzburg, Archiv des Coburger Convents, Würzburg, in Zusammenarbeit mit der Landesbibliothek Coburg. Coburg 1979.

offenkundig apolitische Haltung eine politische Ursache hatte. Das deutsche Bürgertum zog sich, nachdem seine politischen Hoffnungen enttäuscht worden waren, ins Private zurück. Hier ging es nur darum, zu zeigen, daß die Eintragungen in Stammbüchern die adäquate Quelle für den Versuch sind, eine studentische Mentalität in der zweiten Hälfte des 18. Jahrhunderts faßbar zu machen.[104] Die Besonderheiten des Stammbuchs des 18. Jahrhunderts lassen es auch geeignet erscheinen, einen Literaturkanon für die Schicht der Studenten aufstellen zu können.[105] Dabei ist nicht die heutige Vorstellung von der Literatur des 18. Jahrhunderts maßgeblich. Auch handelt es sich nicht darum, wie bisher, einen Kanon der damals produzierten Literatur zu erstellen, sondern einen

[104] Der Einwand Fechners „gegenüber einer betont ideologischen Kritik von Eintragungen *au pied de la lettre*, ohne Berücksichtigung der vielfältigen möglichen Vermittlungsformen“ (Jörg-Ulrich Fechner: Stammbücher als kulturhistorische Quellen. Einführung und Umriß der Aufgaben. In: Stammbücher als kulturhistorische Quellen. Herausgegeben von Jörg-Ulrich Fechner. (Wolfenbütteler Forschungen. Hrsg. von der Herzog August Bibliothek. Bd.11) München 1981, S.7-21, hier: S.12.) bezieht sich hauptsächlich auf das 19. Jahrhundert, als vermehrt Sammelwerke standardisierter Stammbuchverse verlegt wurden. Seine Kritik hindert ihn aber nicht an der Einschätzung des Stammbuchs „als dokumentarisches Korrektiv der Literaturgeschichte und ihres Kanons“ (Fechner: Stammbücher als kulturhistorische Quellen, S.19), der ich nur beistimmen kann.

[105] Vgl. Gertrud Angermann: Stammbücher und Poesiealben als Spiegel ihrer Zeit nach Quellen des 18.-20. Jahrhunderts aus Minden-Ravensberg. Münster 1971. Die Untersuchung von Stammbüchern des 18. Jahrhunderts dient der Verfasserin nur als Hinführung und zur Abgrenzung des eigentlichen Themas der Poesiealben unter literatur-soziologischen Gesichtspunkten. Aufgrund des quantitativ sehr dürftigen Materials erstellt sie eine Graphik mit der Häufigkeit der von 1786-1801 in Stammbüchern zitierten Autoren, die im Textteil ausführlich beschrieben wird. Es werden 48 Autoren aufgeführt, deren meistgenannter acht von insgesamt nur 87 ausgewerteten Eintragungen auf sich vereinen kann; Mechthild Raabe: Leser und Lektüre im 18. Jahrhundert. 4 Bde. München, London, New York, Paris 1989. Raabe macht aufgrund der Listen über entliehene Bücher der Herzog Augugst Bibliothek Wolfenbüttel Aufstellungen unter verschiedensten Gesichtspunkten und gibt damit, vorbehaltlich der unterschiedlichen Ausleihpolitik der jeweiligen Bibliotheksleiter, weitreichende Einblicke in die Geschichte des Lesens.

der rezipierten Literatur. Dies schließt dann auch damals nichtzeitgenössische Autoren mit ein.

1.2.4 Aufbereitung des Materials

Eine oder mehrere Eintragungen in Stammbüchern oder auch Stammbücher selbst können, so aufschlußreich sie im Einzelfall –vor allem biographisch– auch sein mögen, nicht als Grundlage für eine Mentalitätengeschichte gelten. Vielmehr muß die Erforschung von Kultur im weitesten Sinne abseits von jeglicher impressionistischen Vorgehensweise systematisiert werden.[106] Diese systematische Untersuchung von Kollektiven wird durch eine Quantifizierung der Quellen erreicht. Stammbücher weisen, was für die Quantifizierung ausschlaggebend ist, einen sehr hohen Grad an Homogenität auf, d.h. alle Eintragungen in Stammbüchern können in ein Raster gebracht werden. Das Prinzip der Stammbucheintragungen bleibt über lange Zeiträume hinweg dasselbe.

Wenn es sich bei Eintragungen, wie meistens, um Abschieds- und/oder Glückwünsche der banalsten Art handelt, werden sie für diese Arbeit nicht berücksichtigt. Hier handelt es sich darum, Inhalte zu bestimmen. Von insgesamt ca. 40.000 eingesehenen Eintragungen wurden die nicht-studentischen und die inhaltlich nicht weiter verwertbaren Eintragungen ausgesondert. Eintragungen, die über die eben genannte Art hinausgehen, bilden also das Untersuchungskorpus. Dieses besteht aus genau 3.529 Eintragungen, über den Zeitraum von 60 Jahren verteilt. Im selben Zeitraum studierten jährlich durchschnittlich 7.537 Studenten an deutschen Universitäten. Dabei schwanken die Frequenzen von 8.105 im Jahrfünft 1741/45, was 1746/50 noch einmal auf den für das erste Drittel des 18. Jahrhunderts schon erreichten bzw. übertroffenen Wert von 8.833 anstieg, um dann am Vorabend der Französischen Revolution im Jahrfünft 1786/90 auf 7.494 und schließlich 1796/1800 auf nur noch 5.990 abzufallen.[107] Vollends

[106] Vgl. Michel Vovelle: Ideologies and Mentalities, S.18/19.

[107] Für 1811/15 errechnet Eulenburg gar nur noch Studentenzahlen von un-

deutlich wird der Schwund an Studenten, wenn man deren Frequenz zur Anzahl der Gesamtbevölkerung in Beziehung setzt. Kamen 1736/40 auf einen Studenten noch 1431 Einwohner, so sind es 1801/05 schon 3811 Einwohner pro Student.[108] Es läßt sich also sagen, daß in Bezug auf die Avantgarde der Studenten [109] –um die es hier geht– das Maß der Repräsentativität erfüllt und überschritten ist. Dies gilt umso mehr, wenn man bedenkt, daß –anders als bei repräsentativen Umfragen– bereits eine engere Bestimmung des zu untersuchenden Bevölkerungsteils durch die Beschränkung auf Studenten erfolgt ist. Da aber letztlich nicht die Eintragungen selbst, sondern die in diesen enthaltenen Texte untersuchungsrelevant sind, ist diese Zahl und sowieso die Anzahl der untersuchten Stammbücher von nur untergeordnetem Interesse. Es handelt

---

ter 5.000 an deutschen Universitäten. Danach stiegen sie bis 1830 auf etwa das Dreifache sprunghaft an. Vgl. Franz Eulenburg: Die Frequenz der deutschen Universitäten von ihrer Gründung bis zur Gegenwart. In: Abhandlungen der phil. -hist. Klasse der Kgl.-Sächs. Gesellschaft der Wissenschaften. Bd.XXIV/II. Leipzig 1904, hier: S.130-188, besonders die Tabelle der Frequenzen S.164/165. Eulenburg berechnet die Frequenzen des Zeitraums vor 1830 aus den überlieferten Inskriptionen mittels einer von ihm ermittelten Formel. [s. Eulenburg, S.29-42.] Es handelt sich bei den Frequenzen also nicht um belegte Zahlen, sondern um Näherungswerte.

[108] S. Konrad H. Jarausch: Die neuhumanistische Universität und die bürgerliche Gesellschaft 1800-1870. Eine quantitative Untersuchung zur Sozialstruktur der Studentenschaft deutscher Universitäten. In: Darstellungen und Quellen zur Geschichte der deutschen Einheitsbewegung im 19. und 20. Jahrhundert. Hrsg. von Christian Probst u.a. Heidelberg 1981, S.11-58, hier: S.16-18. Jarausch nennt aber nicht nur Zahlen dieser Art, sondern er untersucht Alter, Vorbildung, Religion, regionale und soziale Herkunft der Studenten, sowie deren Verteilung auf die Fakultäten anhand der Matrikeln von fünf Universitäten (Tübingen, Göttingen, Erlangen, Kiel und Heidelberg).

[109] Auch die schon besprochenen Arbeiten zur nationalen Politisierung der Studenten gehen von einer Avantgarde aus. Das Wartburgfest war nicht die Angelegenheit aller Studenten. Zudem handelte es sich hier zwangsläufig um protestantische Studenten. Deren aktiver Teil kann mit den progressiven Kräften innerhalb der Studentenschaft im gesamten als nahezu deckungsgleich bezeichnet werden. Vgl. dazu auch Hardtwig: Die Burschenschaften zwischen aufklärerischer Sozietätsbewegung und Nationalismus, S.51.

sich also um insgesamt 5.348 Texte (viele Eintragungen enthalten mehrere Texte), von denen allein 3.373 auf die neunziger Jahre des 18. Jahrhunderts entfallen. Das Erkenntnisinteresse dieser Arbeit richtet sich, wie bereits erwähnt, vor allem auf die mentalitäts(um)bildende Funktion der Französischen Revolution. Die dieser vorhergehenden fünfzig Jahre bilden –je nachdem– einen kontrastierenden oder aber auch grundlegenden Hintergrund. Für diese summarische Betrachtung reichte eine Materialbasis aus, die aufgrund ihrer geringeren Menge im Vergleich zu der der neunziger Jahre nicht so differenziert ist wie eben die der neunziger Jahre. Die Basis wird aber immer umfangreicher, je näher die Zeit ihrer Entstehung dem Ereignis der Französischen Revolution rückt. Von daher werden dann, wenn es entscheidend wird, Entwicklungslinien sichtbar, die die Revolution nicht als unvermittelten, harten Bruch erscheinen lassen. Vielmehr basiert das Denken und Fühlen der Französischen Revolution auf einem Kontinuum von Mentalitäten, auch in Deutschland. Die Bedeutung der Französischen Revolution liegt hauptsächlich in ihrer katalysatorischen Wirkung auf die schon vorhandenen Mentalitäten und weniger ihrer, wenngleich ebenfalls gegebenen, Wirkung auf die Bildung neuer Vorstellungen für Deutschland.

Um über eine historische Semantik[110] Mentalitäten von Studenten festzustellen, vergab ich für die Texte Kennworte, die diese inhaltlich bestimmen. Auf diese Weise bildete ich 64 Rubriken. Es handelt sich hier also um ein „von heute aus festzulegendes Konstrukt“[111]. Im Gegensatz zu einer gleichsam „intuitiven Ideengeschichte“[112] werden hier aber nicht zu Begriffen, die von ihrer

---

[110]S. Stephen Ullmann: The Principles of Semantics. (1957) Oxford/3.Aufl.1963, hier: Kapitel IV: Historical Semantics, S. 171-257; Dietrich Busse: Historische Semantik. Analyse eines Programms. Stuttgart 1987; vgl. auch Sellin: Mentalität und Mentalitätsgeschichte, S.576/77.

[111]Heiner Schultz: Begriffsgeschichte und Argumentationsgeschichte. In: Historische Semantik und Begriffsgeschichte. Hrsg. von Reinhart Koselleck. Stuttgart 1978, S.43-74, hier: S.66.

[112]Vgl. Rolf Reichardt: «Histoire des Mentalités», S.157/158.

späteren Wirksamkeit her gesetzt werden, Belege vom heutigen Kanonverständnis aus gesucht.[113] Vielmehr wird aufgrund eines für die Fragestellung aussagekräftigen Quellenmaterials die Bedeutung von Texten zum ausschlaggebenden Kriterium für die Bildung von Kategorien, unter denen sich Mentalitäten besprechen lassen. Wichtig war nicht nur die diese Untersuchung voraussetzende Erfassung der Texte unter den gebildeten Kennworten, sondern auch deren Revision.[114] So wurden die zunächst unter dem Kennwort *Tugend* subsumierten Texte in weitere Gruppen differenziert. Andererseits gehen jetzt die zunächst *Königsherrschaft* genannten Texte in der Rubrik *Despotismus* auf, da die „geschichtlich-soziale ‚Situierung'" [115] in diesem Falle die beiden Rubriken gleichsetzt, wie sich aus einem Vergleich ergab. Die Texte sind in chronologischer Folge den sie betreffenden Kennworten zugeordnet, so daß die Geschichte einer dieser Rubriken der Entwicklung eines Bausteins der studentischen Mentalität entspricht. Dieses Prinzip wird in die Darstellung übernommen. Die Textgruppe, die unter einem bestimmten Kennwort gefaßt werden kann, wird zum einen in ihrer jeweiligen Entwicklung und zum anderen auch in eventuell vorkommenden Konstellationen mit anderen so gewonnenen Textgruppen betrachtet. Einer jeweils kurzen, sich auf eine allgemeine Kennzeichnung und etwaig Hervorzuhebendem beschränkenden statistischen Einführung[116] folgt

[113] Diese Methode wird betrieben in: Geschichtliche Grundbegriffe. Historisches Lexikon zur politisch-sozialen Sprache in Deutschland. Hrsg. von Otto Brunner, Werner Conze und Reinhart Koselleck. Bd.1-6. Stuttgart 1972-1990.

[114] Vgl. auch Hans-Ulrich Gumbrecht: Für eine phänomenologische Fundierung der sozialhistorischen Begriffsgeschichte. In: Historische Semantik und Begriffsgeschichte. Hrsg. von Reinhart Koselleck. Stuttgart 1978, S.75-101, hier: S.92.

[115] Rolf Reichardt: Einleitung. In: Handbuch der politisch-sozialen Grundbegriffe in Frankreich 1680-1820. Hrsg. von Rolf Reichardt und Eberhard Schmitt. Heft 1/2. München 1985, S.39-148, hier: S.83.

[116] Sie arbeitet mit Verhältnissen, nicht mit absoluten Zahlen, da ihre Grundlage nicht durchgängig in allen Jahrzehnten des Untersuchungszeitraums dieselbe Dichte aufweist.

eine Explikation der, aus dem betreffenden Korpus stellvertretend für die übrigen ausgewählten Texte.[117] Kapitel 2 behandelt die Frage nach einem göttlichen Wirken im und nach dem Leben des Menschen, aber auch die nach einer Eigenständigkeit des menschlichen Willens. Kapitel 3 geht auf den Primat der Tugend als ethisches Postulat gegen eine beim herrschenden Adel gesehene Korrumpiertheit der Sitten ein, und stellt dessen Beitrag zu einem standesunabhängigen gesellschaftspolitischen Denken heraus. Kapitel 4 schließlich zeigt, wie sich gesellschaftliche Vorstellungen entwickeln und teilweise radikalisieren, zum Teil vor der Französischen Revolution, zum Teil als parallele Erscheinung zu dieser oder auch unter deren Einfluß.

Die quantifizierende Auslegung der Quellen muß durch eine symbolische ergänzt werden. Das Symbol –der sprachliche Ausdruck– ist über den Gedanken –seine Bedeutung– auf den Referenten –die bezeichnete Wirklichkeit– zu beziehen.[118] Die Zahlen der Statistik müssen mit genauen Inhalten gefüllt werden. Nur so kann eine alles nivellierende Betrachtungsweise vermieden wer-

---

[117] Es kann nicht sinnvoll sein, diese Texte allein als Anlaß zu betrachten, diesen gleichende Inhalte in anderen Gattungen zu suchen. Indem er dieses Verfahren wählt, weicht Dickenberger vom einmal eingeschlagenen Weg ab, Grabinschriften zum Gegenstand seiner Untersuchung zu machen und erstickt seine Aussagen in einem Wust von heterogenem Material. Das Bestreben, eine durchaus imponierende Belesenheit zu zeigen, steht hier methodischer Klarheit entgegen. Vgl. Udo Dickenberger: Liebe, Geist, Unendlichkeit. Die Inschriften des Stuttgarter Hoppenlau-Friedhofs und die poetische Kultur um 1800. Hildesheim, Zürich, New York 1990. Phil.Diss. Stuttgart.

[118] Vgl. Charles Kay Ogden und Ivor Armstrong Richards: Die Bedeutung der Bedeutung. Frankfurt a.M.1974, S.18 (Original: The meaning of meaning. New York 1923.); Artikel „Semiotisches Dreieck" in: Hadumod Bußmann: Lexikon der Sprachwissenschaft. Stuttgart 1983, S.460/461; Karlheinz Stierle: Historische Semantik und die Geschichtlichkeit der Bedeutung. In: Historische Semantik und Begriffsgeschichte. Hrsg. von Reinhart Koselleck. Stuttgart 1978, S.154-189, hier S.170-172. Stierle will den Gedanken, hier als Referenz bezeichnet, in „zwei unterschiedliche Momente, ein ‚subjektives' und ein ‚objektives'" unterschieden wissen [S.171.]. Von dieser einsichtigen Unterscheidung kann hier aus Gründen der Durchsichtigkeit des Modells abgesehen werden.

den, die aus einer als Hörigkeit gegenüber der seriellen Methode zu bezeichnenden Euphorie der «nouvelle histoire» in einer vergangenen Phase[119] hervorgegangen war. Um eine weitere Form der Einebnung der verschiedenen Ausprägungen einer Mentalität auf deren hauptsächlich vertretene zu vermeiden, konnte den tatsächlichen quantitativen Verteilungen in der Darstellung nicht der jeweils im Verhältnis entsprechende Raum gegeben werden. Vielmehr reicht für die Beschreibung auch überwiegender Haltungen annähernd der gleiche Raum aus wie für die avantgardistischer Studenten. Solchergestalt richtet sich das Hauptaugenmerk der Untersuchung also auf die Unterschiede im anscheinend Gleichartigen.

Nicht jede der die Gesamtheit der ermittelten Texte untergliedernde Rubrik wird auch besprochen. Die für die Erforschung des Alltags interessanten Texte, die Geselligkeit, Sorge um den künftigen Broterwerb, Fragen des Studiums, Stellungnahmen zur Liebe und Geschlechterbeziehung, spielerische Tändeleien, oder auch die Lust am Leben beinhalten, sind ebenso nicht aufgenommen wie allgemeine Abschiedswünsche oder auch Stellungnahmen zu Wissenschaft und Kunst. Meist bestehen die Texte innerhalb dieser Rubriken aus mit der Methode dieser Arbeit nicht weiter aufschlüsselbaren Banalitäten oder –überwiegend– aus Allgemeinplätzen, die inhaltlich nicht weiter aussagekräftig sind. Zudem sind sie oft auch von verschwindend geringer Anzahl, so daß man sie dann nicht als Teil eines kollektiven Ausdrucks nehmen kann. Letzteres trifft für die unter *Freundschaft* subsumierten Texte nicht zu. Dennoch sind sie nicht Teil dieser Arbeit, und zwar deswegen, weil sie zum einen überwiegend ebenfalls Allgemeinplätze sind. Zum anderen sind sie, und das bedingt auch den ersten Einwand mit, gat-

[119] Vgl. dazu die kritische Wertung Dubys: „Ein großer Traum: der Gebrauch der Zahl und ihres Dezimalsystems erzeugte die Illusion der Exaktheit und die Vorstellung, daß die Geschichte eine Naturwissenschaft sein könnte. Wir wissen jetzt, daß nicht alles quantifizierbar ist und daß eine Überfülle von zahlenmäßigen Präzisierungen täuschen kann.“ [Duby: Über einige Grundtendenzen der modernen französischen Geschichtswissenschaft, S.547.].

tungsbedingt. Eintragungen zur Freundschaft sind in den oftmals der Freundschaft gewidmeten Stammbüchern zu erwarten und daher vom quellenkritischen Standpunkt aus gesehen von geringerem Wert. Das heißt aber nicht, daß ein bestimmender Aspekt der Kultur des 18. Jahrhunderts, eben die Freundschaft,[120] in der hier vorliegenden Mentalitätengeschichte dieser Zeit nicht vertreten wäre. Sie ist in Texten vordergründig anderen Inhalts präsent, teils als Bedingung, teils als Folge oder auch als Wunsch.[121] Hier finden sich Texte, die über die gleichsam pflichtgemäße Gebrauchsform von bloßen Freundschaftsbekundungen innerhalb eines von der Gattung vorgegebenen Rahmens hinaus Aussagen über die besondere Qualität von Freundschaft im 18. Jahrhundert als Teil einer allgemeinen moralischen Haltung zulassen.

1.2.5 Historische Semantik

In Deutschland arbeiteten Sprachwissenschaftler traditionell auf dem Felde der historischen Einzelwort-Semantik.[122] In neuerer Zeit nahmen sich Philosophen und Sozialhistoriker des von der Philologie nun vernachlässigten Gebiets an.[123] Gerade an

[120] Vgl. Wolfdietrich Rasch: Freundschaftskult und Freundschaftsdichtung im deutschen Schrifttum des 18. Jahrhunderts vom Ausgang des Barock bis zu Klopstock. Halle 1936, bes. S.63 ff.; Friedrich Tenbruck: Freundschaft. Ein Beitrag zu einer Soziologie der persönlichen Beziehungen. In: Kölner Zeitschrift für Soziologie und Sozialpsychologie 16 (1964), S.431-450; Walter Hornstein: Vom „jungen Herrn“ zum „hoffnungsvollen Jüngling“, bes. S.57; Wolfgang Hardtwig: Selbstbestimmung und Gemeinschaftsbildung. Zur Geschichte des Vereinswesens in Deutschland am Leitfaden der Begriffe Gesellschaft, Geheimgesellschaft, Verein, Assoziation, Genossenschaft, Gewerkschaft. Habilschr. Masch. München 1981, S.208 ff.

[121] Vgl. vor allem das Kapitel 3.

[122] Vgl. als prominentesten Vertreter der Junggrammatiker Hermann Paul: Prinzipien der Sprachgeschichte. (1880) Tübingen 8. Aufl./1968; Jost Trier: Der deutsche Wortschatz im Sinnbezirk des Verstandes. Bd.1. Heidelberg 1931.

[123] Historisches Wörterbuch der Philosophie. Hrsg. von Joachim Ritter und Karlfried Gründer. Bde.1-8. Darmstadt 1971-1992; Geschichtliche Grund-

dieser Art von Begriffsgeschichte kam aber sehr schnell Kritik auf. „Die Konstruktion kontextfreier oder nur in minimalem Umfang kontextorientierter Wort- und Begriffsgeschichten wird dem Phänomen des Bedeutungswandels nicht gerecht. Gerade weil die neue Bedeutung vom ereignishaften Kontext ihres Diskurses und dessen eigener Diskurstradition nicht ablösbar ist, erscheint die wortgeschichtliche Praxis der bloßen Belegsammlung und Auswertung und der Berufung auf Wörterbuchdefinitionen als problematisch.“[124]

Die „Geschichtlichen Grundbegriffe“ bestehen überdies aus einem vorab festgelegten Korpus von Begriffen, die von heute aus gesehen Geschichte erklären. [125] Beschrieben wird der Wandel dieser Begriffe von nicht kommentarlos verständlichen zu heute unmittelbar verständlichen Begriffen.[126] Durch diesen teleologischen Blick auf die Geschichte, wohin sie sich entwickelt hat, wird die Einsicht in die jeweilige Erscheinungsform zum historischen Zeitpunkt verstellt. Der heuristische Vorgriff auf die Annahme einer „Sattelzeit“ [127] bleibt von dieser Kritik also unberührt.[128] Die „Sattelzeit“ ist gekennzeichnet durch eine Demokratisierung, Verzeitlichung (mit der Bildung von -ismen), Ideologisierbarkeit und Politisierung der Begriffe.[129] Gleichfalls kritisiert werden muß allerdings die Quellengrundlage, deren Zusammensetzung vor allem von der heuti-

---

begriffe. Historisches Lexikon zur politisch-sozialen Sprache in Deutschland. Hrsg. von Otto Brunner, Werner Conze, Reinhart Koselleck. Bde.1-6. Stuttgart 1977-1990; Zur Geschichte der historischen Semantik in den Philologien vgl. Karlheinz Stierle: Historische Semantik und die Geschichtlichkeit der Bedeutung. In: Historische Semantik und Begriffsgeschichte. Hrsg. von Reinhart Koselleck. Stuttgart 1978, S.154-189, hier: S.154-164.

[124]Karlheinz Stierle: Historische Semantik, S.188.

[125]Vgl. auch den Artikel „Begriffsgeschichte“ in: Historisches Wörterbuch der Philosophie. Hrsg. von Joachim Ritter. Bd.1, S.788-808.

[126]Vgl. Kosellecks „Einleitung“. In: Geschichtliche Grundbegriffe. Bd.1, S.XII-XXVII, hier: S.XV.

[127]In Kosellecks „Einleitung“ zu „Geschichtliche Grundbegriffe“, S.XV.

[128]Nicht so bei: Heiner Schultz: Begriffsgeschichte und Argumentationsgeschichte, hier: S.45.

[129]Vgl. Einleitung zu Geschichtliche Grundbegriffe, S.XVI-XIX.

gen Wirkung der Texte ausgeht und so in mancher Hinsicht eine konventionelle Ideengeschichte hervorbringt.[130] Ob letztere dann repräsentativ für die ganze Gesellschaft sein kann, was angestrebt war, ist mehr als fraglich. Einwendungen in bezug auf die Theorie der Begriffsgeschichte Kosellecks,[131] die „den (meta-)theoretischen Anforderungen an eine Theorie, insbesondere dem Definitionsangebot“[132], nicht genüge, können unter Hinweis darauf zurückgewiesen werden, daß die Erfüllung aller theoretischen Forderungen und Grundlagen nicht absehbar sei.[133] Von daher erscheint es besser, begriffsgeschichtliche Untersuchungen trotzdem zuzulassen, als eine „methodische Strenge“ zu fordern, die „den Gegenstand begriffsgeschichtlicher Untersuchungen auflöst“.[134] Stattdessen propagiert Schultz die Ausweitung der Begriffsgeschichte zur Argumentationsgeschichte. Dies ist vor allem eine Ausweitung ihrer materiellen Grundlagen. Die Höhenkammliteratur wäre danach keine herausgehobene Quellengattung mehr, sondern „anderen Textsorten und Kommunikationsformen“[135] gleichgestellt.

Initiatorin von deutschen Untersuchungen vor allem der revolutionären Sprachpolitik in Frankreich[136] ist Schlieben-Lange.[137]

---

[130] Vgl. dazu: Heiner Schultz: Begriffsgeschichte und Argumentationsgeschichte, S.49-51; Helmut Berding: Begriffsgeschichte und Sozialgeschichte. In: Historische Zeitschrift Band 223 (1976), S.98-110, hier: S.99.

[131] Vgl. Koselleck: „Einleitung“ zu „Geschichtliche Grundbegriffe“; Ders.: Begriffsgeschichte und Sozialgeschichte. In: ?? , S.107-129.

[132] Heiner Schultz: Begriffsgeschichte und Argumentationsgeschichte, S.52.

[133] Heiner Schultz: Begriffsgeschichte und Argumentationsgeschichte, S.54.

[134] Heiner Schultz: Begriffsgeschichte und Argumentationsgeschichte, S.54.

[135] Heiner Schultz: Begriffsgeschichte und Argumentationsgeschichte, S.65.

[136] Vgl. Reichardt: Von der politisch-ideengeschichtlichen zur soziokulturellen Deutung der Französischen Revolution. Deutschsprachiges Schrifttum 1946-1988. In: Geschichte und Gesellschaft. 15. Jahrgang 1989. Heft 1, S.115-143, hier: S.138.

[137] Vgl. den Bericht: Brigitte Schlieben-Lange: Die Französische Revolution und die Sprache. In: Sprache und Literatur in der Französischen Revolution (Zeitschrift für Literaturwissenschaft und Linguistik 11). Hrsg. von Brigitte Schlieben-Lange. Göttingen 1981, S.90-123; Dies.: Schriftlichkeit und Mündlichkeit in der Französischen Revolution. In: Schrift und Gedächtnis. Beiträge

Sie weitet die Quellengrundlage von einer schriftlichen zu einer mündlichen hin aus, wobei es ihr „besonders auf die Erfassung von Zwischenformen“[138] ankommt. Dabei hebt sie vor allem die Problematik der Vermittlung und die Dialoghaftigkeit hervor.[139] Abstrahiert läßt sich dieses Muster auch auf Stammbücher anwenden. Sie vermitteln Inhalte in einer Halböffentlichkeit und geben auch fallweise Dialogen Raum. Das Stammbuch wird zwar einsam gelesen, aber nicht nur vom Besitzer, sondern von vielen Eintragenden, die sich manchmal durch Bezugnahme auf andere Eintragungen quasi-oraler Mittel bedienen. Eine historische Semantik betreibt Schlieben-Lange selbst allerdings nicht, genausowenig wie das von ihr und Rolf Reichardt eingeleitete Buch Guilhaumous[140]. Guilhaumou untersucht an Texten der Revolution die Revolutionierung der Sprache und die daraus entstandene politische und demokratische Sprache. Als Ergebnis konstatiert er das erst in dieser Zeit überhaupt entstandene Sprachbewußtsein und die daraus folgende Festigung der Sprache durch Sprachökonomie. Dabei trägt die sprachliche Vernunft ihrerseits zu einer revolutionären Rationalität bei.[141]

Für das Feld der Bedeutungsgeschichte von Begriffen steht das „Handbuch politisch-sozialer Grundbegriffe“[142] aufgrund sei-

---

zur Archäologie der literarischen Kommunikation. Hrsg. von Aleida und Jan Assmann, Christof Hardmeier. München 1983, S.194-211.

[138] Schlieben-Lange: Schriftlichkeit und Mündlichkeit in der Französischen Revolution, S.194.

[139] Vgl. Schlieben-Lange: Schriftlichkeit und Mündlichkeit in der Französischen Revolution, S.194-197.

[140] Jacques Guilhaumou: Sprache und Politik in der Französischen Revolution. Vom Ereignis zur Sprache des Volkes (1789 bis 1794). Aus dem Französischen von Kathrina Menke. Frankfurt a.M.1989. Darin: Rolf Reichardt und Brigitte Schlieben-Lange: Die Französische Revolution als Revolution der Kommunikation und der Sprache, S.9-19.

[141] Vgl. Guilhaumou: Sprache und Politik, S.36-38 und 43.

[142] Handbuch politisch-sozialer Grundbegriffe in Frankreich 1680-1820. Hrsg. von Rolf Reichardt und Eberhard Schmitt. München 1985 ff.; künftig abgekürzt: HPSG.

ner Größe und Methodik im deutschsprachigen Raum einzig da.[143] Es ist wie die „Geschichtlichen Grundbegriffe" ein Gemeinschaftswerk, um die große Fülle von Schlüsselbegriffen für eine ganze Gesellschaft repräsentativ untersuchen zu können. Es beschränkt sich aber im Gegensatz zu jenem darauf, „die These von der sprachlichen Zäsurwirkung der F[ranzösischen] R[evolution] systematisch zu prüfen" [144]. Durch diese Einschränkung wird eine Konzentration auf den Bedeutungswandel ermöglicht, im Gegensatz zum zwangsläufig mit einem Überblick gefüllten chronologischen Rahmen der „Geschichtlichen Grundbegriffe" von der Antike bis zur Gegenwart. Außerdem dringt das „Handbuch" aufgrund seiner sozial repäsentativeren Quellengrundlage tiefer in das gesellschaftliche Bewußtsein ein, als die letztlich doch noch über weite Strecken hinweg im Ergebnis als Ideengeschichte zu bewertenden „Geschichtlichen Grundbegriffe". Eine serielle Auswertung war jedoch wegen der Heterogenität der Quellen auch hier nicht möglich. Reichardt schätzt den Begriff als „Typus" ein, „welcher dem linguistischen Konzept der ‚Bedeutung 'entspricht."[145] Die Typen sind es, aus denen ein Sinnbildungsprozeß im wesentlichen abzulesen ist und die diesen auch wiederum mitsteuern.[146]

---

[143]Vgl. ergänzend: Lucian Hölscher: Öffentlichkeit und Geheimnis. Eine begriffsgeschichtliche Untersuchung zur Entstehung der Öffentlichkeit in der frühen Neuzeit. Stuttgart 1979; Karl H. Ilting: Naturrecht und Sittlichkeit. Begriffsgeschichtliche Studien. Stuttgart 1983; Wolfgang Hardtwig: Selbstbestimmung und Gemeinschaftsbildung. Zur Geschichte des Vereinswesens in Deutschland am Leitfaden der Begriffe Gesellschaft, Privatgesellschaft, Geheimgesellschaft, Verein, Assoziation, Genossenschaft, Gewerkschaft. Habilschr. Masch. München 1981; Robert Jütte: Abbild und soziale Wirklichkeit des Bettler- und Gaunertums zu Beginn der Neuzeit. Sozial-, mentalitäts- und sprachgeschichtliche Studien zum Liber vagatorum (1510). Köln, Wien 1988, bes. S.117-141.

[144]Reichardt: Von der politisch-ideengeschichtlichen zur sozio-kulturellen Deutung der Französischen Revolution, S.139.

[145]Rolf Reichardt: Einleitung. In: HPSG Heft 1/2, S.39-148, hier: S.66.

[146]Reichardt bezieht sich in seiner Argumentation hauptsächlich auf: Berger, Luckmann: Die gesellschaftliche Konstruktion der Wirklichkeit, S.39, 72/73 und 167-183; A. Schütz, T. Luckmann: Strukturen der Lebenswelt. Bd.1.

„Als gemeinschaftliche Orientierungsregeln und ‚Typen ‘sind Bedeutungen von Begriffen somit weniger Indikatoren als vielmehr hauptsächlich Faktoren des sozialen Lebens, die kollektive Erfahrungen bündeln, wesentlich zur psychisch-kulturellen Infrastruktur einer Zeit („outillage mental“, L. Febvre) gehören, Einstellungen und Mentalitäten prägen, Kommunikation und gemeinsames Handeln ermöglichen und steuern, ja gesellschaftliche Grundwerte kristallisieren.“[147] Das „Handbuch politisch-sozialer Grundbegriffe“ ist bestrebt, paradigmatische und syntagmatische Beziehungen, funktionale Antonyme und die historischen Konkretisierungen eines Begriffs zu Begriffsfeldern zusammenzufassen[148], gesteht aber schon vorab ein, dies nur begrenzt leisten zu können[149]. Das angegebene Vorhaben holte Reichardt später nach.[150] Er untersuchte hier nicht nur die als wichtig für die revolutionären Mentalitäten ermittelten Begriffe, sondern auch deren Komplementär- und Gegenbegriffe und erstellte Begriffsnetze sich aufeinander beziehender oder voneinander abhebender synchroner Begriffe, um so den Inhalt vor allem des Schlüsselbegriffs selbst erhellen zu können. Nun ist es für das Verständnis von Mentalitäten aber auch wichtig, zu erfahren, wie sich z.T. diachron auftauchende Mentalitäten zueinander verhalten. Löst eine Mentalität die andere in der Chronologie ab oder geht jene in diese über? Handelt es sich ferner in jedem dieser beiden Fälle um Korrelationen oder Gegensatzpaare? Darauf kann Reichardt mit seiner Methode keine Antworten geben. Ferner muß er die im „Handbuch politisch-sozialer Grundbegriffe“ angestrebte Quantifizierung der Quellen aufgeben

---

Frankfurt 1979, S.224-282.

[147] Reichardt: Einleitung zum HPSG, S.67.

[148] Vgl. Reichardt: Einleitung zum HPSG, S.85.

[149] Vgl. Reichardt: Einleitung zum HPSG, S.80.

[150] Rolf Reichardt: Revolutionäre Mentalitäten und Netze politischer Grundbegriffe in Frankreich 1789-1795. In: Die Französische Revolution als Bruch des gesellschaftlichen Bewußtseins. Hrsg. von Rolf Reichardt und Eberhard Schmitt. München 1988, S.185-215; vgl. dazu auch: Annie Geffroy, Pierre Lafon, Maurice Tournier: Lexicometrical Analysis of Co-occurrences. Centre National de la Recherche Scientifique 1972.

und kehrt –den Erfordernissen der Untersuchung folgend– zu einer Kanonisierung weniger ausgewählter Texte zurück.

Die hier vorliegende Arbeit untersucht nun nicht einzelne Begriffe, ob für sich oder auch in „Begriffsnetzen". Vielmehr sind Texte ihre Grundlage, und zwar als ganze. Ihre Inhalte werden analysiert. Die für sie vergebenen Kennworte selbst werden nicht besprochen. Sie sind gleichsam der kleinste gemeinsame Nenner, unter den jeweils bestimmte Texte inhaltlich gefaßt werden können. So können Texte einer Inhaltsgruppe in ihrer Entwicklung innerhalb der zeitlichen Abfolge betrachtet werden. Darüberhinaus ist durch den Vergleich der verschiedenen Rubriken ein Einblick in die Ebene der Gleichzeitigkeit von Mentalitäten möglich. Ein Beziehungsgefüge, auch zunächst verschieden erscheinender Mentalitäten, wird erkennbar.

Historische Semantik ist also nicht zwangsläufig Begriffsgeschichte.[151] Sie auch auf größere sprachliche Einheiten zu beziehen, ist die Konsequenz aus Zweifeln daran, „ob (wie auch immer definierte) Begriffe als solche allein schon in der Lage sind, jene erfahrungsstrukturierende und konzeptorientierende Funktion zu erfüllen, die ihnen in Kosellecks Konzept der historischen Semantik zugesprochen werden"[152]. Schon Robin sprach dem Diskurs-Konzept zu, die Linguistik grundlegend zu modifizieren und damit auch erneut das Problem der Lexikologie zu problematisieren.[153] Das Konzept des Diskurses ermöglicht die unterschiedlichsten Fragestellungen. Die Geschichtswissenschaft muß sich allerdings fragen lassen: «Pourquoi le discours, la façon dont les hommes dans leurs pratiques, appartenant à des groupes sociaux définis, dans des situations précises, se définissent et définissent le monde, leur histoire, leurs rapports, la façon dont ils expriment tout cela dans

[151]Eine historische Semantik im Sinne eines sprachtheoretischen Ansatzes, der „auf eine Geschichte des Wissens über die Verwendungsregeln und -bedingungen sprachlicher Zeichen" zielt, stellt Busse in „Historische Semantik", hier: S.22/23, vor.

[152]S. Busse: Historische Semantik, S.94.

[153]s. Robin: Langage et idéologies.

leur langue avec les mots qui sont les leurs depuis le néologisme jusqu'au stéréotype, les figures de styles qu'ils affectionnent, les métaphores qui à leur insu s'imposent à eux, les tournures syntaxiques qu'ils utilisent de façon récurrente, pourquoi tout cela ne constituerait-il pas á part entière un domaine de l'Histoire?»[154] Bei den beziehungsreichen und zusammenhangsbezogenen sprachlichen Einheiten –den Diskursen– handelt es sich gleichwohl nicht um den strukturalistischen Begriff des Diskurses wie er von Foucault vertreten wird.[155] Die „Archäologie“ ist ein theoretisches Modell, das Foucault aus seinen analysierenden Arbeiten destillierte. Der Diskurs strukturiert für Foucault Wissen, führt aber neben Denken und Sprache eine eigene Existenz, die auch nicht als Bindeglied zwischen ihnen bezeichnet werden kann. Deshalb können die Äußerungen des Diskurses in der Sprache nach Foucault auch nicht der Gegenstand der Untersuchung sein. Diese Erkenntnis kann in Bezug auf eine historische Semantik nicht fruchtbar gemacht werden. Busse entwickelt deshalb aus Foucaults Konzept des Diskurses ein praktikables Instrumentarium, das die diskursiven Aussagen in ihrer sprachlichen Erscheinungsform als Äußerungen zu untersuchen erlaubt. Ihr teilweise vielfältiger und an Situationen gebundener Sinn muß beschrieben werden. Mit der vorliegenden Arbeit versuche ich dies und entspreche damit der Forderung Busses, daß in einer richtig betriebenen historischen Semantik die notwendigen Erkenntnisse „nur durch Interpretation von Serien diskursiver Ereignisse (d.h. Äußerungen einzelner Texte, aber auch durch verschiedenartige[156] Texte hindurch) und das Bestimmen der Regelmäßigkeit ihres Auftauchens eruiert werden [können]. [...] Als Interpretation historischer Pro-

---

[154]S. Robin: Langage et idéologies, S.5.

[155]Michel Foucault: Archäologie des Wissens. Frankfurt a.M. 1973 (französisches Original „L'archéologie du savoir. Paris 1969.).

[156]Sollten hiermit heterogene Quellengattungen gemeint sein, was durchaus nicht eindeutig ist, so wäre dem mit einem Hinweis auf Reichardts Darstellung des Vorzugs homogener Quellen in Serien zu entgegnen. Vgl. Reichardt: «Histoire des Mentalités», S.137.

zesse der Wissenskonstitution kann sich die historische Semantik nicht allein auf die isoliert gesehenen Äußerungen als Material beschränken; vielmehr muß sie die untersuchten Sinn-Prozesse in den Zusammenhang historischer und sozialer Gegebenheiten stellen, welche ihre Hervorbringung letztlich erst ermöglicht haben.“[157] Daß Busse mit Foucault den Diskurs „als Teil eines das Wissen und die damit zusammenhängende diskursive und nichtdiskursive Praxis strukturierenden und ermöglichenden Formationssystems“[158] verstanden wissen will, ist hier nicht von Belang. Die Weiterentwicklung des Diskurs-Konzepts durch Busse ist auch auf eine historische Semantik anwendbar, die die Beschreibung von Mentalitäten zum Ziel hat. Die „diskursive Formation“[159] prägt nicht nur Begriffe oder auch Theorien, wie sie Foucault untersucht. [160] Ebenso werden im Diskurs über die sprachlichen Äußerungen Mentalitäten faßbar. Der Diskurs begrenzt, ganz allgemein gesagt, „das in einer Epoche zu sagen, zu denken und zu tun Mögliche“[161]. Damit umfaßt er auch Mentalitäten, die gleichfalls unter einem Zwang der Geschichte stehen. Mentalitäten als beständige, unwillkürliche Erscheinungen der Kollektive können in diesem Sinne als Diskurse betrachtet und folglich durch eine der Diskursanalyse analoge Methode erfaßt werden.

---

[157] Busse: Historische Semantik, S.307.

[158] Busse: Historische Semantik, S.224.

[159] Busse: Historische Semantik, S.225.

[160] Vgl. Michel Foucault: Die Ordnung der Dinge. Frankfurt a.M. 1971 (französisches Original: „Les mots et les choses“. Paris 1966.) Weil die diskursive Formation regelmäßig ist, kann Foucault Theorien in der Biologie, Ökonomie und Sprachwissenschaft des 18. Jahrhunderts als zum selben Diskurs gehörig erfassen.

[161] Busse: Historische Semantik, S.224.

Kapitel 2

Jenseitiges und Diesseitiges

2.1 Gott

Mit Gedanken an ein göttliches Wesen trugen sich die Studenten vor allem bis 1760 in Stammbücher ein. In den fünfziger Jahren wurde eine Hochkunjunktur dieser Art Eintragungen erreicht: 8.70% aller Eintragenden verewigten sich mit einem diesbezüglichen Motto. Danach ging der Prozentsatz kontinuierlich zurück und erreichte 1791 und 1792 nur noch 0,32%, in den gesamten neunziger Jahren 0,73%. Dies liegt in einer Emanzipation von religiösen Dogmen und in einer Neuorientierung der Werte im Zuge der Aufklärung begründet. Mit der Französischen Revolution steigerte sich dieser Einfluß noch. Außerdem wurden während ihres Verlaufs neue Wertvorstellungen geprägt, die sich qualitativ von den alten unterscheiden.

Zunächst war noch Gott allein der Maßstab aller Dinge.

> „Infelix Homo, qui scit illa omnia; TE autem, DEUS! nescit. Beatus autem, qui TE scit, etiam si illa nescias. Qui vero Paragraph TE et illa novit, non propter illa beatior.

Sed propter TE solum beatus est, si cognoscens TE
Sicut Deum glorificet, et non evanescat in cogitationibus suis." (Tübingen 1754)[1]

Die Kenntnis von Außergöttlichem macht nicht glücklich, nur die Erkenntnis Gottes. Das Streben nach Wissen ist ein Vergehen gegen Gott. Gott muß gepriesen, nicht erklärt werden. Dann ist auf ganz bestimmte Weise auch Erkenntnis möglich, denn:

„Die Furcht des Herrn ist der Warheit
Anfang, wer danach thut, deß Lob bleibet ewig." (Tübingen 1757)[2]

Gott muß man fürchten, um der Ewigkeit teilhaftig zu werden. Mit diesem Gebot der Furcht wird sämtliche Kritik im Keim erstickt. Es ist zutiefst autoritätsgläubig. Das heißt, es setzt autoritätsgläubige Menschen voraus. Autoritäten werden nicht hinterfragt. Auf diese Weise stützt die Religion ein autoritäres Herrschaftssystem, weil es ihrem eigenen Prinzip entspricht.

„Quicquid ex universi constitutione patiendum est, magno excipiatur
animo. Ab hoc sacramentum adacti sumus, ferre mortalia: nec perturbari

[1] LBS cod.hist.oct.139, S.271. Aurelius Augustinus: Confessiones, 5, 4. Übersetzung: „Unglücklich fürwahr ist der Mensch, der alles das weiß, ohne von dir Kenntnis zu haben, glücklich aber, wer dich kennt, auch wenn er von jenem nichts weiß. Wer aber dich und auch jenes kennt, der ist nicht etwa wegen seiner Kenntnisse glücklicher, sondern deinetwegen allein ist er glücklich, wenn er dich erkennt, dich als Gott verherrlicht, dir Dank sagt und nicht eitel in seinen Gedanken wird." [Aus: Des heiligen Kirchenvaters Aurelius Augustinus Bekenntnisse. Aus dem Lateinischen übersetzt von Dr. Alfred Hoffmann. München 1914. (Bibliothek der Kirchenväter. Bd.18), S.87.].

[2] UBT Mh 1016, S.258. Psalm 111,10. Die Eintragung ist hebräisch geschrieben.

> his quae vitare, nostrae potestatis non est. In Regno
> nati sumus DEO
> parere libertas est.“ (Tübingen 1761) [3]

Die Seele ist das wesentliche. Alle anderen Einrichtungen stehen hinter ihr zurück. Es liegt nicht im Vermögen des Menschen, ihre Ordnung zu brechen. Vielmehr ist es im Reich Gottes Freiheit, zu gehorchen. Daß diese Überzeugungen von weltlichen Herrschern genutzt und auf ihre Ebene übertragen wurden, ist einleuchtend. Vor der Erringung einer gesellschaftlichen Freiheit mußte sich also der Mensch von der Bevormundung und Einschüchterung durch die Religion befreien. Zeitweise gingen beide Emanzipationsbestrebungen auch nebeneinander einher. Zunächst aber wird die Furcht von Aufklärern wie Gellert benutzt, um ihr Ideal eines natürlichen und tugendhaften Menschen zu postulieren. Zitiert wurde aus Gellerts „Geistlichen Oden und Liedern“ die sechste Strophe aus „Von der Quelle der guten Werke“.

> „Ein Herz, von Eigenliebe fern
> Fern von des Stolzes eitlem Triebe,
> Geheiligt durch die Furcht des Herrn,
> Erneurt durch Glauben zu der Liebe;
> Dies ists, was Gott von uns verlangt.
> Und wenn wir nicht dieß Herz besitzen: So wird ein
> Leben uns nichts nützen,
> Das mit den grösten Thaten prangt.“ (Altdorf 1771)[4]

---

[3]LBS cod.hist.oct.139, S.31. Seneca: De vita beata, 15,7 und 16,1. Auch in: DLA A:Stbb.51.641, S.219. Übersetzung: „Was man nach den allgemeinen Gesetzen der Weltordnung zu erdulden hat, das erdulde man hochherzig. Darauf sind wir verpflichtet, zu tragen, was im Leben eines Sterblichen vorkommen mag, und uns nicht irremachen zu lassen durch etwas, was zu vermeiden nicht in unserer Macht steht. Wir sind in einem Königreiche geboren; Gott gehorchen, ist die wahre Freiheit.“ [Aus: Seneca: Vom glückseligen Leben und andere Schriften. Übers. nach Ludwig Rumpel. Hrsg. von Peter Jaerisch. Stuttgart 1982, S.79.].

[4]UBE Ms.2134,Bl.118v.

Dies sind die Forderungen, die auch durch die Sehnsucht nach einem idyllischen Leben ausgedrückt werden. Das gefühlvolle Herz muß den Menschen zu seinem und anderer Wohl lenken. Nicht Eigenliebe und Stolz, sondern Liebe und eben die Furcht vor Gott verheißen dem Menschen Erfüllung. Der Ruhm großer Taten reicht nicht an diese heran. Die Furcht vor Gott soll das Bild des guten Menschen befördern helfen. Mehr noch: die Gottesfürchtigkeit ermöglicht erst den guten Menschen.

> „Bonus vir sine Deo nemo est."(Tübingen 1773)[5],

wie es ein Student mit Seneca (Ad Lucilium epistulae morales, 41,2.) ausdrückte. Tugendhaftigkeit und Gott sind miteinander verbunden, wird auch mit den Worten Gellerts (in der sechsten der „Moralischen Vorlesungen".) eingetragen.

> „Ein Mensch der Gott verläßt erniedrigt sein Geschike
> Wer von der Tugend weicht der weicht von seinem
> Glüke."(Gießen 1773) [6]

Ja, die Gottesfurcht wird vom Antipoden des Wissens zur Weisheit selbst. Für diese Inhalte wird ein Teil aus Gellerts „Geistlichen Oden und Liedern" („Der Kampf der Tugend", sechste Strophe) instrumentalisiert.

> „Gott fürchten, das ist Weisheit nur,
> Und Freyheit ists, sie wählen.
> Ein Tier folgt Fesseln der Natur,
> Ein Mensch dem Licht der Seelen.
> Was ist des Geistes Eigenthum?
> Was sein Beruf auf Erden?

[5] UBT Mh 863b, S.123. Übersetzung: „Ein guter Mensch aber ist niemand ohne den Gott:" [Aus: L.Annaeus Seneca: Philosophische Schriften. Lateinisch und deutsch. Bd.3. Hrsg. und übers. von Manfred Rosenbach. Darmstadt 1974, S.325.].

[6] SAW 200/302, S.124; auch in: DLA A:Stbb.892, S.157; UBT Mh 863c, Bl.97v; UBJ 81, S.219.

Die Tugend! Was ihr Lohn, ihr Ruhm?
Gott ewig ähnlich werden.(Tübingen 1779)[7]

Die Natur erscheint hier nicht positiv besetzt, sondern als triebhaft. Der Glauben, welcher mit Weisheit und Freiheit gleichgesetzt wird, ist das genuin Menschliche und eben nicht „natürlich". Durch den Geist soll die Tugend erstrebt werden. Wichtig wird, daß dies nun nicht mehr selbst- und zwecklos ist. Sie dient der eigenen Apotheose. Gott wird als das wesenhaft Gute begriffen, an dem alle Menschen teilhaben können, wenn sie nur wollen. Jeder Mensch kann kraft seiner Vernunft gottähnlich werden. Von da an ist es nur noch ein kleiner Schritt zu der rousseauistischen Überzeugung, daß eigentlich die Menschen die Schöpfer sind und nicht Gott. Diese schaffen sich jenen nach ihrem Bilde.

«Les croyans font Dieu, comme ils sont eux-mêmes.»
(Altdorf 1786)[8]

Letzteres war aber zu jener Zeit noch avantgardistisch. Das Ziel war ein göttliches Leben, wie es durch das oben genannte Gellert-Zitat ausgedrückt wurde. In den achtziger und neunziger Jahren wurde, um dies zu bekennen, ein Gedicht von Friedrich Leopold Stolberg („Das eine Gröste") häufig in Stammbücher eingetragen.

„Ländliche Ruhe, Freundschaft und Liebe kränzen
Uns mit Blumen der Freude;
Freiheit giebt uns Mannsinn; aber göttlich zu leben
Ist das einzige Größte. (Jena 1788)[9]

Alle positiven Züge eines natürlichen Lebens werden hintangesetzt für das höchste Ziel, wie Gott zu sein. Auch die Freiheit, die hier

[7] DLA A:Stbb.48809, S.221; die zweite Hälfte zitieren noch: DLA A:Stbb.892, S.226; UBT Mh 1026, S.344.

[8] GNM Hs.116393, S.88.

[9] GNM Hs.112748, S.76; auch in: UAT S 128/10, Bl.73; UAT S 127/13, Bl.9v; UBJ 76, Bl.31v; MKF L.St.65, S.241; MKF L.St.678, S.126; NSW VI Hs.Gr.13 Nr.127, Bl.27a; MKF L.St.473, S.159; GNM Hs.102250, S.226; IHKW 60, S.29; GNM Hs.112748, S.92.

mit durchaus positiven Konnotationen gesehen wird, kann dem nichts entgegensetzen. Wie am Eingang dieses Kapitels bemerkt wurde, tragen allerdings in den neunziger Jahren nur noch wenige Studenten sich auf Gott beziehende Texte in Stammbücher ein. Viele isolieren nun den Vers „Freiheit giebt uns Mannsinn“ und heben damit ihre persönliche Priorität hervor.[10] Überhaupt ist eine Verlagerung der Werte zu beobachten. Die wenigen Texte, die sich nach wie vor auf Gott beziehen, sind entweder des beschriebenen, nun konventionell gewordenen Inhalts. Oder aber sie erwecken diesen Anschein, können aber aufgrund dessen, daß die Studenten nicht im politikfreien Raum lebten, in einen anderen Zusammenhang gebracht werden. Sehr gut kann dies am Beispiel eines Zitats aus „Sirach 4, 32“ gezeigt werden.

> „Mach dich nicht zum Diener eines Narren und nimm auf einen Mächtigen
> keine Rücksicht, sondern verteidige die Wahrheit bis in den Tod,
> so wird Gott der Herr für dich streiten.“(Helmstedt 1790) [11]

In einer Zeit, in der sich Bünde revolutionär gesonnener Männer *Freunde der Wahrheit* und ähnlich nannten, muß dieser Text anders gelesen werden, als ohne diesen Hintergrund. Benutzten vielleicht Theologiestudenten biblische Texte, mit denen sie zwangsläufig am besten vertraut waren, oder wie hier auch die *Apokryphen* , um ihnen einen ganz anderen Sinn zu geben? Könnte es sich hier also um eine Art Geheimsprache avantgardistischer Studenten handeln? Ein Narr ist grundsätzlich jemand, der unangemessen handelt. In der Übersetzung einer angenommenen

[10] GNM Hs.102250, S. 226; GNM Hs.112748, S.92; IHKW 60, S.29. Vgl.Kapitel 4.8.1.

[11] HABW Cod.Guelf.1147.2 Nov., S.97; NSW VI Hs.Gr.13 Nr.104, S.63; NSW VI Hs.Gr.13 Nr.108, S.179; MKF L.St.65, S.147. Alle Zitate stammen vom Theologiestudenten August Ludwig Wilhelm Hoerstel in Helmstedt 1789/90.

Geheimsprache wären das absolute Fürsten in einer Zeit, die an die Vernunft glaubt. Nicht die Macht muß bewahrt, sondern die Wahrheit verteidigt werden. Dafür lohnt es sich auch, zu sterben. Das zeigen auch Parolen wie das «vivre libre ou mourir» der Französischen Revolution. Entscheidend aber ist, daß Gott dieses Streben unterstützt, nämlich weil die Ziele der Aufklärer auch ursprünglich die seinen waren, die erst die Kirchen für sich ausgelegt hatten.[12]

> „Wahrheit suchen ist Würde des Menschen
> sie besizen – Eigenthum der Gottheit"(Jena 1795)[13]

Religiöse Texte wurden also revolutionär umcodiert. Dies ist keine Spekulation, sondern wird durch Forschungen auf ereignishafter Ebene gestützt. [14]

2.2 Die göttliche Voraussicht

Ihren Glauben daran, daß Gott alles Geschehen voraussieht und lenkt, geben die Studenten mit durchschnittlich 2,11% aller Eintragungen Ausdruck. Die Untersuchungen zum Gottesbegriff werden durch die Tatsache bestätigt, daß dieses Vertrauen mit 2,80% bzw. mit 3,09% hauptsächlich für die vierziger und fünfziger Jahre gilt, dann aber kontinuierlich abnimmt und in den neunziger Jahren gar einbricht (0,68%). Die Texte bleiben sich im Ablauf von 60 Jahren ziemlich ähnlich.

Es herrschte die Überzeugung vor, daß der Mensch alles Gott überlassen sollte.

> „Es gibt sonst vielerley Vergnügen;
> Nichts aber ist, was mehr entzückt,
> Als wenn man in das höchste Fügen

[12] vgl. auch das Kap. 3.1.1.
[13] DLA A:Stbb.60.590, S.185.
[14] vgl. Axel Kuhn: Schwarzbrot und Freiheit, bes. S.53/54.

Sich mit gelassner Demuth schickt;
Presst Noth und Jammer noch so sehr,
An Gott gedacht; es presst nicht mehr."(Altdorf 1746)[15]

Hier wurde Günther zitiert, der mit als *studentisch* geltenden Trinkliedern Bekanntheit erlangt hatte. Auf solche und ähnliche irdischen Vergnügen spielt auch der erste Vers des Zitats an. Das höchste aller Vergnügen aber ist es, wenn man sein Schicksal vollen Glaubens Gott anheimstellen kann. Diese Haltung erleichtert das Leben, obwohl sie Unterwerfung verlangt. Zu wissen, daß persönlich erlebte Widrigkeiten nicht abzuwenden sind, sondern auf einem höheren Plan beruhen, gibt einer gewissen Ergebenheit Raum, die individuelle Ruhe mit sich bringt. Eine solche Ergebenheit hat aber auch über das sedative Moment hinaus zwangsläufig einen die bestehenden Verhältnisse –nicht nur persönlicher, auch gesellschaftlicher Art– affirmierenden Charakter. Sie läßt Zustände von „Noth und Jammer" als unabänderlich, mehr noch, als gottgewollt erscheinen. Nur Gott allein kann Änderungen herbeiführen. 1756 trug sich in Tübingen ein Student mit einem Horaz-Zitat (Carmina II, 10 v.15-18.) in ein Stammbuch ein.

„informes hyemes reducit
Jupiter, idem
Summovet: non si male nunc et olim
Sic erit:[16]

[15]GNM Hs.173690, S.167.

[16]LBS cod.hist.oct.139, S.238; Übersetzung:

„Böse Winter bringt
Jupiter, er auch
führt sie davon. Nicht wenn es übel jetzt steht, wird später
es auch so sein;"[Aus: Quintus Horatius Flaccus: Oden und Epoden. Lateinisch/Deutsch. Übers. und hrsg. von Bernhard Kytzler. Stuttgart 5.Aufl./1990, S.89.].

Nur Vers 17/18: LBS cod.hist.oct.231, S.14; MKF L.St.61, S.128.

Die Hoffnung auf eine Wendung zum Guten hin muß also bei aller Gottergebenheit möglich sein. Diese Hoffnung ist in ihrer Konsequenz aber ein Beharren, da sie an einen Gott gebunden ist, der für den Menschen handelt. Mit Psalm 37, 5 wird das Ausgeführte 1757 in Stuttgart von einem Tübinger Studenten bündig eingetragen.

> „Befiehl dem Herrn deine Wege
> und hoffe auf ihn, er wird's wohl machen"[17]

In den sechziger Jahren mußte offensichtlich Zweiflern begegnet werden.

> „Die Vorsicht ist gerecht in allen ihren Schlüßen.
> Dieß siehst du freylich nicht bei allen Fällen ein;
> Doch wolltest du den Grund von jeder Schickung wissen:
> So müßtest du, was Gott ist seyn. (Tübingen 1764)[18]

Der aus Gellerts „Fabeln und Erzählungen" genommene Text (Buch I, „Das Schicksal", Verse 9-12 der ersten Strophe) bezieht nun, anders als in den vierziger und fünfziger Jahren, ausdrücklich Stellung gegen menschliche Überheblichkeit. Es wird immer noch mit Leibniz postuliert, daß die bestehende die beste aller Welten sei. Sie ist von Gott eingerichtet. Die Eintragung eines Textes von Dryden ein Jahr später äußert sich hinsichtlich dieser Überzeugung noch um eine Stufe radikaler.

> „Gott machte nicht sein Werk, damit ein Mensch es flike."(Tübingen) [19]

Es ist nicht nur so, daß der Mensch Gott nicht in sein Handwerk pfuschen darf. Darüberhinaus gereicht ihm das Vertrauen in die göttliche Voraussicht sogar zu eigenem Vorteil. Nämlich zu einem

[17] LBS cod.hist.oct. 194, S.139; die Eintragung ist hebräisch geschrieben.
[18] LBS cod.hist.oct.139, S.26.
[19] LBS cod.hist.oct.141a Kaps., Bl.31r.

Zustand, der sich über die Dinge des kosmischen Geschehens –über die ein Mensch wohl irre werden könnte– nicht beunruhigen muß.

> „Prudens futuri temporis exitum
> Caliginosa nocte premit Deus:
> Ridetque, si mortalis ultra
> Fas trepidat. Quod ultra adest, memento
> Componere aequus: cetera fluminis
> Rita feruntur.“(Helmstedt 1772)[20]

Es handelt sich um eine Ruhe, die um die Ordnung der Dinge zwar nicht weiß, sie aber willentlich Gott überläßt, um selbst nicht über Metaphysisches beunruhigt zu werden. Das Schicksal der Menschen, nicht nur des einzelnen, bleibt zu ihrem Wohle dunkel. So läßt sich in der Gegenwart gleichmütig handeln, unbesorgt ob übergeordneter Dinge. Seiner persönlichen Zukunft begegnet der Mensch in Ruhe.

> „Sagt, Menschen, ists kein Glück sein
> Schiksahl nicht zu wissen?“, (Tübingen 1774)[21]

wird mit Gellert gefragt. Allerdings gab es auch den Wunsch, sein Los nicht nur zu erfahren, sondern es gar zu beeinflussen. Indiz sei ein Text von Gemmingens.

---

[20] UBE Ms.2134, Bl.179r; Horaz: Carmina III, 29 v.29-34; S. die Übersetzung Bernhard Kytzlers (Horaz: Oden und Epoden. Stuttgart 5./1990.):

> „Weise hat zukünftiger Zeit Ausgang
> in dunkler Nacht verborgen die Gottheit;
> sie lacht, wenn ein Sterblicher über
> Gebühr besorgt ist. Was gegenwärtig, das sei eingedenk
> zu regeln in Gleichmut; das übrige nach Flusses
> Art gleitet dahin,[...]

. Auch in: UBT Mh 863b, S.273; nur V.29/30: LBS cod.hist.oct.87a, S.171; DLA A:Stbb.60.588, S.237; nur V.29-31: UAT S127/8, Bl.27; DLA A:Stbb.60.588, S.395.

[21] UAT S 127/8, Bl.54v.

„O! Vorsicht ist ein Wunsch vergönnt?
Kein Wunsch nach Gold und reichen Schachten
Gib mir ein Glück, das niemand kennt,
Und tausend andere stolz verachten.
Gib mir die Ruhe auf dem Land,
Und laß mich von der Welt entfernen!
So will ich, jedem unbekannt,
Der Weisen Ruhe fühlen lernen.(Tübingen 1769)[22]

Dieser Wunsch zielt aber auch auf eine persönliche Ruhe fernab vom Treiben der Welt hin. Er ist nicht unbedacht geäußert. Denn sehr wohl kann Gott den großen Weltenplan im einzelnen ändern, wenn es im Interesse des ganzen liegt, wie ein Student mit einem Gedicht Hagedorns meint.

„Der Schikung Hand ist stets bedacht,
Der Tugend Werke zu vergelten.
Sie sorgt mit gleicher Wachtsamkeit,
Für jeden Menschen, wie für Welten."
(Tübingen 1776)[23]

Das Weltbild ist ein gutes. Die göttliche Voraussicht belohnt den, der dafür arbeitet, also tugendhaft ist. Dabei ist noch nichts darüber gesagt, ob die Entlohnung im Diesseits oder im Jenseits stattfindet. Ein Ausschnitt aus Mendelssohns „Phädon" [Gespr.III.], der 1780 in Tübingen zitiert wurde, führt schon etwas weiter.

„So wie wir hieniden dem Regenten der Welt dienen, indem wir unsre
Fähigkeiten entwikeln: So werden wir auch in einem Leben unter
Göttl. Obhut fortfaren uns in Tugend u. Weisheit zu üben, uns

[22] UBT Mh 973, Bl.89v.
[23] LBS cod.hist.oct.219, S.163; auch in: DLA A:Stbb.Z2358, Bl.5.

> unaufhörlich vollkommener und tüchtiger zu machen,
> die Reise der Göttl.
> Absichten zu erfüllen, die sich von uns hin in das Unendliche erstrekte[.]
> Irgendwo auf diesem Wege stille stehen, streitet offenbar mit der
> göttlichen Weisheit, Gütigkeit oder Allmacht.“[24]

Seine Fähigkeiten zu entwickeln, Mensch zu sein, das heißt, sich „in Tugend u. Weisheit zu üben“; und zwar „auf Erden wie im Himmel“. Der Lohn für ein gottgefälliges Leben ist also, daß man es im Jenseits fortsetzen darf. Alles dient dem Zwecke der über allem stehenden göttlichen Absichten. „Irgendwo auf diesem Wege“ dient jeder Mensch nur einem Teil dieses Zwecks und erreicht so seine von Gott gesetzte Bestimmung. Wie ist jene beschaffen?

> „Der ist ein Weiser und glücklich, der willig die Stelle ausfüllt, die der
> Baumeister, der den Plan des Ganzen denckt, ihm angewiesen hat.(Helmstedt 1789) [25]

So lautete die Antwort eines Studenten, mittels eines Geßner-Zitats. Demut vor Gott ist Weisheit, nicht dumpfe Unterwürfigkeit. Sie führt zum Glück des Menschen. Der bisher beschriebene Glauben an eine göttliche Voraussicht findet sich unverändert und häufig auch noch in den neunziger Jahren unter deutschen Studenten. Einzelne Eintragungen erreichen aber eine neue Qualität. In dieser Hinsicht wird Schillers „Don Carlos“ aus dem dritten Akt, neunter Aufzug (V.3489/3490) zitiert.

> „Den Zufall giebt die Vorsehung – zum Zweck muß ihn der Mensch gestalten.“ (Göttingen 1791)[26]

---

[24] UBT Mh 1026, S.339.
[25] NSW VI Hs.Gr.13 Nr.110, S.230. Ort aus anderen Eintragungen ermittelt.
[26] IHKW Ring, Bl.47.

Zum ersten mal tritt der Mensch selbständig handelnd auf. Er erfüllt nicht nur den Plan Gottes, wiewohl er weiterhin auf dessen initiales Moment angewiesen bleibt. Man vertraut aber nicht mehr, sondern nimmt sein Schicksal selbst in die Hand. Der Mensch beginnt, sich von Gott zu emanzipieren.

2.3 Die Hoffnung auf ein Jenseits

Menschen verschiedenster Kulturen und Epochen imaginierten sich ein, wie auch immer geartetes, Leben nach einer rein physischen Existenz. Es war Trost und Hoffnung, Ansporn und Belohnung, Zweck und Mittel zu einem höheren Zweck – je nach der jeweils herrschenden religiösen Lehre. Zwischen 1740 und 1800 war dieses Phänomen menschlichen Geistes von christlichen Vorstellungen geprägt, jedenfalls im europäischen Kulturkreis. Die Imagination des Jenseitigen ist von den bisher besprochenen Inhalten studentischer Stammbücher mit durchschnittlich 2,60% am stärksten vertreten. Ihren Höhepunkt hat sie in den achtziger Jahren mit 3,74%, fällt dann allerdings in den neunziger Jahren auf 2,02% ab.

2.3.1 Die konventionelle Vorstellung von einem Leben nach dem Tode

Zu Beginn des untersuchten Zeitraums entspricht die Jenseitshoffnung der Vorstellung eines Lebens nach dem Tode.

> „Non omnis moriar, multaque pars mei
> Vitabit Libitinam.“(Tübingen 1756)[27]

[27] LBS cod.hist.oct.139, S.182; Horaz: Carmina III, 30, 6/7; Übersetzung:

> „Nicht gänzlich werde ich vergehen, ein großer Teil von mir
> wird entgehen der Todesgöttin.“[Aus: Kytzler (Hrsg. u. Übers.), S.183.]

Nach dieser Vorstellung muß es etwas unsterbliches Menschliches geben, das gar stärker ist als eine Gottheit. Der Student, welcher diesen Text zitierte, glaubte nicht etwa an die antike Vielgötterei. Vielmehr ist sie ihm zur Metapher für etwas geworden, das er nicht kennt. Götter und Göttinnen vertreten Nicht-Begreifliches, machen es so auf eine gewisse Weise erklärbar und damit für den Menschen erträglich. Dem Lebenden ist es unbegreiflich, daß er nicht mehr sein soll. Er konstruiert sich deshalb eine Welt, mit der es möglich ist, Offensichtliches als nicht tatsächlich zu verstehen. Der erlebten und nicht leugbaren Vergänglichkeit der Physis wird die Unvergänglichkeit eines anderen Teils des Menschen, und zwar des größeren gegenübergestellt. Das Weltbild teilt sich auf in ein *Hier* und ein *Dort* .

> „Denn wir haben hier keine bleibende Stadt,
> sondern die zukünftige suchen wir.“(Tübingen 1757)[28]

Das irdische Leben ist nicht das Ziel. Hier ist kein Bleiben. Wohl aber in einer kommenden Welt. Sie ist ewig. Diese zukünftige, jenseitige Welt muß erstrebt werden. Nur der sie sucht wird ihrer teilhaftig werden. Genauer gesagt muß man sich in der diesseitigen Welt sogar bewähren, um in jene Einlaß zu finden.

> „Sey weis und gütig! Gott schuf dich dazu.
> Du lebst, mit Freyheit begabt, hier in dem Lande der
> Prüfung,
> Und Ewigkeiten erwarten dich dort.“
> (Tübingen 1758)[29]

Dieses Gellert-Zitat („Vermischte Gedichte. Auf Herrn Willens Tod“, siebte Strophe, V.3-6) zeigt vermittelt, daß sich der Mensch die Ewigkeit erst verdienen muß. Und zwar hier in der Endlichkeit. Weise und gütig solle der Mensch nach Gottes Willen sein. Die

[28] LBS cod.hist.oct.194, S.135; Brief an die Hebräer 13, 14; im Stammbuch griechisch geschrieben.

[29] LBS cod.hist.oct.139, S.125.

Freiheit ist nur die, einsichtig den von Gott vorgezeichneten Weg zu wählen. Diese Entscheidung ist die genannte Prüfung. Der Mensch hat hier nur die Wahl gut zu sein oder eben nicht, sich das Himmelreich zu erwerben oder, das ist impliziert, die Verdammnis. Die Seligkeit muß hier verdient werden.

> „Jenseits des Grabes, o Mensch, sey glücklich,
> Und diesseits sey weiße."(Tübingen 1764)[30],

drückt ein Student das obige durch Kronegk umgekehrt aus. Der Mensch muß Gottes Wille leben, um unsterblich zu werden.

> „Esto fidelis ad mortem usque, et tibi dabo vitae coronam."(Tübingen 1766) [31]

Wie aber soll dieser Wille erfüllt werden? Und wer kann dies? Ist es nicht gerade das genuin Menschliche, seine Vernunft entscheiden zu lassen? Wer ohne Vernunft ist, gehorcht also am besten Gott.

> „Selig sind die am Geiste arme, dann das Himmelreich ist ihr." (Tübingen 1764)[32]

Geistig Schlichte sind in ihrer Naivität Gott näher. Sie drücken sich unvermittelt aus, ohne Für und Wider abzuwägen. Sie sind „natürlich".[33] Mit ihrer Nähe zu einer –so gedachten– ursprünglichen Naivität und Natürlichkeit in einer imaginierten *Kindheit der Menschheit* wird der Textausschnitt über die geistig Armen für das Zeitalter der Aufklärung instrumentalisierbar. Die Menschen des 18. Jahrhunderts sahen darin eines ihrer Ideale vorformuliert. Die Natürlichkeit aus dieser Zeit heraus verstanden ist tugendhaft. Die siebziger Jahre entwickeln dies explizit.

---

[30] LBS cod.hist.oct.87a, S.288; auch in: LBS cod.hist.oct.92, S.70; MKF L.St.324, S.159.

[31] UBT Mh 1031, S.160; Offenbarung des Johannes 2, 10; Übersetzung: „Sei getreu bis an den Tod, so will ich dir die Krone des Lebens geben.". Auch in: UBT Mh 1031, S.210.

[32] UBT Mh 1031, S.84; Evangelium nach Matthaeus 5, 3. Ort aus anderen Eintragungen ermittelt.

[33] vgl. Kap.3.1.1.

„In allen Ordnungen der Dinge,
Die Gott als möglich sah, war Menschenwitz geringe:
Der Mensch war immer Mensch, voll Unvollkommenheit.
Durch Tugend soll er sich aus dunkler Niedrigkeit
Zu einem höhern Glanz erheben,
Unsterblich seyn, nach einem kurzen Leben."
(Helmstedt 1773)[34]

Der „Witz", also die einfallsreiche –*gewitzte* – Handhabe des Verstands ist Gott nicht wichtig. Er nimmt den Menschen auch ohne dies an. Unverzichtbar aber ist die Tugend. Sie macht aus einer Kreatur erst den Menschen. Durch sie erreicht der Mensch die Unsterblichkeit. Der topos, daß das Leben kurz sei, begegnet nicht nur in diesem Gedicht von Uz, sondern auch in anderen. Das Leben wird in seiner relativen Dauer nicht nur zur Unendlichkeit in Beziehung gesetzt, sondern auch zu Wissenschaft und Kunst. Die Ausübung der Tugend ist also nicht Selbstzweck, sondern ein Mittel, um sich Lohn in Form von Unsterblichkeit zu verdienen. Als Beleg dafür mag ein in einem studentischen Stammbuch zitierter Mendelssohn-Text gelten.

„Wann es wahr ist, daß nach diesem Leben Weisheit und Tugend unsern Ehrgeiz, und das Bestreben nach geistiger Schönheit, Ordnung und Vollkommenheit unsere Begierden ausmachen: so wird unser fortdauerndes Daseyn nichts als ein ununterbrochenes Anschaun der Gottheit seyn, ein himmlisches Ergezen, das, so wenig wir jezt davon begreifen, den edlen Schweiß des Tugendhaften mit unendlichen Wucher belohnt."(Tübingen 1776)[35]

Die Tugendhaftigkeit im Diesseits setzt sich im Jenseits fort. Das ist der Lohn für sie, welche mit einem „Anschaun der Gottheit"

[34] UBE Ms.2134, Bl.119v.
[35] LBS cod.hist.oct.291, S.203.

selbst gleichgesetzt wird. Demnach muß Gott also die Tugend sein. Der Tugendhafte ist durch die Übung der Tugend schon hier gottähnlich. Nach dem Tode setzt sich dies unendlich fort. Dies ist die Apotheose nicht nur der Tugend, sondern auch des tugendhaften Menschen.

> „Die Tugend nur allein kan uns die Ruhe geben:
> Sie stärket uns im Tod; sie lehrt uns frölich leben,
> Sie trozt noch nach dem Tod dem Unbestand der Zeit,
> Und leitet unsere Schritt zu der Unsterblichkeit."
> (Gießen 1781)[36]

Wie dieses zitierte Gedicht Kronegks zeigt, war die Art einer Vorstellung der Unsterblichkeit, die sich auf die Tugend gründet, kein Einzelfall. Sie setzte sich auch noch in den achtziger Jahren fort. Häufig finden sich nun Eintragungen mit folgendem Auszug aus Klopstocks „Psalm"(neunte und 16.Strophe).

> „Reines Herzens, das seye! es ist die lezte
> Steilste Höhe von dem, was Weis' ersannen,
> Weis're taten! der Zuruf
> selber des Engels belohnet nicht ganz!-
>
> O der Wonne, vor Gott gelebt zu haben!
> Gute Thaten um sich in vollen Schaaren
> zu erblicken! Sie folgen,
> Jüngling! dir nach in das ernste Gericht."(Tübingen 1783)[37]

[36]SAW 200/303, S.216.

[37]DLA A:Stbb.54.730, S.43; auch in: SAW 200/303, S.110; NSW VI Hs.Gr.13 Nr.101, S.91; HAAB 497, Bl.57v; nur die neunte Strophe: UBT Mh 863c, Bl.87v; DLA A:Stbb.6086, Bl.50; UAT S128(12, Bl. 19; HAAB 501, S.106; UBJ 45, S.80; UBJ 88, S.149; DLA A:Stbb. 29324, S.68; GNM Hs.117185g, Bl.71; nur die 16.Strophe: UBT Mh 863c, Bl.92v; IHKW INH 44669, S.187; GNM Hs. 145105, Bl.3; GNM Hs.37734, S.140; MKF L.St.424, S.198.

Die guten Taten werden im Jüngsten Gericht für den Tugendhaften sprechen. Das ist auch die Botschaft der bisherigen Eintragungen. Neu ist nun, daß die heilversprechende Tugend nicht von Gott ausgeht, auch nicht von ihm befohlen ist. Vielmehr ist das Postulat des reinen Herzens weises Menschenwerk. Der Lohn für das tugendhafte irdische Leben kann deshalb auch nicht mehr von Gott kommen. Er kommt aus dem menschlichen Vermögen heraus, gute Taten vollbracht zu haben. Gott gibt nicht mehr die Unsterblichkeit, sondern er entscheidet gleichsam als eingesetzter Richter nach den Kriterien, welche Menschen selbst ersannen.[38] Man sieht das Leben auch nicht mehr nur als Durchgangsstation zu einem höheren Dasein an. Es ist eine „Wonne, vor Gott gelebt zu haben!". Das –tugendhafte– irdische Leben hat einen Eigenwert bekommen. Der Mensch zeigt Gott sein Leben, damit dieser es bewerten könne. Dabei kann es über das Urteil keinen Zweifel geben. Neben dieser, sich von Gott emanzipierenden, Haltung des Menschen zu einem Leben nach dem Tode gibt es noch die (ver)tröstende.

> „Glüklich ist der, der im Schauplaz der Welt, das, was ihm gebothen, munter verrichtet. – Der Tod zieht den Vorhang. Erhabene Sonnen warten auf uns. Wer die niedrigsten Rollen des menschlichen Lebens würdig gespielt, hat höhere dorten."(Tübingen 1787)[39]

Gefragt ist in diesem Text von Kronegk keine handelnde, sondern eine duldende Tugend. Die Religion soll hier in herkömmlicher Weise den im Leben Benachteiligten zum Trost auf ein zu erwartendes besseres Dasein im Jenseits dienen. Darüberhinaus affirmiert sie bestehende Verhältnisse – seien sie auch ungerecht. Solchermaßen betrachtet hat diese studentische Eintragung nicht nur

[38]vgl. Klopstocks „Musenanruf" im Messias, in dem er nicht etwa Gott anruft, sondern *seinen* Geist.

[39]LBS cod.hist.oct.278, S.234: auch in: IHKW INH 44660, S.75.

eine persönliche, sondern auch eine gesellschaftliche Dimension. Sie ist konservativ und herrschaftsorientiert. Gerade dieses Zitat und andere ähnliche sind in Stammbüchern deutscher Studenten, wenn es inhaltlich um die Frage einer persönlichen Unsterblichkeit geht, im Verhältnis gesehen doch noch häufig zu finden. Manchmal ist ein schweres Schicksal nicht nur zu erdulden, sondern sogar erstrebenswert.

> „Jedes Leiden, auch das kleinste, wohlgetragen und benutzt, ist eine Aussaat für die Ewigkeit.“[40],

wurde es 1788 in Wittenberg durch einen Leipziger Theologiestudenten mit einem ansonsten nie genannten Autor namens Ceß ausgedrückt. Nach christlichem Mythos eröffnet irdisches Leiden den Weg zur himmlischen Seligkeit. In den 90er Jahren läßt diese Überzeugung dann mehr und mehr nach, wobei sie schon vorher auch nicht die vorherrschende war. Sie war durchsetzt mit den genannten Tendenzen, sich persönliche Unsterblichkeit durch tugendhaftes Handeln zu verdienen. Dazu kommt noch der Aspekt der Pflicht.[41] Studenten, welche folgende Verse aus Wielands „Oberon“ zitieren, nehmen sich ein jenseitiges Dasein zum Vorwurf, eigentlich das Ideal der Pflicht zu thematisieren. Zu dieser Zeit meinte, wer *Pflicht* sagte, den kategorischen Imperativ Kants. Diese Art von Pflicht ist also keine untertänige Gehorsamspflicht. Vielmehr ist sie die Verpflichtung zur allgemeinen Gültigkeit von Menschlichkeit.

> „– Nichts begleitet uns hinüber;
> Nichts als der gute Schatz, den wir in unser Herz
> Gesammelt, Wahrheit, Lieb, und innerlichen Frieden,
> Und die Erinnerung, daß weder Lust noch Schmerz
> Uns nie vom treuen Hang an unsre Pflicht geschieden.“(Jena 1790) [42]

[40] MKF L.St.276, S.49.

[41] vgl. das Kapitel 3.12.

[42] SAW 200/306, Bl.55v; auch in: HAAB 501, S.178; UBJ 111, Bl.85; DLA A: Stbb.60.590, S.152; UBJ 43, Bl.30v; MKF L.St.276, S.38.

Eine so verstandene Pflichterfüllung „begleitet uns hinüber". Neben anderen inneren menschlichen Werten ist dies das einzige, was Bestand hat und an die Person gebunden bleibt.

2.3.2 Unsterblichkeit jenseits der eigenen Person

In den neunziger Jahren nahm der Glaube an ein Leben nach dem Tode ab. Dieser geht zwangsläufig mit der Emanzipation des Menschen von einem Gott einher.

> „– Uber Grab und Zeit
> Schwingt sich der Geist, sein dunkler Schleyer modert
> Glückseelich der, dem Glaube der Unsterblichkeit
> Wie Vestas Feuer im reinen Bußen lodert."(Erlangen 1795)[43]

Dem menschlichen Geist fehlt aber offensichtlich, wie in diesen Versen Matthissons, der Halt. Ein nur irdisches Dasein erscheint als zweck- und sinnlos. Diejenigen, die an die Unsterblichkeit glauben, können glücklicher leben. Auch das meint das bereits zitierte Matthaeuswort von den geistig Armen. Wenn er schon nicht als Person überleben kann, so will der Mensch wenigstens durch seine Werke für die Nachwelt lebendig bleiben. Dies schlägt sich vor allem in den neunziger Jahren in den Stammbüchern nieder. Einzelne –jedoch sehr deutliche– Vorboten dieser Tendenz sind aber schon früher zu verzeichnen. 1758 zitierte ein Tübinger Philosophiestudent den deutschen Philosophen Leibniz in französischer Sprache.

> «Nous sommes faits pour penser. Il n'est point nécessaire de vivre; mais il est necessaire de penser: A nos Pensées suivront après la Mort.»[44]

[43] MKF L.St.61, S.140.

[44] LBS cod.hist.oct.139, S.318; Leibniz: Misc., p.220; Übersetzung: Wir sind geschaffen, um zu denken. Es ist nicht notwendig zu leben: aber es ist notwendig zu denken: Mit unseren Gedanken überleben wir nach dem Tode.

Weder der Körper, noch eine Seele überleben. Es sind allein die von der menschlichen Vernunft geschaffenen Gedanken. Nur wer denkt, *ist* auch, lautet hier der Umkehrschluß des karthesianischen Satzes. 1758 erscheint er noch als Ausnahme in der Verwendung als studentisches Motto in Stammbucheintragungen. Erst 1790 taucht in dem von mir gesammelten Textkorpus wieder ein ähnliches Zitat auf. Diesmal stammt es vom Preußenkönig FriedrichII.

> „Zum Tempel des Glücks und Ruhms gibts mehr als einen Weg. Die Laufbahn des Helden ist zwar die glänzendste, aber Menschenblut färbet sie; die, des Gelehrten hat mindern Glanz, führet aber gleichfalls zur Unsterblichkeit."(Leipzig) [45]

Hier ist nicht der Ort, um zu untersuchen, inwieweit der während seiner Regierungszeit aus Staatsräson und Tatendrang Kriege führende Friedrich seinem eigenen aufklärerischen Ideal entsprach. Wichtig ist, daß dieses Ideal auch das deutscher Studenten wurde. Nicht nur der durch Tapferkeit errungene Ruhm, sondern auch das von der Weisheit bestimmte Dasein eines Gelehrten verheißen Unsterblichkeit. Letztere ist darüberhinaus höherwertig als jene, weil sie einem humanitären Friedensideal entspricht. Bei beiden Unsterblichkeitsformen handelt es sich aber nicht um ein Weiterleben nach dem Tode in einem religiösen Sinne. Vielmehr überdauert der Mensch durch seine –wie auch immer gearteten– Werke. In dieser Form von „Unsterblichkeit" ist das Andenken an den Urheber von Taten und Gedanken in der Erinnerung noch gegenwärtig. Bald aber lösten sich die menschlichen Werke von ihren Schöpfern. Sie hatten einen Eigenwert gewonnen, der bar jeglicher Bindung an eine vergängliche Physis tatsächlich existiert. Um dies auszudrücken, machten sich Studenten einen Text von Schiller zunutze.

> „Jedem Verdienste ist eine Bahn zur Unsterblichkeit aufgethan, zu der wahren Unsterblichkeit meine

[45] MKF L.St.50,S.208.

> ich, wo die That weiter eilt, und lebt, wenn auch der Name ihres Urhebers hinter ihr zurückbleiben sollte."(Helmstedt 1796) [46]

In einem Fall lebt die Tat nicht, sondern sie „lenkt"[47]. Dies ist noch stärker als das bloße Sein der Tat auf eine einflußnehmende Wirkung abgestellt. Das angeführte Motto zeigt auch, daß es ein Bewußtsein dafür gab, sich mit der Frage der Möglichkeit einer persönlichen Unsterblichkeit auseinanderzusetzen. Mehr noch: die wahre Unsterblichkeit ist nun nicht mehr ein imaginiertes Weiterleben vor, neben oder gleichsam als Gott. Auch ein Student der Theologie ist, wie wir gesehen haben, zu solchen Aussagen fähig. Die Tat –welcher Art sie auch sei („Jedem Verdienste")– entwickelt sich ohne das Zutun, ja selbst bei einer verzögernden Haltung des Urhebers weiter. Dies läßt erkennen, daß mit der „That" wohl hauptsächlich Gedanken und philosophische Modelle gemeint sind, was auch aus der Autorschaft des Textes herzuleiten ist. Das Werk hat sich verselbständigt, ist historisch geworden. Es entwickelt sich mit und durch die Geschichte und ist von daher immer neu zu interpretieren. *Der Autor ist tot*, auch wenn er tatsächlich noch leben sollte. Konsequent weitergedacht ist der zitierte Satz eine Utopie. Das heißt, er postuliert einen Zustand, den es zu erreichen gilt. Dadurch daß man sich mit Verdiensten unsterblich machen kann, müßten die Menschen zwangsläufig bestrebt sein, sich verdient zu machen. Als Folge davon würde sich jeder mühen, die Menschheit oder zumindest seine Gemeinschaft voranzubringen. Das implizierte Ziel wäre, wenn es auch nicht in jedem Einzelfalle der Zweck wäre, ein besseres Zusammenleben, eine gerecht strukturierte Gesellschaftsform der Menschen. Denn nur dadurch kann sich der Mensch unsterblich machen, indem er das Leben der nachkommenden Menschen beeinflußt. Ich schreibe hier bewußt *beeinflußt* und nicht *verbessert* , weil es wie bekannt auch die Unsterblichkeit ob verbrecherischen Wirkens auf

---

[46] MKF L.St.352, S.111; auch in: HAAB 501, S.42.

[47] NSW VI Hs. Gr.13 Nr.127, Bl.50b.

die Menschen gibt. Der angeführte Text meint aber eindeutig positive Verdienste. Mit der vierten Strophe aus Schillers Ode „An die Freude“ wird die ausgeführte These noch gestützt.

„Was den größten Ring bewohnet,
Huldige der Sympathie!
Zu den Sternen leitet sie,
Wo der Unbekannte wohnet.“(Leipzig 1789)[48]

Hier sind aber kleinere Einheiten gemeint. Das freundschaftliche Zusammenleben mit seinen Mitmenschen leitet schon „zu den Sternen“. „Sympathie“ ist eher auf zwischenmenschliche Kontakte angelegt. Deshalb wurde sie auch in den Schiller-Text eingesetzt. Sie zielt auf das Verhältnis des eintragenden Studenten zum Stammbuchbesitzer hin ab. Bei zwei Studenten ist die somit enge Bestimmung des Textes erweitert. Sie zitieren –wie im Original– „Harmonie“. [49] „Harmonie“ ist sowohl auf ein persönliches Verhältnis zu beziehen, als auch auf eine übergeordnete gesellschaftliche Harmonie. Um Sympathie/Harmonie verheißungsvoll zu machen, hat dieser Text, im Gegensatz zu vorigem, immer noch –oder wieder?– einen Gott nötig. Ein in den neunziger Jahren oftmals zitierter Auszug aus Klopstocks Gedicht „Fahrt auf der Zürchersee“(Strophen 13 und 16) verläßt sich allein auf die Kraft der Freundschaft.

„Reizvoll klinget des Ruhms lokkender Silberton
In das schlagende Herz, und die Unsterblichkeit
Ist ein großer Gedanke,
Ist des Schweißes der Edlen werth!

Aber süßer ist’s noch, schöner und reizender
In dem Arme des Freundes wissen ein Freund zu seyn!
So das Leben genießen,

[48] NSU oct.Hist.Lit.48z, S.128; auch in: UBJ 43, Bl.101r..
[49] MKF L.St.423, S.135 und MKF L.St.61, S.99.

> Nicht unwürdig der Ewigkeit!"(Erlangen 1795)[50]

Auch hier gilt der Ruhm durchaus als probates Mittel, sich Unsterblichkeit zu erringen. Das persönliche Band der Freundschaft wird aber höher bewertet. Es ist nicht notwendig, im Leben auf etwas zu verzichten, um ins Jenseits gelangen zu können. Vielmehr bereitet erst der Lebensgenuß durch die Freundschaft das Feld für den Eingang in die Unendlichkeit. Die Freundschaft selbst ist gleichsam göttlich, so daß eines Gottes nicht mehr bedarf, wer einen Freund hat. Gegen Ende der neunziger Jahre treten wieder vermehrt Eintragungen mit Motti auf, die dem Charakter nach religiösen Unsterblichkeitsvorstellungen entsprechen. Der Mensch scheint die Hoffnung auf ein Jenseits wieder zu benötigen. Der Unterschied zur Jenseitshoffnung der vorherigen Zeit ist, daß die studentischen Eintragungen nun das Bewußtsein erkennen lassen, daß ihre Einträger sich zum Teil dieses Problems gewärtig sind, wie derjenige, welcher einen Text Jean Pauls zitiert.

> „Wenn dem Herzen der Körper zu enge ist; so ists ihm auch die Welt. Wer in solchen Stunden die Kahlheit des Lebens u. das Bedürfniß eines zweiten nicht so fühlet, daß Hoffnung daraus wird, dessen Seele ist in dem Zustande einer totalen Sonnen- u. Mondfinsterniß."(Halle 1800)[51]

Hier geht es um eine Jenseitshoffnug auf höherer Reflexionsebene. Es wird nicht mehr der krude Glaube an ein jenseits des physischen Lebens liegendes Paradies angeführt, sei es zugefallen oder verdient. Vielmehr wird die Notwendigkeit diskutiert, die dem menschlichen Geist das Leben leichter erscheinen läßt, wenn er

[50] GNM Hs.31534, S.191; auch in: UBT Mh 863c, Bl.76r; GNM Hs.110415d, S.22; MKF L.St.52, S.241; UBG Hs.1216g, S.140; HAAB 575, S.252; IHKW 60, S.111; NSW VI Hs.Gr.13 Nr.117, S.62; MKF L.St. 441, S.221; NSW VI Hs.Gr.13 Nr. 120, S.103; NSW VI Hs.Gr.13 Nr. 127, Bl.50a; UBE Ms.1983, Bl.115r; NSW VI Hs.Gr.13 Nr.127a, S.121; NSU oct.Hist.Lit.48zh, S.64.

[51] IHKW 59, Bl.18v.

auf ein Jenseits hoffen kann. Diese Hoffnung hat ihren Grund also nicht in einem Gott, sondern in einem menschlichen Bedürfnis nach Trost. Es muß aber nicht, wie teilweise schon früher, über ein äußerlich entbehrungsreiches Leben hinweggetröstet werden. „Die Kahlheit des Lebens" betrifft auch den Reichen, weil sie aufgrund einer Sehnsucht empfunden wird, welche dadurch entsteht, daß der Mensch durch sein Menschsein in die Lage versetzt ist, sehen zu können bzw. zu müssen, daß er sterblich ist. Darum will er mehr sein als Mensch. Der Körper wird dem Herzen zu eng. Die menschliche Vernunft, die Erkenntnis erst ermöglicht, kann den Menschen also auch in der Irrationalität Zuflucht suchen lassen.

2.4 Die Rolle der christlichen Lehre

Christliche Inhalte werden ausdrücklich innerhalb der 60 Jahre von 1740 bis 1800 im Durchschnitt nur mit 1,26% von Studenten in Stammbücher eingetragen. Der Höhepunkt liegt eindeutig in den frühen Jahren. Die Anzahl der Eintragungen fällt dann gegen Ende des Zeitraums stark ab. In den neunziger Jahren können nur noch 0,30% verzeichnet werden gegenüber 2,47% in den fünfziger Jahren. Die meisten Eintragungen gehen über ein bloßes Bekenntnis zum Christentum kaum hinaus.

> „Jage nach dem vorgesteckten Ziel, nach dem Kleinod
> der
> himmlischen Berufung Gottes in Christus Jesus."
> (Tübingen 1757)[52]

Das Streben, die Anstrengung, ist wichtig. Das Ziel ist vorgegeben. Der Mensch selbst hat also keine Möglichkeit, sich für einen anderen Weg zu entscheiden, wenn er an der christlichen Verheißung teilhaben möchte. Gesucht wird die –imaginierte– Erkenntnis Jesu, die es diesem erlaubte, göttlich zu werden. Dieses

[52]LBS cod.hist.oct.194, S.136; Paulus, Philipper 3, 14; in der Eintragung griechisch geschrieben.

Suchen ist also gleichzeitig das eigentliche Ziel, nämlich Gott ähnlich zu werden. In einem weiteren Paulus-Zitat (1. Korinther I, 30.) wird gesagt, wie der Weg des Suchens sich im Diesseits darstellt und wohin er führt.

> „Christus ist uns gemacht von Gott zur Weißheit, und zur Gerechtigkeit und zur Heiligung und zur Erlösung.“(Tübingen 1761)[53]

Auf Erden muß man also weise und gerecht sein, um erlöst, das heißt ins Paradies aufgenommen zu werden. Die beiden Tugenden der Weisheit und Gerechtigkeit sind durchaus auch aufklärerische Tugenden. Auch die Versprechung, welche für ein tugendhaftes Leben gemacht wird, entspricht in den frühen Phasen der Aufklärung der christlichen Lehre. Die Studenten instrumentalisieren hier und auch später christliche Inhalte für zeitgenössische Ideale. Wichtig war auch die Liebe unter den Menschen. „Lasset uns lieben, denn er hat uns zuerst geliebt.“(Tübingen 1771)[54] Diese Liebe ist Grundvoraussetzung für die Einlösung des Postulats einer besseren Welt.

> „Sittliche Zwecke erstreben und durchaus geltend machen, die Befriedigung oder Nichtbefriedigung des eigennüzzigen Triebes den Forderungen der praktischen Vernunft schlechterdings unterordnen, und darzu die Denkkraft und die betrachtende Vernunft üben und anwenden, ist Weisheit des Christentums, und diese Richtung des Geistes ist nicht nur dem Werte, der Würde und Bestimmung des Menschen angemessen, sondern erhebt auch den Menschen zu der Größe, Stärke und Tätigkeit im Wirken des Guten in Gottes Welt, die er erreichen kann und soll.“(Helmstedt 1794)[55]

[53] UBT Mh 1016, S.226. Ort aus anderen Eintragungen ermittelt.

[54] LBS cod.hist.oct.254, Bl.113r; 1. Johannes IV, 19; im Original griechisch geschrieben.

[55] MKF L.St.352, S.159; laut Vermerk aus: Septro's Moral, Abschnitt 6, §26.

Sämtliche Errungenschaften der Aufklärung werden hier dem Christentum zugeschrieben. Und zwar, um den Menschen zu befähigen, die Welt zu verbessern. Das ist die Bestimmung des Menschen. Dies ist der Entwurf einer Utopie. Eigene Bedürfnisse müssen wegen des großen ganzen zurückgestellt werden. Die Vernunft ist die treibende Kraft in einem Leben, das der Bestimmung nach dem guten Wirken gewidmet sein soll. Dies alles ist nach Gottes Plan. Der zitierte Text fordert gleichsam die Errichtung eines ansonsten in der christlichen Lehre im Jenseits angesiedelten Paradieses schon im diesseitigen Leben. Das Christentum selbst wirkt aufklärerisch bzw. wird hier so eingesetzt. Eine, wie die letzte, aus Helmstedt stammende Eintragung verdeutlicht dies noch und betont überdies noch stärker den utopischen Charakter ihres Mottos.

> „Giebt es ein Werck der Zeiten, das die Vorsehung treibt und [?]führt, so muß es ein moralischer Plan, eine Scheidung des Guten u. Bösen, eine endliche Vorstellung des reinen Guten als eines göttlichen Zwecks unserm Geschlechte seyn. Daß eine solche Zeit erscheine ist Wunsches werth; das Christentum lehrt sie uns hoffen und eine Zeitperiode des allgemeinen Rechts – der allgemeinen Sittlichkeit und zwar nach d. innigsten Regeln der Menschheit glauben.–“ (Helmstedt 1794)[56],

wird Herder zitiert. Entgegen früheren Vorstellungen von Gott, nach denen erst die Furcht vor diesem das Seelenheil verspricht, wird er hier im Symbolum derselben Eintragung mit Freiheit in Beziehung und sogar gleichgesetzt. „Wo der Geist des Herrn ist, da ist Freiheit!“[57] Dies unterstützt noch den Inhalt des Mottos.Zudem hat der betreffende Theologiestudent Oldenburg einen

[56]NSW VI Hs. Gr.13 Nr.118, S.68a.

[57]Zweiter Brief des Paulus an die Korinther III, 17.

Vermerk eingetragen, der erstens in dieser Form selten und der zweitens noch recht ausführlich ist.

> „Stat die Möglichkeit solcher Zeiten zu bezweifeln, bester [?] Flick! – laß uns vielmehr mit allen Kräften die Erscheinung derselben vorbereiten und befördern helfen – und nicht gleich [?] und Muht verlihren, wenn Satrag u. Bongenoh so fürchterlich schreyen u. toben. Auf d. Art werden wir thätige Haußhalter im Dienste d. Menschheit; oder im rühml. Erliegen doch ihrer werth seyn.“

Oldenburg will also im Sinne der Aufklärung wirken, um der Menschheit zu dienen. Er betrachtet das Amt eines Pfarrers als das eines Dienstes für den Menschen, nicht vorrangig für Gott. Er ist gleichsam beseelt vom Glauben an die Utopie eines Lebens in einer freien und gerecht eingerichteten Gesellschaft auf Erden. Weil die Studenten damals aber auch von den Idealen der Französischen Revolution beeinflußt waren, mindestens sie aber zur Kenntnis nehmen mußten, könnte man auch eine andere Interpretation wagen. Wenn man annimmt, daß religiöse Texte ein Code für revolutionäres Gedankengut sind,[58] dann will dieser Student eine Veränderung der gesellschaftlichen Verhältnisse nach französischem Vorbild vorbereiten. Wie er das machen will, das bleibt fraglich, ist aber auch nicht der Gegenstand meiner Untersuchung. Bedeutend ist schon, daß es den Willen zur Veränderung gibt. Die zuletzt angeführten Texte benutzen religiöse Texte für aufklärerische, vielleicht auch für revolutionäre Ideen. Der Vollständigkeit halber sei hier noch darauf hingewiesen, daß es demgegenüber durchaus auch offen religionskritische Studenten gab.

> „Den Pfaffen kann kein Dieb des Reichthums Quellen rauben,

[58] Evtl. sind mit der Anspielung in der Widmung die Männer um Schadrach gemeint. Vgl. Altes Testament, Daniel, 3,20.

> Der Dieb stiehlt nur das Geld, u. nicht den Aberglauben."(Erlangen 1798) [59]

Es werden hier nicht nur die Kirche und ihre Vertreter als habgierig dargestellt. Auch die Religion selbst wird zum Aberglauben erklärt.

2.5 Wahrheit

Die Wahrheit war im 18. Jahrhundert ein hohes Ideal. Sie kennzeichnete den Bereich des Bürgerlichen, der sich vom Hofe mit seinem kalkulierten Verhalten und seinen Intrigen absetzen wollte. In den Stammbüchern schlug sich „Wahrheit" mit durchschnittlichen 1,35% nieder. In den siebziger Jahren ist dabei ein starker Einbruch auf etwa die Hälfte zu verzeichnen. In den Stammbüchern ist weniger eine philosophische Wahrheitssuche Gegenstand studentischer Reflexionen, sondern vielmehr das Postulat einer ganz konkreten persönlichen und gesellschaftlichen Wahrheit. Es wird also nicht nach einer metaphysischen Wahrheitserkenntnis gestrebt. Dennoch läßt sich für das beschriebene Wahrheitsideal auch wieder die Bibel heranziehen.

> „Befleißige dich, vor Gott dich zu erzeigen als einen rechtschaffenen und unsträflichen Arbeiter, der da recht austeilt das Wort der Wahrheit."(Tübingen 1738) [60]

Dies kann ein Auftrag an den Prediger sein, „das Wort der Wahrheit" auszuteilen, nämlich die christliche Lehre, oder ein allgemeingültiges Postulat. Die Wahrheit selbst ist nicht erklärungsbedürftig. Manchmal wird sie mit verschiedenen Attributen versehen und durch Abgrenzung herausgearbeitet.

---

[59] MKF L.St.455, S.145.

[60] UBT Mh 981, Bl.53v; Paulus, 2.Timotheus, 2,15.

„Tochter des Himmels unschätzbare Wahrheit
Deine Fürtreflichkeit, Schönheit und Klarheit
Bleibet verblendeten Augen verdekt.
Sie tappen im Düstren sind ohne Verständniß:
Sie halten die Liegen vor List und Erkenntniß,
So Eigennutz u. Bosheit ausgehekt.“(Marburg 1740)[61]

Die Wahrheit kommt vom Himmel selbst, ist also göttlich. Das Vortreffliche, Schöne und Klare der Wahrheit ist aber für jene nicht erkennbar, welche selbst an die Lüge gewohnt sind. Der Argwohn läßt sie auch in der Wahrheit das ihnen bekannte Taktieren suchen. Auf diese oder ähnliche Arten sind die meisten Eintragungen Bekenntnisse zur Wahrheit oder Klagen über den Mangel an ihr.

„O des Schams ist so viel in der Welt, und der Wahrheit so wenig!–“(Tübingen 1789) [62],

wie bei diesem Text von Dusch. In den neunziger Jahren wird eine neue Qualität erreicht. Die Wahrheit fällt auf den zurück, der sie ausübt. Sehr gut ist dies an folgendem Herder-Text zu sehen.

„Mit jedem Jahr des Lebens fällt uns ein beträchtlicher Teil des Flitterstats nieder, mit dem uns von Kindheit auf, so wie in Handlungen, so auch in Wissenschaften, in Zeitvertreib und Künsten, die Phantasie schmückte. Unglücklich ist, wer lauter falsche Federn und falsche Edelsteine an sich trug; Glücklich, und dreimal glücklich, wem nur die Wahrheit Schmuck ist, und der Quell einer teilnehmenden Empfindung im Herzen quillt. Er fühlt sich erquickt, wenn andre, blos Menschen von außen, rings um ihn winseln und darben; im allgemeinen Gut, im Fortgange der Menschheit findet er sich

[61] LBS cod.hist.oct.77, Bl.93v. Im Stammbucheintrag Müller zugeschrieben.
[62] NSW VI Hs. Gr.13 Nr.110, S.164.

> gestärkt, seine Brust breiter, sein Daseyn größer und freier."(Jena 1793)[63]

Die Wahrheit wird nun nicht mehr auf Gott rückbezogen. Sie ist unter den Menschen. Auch der Umkehrschluß dieses Satzes gilt: wer sich nicht der Wahrheit verschrieben hat, ist kein Mensch.[64] Es bildet sich eine Gesellschaft von Wahrheitsfreunden, die sich von den auf Schein und Lüge beruhenden Übrigen absondert. Zudem ist die Wahrheit jetzt noch mit einer „teilnehmenden Empfindung" gekoppelt. Man nimmt mit dem Gefühl am Schicksal anderer teil. Durch diese Verbindung wird die Wahrheit in einem noch höheren Grade für die Öffentlichkeit wirksam. Der wahrheitliebende Mensch ist am Wohlergehen der gesamten Menschheit interessiert, das mit seinem untrennbar verknüpft ist. Deshalb ist nach Mendelssohn die „Bestimmung des Menschen: Wahrheit erkennen, Schönheit lieben, Gutes wollen, das Beste thun." (Göttingen 1798)[65] Aus den Eintragungen der 90er Jahre ist auch zu erschließen, daß die „Wahrheit" zu einer Parole geworden ist. Die Wahrheit als solche: „Wahrheit"(Göttingen 1795)[66], oder in verschiedenen Verbindungen:„Wahrheit und Freyheit!"(Jena 1793)[67], „Einfalt und Wahrheit"(Jena 1794)[68], „Wahrheit und Gerechtigkeit"(Jena 1795)[69], „Wahrheit, Hoffnung, Harmonie!"(Tübingen 1796)[70], „Natur! Wahrheit! Freiheit!" (Jena 1798)[71]. Dabei kommt die Kombination der Wahrheit mit der Freiheit am häufigsten vor, denn „Wahrheit und Freiheit haben einen Tempel."(Heidelberg 1796)[72] Daß dies eine eminent politi-

[63] HAAB 351, Bl.40v.
[64] vgl. Kapitel II, 1.
[65] IHKW INH 44675, Bl.81.
[66] MKF L.St.369, S.168.
[67] MKF L.St.678, S.333.
[68] LBS cod.hist.oct.104, Bl.71v u. r.
[69] HAAB 351, Bl.43r.
[70] UBE Ms.1983, Bl.39.
[71] NSW VI Hs. Gr.13 Nr.122, S.155.
[72] MKF L.St.678, S.139; Zitat Lafontaines.

sche Losung sein konnte, zeigt der Eintrag eines Medizinstudenten, welcher im Symbolum ebenfalls Wahrheit und Freiheit kombinierte. Er datierte seinen Eintrag nach dem Französischen Revolutionskalender, womit er zeigt, daß er den Idealen der Revolution zumindest nahe stand, wenn er sie nicht gar für Deutschland forderte. „Jena 14.Pluvios 6. [2.2.1798]“[73] Der Student Wolfg.Aug. Herder hatte sich schon ein Jahr zuvor ausdrücklich dazu bekannt, daß es auch in seiner Heimat not täte, etwas zu verändern.

> „Wahrheit müssen wir reden in Deutschland's stinkendem Pfuhle.
> Wahrheit bringt allein Wahrheit wieder an's Licht.“(Jena 1797) [74]

Dazu bedient er sich bezeichnenderweise der Forderung nach Wahrheit. Und zwar muß jeder einzelne wahr reden, um auch die Wahrheit größerer Zusammenhänge aufzudecken und zu erkennen. Der Ruf nach Wahrhaftigkeit wird laut inmitten offensichtlich mißlicher Zustände „in Deutschland's stinkendem Pfuhle.“ Ist damit *nur* eine persönliche Unaufrichtigkeit innerhalb der Gesellschaft gemeint? Oder zielt der Vorwurf auf diejenigen, welche das offizielle Deutschland dieser Zeit im eigentlichen Wortsinn *repräsentieren* , die vielen Fürsten? Diese Auslegung wird durch das Motto derselben Eintragung gestützt.

> „Bist du denn auch dahin, du wahre biedere Freundschaft?
> Hast du verlassen den Mensch, dass er nun nimmer dich kennt?
> Ist kein Pylades mehr und kein Orestes? – Ach alles
> Ist verschwunden! Allein stehet nun jeder für sich. –
> Freiheit wir flehen dich an; du bist es ja einzig, die wieder

[73] IHKW 46, Bl.81.

[74] LBS cod.hist.quart.736, Bl.650.

> Alles vereint und bekehrt was uns Tyrannen verrückt.
> Neid und Mißgunst kennest du nicht, die sind nur am
> Hofe
> Redliche Treue nur liebst du, o Freyheit, allein!"

Es wird der Verlust persönlicher Beziehungen beklagt, der Freundschaft, welche in einer von Tyrannen geformten Gesellschaft nicht mehr wirklich möglich ist. Nicht umsonst ruft das Gedicht mit der Nennung des sagenhaften Freundschaftspaars Pylades und Orest unwillkürlich die Erinnerung an die sagenhafte Ermordung des arglistigen Paares Klytämnestra und Ägisth hervor, welches Orests Vater Agamemnon ermordet hatte. Schon vorher hatte sich Ägisth ebenso arglistig durch den Mord an Atreus der mykenischen Herrschaft bemächtigt. Die Freundschaft kann dieses auf Lüge und Gewalt aufbauende Herrschaftsgefüge vernichten, ist allerdings nun verschwunden. Die Freiheit –damit ist eindeutig eine gesellschaftliche Freiheit gemeint, welche könnte sonst wiedereinrichten, was durch ein totalitäres Regime „verrückt" wurde?– wird als einziges Mittel zur Abhilfe aufgerufen. Denn sie allein ist nicht von allen schlechten Eigenschaften des Adels betroffen, mit einem Wort: von der Lüge. Sie ist wahr. So ist es zu erklären, daß die „Wahrheit" nur genannt werden mußte, um beim Leser eine ganze Kette von Assoziationen aufziehen lassen zu können.

2.6 Das Leben

Das Leben als solches thematisierten deutsche Studenten mit durchschnittlich 1,48% in ihren Stammbucheintragungen. Relativ am häufigsten vertreten sind sie mit 2,71% in den achtziger Jahren. Oftmals beklagen die Texte das menschliche Ausgesetztsein im Leben, wie folgender Text von Creuz beispielhaft zeigen soll.

> „Wie räzelhafft sind unsre Tage,
> Im Aufgang und im Niedergang?

Zu kurz sind sie: des Thoren Klage;
Dem Wunsch des Weißen offt zu lang.
Welch fabel Werck ist unser Leben?
Halb ists ein Weßen, halb ein Schein;
Zu kurz nach eitlem Glück zu streben,
zu lang ohn eitles Glück zu seyn."(Tübingen 1766)[75]

Das Leben wird hier (noch) nicht als tatsächliches Sein erfasst. Der Weise sehnt sich sein Ende herbei, um im Jenseits das wirkliche Leben bzw. die Erlösung vom irdischen zu erfahren. Nur Toren hängen an letzterem. Die Haltung des Weisen ist aber durchaus ambivalent. Auch er muß, um leben zu können, versuchen glücklich zu werden. Dazu ist das Leben aber zu kurz, was ein verzweifelt-resigniertes Gefühl aufkommen läßt, die wieder zur Eingangsfrage des Gedichts zurückweist. Wie es schon im vorangegangenen Zitat angeklungen war, konstatiert auch die Eintragung eines Shakespeare-Textes eine quälende Länge des Lebens.

„Könnt uns ein bloßer Dolch die Ruhe schencken,
Wo ist der Thor? der unter dieser Bürde
des Lebens länger seufzte."(Tübingen 1776)[76]

Allerdings verspricht auch das Jenseits hier keine Ruhe. So verstanden ist das Leben ein menschliches Problem. Es ist eine Bürde. Sie abzuwerfen ist aber auch keine Lösung. Vielmehr betonen zeitgleiche Eintragungen demgegenüber mehr das tätige Element menschlichen Lebens.

„Erden Noth ist keine Noth
Als dem Feig' u. Matten;
Arbeit schafft dir täglich Brod,
Dach u. Fach u. Schatten;

[75] UBT Mh 964, S.51.
[76] UAT S 127/17, Bl.62r.

Rings wo Gottes Sonne scheint,
Findst'n Mädchen, findst'n Freund –
Laß uns sicher trauen."(Tübingen 1777)[77]

Offensichtlich ist, daß Arbeit ganz reale Nöte beheben kann. Darüberhinaus läßt sie auch nicht mehr an oben beschriebene menschliche Sorgen des Daseins denken. Tätig zu sein erlöst. Der zitierte Ausschnitt aus Goethes Singspiel „Erwin und Elmire" („Zwischen Felsen"/ Bernardo. Der letzte hier wiedergegebene Vers lautet im Original: „Laß uns immer bleiben!") ist ein Beispiel für eine positive Haltung dem Leben gegenüber, die durch Konzentration –man könnte auch sagen Ablenkung– auf die täglichen Dinge des Lebens erreicht wird. Der im Alltag Bestehende wird glücklich im Leben. Sicherlich handelt es sich hierbei um ein einfaches Leben.[78] Dieses Ideal bietet eine Fluchtmöglichkeit vor zweiflerischen Gedanken über den Sinn eines persönlichen menschlichen Daseins, kann allerdings auch leicht in die Banalität abrutschen. In den achtziger Jahren ändert sich die Haltung zum Leben nicht entscheidend. Es wird schon seit der Antike als eine Reise angesehen, die als Prüfung verstanden zum wahren Leben führt. Zum Ausdruck dieser alten Überzeugung bediente sich ein Student eines zeitgenössischen Autors –Herders.

„Willt, o Bester! du das Meer des gefährlichen Lebens froh durchschiffen, und froh landen im Hafen dereinst, laß wenn Winde dir heucheln, dich nicht vom Stolze besiegen. Laß, wenn Sturm dich ergreift, nimmer dir rauben, den Mut. Männliche Tugend sei dein Ruder, der Anker die Hofnung, wechselnd bringen sie dich durch die Gefahren ans Land."(Tübingen 1787)[79]

[77]UBT Mh 868, S.216.
[78]vgl. Kap. 3.1.2.
[79]LBS cod.hist.oct.278, S.148; auch in: DLA A:Stbb.68.410, S.176; GNM Hs.141128, S.255.

Der Hafen ist das Ziel und er liegt jenseits des Lebens. Das Leben muß bestanden werden, und zwar durch die Kombination einer positiven menschlichen Eigenschaft mit der Jenseitshoffnung. Sie lassen den Menschen sein Ziel erreichen. Aber auch das Leben selbst schenkt einem nichts, wie es 1787 ausgedrückt wurde.

> „Von den schönen und guten Dingen, die es gibt, geben die Götter den Menschen nichts ohne Mühe und Fleiß.“(Tübingen)[80]

Der Mensch selbst gestaltet sich sein Leben. Hier ist nichts von einem Vertrauen in eine göttliche Voraussicht zu spüren. Die Götter können nur geben, was der Mensch schon selbst errungen hat, denn: „Verschwendete Zeit ist Daseyn, gebrauchte ist Leben.“[81], trug sich 1790 in Jena ein Student mit dem eben zitierten Text aus Youngs „Night-Thoughts“ (zweite Nacht) ein. Neben diesen, menschliches Handeln betonende Eintragungen, gibt es aber weiterhin solche, die über das Leben lamentieren.

> „Eine Schale des Harms, eine der Freuden wog
> Gott dem Menschengeschlecht; aber der lastende Kummer
> Senket die Schale;
> Immer hebet die andere sich.“(Gießen 1792)[82]

Auffällig ist, daß bei Eintragungen solcher Art, wie hier der ersten Strophe aus Höltys Gedicht „Die Liebe“, ein Gott verantwortlich für das bedrückende Leben der Menschen ist. Die Menschen bleiben passiv. Sobald sie aber handelnd versuchen, ihr Leben selbst

[80] LBS cod.hist.oct.278, S.11; im Original griechisch geschrieben; Xenophontis opera omnia. Recognovit. E.C. Marchant. T.II. Oxford 1900. Zitat: 2, 1, 28; vgl. zu dieser Eintragung Hegels: Volker Schäfer: Neue Stammbuchblätter von Hölderlin und Hegel. In: In Wahrheit und Freiheit. 450 Jahre Evangelisches Stift in Tübingen. Hrsg. von Friedrich Hertel. (Quellen und Forschungen zur württembergischen Kirchengeschichte. Bd.8.) 1986, S.177-204, hier: S.200, Anmerkung 65.

[81] GNM Hs.112748, S.162.

[82] UBG Hs.1216g, S.235.

zu bewältigen, verliert letzteres seinen ausschließlich pejorativen Aspekt.

2.7 Der Mensch

Den/die Menschen trifft man in durchschnittlich 1,38% der Eintragungen an, die zwischen 1740 und 1800 in Stammbüchern gemacht wurden. Was dieses Verhältnis angeht, ergeben sich zwischen den einzelnen Jahrzehnten keine größeren Schwankungen. Ob sich das Menschenbild inhaltlich wandelte, wird zu zeigen sein.

> „Optime autem societas hominum, conjunctioque servabitur si ut quisque erit conjunctissimus, ita in eum benignitatis plurimum conferetur"(Altdorf 1746) [83]

Dieser Text aus Ciceros „De officiis"(I,50) zeigt, welche Überzeugungen im abendländischen Kulturkreis schon vorhanden waren, um 1776 Adam Smiths „Wealth of nations" entstehen lassen zu können, das die Staaten als wirtschaftlich miteinander verbunden wünschte, um so zur Wohlfahrt aller beizutragen. Grundlage dafür ist aber die hier mittels Cicero formulierte Ansicht, daß der Mensch am besten in der Gemeinschaft zum Wohl aller beitrage. Wenn der einzelne mit anderen verbunden ist, muß er, um sich selbst zu nutzen, die Gesellschaft, in der er lebt, fördern. Die Überzeugung vom Eigennutz als Antrieb menschlichen Lebens war also schon vorgeprägt. Smith formulierte sie nur noch und übertrug sie als Modell auch auf zwischenstaatliche Beziehungen, worin seine Leistung liegt. Nicht alle studentischen Eintragungen zeigen jedoch

[83]GNM Hs.173690, S.234; Übersetzung: „Am besten aber wird die Gesellschaft und Zusammengehörigkeit der Menschen gewahrt werden, wenn auf einen um so mehr Güte verwendet wird, je enger er einem verbunden ist." [Aus: Marcus Tullius Cicero: De officiis. Vom pflichtgemäßen Handeln. Lateinisch und Deutsch. Hrsg. u. übers. von Heinz Gunermann. Stuttgart 1984, S.47/49.].

solch weitreichende Bedeutungen auf. Viele von ihnen zeigen einfach das, was man unter einem menschlichen Wesen und Charakter versteht, wie folgendes Boileau-Zitat.

> «Voilà, l'homme en effet, il va du blanc au noir, et rejette le matin, ce qu'il souhaite le soir.»(Tübingen 1759)[84]

Der Mensch, wie er wirklich ist, und morgens das verwirft, was er sich am Abend wünschte. Dies ist nicht erst im 20. Jahrhundert zu einem verbrauchten Allgemeinplatz geworden. Vielmehr war die Beschaffenheit menschlicher Natur schon immer eine Plattitüde wert. Die Eintragungen über den Menschen gehören zu denjenigen, welche in ihrer Mehrheit den beschriebenen oberflächlichen Charakter besitzen. Letztere können nicht zum Untersuchungsgegenstand dieser Arbeit gehören. Dennoch habe ich den Menschen als Thema in Stammbüchern in die engere Untersuchung aufgenommen, weil es auch Eintragungen gibt, welche Aufschluß über das Menschenbild im 18. Jahrhundert zulassen.

> „Das eigentliche Studium des Menschen ist – der Mensch."(Mainz 1786)[85],

sagt ein Pope-Zitat über die Wissenschaften aus. Die Beschäftigung mit dem Menschen an sich ist genuin aufklärerischen Charakters. Der Mensch als Gegenstand wissenschaftlicher Bemühungen ist ein Credo für den zentralen Stellenwert, welchen jener nun einnimmt. Erkenntnis über den Menschen ist nicht mehr möglich über diejenige der ihn bestimmenden Mächte, Gottheiten, Schicksale oder was auch immer. Nur das „Studium des Menschen" selbst leistet dies noch. Diese beginnende Anthropologie, die in den achtziger Jahren auch Eingang in das Denken der Studenten

---

[84] UBT Mh 675, S.65. Übersetzung: Hier haben wir den tatsächlichen Menschen, er geht von weiß zu schwarz und verwirft am Morgen, was er am Abend begehrt.

[85] IHKW INH 44666, S.44.

gefunden hat, markiert eine Sichtweise auf den Menschen, die diesen als eigenständigen Wert begreift. Jetzt wird Zivilisationskritik in einem Rousseau zugeschriebenen Satz offenbar. „Die Menschen sind schlimm – aber der Mensch ist gut.“(Erlangen 1793)[86] Im Gegensatz zum zitierten Cicero-Text wird hier der Mensch erst durch die Tatsache, daß er in Gemeinschaft mit anderen Menschen lebt, schlecht. Der einzelne hingegen ist zunächst einmal grundsätzlich gut, was allerdings der Cicero-Text hinwieder nicht behauptet. Zu diesen Einschätzungen kommt noch die hinzu, die den Menschen explizit als schlecht ansieht.

> „Der Mensch ist zwar unheilig genug; – aber die Menschheit in ihrer Person muß ihm über alles theuer und schäzzbar sein.“(Marburg 1793)[87]

Nachdem der Mensch in den vierziger Jahren durch die Gemeinschaft unbedingt gewann, verlor er in den achtziger und neunziger Jahren durch sie. Gleichzeitig aber wird nun mit diesem Satz aus Kants „Kritik der praktischen Vernunft“[88] das Postulat erhoben, daß er sich der Menschheit verpflichtet fühlen sollte. Durch die Pflicht zur Menschlichkeit muß sich der einzelne zum guten erziehen. Denn wie sonst sollte man „die Menschheit in ihrer Person“ schätzen, wenn nicht dadurch, daß man menschlich handelt? Der Text meint mit „Menschheit“ also keine Gemeinschaft von Menschen, sondern das allen Menschen Gemeinsame, eben das Menschliche. Den Glauben, daß der Mensch fähig ist, etwas nach seinem Willen zu tun, hatten die neunziger Jahre. Dies zeigt eine Eintragung mit einem häufig benutzten Zitat Fichtes aus dessen „Wissenschaftslehre“ (1794).

---

[86] UBE Ms.2741, S.171; das Zitat ist auch schon 1789 in Helmstedt belegt, allerdings nur fragmentarisch (MKF L.St.65, S.87.).

[87] MKF L.St.325, S.170.

[88] S.155 der Erstausgabe.

> „Der Mensch kann, was er will, und wenn er sagt: ich kann nicht, so will er nicht."(Jena 1795)[89]

Dieser Satz ist eine zwangsläufige Weiterentwicklung des kantischen Gedankens.[90] Ansonsten wäre letzterer nämlich obsolet geworden, wenn der Mensch nicht fähig wäre, seine Pflicht nach seinem Willen zu erfüllen. Dieser unbedingte Glaube an menschliches Vermögen entspringt auch aus der Einsicht der Zeit heraus, sich selbst verändern zu müssen, wenn sich überhaupt etwas ändern soll. Daß der Gedanke not tat, war zwar nicht unumstritten aber doch verbreitet.

Eine Eintragung von 1796, die Marx vorwegnimmt, geht hingegen nicht von der Kraft des menschlichen Willens aus. „Verhältnisse bestimmen den Menschen!"(Frankfurt a.O.)[91], heißt es jetzt. Ist diese –nicht einzig dastehende– Änderung in der Einschätzung des Menschen auch, vielleicht unbewußt, auf die Verhältnisse zurückzuführen? Und welche Verhältnisse sind gemeint? Es könnten die persönlichen Lebensumstände eines jeden einzelnen sein. Oder aber es könnten die gesellschaftlichen Verhältnisse sein. Resigniert der Student vielleicht gar ob der Zustände in den deutschen Fürstentümern, die keine große Veränderung erhoffen lassen, wie sie in Frankreich zu sehen war? Allerdings wäre es auch möglich, daß der Fortgang der Französischen Revolution ernüchternd gewirkt hatte. Eine letztgültige Antwort kann hier nicht gegeben, nur verschiedene Möglichkeiten aufgezeigt werden. Sicher faßbar

---

[89] HAAB 351, Bl.74r; auch in: MKF L.St.369, S.120; MKF L.St. 369, S.43; NSW VI Hs.Gr.13 Nr.117b, S.258; SA N FAL E 17/I, S.169; SB N Nor.H. 1458, S.61; UBJ 45, S.84; DLA A:Stbb.60.590, S.226; DLA A:Stbb.60.590, S.213. Bei Fichte steht statt dem ersten „will" ein „soll".

[90] Vgl. Johann Gottlieb Fichte: Wissenschaftslehre nova methodo. Kollegnachschrift K.Chr.Fr. Krause 1798/99. Hrsg. von Erich Fuchs. Hamburg 1982, §13,6 (S.145-147). Zum ersten Mal findet sich der Gedanke schon in Fichtes früher Schrift „Beitrag zur Berichtigung der Urteile des Publikums über die Französische Revolution" von 1793 (am Ende von Kap.2 der Einleitung dortselbst), also noch vor der Professur in Jena.

[91] MKF L.St.319, S.18.

ist hingegen die veränderte Haltung gegenüber der Stellung des Menschen in seiner Umwelt. Dabei muß aber immer beachtet werden, daß die positive Einschätzung des Menschen weiter Bestand hatte.

> „Nur allein der Mensch
> Vermag das Unmögliche,
> Er unterscheidet
> Wählet, u.richtet;
> Er kann dem Augenblick
> Dauer verleihen.“(Jena 1797)[92]

Goethes Verse („Das Göttliche“, siebte Strophe) gewinnen noch zu dem oben Geschriebenen eine zusätzliche Bedeutung. Der sich in Jena eintragende Johann Rudolf Steck aus Bern hat in einem Zusatz auf sein Goethe-Zitat als Motto bezug genommen.

> „Wir können es ... wir wollen es auch lieber Hofmeister!
> du verstehst mich!“

Damit könnte er auf das Fichte-Zitat angespielt haben, was durch den Ort der Eintragung –Jena, der derzeitigen Wirkungsstätte Fichtes– als wahrscheinlich gelten kann. Steck gibt seinen unbedingten Willen kund, etwas erreichen zu wollen. Der Stammbuchbesitzer Hofmeister scheint eingeweiht gewesen zu sein, wie die Andeutung zeigt. Wir wüßten nicht, worum es sich gehandelt haben könnte, wenn Hofmeister nicht Stecks weiteres Schicksal vermerkt hätte.

> „Ging im Jahre [1]797 nach Paris, und wurde nachher Generalsecretair der helvet. Republik; mußte aber der Verfolgung Rapinat's weichen.“ [93]

[92] NSW VI Hs.Gr.13 Nr.122, S.104.

[93] Vgl. Albert Soboul: Die Große Französische Revolution. Ein Abriß ihrer Geschichte (1789-1799). Frankfurt a.M. 4.Aufl./1983 (Original: Précis de l'histoire de la revolution française. Paris 1962), S.490 der Staatsstreich Rapinats vom 16.6.1798, S.491 Säuberungsaktionen.

Steck war also ins revolutionäre Paris gereist. Das und sein weiterer Lebensweg lassen den Schluß zu, daß er Anhänger der Revolution gewesen sein muß. Stecks Motto und sein diesbezüglicher Zusatz erscheinen nun in einem ganz anderen Lichte. Die bisherige Auslegung von Texten in der Art dieses Mottos muß konkretisiert werden. Welchem Augenblick wollten die Freunde „Dauer verleihen"? Der intertextuelle Zusammenhang läßt den Schluß zu, daß eine revolutionäre Situation gemeint gewesen sein könnte. Die ca. ein Jahr nach dieser Eintragung verkündete Helvetische Republik gab Steck die Möglichkeit, seine revolutionären Ideale, die er wahrscheinlich schon seit seinem Studium, spätestens aber seit seinem Parisaufenthalt hatte, in verantwortlicher Position durchzusetzen. [94] Auch Hofmeister war revolutionär gesonnen, wie aus dem bedauernden Ton zu entnehmen ist, daß sein Freund aus seinem Amt gehen mußte. Das Gedicht Goethes scheint für Hofmeister zu einer Chiffre geworden zu sein. Drei Jahre nach der Eintragung Stecks in sein Stammbuch trägt Hofmeister sich in das Stammbuch eines Bode in Helmstedt ein, und zwar mit vier Strophen aus jenem Gedicht. Sie sprechen von der menschlichen Bestimmung, in der Welt zu wirken, Nutzen zu stiften. Der Glaube, daß allein der Mensch Gutes tun kann, weil es sein Wille ist, leuchtet hier ungebrochen. Wie diese offene Auslegung in diesem speziellen Falle zu einer gezielten Deutung führen muß, wissen wir nach dem oben Geschriebenen. Die erste Strophe wird auch noch von anderen Studenten zitiert. Einmal zusätzlich mit der Freiheitsparole „Bread and Liberty"(Helmstedt 1800)[95] als Symbolum des eintragenden Studenten.

„Edel sei der Mensch,
Hülfreich und gut!
Denn das allein
Unterscheidet ihn
Von allen Wesen

[94] Vgl. Holger Böning: Revolution in der Schweiz. Frankfurt a.M.1985.
[95] NSW VI Hs.Gr.13 Nr.123, Bl.57.

Die wir kennen!

Denn unfühlend
Ist die Natur:
Es leuchtet die Sonne
Über Bös' und Gute,
Und dem Verbrecher
Glänzen wie dem Besten
Der Mond und die Sterne.

Nur allein der Mensch
Vermag das Unmögliche:
Er unterscheidet,
Wählet und richtet;
Er kann dem Augenblick
Dauer verleihen.

Er allein darf
Dem Guten lohnen
Den Bösen strafen;
Heilen u. retten
Alles Irrende, Schweifende
Nützlich verbinden."(Helmstedt 1800)[96]

Die Verse der ersten Strophe, waren in Stammbüchern des 19. Jahrhunderts ein sehr beliebtes Motto. Ihr auch ohne biographische Bezüge im 18. Jahrhundert durchaus als progressives Postulat zu verstehender Sinngehalt verkam zum konservativ-gefälligen Bildungsbesitz.[97] Der kraft seines Willens nach dem Guten für die Menschheit strebende Mensch wurde zum dienernden Philister.

---

[96] NSW VI Hs.Gr.13 Nr.131, Bl.94a.

[97] Die beiden ersten Verse fanden gar Eingang in Georg Büchmanns „Geflügelte Worte" (Berlin 22.Aufl./1905, S.178.).

2.8 Das Streben nach Glück

Eintragungen, deren gemeinsames Thema mit Glückseligkeit zu umschreiben ist, trifft man zwischen 1740 und 1800 mit durchschnittlich 2,00% in studentischen Stammbüchern an. Ein relativer Höhepunkt wird in den siebziger Jahren verzeichnet. Hier wurden 2,89% erreicht. Die einen sehen das Glück in der Kontemplation.

> „Illa voluptas, quae in veri contemplatione reperitur, unica fere est integra et nullis turbata doloribus in hac vita felicitas."(Marburg 1740) [98]

Die Kontemplation bereitet Vergnügen. Diese Form von Glück bezieht sich auf dieses Leben. Descartes geht also von einem Jenseits aus. In diesem wäre es dann –das ist implizit gemeint– nicht mehr notwendig, das Glück durch Kontemplation zu erlangen. Andere suchen das Glück in einer nicht näher bezeichneten Weisheit Saint-Evremonds.

> «Si nous voulons travailler a notre bonheur, tachons de contenter l'Esprit des Saches, qui sont, à la verité, en petit nombre, mais de qui nous pouvons recevoir des veritables approbations.»(Tübingen 1761)[99]

Man muß den Geist der Weisen zu erfassen suchen, um glücklich werden zu können. Wie dieser beschaffen sein könnte, läßt sich vielleicht mit Hilfe der Eintragungen anderer Studenten herausarbeiten. Ein Gedicht von Uz führt uns auf die Spur.

---

[98] LBS cod.hist.oct.77, Bl.98v; Cartesius Reg. ad Direct. ingenii. in Opp. posthum. Übersetzung: Jene Lust, die man aber in der Kontemplation findet, sie allein ist vollkommen und keine Schmerzen können das Glück in diesem Leben stören.

[99] UBT Mh 1016, S.228. Übersetzung: Wenn wir für unser Glück arbeiten wollen, müssen wir versuchen, den Geist der Weisen zu erlangen, welche es tatsächlich, in kleiner Zahl, gibt, aber von denen wir aufrichtige Zustimmung erlangen können.

„Die wache Sorge mag an schlechten Seelen nagen,
Dem Thoren fehlt es nie an selbst gemachten Plagen;
Ihn quält ein Tand ein dunckler Traum,
Der Weise kan das Glück betrügen:
Auch wahres Übel fühlt er kaum;
Und macht sichs leicht, und macht es zum Vergnügen.“
(Altdorf 1768)[100]

Weise ist also, wer Unglück gelassen ertragen kann. Das macht sein Glück aus. Wem allerdings die Sorgen zu schaffen machen, der ist entweder schlecht –denn deswegen hat er sie wohl– oder er ist dumm, weil er sie sich selbst macht, das heißt sie sich einbildet. Ein persönliches Bescheiden, gewissermaßen ein Stoizismus macht also glücklich. Auch gewisse Tugenden sollen zum Glück verhelfen.

„Mitleiden, Grosmuth, Dankbarkeit,
Und Menschenlieb und Edelmuth
Wirkt Freud', und Freude nur ist Glück.“(Altdorf 1768) [101],

drückt ein anderer Student seine Überzeugung mit drei Versen aus Christian Ewald von Kleists „Geburtslied“ (Verse 81-83) aus. Seinesgleichen bedeutet ein Leben für andere Glück. Dies hängt eng mit der Tugendvorstellung dieser Zeit zusammen. Deshalb wurde auch vermehrt ein Haller-Zitat eingetragen („Über den Ursprung des Übels“, III,81; als mögliche Quelle käme auch Gellerts sechste seiner „Moralischen Vorlesungen“ in Betracht).

„Wer von der Tugend weicht,
Der weicht von seinem Glücke.“(Erlangen 1778)[102]

Das Glück wird hier sogar mit der Tugend gleichgesetzt. Zur selben Zeit beginnt auch eine Vorstellung von Glück, welches auf

[100]GNM Hs.84104h, S.166.
[101]GNM Hs.84104h, S.194.
[102]UBT Mh 863c, Bl.97v; auch in: DLA A:Stbb.892, S.157; UBJ 81, S.219; LBS cod.hist.oct.87a, S.207; MKF L.St.424, S.77.

Unabhängigkeit begründet ist, aufzukommen und im Verlaufe der achtziger Jahre zuzunehmen.

> „Der ist allein glücklich und groß, der weder zu gehorchen noch zu befehlen braucht, um etwas zu seyn.“(Stuttgart 1782)[103]

Nicht umsonst stammt dieses Zitat aus Goethes aufbegehrendem „Götz von Berlichingen“(I, „Jaxthausen“/ Weislingen). Ein Befehlsempfänger wird von anderen in seinem Tun bestimmt. Der Befehlende ist allerdings auch nicht frei. Macht korrumpiert und entfaltet eine eigengesetzliche Dynamik, so daß z.B. ein Herrscher zum Sklaven werden kann. Um sich die Macht erhalten zu können, muß er Maßnahmen treffen, die nur dieses zum Ziel haben und ansonsten eventuell seinen Bestrebungen zuwiderlaufen. In solch einer Dissonanz ist kein Glück möglich. Die Haltung des zitierten Textes ist eine verweigernde. Sie propagiert ein Leben außerhalb gesellschaftlicher Zwänge. Aber auch eine Verweigerung kann politisch motiviert und folgenreich sein, indem in ihr die Ablehnung eines Systems manifest wird und ein solches System ohne Rückhalt auf Dauer nicht existenzfähig ist. Einen ähnlichen Ton trifft ein Zitat aus Voltaires „Candide“.

> „Dreymal glücklich der Mann, der fern von seinem Monarchen seine Tage verlebt!“(Mainz 1787)[104]

Auch hier können grundsätzlich beide Aspekte der Abhängigkeit von der Macht gemeint sein. Tatsächlich ist es aber wohl die erstere, wenn man bedenkt, daß der Eintragende kein Staatsmann ist, sondern ein Medizinstudent. Hier hätten wir es also mit einer zumindest kritischen Haltung gegenüber der Monarchie zu tun. Man wünscht sich, dort zu leben, wo es keinen Monarchen gibt.

---

[103] DLA A:Stbb.Z2358, Bl.44; auch in: DLA A:Stbb.6086, Bl.45; DLA A:Stbb.Z2527, Bl.104; UAT S 127/13, Bl.35; MKF L.St. 401, S.147; MKF L.St.455, S.47.

[104] IHKW INH 44666, S.47.

In der Konsequenz ist diese Einstellung republikanisch. Es fehlte dann nur noch der Schritt, zu sagen, nicht der „Mann“ muß fort, um glücklich zu sein, sondern der Monarch. Neben dieser Form einer Glückseligkeit, die letztendlich aus einem erstrebten gesellschaftlichen Zustand herrührt, gibt es noch teilweise die durch Wieland geäußerte Vorstellung eines persönlichen Glücks, das man das eines Hedonisten nennen kann.

> „Der ist fürwahr am glüklichsten
> der in den kürzsten Zeitraum
> das meiste Vergnügen zu
> drängen weiß.“(Gießen 1789)[105]

Es werden aber auch in den achtziger und neunziger Jahren *tugendhafte* Motti eingetragen, die Glück mit einem offenen und lauteren Geben und Nehmen gleichsetzen.

> „Sey glückseelig! was ist Menschenglückseeligkeit? –
> Vollen Herzens zu seyn, ofner und treuer Brust!
> Thränen lauschen um Thränen,
> Lieb' um Liebe und Glut um Glut!“(Leipzig 1790)[106]

Texte dieser Art, wie der hier zitierte Kosegartens werden aber nun immer seltener und müssen einer neuen Überzeugung weichen, dem Seufzer Amalias in Schillers „Räubern“(IV,2): „Ach! es reift keine Seligkeit unterm Monde!“ (Helmstedt 1788)[107] Es handelt sich hierbei nicht nur um ein weinerliches Lamento. Vielmehr ist die Klage über die Unmöglichkeit, glücklich werden zu können, eine Anklage derjenigen Umstände, welche ein Glücklichsein stören oder gar verweigern. Das Streben nach Glück (pursuit of happiness) gehört nämlich mindestens seit der Menschenrechtserklärung

---

[105] IHKW INH 44660, S.152.

[106] GNM Hs.121639, Bl.72v.

[107] NSW VI Hs.Gr.13 Nr.101, S.32; auch in: MKF L.St.65, S.61; HABW Cod.Guelf.1147.2 Nov., S.70; NSW VI Hs.Gr.13 Nr.108, S.163; UBJ 111, Bl.87; UBJ 81, S.151; UBJ 81, S.97; HAAB 300, Bl.35r; UBJ 81, S.200; MKF L.St. 285; S.46; UBT Md 659, S.98.

(1776) der sich gerade konstituierenden Vereinigten Staaten von Amerika unabdingbar zum Ideal menschlichen Lebens. Glück ist ein nur vorgestelltes, kein tatsächlich nachvollziehbares Ideal, da es mit den unterschiedlichsten Inhalten gefüllt sein kann.

> „Glükseligkeit ist die Idee eines Zustands, den sich der Mensch selbst entwirft; aber durch seinen mit der Einbildungskraft u. den Sinnen verwikelten Verstand so verschieden von anderen bildet, u. für sich selbst so oft ändert, daß die Natur, daß die Natur [!], wenn sie auch gänzlich der Willkühr der Menschen unterworfen wäre, doch niemals mit einem so schwankend bestimmten Zweke, noch einem festen, allgemeinen Geseze, übereinstimmen könnte. Der Endzweck des Mensch ist ausser der Natur, im höchsten Gute, der Sittlichkeit u. einem ihr entsprechenden Grade von Glückseligkeit."(Tübingen 1791)[108]

Mit dieser Eintragung eines Textes aus Kants „Kritik der Urteilskraft" (Anhang zum zweiten Teil, § 83)[109] thematisiert ein Student die Problematik der Beliebigkeit eines Begriffes wie Glück. In einem Punkt allerdings stimmt Kant mit einem Teil meines bisherigen Ergebnisses überein: er stellt „Sittlichkeit", das man auch durch *Tugend* ersetzen könnte, neben die „Glückseligkeit", wenn er sie auch nicht gleichsetzt. Aber beide entsprechen einander im Grad. Je sittlicher der Mensch ist, desto glücklicher ist er auch. *Sittlich* zu sein bedeutet, sich durch vernünftige Einsicht –welche nur dem Menschen möglich ist– nach den als menschlich empfundenen Sitten zu richten. Dies ist die genuin menschliche Leistung.

[108] UAT S 128/21, S.43.

[109] Die „Kritik der Urteilskraft" stammt von 1790. Die Eintragung 1791 zeugt also von einer schnellen Rezeption. Dazu ist der Text nicht wörtlich wiedergegeben. Auch weist die Eintragung inhaltliche Zusammenfassungen auf. Diese Tatsachen sprechen für eine Auseinandersetzung mit dem Text und für dessen Durchdringung.

Die Überzeugung von der Pflicht zur Sittlichkeit, läßt den Menschen sittlich sein. Er ist es nicht von selbst, denn die „Natur“ zielt nicht auf diesen Zweck ab. Für dieses allein dem Menschen wesenseigene Vermögen wird dieser durch ein ihm eigenes Gefühl des Glücks belohnt, und zwar gleichsam *leistungsbezogen* . In anderen Eintragungen wird die Tugend als Bedingung des Glücks ergänzt: „Tugend, und Freyheit sind die Grundstützen des Menschen Glücks!“(Jena 1794) [110] oder durch ein anderes Konstituens ersetzt:„In kluger Thätigkeit besteht das Glück des Lebens.“(Jena 1795) [111] und „Sois juste et tu seras heureux.“(Jena 1795)[112]. „Freiheit“ bezeichnet zunächst einmal eine persönliche Freiheit, zu tun, was man will. Sie kann aber auch ein gesellschaftlicher Freiheitsbegriff sein. Dies gilt besonders in den neunziger Jahren, als die Französische Revolution den Charakter eines gesellschaftlichen Vorbildes annahm.[113] Auch eigenständiges menschliches Handeln kommt im Verlaufe der untersuchten 60 Jahre generell als Ideal immer mehr auf. Man verläßt sich nicht mehr auf ein –von wem auch immer– geschenktes Glück.[114] Auch die Gerechtigkeit erreicht einen hohen Stellenwert.[115] Tugend, Handeln, Gerechtigkeit und Freiheit sind Ideale, über die sich die Studenten des späten 18. Jahrhunderts mit definiert wissen wollten. Es ist deshalb konsequent, wenn jene hocheingeschätzten Werte als für die menschliche Glückseligkeit notwendig erachtet werden. Es gab auch die Einsicht, daß Glückseligkeit nicht teilbar ist.

---

[110] DLA A:Stbb.60.590, S.169.

[111] LBS cod.hist.oct.104, Bl.113.

[112] HAAB 351, Bl.63v; Rousseau. Übersetzung: Sei gerecht und du wirst glücklich sein.

[113] vgl. das Kapitel 4.8.3.

[114] vgl. Kapitel 1.11.

[115] vgl. das Kapitel 4.11.

„What Happiness we justly call,
Subsist not in the Good of one, but all.“ [116],

zitiert ein Student 1799 in Erlangen Pope. Wenn es nicht allen wohl ergeht, so ist auch für den einzelnen kein vollkommenes Glück möglich, da es an das der anderen gebunden ist. Neben diesen doch weitreichenden Vorstellungen von Glückseligkeit gibt es aber auch eher konventionell-biedere.

„Vielfach ist der Menschen Streben,
Ihre Unruh, ihr Verdruß;
Auch ist manches Gut gegeben,
Mancher liebliche Genuß.
Doch das größte Glück im Leben
Und der reichlichste Gewinn
Ist ein leichter froher Sinn.“(Helmstedt 1800)[117]

Dieses harmlos erscheinende Goethe-Zitat („Antworten bei einem gesellschaftlichen Fragespiel“, vierte Strophe) ist vom eintragenden Studenten wohl auch so gemeint. Mit Texten wie diesem weicht die einstmals teilweise auch als kritisches Diskussionsforum genutzte Gattung des Stammbuchs im Laufe des 19. Jahrhunderts langsam auf, bis am Ende nur noch das Poesiealbum an seiner Stelle steht.

2.9 Vergänglichkeit

Nach der Tugend ging es in studentischen Stammbüchern zwischen 1740 und 1800 thematisch am häufigsten um die Vergänglichkeit des Seins. Diese betreffende Eintragungen sind mit durchschnittlich 5,52% aller Eintragungen belegt. Sie sind durchgehend anzutreffen, wobei sie in den achtziger Jahren am stärksten vertreten

[116]GNM Hs.95595, S.173. Übersetzung: Was wir Glückseligkeit nennen, besteht nicht in der Wohlfahrt des Individuums, sondern in der aller.
[117]NSW VI Hs.Gr.13 Nr.132, Bl.24.

waren und mit 7,74% zu Buche schlugen. Inhaltlich differiert die Bedeutung nicht so stark voneinander wie die anderer Begriffsfelder. Häufig wurde Vergil zitiert, der für viele Eintragungen ähnlicher Art stehen mag.

> „Stat sua cuique dies; breve et irreparabile tempus
> Omnibus est vitae: sed famam extendere factis,
> Hoc virtutis opus."(Marburg 1740)[118]

Die Zeit des Lebens ist kurz und nicht wiederzubringen. Dies bezeichnet das, was ich mit der Vergänglichkeit des Seins benannt hatte. Manchmal gibt es Unterschiede in der Bewertung dieser Tatsachen. Meist ist sie jedoch bedauernd wie hier. Um der Vergänglichkeit zu entgehen, werden verschiedenste Verhaltensweisen vorgeschlagen. Die Einträger des Vergil-Zitats setzen ihre Hoffnung in den Ruhm, welchen die Tugend bzw. die Tapferkeit bewirkt. Andere konstatieren die Vergänglichkeit als unabänderlich und rufen auf, das Leben zu genießen.

> „Ille potens sui
> Laetusque deget, cui licet in diem
> Dixisse, vixi: cras vel astra
> Nube polum Pater occupato,
> Vel sole puro: nontamen irritum,
> Quodcumque retro est, efficiet; neque

---

[118]LBS cod.hist.oct.77, Bl.101r; Aeneid,10,466. Auch in: DLA A:Stbb.51.641, S.196; DLA A:Stbb.51641, S.220; DLA A:Stbb.892, S.250; GNM Hs.112748, S.138; MKF L.St.436, S.66; MKF L.St.401, S.113; MKF L.St. 253, S.15. Übersetzung:

> „Fest steht jedem sein Tag; nur kurz ist und unersezlich
> Allen das Leben bestimmt: doch Ruhm ausdehnen durch Thaten,
> Das ist der Tugenden Werk."[Aus: Des Publius Virgilius Maro Werke von Johann Heinrich Voss. 3.Bd. Braunschweig 2.Aufl./1821.]

Diffinget, infectumque reddet,
Quod fugiens semel hora vexit."(Tübingen 1758) [119]

Diese Haltung könnte man einen produktiven Fatalismus nennen. Der Blick geht nicht zurück. Was geschehen ist, ist geschehen. Man wendet sich dem Augenblick zu. Ein Text dieser Art läßt gerade wegen der Vergänglichkeit des Lebens dessen Bejahung erkennen. Er geht von einer autonomen Kraft des Menschen aus, die diesen befähigt, unbeeinflußt durch alle schicksalhafte Begebenheiten glücklich zu sein. Trotz dieser bleibt das, was war, der Besitz des Menschen auch in der Gegenwart. Die Freude speist sich gerade aus dem Vergangenen. Das Vergangene wird somit nicht beklagt, sondern als positiv empfunden, weil es zum Leben eines Menschen gehört, was immer auch sonst noch passieren mag. Gedanken an die Vergänglichkeit sollen auch mahnen, das Leben zu nutzen.

„Die Zeit
– Nein! lasset uns einen besseren Gebrauch von einem Schaze machen,
der ein Geschenk des Himmels ist. Die Zeit verläufft, man spare sie.
Alle Augenblicke seynd kostbar. Tugend und Weißheit sollen unsere Seele

[119] LBS cod.hist.oct.139, S.218; Horaz: Carmina III,29, 41-48; Übersetzung:

„Jener nur ist Herr seiner selbst
und lebt in Freuden, der da vermag jeden Tag
zu sprechen:,Ich habe gelebt!' Morgen mag mit dunkler
Wolke den Himmel der Vater bedecken
oder mit der Sonne Glanz – nicht doch wird er ungeschehen,
was immer hinter uns liegt, machen können noch
wird er ändern oder ungetan sein lassen,
was die flüchtige Stunde einmal davontrug."[Aus: Kytzler (Hrsg. und Übers.), S.181/183

Auch in: LBS cod.hist. oct.219, S.209; nur V.41/42: UBJ 81, S.34; MKF L.St.285, S.155.

ohne Unterlaß beschäfftigen. Lasset uns die Klippen
eines jeden Lasters
fliehen; lasset unseren Geist offt bedencken, wie klein
der Zwischen-Raum
von der Wiege bis an das Grab ist."(Tübingen 1765)[120]

Der Mensch ist auf Erden, um der Tugend und der Weisheit nachzustreben. Warum, wird nicht gesagt. Es ist wohl implizit vorausgesetzt, daß die Anhäufung von erworbenen Tugenden im diesseitigen Leben für das Jenseits von Nutzen ist. Deshalb auch ist die Zeit auf Erden so kostbar. Die Forderung Voltaires, zu bedenken, „wie klein der Zwischen-Raum von der Wiege bis an das Grab ist", soll nicht etwa Anlaß zur Verzweiflung und Klage sein, sondern Ansporn, sein Dasein im Sinne von Tugendhaftigkeit zu gebrauchen. „Whilst get I live, let me not live in vain."(Tübingen 1773)[121], drückte ein Student dieses Streben nach Nutzen im Leben mit Addisons „Cato" aus. Vergeblich zu leben war angesichts der Vergänglichkeit eine schrecklich anmutende Vorstellung. Daneben kamen in den siebziger Jahren aber auch Eintragungen auf, die einen eher düsteren Beiklang haben. Hierzu wurde oftmals Ossian zitiert. [122]

„Wo kömmt er her, der Strom der Jahre?
Wo wälzt er sich hin?
Wo birgt er in Nebel seine vielfärbigten Seiten?

Ich blühe die Vorzeit hinan.
Sie scheinet meinem Auge trüb.

---

[120]LBS cod.hist.oct.87a, S.331.

[121]UAT S 127/8,Bl.66r. Übersetzung: Wenn ich schon lebe, laß' mich nicht vergeblich leben.

[122]d.i. Macpherson, welcher seine Gedichte als die eines sagenhaften Kelten ausgab und in seiner Zeit großen Erfolg hatte. Der Wechsel der Mythologien, die Abkehr von griechischen und die Hinwendung zu nordischen Mythen, wie sie in selbstbewußt-vaterländischer Gesinnung 1767 in Klopstocks Ode „Der Hügel und der Hain" zum Ausdruck kam, spiegelt sich also sehr schnell auch in den Stammbüchern.

Wie Stralen des Mondes auf dem entlegenen Teiche.

Hier blizet der Krieg röthlicht empor.
Dort wohnet stumm ein feig Geschlecht, und schleichet
Langsam vorüber, kein Jahr mit Thaten geprägt.
Ossian"(Tübingen 1775)[123]

Die Stimmung des Gedichtes beschwört eine mythische Vorzeit herauf, in der die Menschen ebenfalls bestrebt waren, ihr Leben durch Handlungen zu nutzen. Diese Handlugen waren aber, im Gegensatz zu den beschriebenen, kriegerischer Art. In einem gleichsam nostalgischen Archaismus der Ideen erscheint hier Krieg als Anachronismus zu einem Zeitpunkt, in dem aufklärerische Ideale vorherrschend waren. Ganz offensichtlich gab es aber neben letzteren auch die aus zitiertem Gedicht herauszulesenden archaischen Gefühle, die ein kriegerisches Dasein als Bestimmung menschlichen Seins heroisieren. Das „feig Geschlecht" ist stumm und "schleichet langsam vorüber". Es fällt dem Vergessen anheim, da es sein irdisches Dasein nicht mit kriegerischen Taten, welche allein als Taten gelten, markiert hat. Das Individuum hat hier keinen eigenständigen Wert. Es bezieht ihn nur aus dem Wirken im Verband, der dadurch als solcher in der Geschichte bestehen bleibt, wenn auch nur schwer zu erkennen. Die Menschen schwinden im Kreislauf der Natur.

„So wie die Blätter, so wachsen die Menschen. Die Winde bestreuen
Itzo mit Blättern den Grund, und andere keimen im Walde,
Wenn ihn der Frühling besucht. So keimen Geschlechter der Menschen,
Andre schwinden hinweg."(Tübingen 1778; MacPherson)[124]

---

[123] UAT S 127/17, Bl.41v.

[124] DLA A:Stbb.48811, S.235. Gleichen Inhalts ist eine Eintragung von 1780 in Göttingen, welche aus Homers „Ilias" zitiert.

Es ist ein Kommen und Gehen. Die vorangegangenen Geschlechter bilden den Humus für die nachfolgenden. So gesehen ist die Vergänglichkeit nur eine persönliche, nie aber eine der Art. Sie bleibt ewig fortbestehen. Der einzelne aber verschwindet. „Ach wir welcken, wie Blumen des Grases und unser Vermögen kehret nicht wieder. Ossian“(Tübingen 1779)[125] Hier wird vollends der Unterschied dieser mythologisch aufgeladenen Vergänglichkeitsvorstellungen zu denen deutlich, welche von den aufklärerischen Begriffen der Vernunft und der Tugend geprägt sind. Während in diesen, wenn nicht der Mensch und manchmal auch nicht seine „Seele“, so doch die menschlichen Verdienste und Eigenschaften die Zeiten überdauern können, läßt jene dem Menschen als einzelnem keine Hoffnung auf eine wie auch immer geartete Form der Unsterblichkeit. Lediglich das Wirken ganzer Geschlechter auf der Welt ist von Bedeutung. Sie können eine Spur hinterlassen. Alles andere schwindet unerbittlich.

> „Ossian
> Wie sich Wellen schlagen auf Wellen und am Ufer sich verdrängen; so schwinden die Menschen; Muthige fallen wie Feige. Wer mag den dunkelfließenden Strom der Jahre aufhalten? Wer binden die Flügel der Zeit? Unerbittlich verschlingt die hungrige Gruft das reitzende Mädchen, den Jüngling, den grauen Helden des Feldes, ach! und schonet nicht des Freundes.-“(Helmstedt 1787)[126]

Dieses Schicksal ist in seiner grausamen Konsequenz unwiderruflich. Es gibt nichts, was mit der christlichen Wiederauferstehung

„Sieh wie Blätter des Waldes, so sind d. Menschen Geschlechter
Diese schüttet herunter der Wind, und wieder entsproßen
Andre grünende Zweige in lieblichen Tagen des Lenzes,
So die Menschen.“[NSU oct.Hist.Lit.48zh, S.141.]

[125] UAT S 127/4, Bl.64v.
[126] NSW VI Hs.Gr.13 Nr.101, S.72; auch in: MKF L.St.61, S.66.

oder ähnlichem zu vergleichen wäre. Selbst der Krieger, der ja wie gezeigt im Verband seines Geschlechts (seiner Nation?) nicht vollständig dem Vergessen anheimfällt, wird das Opfer der Zeit. Sie ist das allein beständige Prinzip. Die Vergänglichkeit ist die Ordnung dieser mythischen Welt. Eintragungen mit solchem Inhalt, der den anderen geistigen Strömungen der Zeit anscheinend zuwiderläuft, wurden von deutschen Studenten hauptsächlich zu Ende der siebziger Jahre gemacht, Reflexe davon sind noch zwei Jahrzehnte später festzustellen. Es hat den Anschein, als ob hier das vernunftbestimmte Denken der Aufklärung von der Mythologie verdrängt wurde. Im Mythos einer Urzeit [127] sah das späte 18. Jahrhundert aber vielmehr die Chance, fern aller Abstraktion des Geistes, die Wahrheit über die Welt zu suchen, da die urzeitlichen Menschen mit der Welt noch in Einklang standen und sie nicht reflektiert, sondern unmittelbar erlebten. Diesen Eindruck sucht MacPherson durch seine Naturmetaphorik zu erreichen. „Wer die Gewalt dieser [mythologischen] Werke gefühlt hat, dem wird die Vorstellung einer erneuerten Poesie und einer Sprache, die ihre frühere Kraft wiedererlangte, unwiderstehlich das Verlangen nach einer neuen Weise, zu leben und zu fühlen, einflößen. Im Heimweh nach der verlorenen hohen Sprache wendet der Geist sich zum Beginn der Gesellschaften, dort hofft er die Begeisterung zu schöpfen, woraus die Gesänge hervorgehen, die in der unmittelbaren Zukunft den Völkern den hinreißenden Schwung und die sie gemeinsam belebende Seele, die sie verlassen hat, zu gewähren in der Lage sind.“ [128] Das Rückbesinnen auf mythische Ursprünge der menschlichen Gesellschaften rührt aus einer Endzeitstimmung her. Der Mensch sucht Rettung in der vermeintlich einst gelebten Einbindung in die Natur. Der Mythos wird zum utopischen Entwurf. Aber: weder Dichtung noch

---

[127] für den die Dichtungen Ossians-MacPhersons gehalten wurden

[128] Jean Starobinski: Fabel und Mythologie im 17. und 18. Jahrhundert. In: Ders.: Das Rettende in der Gefahr. Kunstgriffe der Aufklärung. Aus dem Französischen und mit einem Essay von Horst Günther. Frankfurt a.M. 1992. S.318-351. Hier: S.344.

Realität vermochten es, zur Natürlichkeit und Naivität des mythischen Menschen zurückzufinden. Was bleibt, ist das sehnsüchtige Verlangen danach. Man erhofft sich eine Verbesserung der Zukunft durch den Mythos. Das späte 18. Jahrhundert ist also nicht nur durch einen Prozeß der ständig voranschreitenden Vernunft zu kennzeichnen. Auch diesem entgegengesetzte Schritte hin zum Mythos wurden gemacht, nicht nur in studentischen Kreisen. Der Mythos machte dennoch Sinn: als Utopie, als Gegenbild zur bestehenden Ordnung menschlichen Daseins. Er beschwor das Ideal einer kriegerischen Gemeinschaft, die man modern mit *Nation* umschreiben könnte. Gerade weil eben alle Existenz vergänglich ist, versuchte man, dem Subjekt dadurch Sinn zu geben, daß es Teil eines Ganzen ist: der Natur und den im Einklang mit ihr lebenden „Geschlechtern". Die Gemeinschaft muß sich Geltung mit als positiv empfundener Gewalt verschaffen. Die Frage nach der Rechtmäßigkeit oder Unrechtmäßigkeit von Gewalt kann sich mit dem Blick auf die Vergänglichkeit in solch einem Denksystem gar nicht erst stellen. Diese Überzeugungen waren nicht überwiegend unter den deutschen Studenten des betrachteten Zeitraums, aber es gab sie.

Bei weitem den größten Anteil an den Eintragungen, welche die Vergänglichkeit thematisieren, haben die schon eingangs beschriebenen. In den achtziger Jahren nehmen diese noch stark zu.

> „Üb immer Treu und Redlichkeit
> Bis an das kühle Grab
> Und weiche keinen Finger breit
> Von Gottes Wegen ab."(Tübingen 1783)[129]

Die Forderung nach Tugendhaftigkeit im Leben ist in diesem Gedicht Ludwig Heinrich Christoph Höltys („Der alte Landmann an

[129] DLA A:Stbb.54.730, S.161 [Ort aufgrund anderer Eintragungen ermittelt.]; auch in: HAAB 505, S.230; LBS cod.hist.oct.97, S.4; NSU oct.Hist.Lit.48z, S.144; UBE Ms.2018, Bl.79r; MKF L.St.379, S.89; MKF L.St.324, S.157; IHKW 63, S.79; MKF L.St.265, S.138; HAAB 485, Bl.44v.

seinen Sohn", erste Hälfte der ersten Strophe) verbunden mit der nach einer gottgefälligen Existenz. Dadurch erscheint hier wiederum Tugend mit Gott gleichgesetzt. Hier ist auch wie fast immer eine Vergänglichkeit des Lebens bis hin zum Tode gemeint. Demgegenüber zielen einige Studenten in ihren Eintragungen mit einem Klopstock-Zitat auf die Vergänglichkeit innerhalb des Lebens, hier der Jugend ab.

> „Izo fühlst du noch nichts vom Elend.
> Wie Grazien lacht das Leben dir
> Auf! und wafne dich mit der Weisheit
> Dann Jüngling! die Blume verblüht."(Tübingen 1783)[130]

Die noch jungen Angesprochenen werden ermahnt, sich noch während ihrer Jugend Weisheit zu erwerben, damit sie gegen das „Elend" des Alters präpariert sind. Der Jüngling muß dazu aufgefordert werden, weil er jetzt noch sorglos das Leben genießen kann. Umso tugendhafter und entsagungsvoller muß er sein, wenn er an die Vergänglichkeit all dessen denken und für sein späteres Dasein Sorge tragen soll. Der Alte kann nicht mehr die Freuden der Jugend genießen. Seine Freude ist ein würdiges Leben in Weisheit. Diese kann aber nur durch Verzicht in der Jugend erworben werden. Die Erfüllung im Leben wird hier also bewußt auf später verschoben, da dieses spätere Leben, wenn „die Blume verblüht" ist, den wohl größeren Zeitraum einnimmt. Der Gedanke an die Vergänglichkeit zieht hier also nicht die Lebenslust im Jetzt nach sich, sondern das Postulat des Aufschubs derselben, um sie später in anderer Form und vermehrt genießen zu können. Dies entspricht dem kapitalistischen Prinzip der Investition aus Konsumverzicht, um den weiteren Ertrag zu steigern. Der Meinung dieses Textes gegenüber steht die eines Ausschnitts aus Wielands „Agathon."

[130] DLA A:Stbb.60.588, S.231; auch in: DLA A:Stbb.48809, S.294; GNM Hs.110415, S.185; GNM Hs.112748, S.167; NSW VI Hs.Gr.13 Nr.112, S.223; NSW VI Hs.Gr.13 Nr.117b; S.1; MKF L.St. 324, S.136; UBJ 88, S.120; NSW VI Hs.Gr.13 Nr.120, S.152.

> „Die Blüte der Empfindlichkeit, die zärtliche Sympathie mit allem was lebt oder zu leben scheint, der Geist der Freude, der uns aus allen Gegenständen entgegenathmet, der magische Firniß, der sie überzieht, u. uns über einen Anblick, von dem wir zehn Jahre später kaum noch gerührt werden, in stillem Entzüken zerfließen macht, – dies beneidenswürdige Vorrecht der Jugend verliehrt sich unvermerkt mit dem Anwachs unsrer Jahre, u. kann nicht wieder gefunden werden.“(Altdorf 1794)[131]

Die Jugendlichkeit hat hier ihren eigenen Wert. Er ist unabhängig vom späteren Leben. Der Jugend wird eine Empfindungsfähigkeit zugesprochen, welche der ältere Mensch nicht mehr besitzt. Aus dieser Feststellung folgt, daß die Jugendzeit nicht mit der Vorbereitung auf das Alter vertan werden, sondern vielmehr in ihrem Sinne genutzt werden sollte. Doch meist beklagten die Studenten einfach die Vergänglichkeit der Zeit allgemein in kürzeren Texten, wie dem von Young („Nightthoughts“, erste Nacht),

> „Jeder Augenblick hat seine Sichel, und eifert
> der ungeheuren Sense der Zeit nach!“(Jena 1787), [132]

oder auch in solchen, welche sich mehr auf den Menschen beziehen, so z.B. folgendes Matthisson-Zitat.

> „Ach! der Sterblichen Freuden! sie gleichen den Blüten des Lenzes,
> Die ein spielender West sanft in den Wiesenbach weht,
> Eilig wallen sie, kreisend auf tanzenden Wellen hinunter,
> Gleich der entführenden Flut kehren sie nimmer zurük!“
> (Tübingen 1789)[133]

[131] UBJ 82, Bl.99v. Ort aufgrund anderer Eintragungen ermittelt.
[132] GNM Hs.117196, S.150.
[133] LBS cod.hist.oct.278, S.212.

Das ganze Leben vergeht, wie auch einzelne Freuden vergehen. Die Flußmetaphorik unterstreicht noch die Klage über das Unwiederbringliche. Kein Tropfen eines Flusses an einer Stelle wird je wieder derselbe sein. Die Natur bezeichnet hier keinen Kreislauf, sie ist nicht Gehalt, sondern ein Bild dafür, daß nichts Bestand hat.

> „Marmorne Palläste, die für die Ewigkeit gebaut
> zu seyn scheinen, stürzen um und vergraben,
> ihre Bewohner mit ihren Thaten.“(Leipzig 1789)[134]

Mit einem Zitat von Wieland wird der Leser belehrt, daß manchmal nicht einmal mehr das in anderen Texten so oft beschworene menschliche Wirken der Vergänglichkeit entrinnt. Doch wessen Taten sind hier gemeint? Es sind diejenigen der Großen, der Mächtigen. Sie gehen unter, obwohl sie alles dafür tun, diesem Schicksal zu entgehen. Diesen Sinn hat auch so manche bildkünstlerisch gestaltete Eintragung. Ein Aquarell eines Hallenser Studenten von 1790 zeigt beispielsweise mehrere bewachsene Ruinen in freier Landschaft mit Bäumen und Gebirge im Hintergrund.[135] Zerstörte Zeichen der Herrschaft, hier Ruinen, stehen für den, tatsächlichen oder intendierten, Untergang der Herrschaft selbst, so wie letztere sich auch durch Zeichen repräsentiert.[136] Auf einem anderen Aquarell aus demselben Jahr, das in Jena gemalt wurde, erblickt man drei bewachsene Säulenruinen am Wasser. Davon ist eine gebrochen und gekippt, eine gebrochen und stehend und die letzte noch völlig intakt. Im Vordergrund steht ein

[134] MKF L.St.50, S.191.

[135] MKF L.St.384, S.135.

[136] Vgl. Lexikon der christlichen Ikonographie. Hrsg. von Engelbert Kirschbaum. Allgemeine Ikonographie. Bd.1-4. Rom, Freiburg, Basel, Wien 1968-1972. (künftig abgekürzt: LCI Allg.I.) Bd.3, Sp.573/574; vgl. auch: Emblemata. Handbuch zur Sinnbildkunst des XVI. und XVII. Jahrhunderts. Hrsg. von Arthur Henkel und Albrecht Schöne. Stuttgart 2.Aufl./1976 (künftig als: Emblemata), Sp.95/96 und Sp.99/100, wo Ruinen explizit für Vergänglichkeit stehen.

Bäumchen.[137] Auch das Bemühen der Großen wird schließlich – wörtlich zu nehmen– von der Natur besiegt und überwuchert.[138] Im Falle des zweiten beschriebenen Aquarells ist zudem noch die Zukunft der zweiten bzw. dritten Säule an der ersten bzw. zweiten abzusehen. Sie schwinden immer weiter. Die Säule als Zeichen von geistlicher und weltlicher Hoheit und Beständigkeit war in der klassischen Antike wie im Christentum verbreitet. Analog zu diesen Eigenschaften steht der Sturz der Säule auch für deren Gegenteil. Das beschriebene Aquarell steht in diesem Sinne in der Tradition der mit ihren Säulen einstürzenden Götzenbilder bei der biblischen Flucht nach Ägypten.[139] Der junge Baum steht sinnbildlich für die Geschlechterfolge in den Zeiten.[140] Auch ein Gedicht Matthissons überantwortet die Mächtigen der Vergänglichkeit.

„Alles, was mit Sehnsucht und Entzücken
Hier im Staub ein edles Herz erfüllt,
Schwindet gleich des Herbstes Sonnenblicken
Wenn ein Sturm Gewölk den Aether hüllt
Die am Abend freudig sich umfaßen
Sieht die Morgenröthe schon verlaßen
Selbst der Freundschaft u. der Liebe Glück
Läßt auf Erden keine Spur zurück.

Süße Liebe, deine Rosen-Auen
Gränzen an bedornte Wüsteney'n
Und ein plötzliches Gewitter Grauen
Düstert oft der Freundschaft Himmelsschein
Hoheit, Ehre, Macht u. Ruhm sind eitel
Eines Weltgebieters stolze Scheitel

[137] HAAB 501, S.179.
[138] vgl. auch Kapitel 3.1.1.
[139] Vgl. LCI Allg.I. Bd.4, Sp.54/55; vgl. auch: Emblemata, Sp.1227/1228.
[140] Vgl. Emblemata, Sp.158/159.

Und ein zitternd Haupt am Pilgerstab
Deckt mit einer Dunkelheit das Grab.“(Helmstedt 1791)[141]

Nicht einmal Freundschaft und Liebe überdauern die Zeiten,[142] schon gar nicht „Hoheit, Ehre, Macht u. Ruhm“. Sie sind vergänglich. Ob Machthaber oder Untertan, reich oder arm, sie alle fallen ins Dunkel, werden zu Nichts und vergessen. Die Revolutionsparole „Vive la liberté“ als Symbolum der eben im Text wiedergegebenen Eintragung verdeutlicht noch einmal den radikal egalisierenden Charakter der Zeit.[143] Aber erst die Verbindung mit der Revolutionsparole läßt den Schluß zu, daß hier nicht auf den Ablauf der Zeit vertröstet werden soll, sondern daß die Zeit selbst eines „Weltgebieters“ gekommen ist. Als solchen konnte man getrost den König Frankreichs bezeichnen. Die Zeit seiner unumschränkten Macht war aber nun durch die revolutionären Ereignisse vorüber. Ohne solch einen gleichsam revolutionierenden Zusatz im Symbolum bleiben dieses und ähnliche Motti von Eintragungen eindeutig in einem larmoyanten Ton befangen, der Hoffnung auf Besserung der Verhältnisse , wenn überhaupt, erst durch den Tod in Aussicht stellt.

Ganz anders ist das vollständige Zitat des oben angegebenen Young-Textes zu bewerten.

---

[141]NSW VI Hs.Gr. 13 Nr.117, S.50; die erste hier zitierte Strophe auch in: GNM Hs.121648, S.271; MKF L.St.424, S.164; die zweite hier zitierte Strophe auch in: UBE Ms.2066, Bl. 16r; NSW VI Hs.Gr.13 Nr.117, S.131; UBE Ms.2294, S.137.

[142]Vgl. dagegen die ansonsten vorherrschende Meinung von deren Unvergänglichkeit:

„Nenne die Würklichkeit mit holden Schmeichelnamen, so heißt sie Bild, Schatte, Phantom! Nenne sie, wie sie verdient genannt zu werden, und du hast die Nullität im Bilde. Was kommt und schwindet, ist nichts, denn es ist immer nur gewesen. Nur Zweierlei ist etwas, denn nur Zweierlei bleibt: das Gefühl der Liebe, und das Gefühl gethan zu haben, was wir thun konnten!
Graf Donamar von Boutterwek III.tr.Thl.“(Helmstedt 1793) [NSW VI Hs.Gr.13 Nr.117, S.57.].

[143]vgl. auch das Kapitel 2.10.

„Jeder Augenblick hat seine Sichel, und eifert der ungeheuren Sense der Zeit nach, deren weiter Hieb Königreiche von der Wurzel wegreißt.“(Altdorf 1798) [144]

Aus einer allgemeinen Klage über die Vergänglichkeit wird so ein Bekenntnis zur Allmacht der Zeit, die selbst anscheinend Festgefügtes auszulöschen vermag. Das Datum der Eintragung hebt diese vollends aus der Masse der üblichen Vergänglichkeits-Texte heraus. 1798 war die Wahrheit des Mottos von der Geschichte schon bewiesen worden.

2.10 Der Tod

Den Tod beim Namen nannten im Durchschnitt nur 0,76% der Studenten. Dies und die doch verhältnismäßig großen Schwankungen zwischen den einzelnen Jahrzehnten[145] können mit einem quasi gattungsspezifischen und auch allgemein abendländischen Tabu erklärt werden. Man trägt sich nicht mit Gedanken an den Tod in das Stammbuch eines Freundes ein. Mit Gedanken an die Vergänglichkeit: ja. Das ist auch eher der Situation der Eintragung angemessen, welche oft beim Abschied erfolgte. Darüberhinaus benennt normalerweise niemand in unserem Kulturkreis ohne direkte Veranlassung den Tod, bis heute. So handelt es sich bei den eingetragenen Texten zumeist um Euphemismen wie den topos vom Tod als Bruder des Schlafes.

«Dans les maux les plus grands le sommeil nous soulagen,
Je peut-il que la mort ait pour nous de riguerus?
Quand pour nous le sommeil, sa veritable image,
A d'inexprimable douceurs?»(Erlangen 1760)[146]

---

[144]GNM Hs.141128, S.248.

[145]1,62% in den sechziger Jahren gegenüber 0,53% in den neunziger Jahren, was einen Abfall um mehr als zwei Drittel darstellt.

[146]DLA A:Stbb.15462, S.297. Übersetzung:

Warum sollte man Angst vor dem streng erscheinenden Tod haben, wenn der verwandte Schlaf erquickt? Der Text tröstet mit der Hoffnung, daß der Tod unaussprechlich lieblich sein könnte. Dieses Owen-Zitat in (fehlerhaftem) Französisch trägt implizit also eine Jenseitshoffnung in sich, obwohl es zunächst ausschließlich der physischen Realität verbunden scheint. Der Tod verspricht aber nicht nur Trost in der Zukunft. Er wirkt auch als erzieherisches Moment auf den noch Lebenden ein, wie es Gellert in der letzten Strophe seiner „Beständige[n] Erinnerung des Todes" der „Geistlichen Oden und Lieder" propagiert.

> „So suche dir in allen Fällen
> Den Todt oft lebhaft vorzustellen;
> So wirst du ihn nicht zitternd scheun;
> So wird er dir ein Trost in Klagen,
> Ein weiser Freund in guten Tagen,
> Ein Schild in der Versuchung sein."(Tübingen 1761)[147]

Die Vorstellung des einen jeden schließlich ereilenden Todes soll diesem den Schrecken nehmen, man ist gewissermaßen vorbereitet. Auch hier ist die Trostfunktion erkennbar. Der Tod wird nicht nur als Trost bei irdischen „Klagen" empfunden. Die zitierte Strophe soll den Menschen über sein ihm beschiedenes Schicksal hinwegtrösten. Außerdem schafft allein das Bewußtsein des Todes, daß der noch lebende Mensch maßvoll und tugendhaft auftritt, da er um seine Endlichkeit weiß. Diese Einstellung dem Tod gegenüber ist durch den ganzen behandelten Zeitraum anzutreffen, so in einem Zitat Spaldings.

In den größten Schwierigkeiten erleichtert uns der Schlaf,
Kann ich es, daß der Tod streng zu uns sein sollte, [glauben]?
Wenn für uns der Schlaf, sein wirkliches Abbild,
unaussprechliche Wonnen hat?

[147] UBT Md 743, S.145.

> „Seze das Bild des Todes neben deine
> irdische Freuden,
> dieß wird dich bei denselben zur Mäßigung lei-
> ten.“(Erlangen 1774) [148]

Der Tod ist ein Mahner. Mit dieser Vorstellung ist aber unbedingt die eines Lebens nach dem Tode verknüpft. Sonst wäre nämlich die Rolle der Erinnerung, die der Tod hier spielt, obsolet. Wenn nicht an ein Jenseits erinnert wird, in dem belohnt oder gestraft wird, macht ein tugendhaftes Leben keinen Sinn. In dieser Funktion darf der Tod kein Ende sein. Er wäre dann weder Anreiz noch Drohung. Denn, so heißt es in Moses Mendelssohns „Morgenstunden“.

> „Wer kann mit ruhigem Auge die Schale schwanken sehen, wenn der Ausschlag Tod oder Leben ist?“(Gießen 1789)[149]

Der Tod tröstet über das Beschriebene hinaus aber auch noch dadurch, daß er alle gleichmacht. Auch dieses Motiv ist in Stammbüchern aller Jahrzehnte zu finden. So in einem Horaz-Zitat (Carmina I,4,13).

> „Pallida mors aequo pulsat pede pauperum
> tabernas, regumque turres.“(Greifswald 1765)[150]

Der Tod verschont weder die Hütten der Armen noch die Paläste der Könige. Ein solcher Eintrag kann wirklich nur Trost sein, der Mühsal in der Hoffnung und mit dem Wissen auf den Tod ertragen läßt. Zu anderen Zeiten jedoch, die eine veränderte politische Konstellation besitzen, kann ein Motto dieser Art eine revolutionäre Qualität gewinnen.

---

[148]GNM Hs.84104h, S.91. Ort aus anderen Eintragungen ermittelt.
[149]IHKW INH 44660, S.109.
[150]GNM Hs.117184, S.151; auch in: UBJ 76, Bl.50r. Übersetzung:

> Bleicher Tod pocht gleichen Fußes an der Armen Hütten
> wie an der Herrscher Burgen.

«La mort
Le pauvre dans sa cabane, où le couvre
Est soumit à ses loix;
Et la garde qui veille aux barrieres du Louvre
N'en defend pas nos Rois.»(Helmstedt 1792)[151]

Diese Eintragung gewinnt durch ihr Datum, den 28.9.1792, an Brisanz. Am 10.8.1792 waren in Paris die mit dem Louvre verbundenen Tuilerien gestürmt und der König festgesetzt worden. Hingerichtet wurde er in der Realität allerdings erst am 21.1.1793. Auf diesem Hintergrund kann das Gedicht nicht wie die 1765 eingetragenen, grundsätzlich dasselbe meinenden, Verse gelesen werden. Die Wache kann die Könige nicht vor dem Tod schützen. Dies ist nicht einfach ein Trost, daß der Tod jeden ereilt. Es stirbt auch nicht nur ein König als Mensch. Vielmehr sterben die Könige an sich, und damit endet die Monarchie. So gesehen könnte der sich hier eintragende Student für eine Republik plädiert haben. Dies ist nur eine Möglichkeit. Die andere wäre die vertröstende Lesart, die aber wie gesagt aufgrund der historischen Tatsachen nicht mehr in aller Unschuld möglich ist.

1798 trägt sich ein Student in Jena mit Texten in ein Stammbuch ein, die, zusammen gesehen, eindeutiger als revolutionsfreundlich einzustufen sind.

„Die Welt – mein Vaterland!
Die Menschen – meine Brüder!
Und mein Freund – der Tod!!!"[152]

---

[151]NSW VI Hs.Gr.13 Nr.112, S.296. Übersetzung:

Der Tod
Der Arme in seiner Hütte, wo er sich versteckt
Muß seinen Gesetzen gehorchen;
Und die Garde, die an den Schranken des Louvre wacht,
Kann unsere Könige nicht schützen.

[152]IHKW 46, Bl.81.

Der Eintragende ist auf jeden Fall kosmopolitisch gesonnen. Er fühlt sich allen Menschen verbunden. Ganz bewußt schreibt er „Brüder". Zunächst stand an dieser Stelle „Freunde", was dann eben durch „Brüder" überschrieben wurde. Geschah dies aus der Assoziation mit der «fraternité» der Französischen Revolution? Dies wäre sehr gut möglich. Dasselbe gilt auch für den als Freund titulierten Tod. «La liberté où la mort» war eine Parole der französischen Revolutionäre. Wenn man solchermaßen sein Ziel verfolgt, muß der Tod bei Nichterreichen desselben als Freund erscheinen. Gestützt wird diese Interpretation durch das Symbolum „Wahrheit! – Freiheit!!!" des Studenten. Er bekennt sich ausdrücklich zur Freiheit, deren Grundlage die Wahrheit ist.[153] Zudem datiert er nach dem französischen Revolutionskalender – «Jena 14.Pluvios 6.»– und zeigt damit seine Sympathie für die revolutionären Ideale. Der Tod dient hier also auch als Trost, fordert aber keinen Verzicht im Leben, sondern ist im Gegenteil eine mögliche Zuflucht für etwaig scheiternde Aufbegehrende.

2.11 Die Macht des Schicksals

Eintragungen über das Schicksal sind mit einem Durchschnitt von 1,48% über den Zeitraum von 60 Jahren gesehen vertreten. Zu Beginn ist der Prozentsatz beinahe dreimal so hoch, nimmt dann aber, wenn auch nicht kontinuierlich, so doch im ganzen gesehen ab. Dies liegt wohl daran, daß das Schicksal nicht mehr so gefürchtet wurde, man sich aber dafür mehr auf das eigene Handeln verließ.

> „Ungenannt und genannt, nach Zeus des Erhabenen Fügung.
> Leicht ja hebt er empor, leicht auch den gehobenen senkt er"(Altdorf 1745) [154]

[153]vgl. Kapitel I,5.

[154]GNM Hs.173690, S.178; im Original griechisch geschrieben, ich zitiere nach Voß' Übersetzung: Hesiod: Werke und Tage. 4, 5.

Der Mensch ist dem gottgewollten Schicksal ausgeliefert, ohne daß er etwas tun könnte. Dabei ist wie schon beim „Tod“ zu beobachten, daß das Schicksal eine egalisierende Funktion hat. Auch für den einzelnen hält es stetige Wechsel bereit, wie beispielsweise mit einem von Uz’ „Lyrischen Gedichten“ eingetragen wird.

> „Mit weiser Huld vertheilt das Schicksaal Weh u. Freuden,
> Das bald auf Rosen uns durchs Leben wandern heißt,
> Bald aber durch bedornte Leiden
> Des Lasters Armen uns entreißt.“(Tübingen 1757)[155]

Diese Schwankungen sind auf die *Weisheit* des personifizierten Schicksals begründet. Sie wirken ausgleichend auf den Menschen ein. Auch Leiden haben so einen positiven Aspekt. Sie bekämpfen das Laster, in das derjenige leicht verfallen kann, der „auf Rosen“ durchs Leben geht. Durch dieses wechselhafte Glück soll der Mensch sein Maß finden.

> „Kommt raubt nur, was mir werth gewesen,
> Entzieht mir Wünsche Lust und Ruh!
> Ich sehe mit gepuzten Minen.
> Dem Eigensinn des Schicksaals zu,
> Und troze durch Gelassenheit
> Dem Lauf der Zeit.“(Tübingen 1771)[156]

Dies ist das Ideal, sich in alle Ereignisse zu fügen. Gefordert ist hier durch Gellert die Bescheidung des Weisen in die Dinge der Welt. Der Mensch hat die Kraft, einzusehen, das Unabänderliche nicht zu bedauern. Die andere Seite einer solcherart verstandenen Weisheit ist allerdings eine fatalistisch zu nennende resignative Haltung allem Geschehen gegenüber, die aber in den neunziger Jahren einer anderen Haltung weicht, wie eines der heute wohl berühmtesten Zitate aus Shakespeares „Hamlet“ zeigt.

---

[155] UBT Mh 1016, S.256.

[156] LBS cod.hist.oct.230, S.297. Ort aufgrund anderer Eintragungen ermittelt.

„Seyn? oder Nichtseyn? dieß ist die Frage;
Ist's besser des Geschicks feindseeliges Geschoß ertragen?
Oder ihm muthig zu widerstehn,
Und im Kampfe zu vergehn?“(Leipzig 1791) [157]

Im Gegensatz zu den vorigen Eintragungen ist hier nicht eine Ruhe des Gemüts gefragt, die es sich auf alle Fälle zu bewahren gilt. Vielmehr handelt es sich hier darum, sein Leben selbst in die Hand zu nehmen, auch auf die Gefahr des Scheiterns hin. Selbst und vielleicht gerade dann *ist* der Mensch wirklich. Ansonsten befindet er sich in einem Zustand, der mit „Nichtseyn“ benannt ist. Nicht sich dem Schicksal zu überlassen entspricht dem menschlichen Sein, sondern gegen es anzukämpfen und wenigstens zu versuchen, seine Vorstellungen vom Leben durchzusetzen.

„Den Zufall giebt die Vorsehung, zum Zweck
Soll ihn der Mensch gestalten –“(Göttingen 1793)[158]

Schillers Satz, den er Marquis Posa im „Don Carlos“(III,9) in den Mund legte, fand hier Eingang in ein studentisches Stammbuch. Es muß nicht mehr gegen das Schicksal bzw. den Zufall angekämpft werden. Wenn er gleichsam erst einmal auf der Welt ist, hat er keine absolute Macht mehr, wie dies in den früher zitierten Texten war. Die „Vorsehung“, also Gott, hat nur insofern Einfluß auf den Menschen als sie ihm Möglichkeiten aufzeigt, sein Leben zu gestalten. Entscheidend ist aber das menschliche Handeln. Diese Meinung läuft konträr zur Schicksalsergebenheit der früheren Jahre und auch noch teilweise der neunziger Jahre, wie ein oft belegtes Zitat aus Wielands „Oberon“ (V,60) zeigt.

„Des Schicksals Zwang ist bitter
Doch seiner Oberherrlichkeit

[157] GNM Hs.110415, S.204 (Ort aus anderen Eintragungen ermittelt); auch in: IHKW Ring, Bl.45.
[158] NSW VI Hs.Gr.13 Nr.122a, Bl.1.

Sich zu entziehn, wo ist die Macht auf Erden?
Was es zu thun, zu leiden uns gebeut,
Das muß gethan, das muß gelitten werden!"(Jena 1797)[159]

Die Unterscheidung ist relevant. Eine fortschrittliche, aufgeklärte Haltung einer Erscheinung, wie dem „Schicksal" gegenüber, läßt –zwar nicht zwangsläufig, aber doch mit einer gewissen Berechtigung– auf Progressivität auch in anderen Bereichen schließen. Ein Student erkennt die Macht des Schicksals nicht an. „Auch Stürme des Unglücks beugen nicht den Mann."(1797)[160] Gleichzeitig bekennt er sich durch sein Symbolum –„Freiheit – oder Tod!"– und seine Datierung nach dem französischen Revolutionskalender –„Jena, im Windsmonat des 5ten republ. Jahrs. /12.März 1797 v.St./"– zur Französischen Revolution. Und nicht nur das: er hat die Revolutionsparole und die Datierung ins Deutsche übertragen. Wollte der Student Karl Geib die Ideale der Französischen Revolution auch in deutschen Staaten durchgesetzt wissen? Der Schluß liegt nahe und wird durch weitere Eintragungen Geibs noch erhärtet.[161] Zudem scheint Geib schon in seiner Heimat mit der Französischen Revolution in Berührung gekommen zu sein. Er stammte nämlich aus dem von den Franzosen seit 1794 besetzten linksrheinischen Gebiet, wie aus der Widmung seiner Eintragung hervorgeht.

„Nimm' dieses zum immerwährenden Andenken deines treuen Freundes und Bruders, Karl Geib, d.R.B. aus Lambsheim, im oberrhein. Departement",

[159] DLA A:Stbb.I2267, S.36; auch in: FAL E17/I Nr.731, S.58; HAAB 553, S.197; MKF L.St.338, S.228; SAW 200/307, S.186; MKF L.St.253, S.162; IHKW 46, Bl.173.

[160] LBS cod.hist.oct.116, S.216.

[161] vgl. Kapitel 3.1.1.

trug er dem Medizinstudenten und späteren Arzt in Weikersheim Albrecht Karl Christian Krauss ins Stammbuch ein.[162]

[162]Karl Geib (1777-1852) verfaßte 1799 eine Ode „An Buonaparte". Ansonsten fehlten bisher Hinweise auf eine politische Tätigkeit oder Überzeugung. Die in dieser Arbeit wiedergegebenen Stammbucheintragungen sind neues Material. Geibs Vater Joh.Heinr.Valentin Geib wurde unter den Franzosen Bürgermeister von Lambsheim, vermutlich 1798. Diesen Hinweis verdanke ich Axel Kuhn. Auch die umfangreiche Sammlung von Joseph Hansen (Quellen zur Geschichte des Rheinlandes im Zeitalter der Französischen Revolution. Gesammelt und hrsg. von Joseph Hansen. 4 Bde. Bonn 1931-1938.) gibt keinen Hinweis auf Geib. Der „Goedeke" (Karl Goedeke: Grundriß zur Geschichte der deutschen Dichtung. Aus den Quellen. 10. Band. Dresden 3.Aufl./ 1916. Neudruck: Nendeln/Liechtenstein 1975, S.578-580.) verzeichnet lediglich Arbeiten Geibs –auch Handschriftliches– aus dem 19. Jahrhundert. Vgl. auch Heinrich Gerhard und Wilhelm Küster: Der Dichter und Schriftsteller Karl Geib und die Familie Geib von Lambsheim. Frankenthal 1902.

Kapitel 3

Die Macht der Tugend

3.1 Die Sehnsucht nach dem natürlichen Leben

3.1.1 Natur

Der Begriff *Natur* ist zwischen 1740 und 1800 durchschnittlich mit 1,10% belegt. In den siebziger Jahren ist der Höhepunkt der Naturschwärmerei erreicht. Der Begriff wurde im Laufe der Zeit mit immer anderen Werten belegt.

Der Begriff, den das 18. Jahrhundert von der Natur hatte, ist vielfältig und oft nicht isoliert oder einseitig zu sehen.

> „Naturam expelles furca, tamen usque recurret."
> (1757)[1],

sagt ein Tübinger Student mit Horaz („Epistulae", I,10,24). Sollte die Gabel die Studentenzeit sein, die seine Natur unterdrückt, bis sie nach dem Studienabschluß wieder frei wäre? Dies ist *eine*

[1] UBT Mh 1016, S.237. Übersetzung: „Natur magst du austreiben mit der Heugabel: Natur kehrt beharrlich zurück;" [Aus: Horaz: Sämtliche Werke. Lateinisch und deutsch. Hrsg. von Hans Färber. München 1957, S.165.]

mögliche Interpretation. Sie widerspricht jedoch der gängigen Meinung über das *freie Studentenleben* der damaligen Zeit. Demnach gestattete die Gesellschaft gerade dem Studenten zwischen Jugend und Beruf ein Ausmaß persönlicher bzw. studentischer Freiheit, das er nicht kannte noch je wieder gewann. Welcher Art also ist das Joch, das die Natur vertreibt? Jäger und Sammler auf der Suche nach ökologischen Strömungen im 18. Jahrhundert müssen hier enttäuscht werden. Keineswegs soll die Stammbucheintragung in einer anachronistischen Weise warnen, die Natur bzw. Umwelt im heutigen Sinne auszubeuten, da sie sonst zurückschlage. Vielmehr ist gemeint, daß die Natur *im* Menschen unterdrückt werde, die dann schließlich aber doch ausbreche. Der Widerpart der Natur wäre hier die Vernunft. Das Reglementierende ist durchaus negativ zu bewerten, während die Natur als Stärke an sich letztendlich darüber obsiegt. Damit sind drei mögliche Natur–Begriffe angesprochen. Es kann sich um die „Natürlichkeit" der späten Aufklärung als Antipode zu einer übersteigerten Zivilisation handeln. Also um den rousseauistischen «état naturel», den ursprünglich glücklichen Zustand der Menschheit, welcher durch den «état civil» ins Verderben gefallen sei, wie Rousseau 1750 in seiner Schrift «Discours sur les sciences et les arts» meinte. Oder es kann der Natur-Begriff der späten Aufklärung gemeint sein, der jetzt aber über die frühe Aufklärung die Oberhand erringt. Natur und Empfindung siegen über den auf die Vernunft begründeten Nutzen. Wahrscheinlicher aber ist abseits der philosophischen und philosophiegeschichtlichen Begründungen eine ganz andere Auslegung. Die Menschen hatten, durchaus im Sinne der Aufklärung, ihre Affekte zu kontrollieren, was zur Bildung von Regeln führte, welche die Natur unterdrückten.[2] Unter Benutzung des Titels eines Werkes von Herbert Marcuse[3] kann man sagen, daß die Gesellschaft den Eros unterdrückte, um mehr leisten zu können. Mit

---

[2] vgl. auch Norbert Elias: Über den Prozeß der Zivilisation. Soziogenetische und psychogenetische Untersuchungen. 2 Bände. Frankfurt a.M. 1976.

[3] Herbert Marcuse: Eros and civilization. Boston 1955.

dem Zitat gibt der Student seiner Hoffnung Ausdruck, daß die Natur die Stärkere sei. Diese Affektenkontrolle war aber als moralische Waffe des Bürgertums gegen den überfeinerten und (sitten)verderbten Adel historisch begründet. Die gesellschaftlichen Zwänge waren stärker als die Triebstruktur des Einzelnen.

Schon 1760 wird in Erlangen ein Boileau-Text instrumentalisiert, um auszudrücken, man wolle die Natur, nicht das Unnatürliche.

> «Le faux est toujours fade, ennuyee, languissant,
> Mais la nature est vraie, et d'abord on la sent.
> C'est elle seule en tout, qu'on aime, et qu'on admire
> un esprit, né chagrin plait, en son chagrin même
> chacun pris dans son Air est agreable en soi.
> Ce n'est pas que l'Air d'autrui, qui peut deplaire
> en moi.»[4]

Der Student benutzt einen fast hundert Jahre alten Text (1674), um sich auszudrücken. Dies läßt sich daraus erklären, daß in Frankreich und England die verschiedenen Stufen der Aufklärung jeweils früher beschritten wurden als in Deutschland. Um 1760 liebte man die Natur und *fühlte* , daß sie *wahr* sei. Die Natur also, und nicht das Künstliche, das trotz aller menschlichen Raffinesse langweilt, ist als einzige angenehm an sich, weil unverfälscht sogar in ihren Schattenseiten. Auch ein Zitat Popes hebt auf den Gegensatz von Natürlichem und Geschaffenem ab.

> „Es ist die Natur eine Kunst, die uns noch nicht bekannt ist;
> Es ist das Ohngefähr eine Ordnung, die wir nicht einsehn;

[4] DLA A: Stbb.15462, S.137. Übersetzung: Das Unnatürliche ist immer abgeschmackt, ermüdend, siech, aber die Natur ist wahr, und das fühlt man gleich. In allem ist sie allein es, die wir lieben, und die wir bewundern. Ein Geist, geboren aus Kummer, gefällt, selbst im Kummer ist jeder Besitz in seiner Luft angenehm an sich selbst. Es gibt nichts außer der Luft anderer, die mir mißfallen könnte.

> Es ist der Übellaut eine Harmonie, die wir nicht kennen;
> Was im einzeln Übel ist, ist ein Gut in dem Ganzen.
> Trotz dem Stolze des Menschen, trotz seiner Vernunft, die so oft irrt
> Bleibt die Wahrheit offenbahr: Alles was immer ist, ist gut." (Tübingen 1763) [5]

Die Natur ist zwar chaotisch und unästhetisch, wenn man sie nur in ihren Bestandteilen betrachtet. Als ganzes aber hat sie Sinn. Die Begründung dafür deutet auf Jenseitiges. Die Natur ist allein durch ihr Dasein gut. Der Mensch hingegen, der vernünftig scheint, ist mit dieser Vernunft dem scheinbaren Chaos der Natur nicht gewachsen. Dieses Weltbild ist durchaus widerspruchsvoll. Die Vernunft als eigentlich positives Element des Menschen kann sich in ihr Gegenteil verkehren, wenn Hochmut die über allem stehende Ordnung nicht erkennt. Selben Sinnes ist auch noch 1776 der Student, der Haller zitiert (Aus dem „Versuch schweizerischer Gedichte" „Die Falschheit menschlicher Tugenden", V.289/290; V.290 nach Haller: „Zu glücklich, wann sie noch die äußre Schale weist!")

> „Ins innre der Natur, dringt kein erschaffner Geist,
> wann sie uns nicht zuvor, die ausere Schale weist."[6]

Neu ist, daß hier die Natur selbst Hilfestellung zu ihrem Verständnis geben kann. Und nur dann ist dies auch möglich. Die nun mehr und mehr von (fast) zeitgenössischen Autoren stammenden Zitate werden versöhnlicher, was das Verhältnis von Mensch zu Natur angeht.

---

[5] LBS cod.hist.oct.139, S.44.

[6] LBS cod.hist.oct.291, S.344; nur V.289 auch: LBS cod.hist.oct.104, Bl.66v; MKF L.St.455, S.119; HAAB 478, S.63.

„Sieh! uns winckt die Natur. Mit unaussprechlicher Anmuth haucht sie
Zufriedenheit aus. Sieh wie der ruhige Himmel wolckenlos durch die
geselligen Zweige der Linden herab siehet! Alles jauchzt Freude, und
ladet uns-“, [7]

wird 1775 in Göttingen ein Wieland zugeschriebener Text (nach dem Vorbild E.v.Kleists „Seneka. Ein Trauerspiel.“ I,1.) eingetragen. Die Natur ist beseelt. Mehr noch: sie ist der Freund des Menschen, die Zweige der Linden sind „gesellig“. Die Natur wird zu einem Teil der menschlichen Lebenslust erklärt. Die aus ihr gewonnenen Freuden sind wie sie „unschuldig“, „sanft und reine“, mit einem Wort: tugendhaft.

„Selig! o selig! wer aus der Natur, dieser unerschöpflichen Quelle seine
unschuldige Vergnügungen schöpft; heiter ist sein Gemüt, wie der schönste
Frühlingstag, sanft und reine jeder seiner Empfindungen, wie die Zephir,
die mit Blumengerüchen ihn umschweben.“(Tübingen 1778)[8]

Der Mensch gewinnt nicht nur mit diesen Vergnügungen. Nein, er wird der Natur selbst ähnlich, das heißt er gewinnt seine durch die Zivilisation verlorengegangene Unschuld wieder zurück, wie es durch Geßner ausgedrückt wird. Bescheidung in einem natürlichen Leben ist auch das Ideal eines anderen Studenten, wie seine Eintragung eines Uz-Zitates beweist.

„O, Menschen, was ihr braucht, will die Natur euch geben!

[7] IHKW INH 44655, S.80; auch in: SAW 200/306, Bl.60r.
[8] DLA A:Stbb.48809, S.200.

es kostet wenig Müh, was zum vergnügten Leben,
wahrhafftig nöthig ist: ihr sorgt in stummer Nacht
um einen Überfluß, den ihr euch nöthig macht."
(Tübingen 1779)[9]

Diese Bescheidung ist keine auferlegte Askese. Auch hier gewinnt der Mensch, indem er die Sorge verliert, welche ihm sein Überfluß –heute würde man sagen: Konsumzwang– bereitet.

Die Natur kann aber auch grausam sein. Aber nur gegen diejenigen, welche ihrer durch ihre Verderbtheit spotten.

„Die Natur ermanglet nie, sich für die Beleidigungen
die man ihr zufügt,
zu rächen, und sie pflegt desto grausamer in ihrer Rache zu seyn,
ie weniger Vorwand ihre Wohlthätigkeit uns zur Rechtfertigung unserer
Ausschweifungen gelaßen hat."(Erlangen 1786),[10]

wird Wieland aus seinem Staatsroman "Der goldene Spiegel" zitiert.

In den siebziger und achtziger Jahren des 18. Jahrhunderts baut sich also eindeutig ein Spannungsverhältnis auf, zwischen der Natur auf der einen Seite –die für ein „natürliches", bescheidenes, tugendhaftes Leben steht– und einer nicht der Natürlichkeit entsprechenden menschlichen Lebensweise, des Lasters. Das Bekenntnis der Studenten zu den Idealen der Natur muß sich nicht nur in mehr oder weniger langen Zitaten ausdrücken. Es genügt auch ein einfaches „Natürlich" (Erlangen 1787)[11] im Symbolum, welches immer eine Selbstcharakterisierung des Eintragenden darstellt.

In den neunziger Jahren setzen sich diese Überzeugungen noch fest, wofür ein Schiller-Zitat ein guter Beleg ist.

---

[9] UAT S 127/4, Bl.63v.
[10] LBS cod.hist.oct.207, S.287
[11] GNM Hs.115675a, S.191.

> „Die Natur ist unendlich reich, wenn wir nur ein empfängliches Herz für ihre Gaben haben!“(Jena 1791)[12]

Die Natur ist jedem gut, wenn er nur ein „empfängliches Herz“ hat. Es muß also auch Menschen geben, die sich der Natur verschließen und schon allein deshalb nicht zum Kreis der Tugendhaften gehören können.

> „Lebe nach der Natur, und Du wirst glücklich und tugendhaft zugleich sein“(Leipzig)[13],

bringt es ein Student 1792 auf den Punkt.

Das angeführte Spannungsverhältnis wird immer weiter polarisiert. Der Nicht-Natürliche wird ausdrücklich ausgegrenzt, so in einem Zitat der ersten Strophe von Friedrich Leopold Stolbergs Gedicht „Die Natur“.

> „Er sey <u>mein Freund nicht</u>, welcher die göttliche Natur nicht
> liebet.
> <u>Engelgefühle</u> sind ihm nicht bekannt,
> Er kann mit Inbrunst, <u>Freunde</u> nicht,
> <u>Kinder</u> nicht, <u>Weib</u> nicht lieben.“(Jena 1792)[14]

Er ist stigmatisiert, da nicht zur Freundschaft und Liebe fähig. 1794 wird der Natur-Begriff der Studenten zum Postulat der Freiheit und zeigt damit revolutionäre Energien. Diese Entwicklung wird durch einen Text Kleists deutlich, der an sich dem Natur-Begriff der siebziger Jahre zuzuzählen ist.

> „Preis der Natur!
> Deine Schöpfung will Freiheit!
> Frei schwebt der Vogel im schwimmenden Aether,

---

[12] HAAB 501, S.137

[13] DLA A:Stbb.54.739, Bl.86r.

[14] MKF L.St.441, S.203.

frei schwimmt der Fisch im spiegelnden Bache,
frei hupft der Hirsch im nächtlichen Walde,
frei wiehert das Roß auf der duftenden Weide,
frei brüllt der Löwe in der Grotte des Felsen,
deine Schöpfung will Freiheit!
Preiß der Natur!
Menschen folget den Winken des Göttlichen.!"(Jena 1794)[15]

Das Gedicht für sich gesehen ist schon ein Aufruf, daß sich der Mensch Freiheit schaffen solle, wie sie alle anderen Lebewesen auch haben. Es ist nur nicht eindeutig, welche Art von Freiheit gemeint ist. Eine Freiheit von den Zwängen der Zivilisation? Das Jahr (1794) des Eintrags läßt wegen der Gleichzeitigkeit der Französischen Revolution den Schluß zu, daß der eintragende Student die politische und gesellschaftliche Freiheit meinte. Der Text muß so als Aufruf und Bekenntnis zur Revolution verstanden werden. Er wäre also aufgrund der historischen Umstände anders auszulegen als in seiner Entstehungszeit. In Frankreich war die Revolution inzwischen in ihre konsequent-radikale Phase getreten: Ludwig XVI. war enthauptet; die Jakobiner hatten die Herrschaft gewonnen; das Revolutionstribunal war eingerichtet gegen die inneren, und die «levée en masse» gegen die äußeren Feinde der Revolution. Auf diesem Hintergrund ist auch der die Gleichheit postulierende Eintrag zu verstehen.

„Nicht Geburt, nicht Stand
befreit von den Gesetzen der
Natur.-"(Erlangen 1795)[16]

Es gibt zwar immer noch viele Eintragungen, wie sie schon 20 Jahre zuvor gemacht worden waren. Nichtsdestotrotz ging die Ent-

---

[15] NSW VI Hs.Gr.13 Nr.117, S.37.

[16] UBE Ms.2456, S.35. Der Jurastudent Rücker trägt als Ort „Jena" ein. Dies kann nicht stimmen, da der Stammbuchbesitzer über Rücker vermerkt: „kam von Jena hier durch und blieb einige Tage hier", nämlich in Erlangen.

wicklung des Natur-Begriffs weiter. Ein für sich genommen durchaus schon progressives Motto gewinnt eine revolutionäre Qualität hinzu, wenn man noch die anderen Bestandteile der Eintragung in die Betrachtung miteinbezieht.

> „Freiheit, Wahrheit, Natur, so fleht der Geweihte, o sendet
> Ewige Wonne und Heil bald der beglükteren Welt!
> Ihr belebet das Dasein, gleich Stralen der Sonne im Frühling,
> Lächelt dem Duldenden Trost, mitten in stürmender Nacht!“(Jena 1797)[17]

Freiheit, Wahrheit und Natur erscheinen hier nicht als drei verschiedene Dinge, sondern als untrennbare, sich gegenseitig bedingende Elemente *eines* Ideals.[18] Ihnen wird die Kraft der Sonne, Leben zu spenden, zugesprochen. Zudem ist die Sonne das Signum der Aufklärung. Der betreffende Jurastudent datierte seine Eintragung nach dem französischen Revolutionskalender: „Jena, im Regenmonat des 5ten republikan. Jahres“. Außerdem trug er noch sein Symbolum ein: „Freiheit –oder Tod!“ Das ist die Parole der Französischen Revolution in deutscher Sprache. Durch diese Übertragungen der für die Revolution in Frankreich wichtigen Ordnungen und Wendungen ins Deutsche bekennt sich der Student, es ist wieder Karl Geib, nicht nur zu den Idealen der Französischen Revolution. Er will sie gleichsam auch ins Deutsche einführen. Dort herrscht jetzt (1797) nämlich noch „mitten in stürmender Nacht“ der Absolutismus, mag er später auch „aufgeklärt“genannt werden. Nachdem das genannte dreiteilige Ideal durchgesetzt wäre, lebten die Menschen in einer „beglükteren Welt“,welche der flehende „Geweihte“schon kennt. Er ist, wenn man diese Auslegung weiterverfolgt, einer, der aus dem von Frankreich befreiten linksrheinischen Deutschland kommt.

---

[17]SAW 200/307, S.26.

[18]Dieses dreiteilige Ideal gibt es auch als Symbolum: „Natur! Wahrheit! Freiheit!“ (Jena 1798). [NSW VI Hs.Gr.13 Nr.122, S.155.].

Schließlich wird dem „nicht-natürlichen“ Menschen, der ja schon aus dem Kreis der Tugendhaften ausgeschlossen und als der Liebe unfähig stigmatisiert worden war, das Menschsein überhaupt abgesprochen.

> „Wer über andere sein stolzes Haupt erhebet,
> Gefühllos für Natur, und seine Brüder lebet,
> Der ist kein Mensch.-
> Doch wer der edlern Gleichheit heil'ge Rechte kennet,
> In Liebe für Natur, und seine Brüder brennet,
> Der ist ein Mensch.-“(Ingolstadt 1799)[19]

Im Gegensatz zu oben Ausgeführtem ist menschliche Qualität an das Empfinden für Gleichheit und die Natur, welche hier wieder im Zusammenhang mit einem der Postulate der Französischen Revolution steht, gebunden. Der Stolze dagegen ist ein gefühlloser Un-Mensch. Der Mensch lebt aus dem Gefühl für Natur und Menschengemeinschaft, nicht aus dem nüchternen Verstand.

3.1.2 Idylle

Die Eintragungen, welche Idyllisches zum Sujet haben, sind mit im Durchschnitt 1,83% aller Eintragungen auf den Zeitraum von 60 Jahren gesehen mit durchschnittlicher Häufigkeit in studentischen Stammbüchern vertreten. In den einzelnen Jahrzehnten ist die Dichte kaum Schwankungen unterworfen. Dabei muß allerdings für die siebziger Jahre mit 2,89% der Zitate eine Hochzeit des idyllischen Gefühls angesetzt werden. Die die Idylle thematisierenden Texte sind deshalb so interessant, weil die –ideale– Idylle ein Gegenentwurf zur Herrschafts- und Lebensform des Adels ist. „Die Idylle betont die Möglichkeit menschlichen Lebens in kleinen Einheiten, deren Kern die bürgerliche Familie ist. Diese Forderung entspringt heute aus konservativer Ideologie, war während des

[19] BSM Daffneriana 29, S.137.

Dritten Reichs ein Teil der ‚Blut-und-Boden'-Mystik, im 18. Jahrhundert aber ein progressiver Vorschlag."[20] Die für die Idylle grundsätzlichen Elemente werden schon 1745 vertreten.

> „O nie beschriebnes Glück! du folgst des Weisen Schritten,
> Läßt oft ein Marmordach, und suchst mit ihm die Hütten,
> Wo Ordnung, Mäßigkeit, Geschmack und Wahrheit wohnt,
> Und iede Tugend sich mit eigner Wollust lohnt;
> Wo sich ein Trieb voll Lust durch alle Wesen spreitet,
> Für uns die Wiesen malt, für uns die Bäche leitet,
> Die Freundschafft zärtlich macht, den klugen Scherz belebt,
> Ein frisches Glas bekränzt, den frohen Reigen hebt,
> Die Liebe dichten heißt, und in verschwiegnen Gründen
> Das Glük vergessen lehrt, und in sich selbst es finden."(Altdorf)[21]

Die Idylle besteht in selbstgewählter Bescheidung und in einer Ansammlung von Tugenden, welche später noch ausführlich besprochen werden. Vor allem aber ist das Glück hier dadurch zu erreichen, daß man sich ins Innere des Ich zurückzieht. Ein Eremitendasein wird jedoch nicht erstrebt. Es gibt einen Kreis einbezogener Gleichgesinnter. In den fünfziger und sechziger Jahren ermöglicht erst der Rückzug von der Zivilisation, daß sich der Mensch ganz sich selbst und der Vervollkommnung seiner Tugendhaftigkeit widmen kann. Verbreitet war eine Gedichtstrophe Albrecht von Hallers aus seinem „Versuch schweizerischer Gedichte" („Über die Ehre. Als Herr D. Giller den Doktorhut annahm. 1728", 37.Strophe).

---

[20]Horst Steinhilber: Das Erotische, die Liebe und die Tugend in den Idyllen Salomon Geßners. Magisterarbeit Universität Stuttgart 1991. Masch. S.9.

[21]GNM Hs.173690, S.202. Als Quelle gibt der Theologiestudent Schmidbauer die „Belustigung des Verstandes und Witzes III.Band p.392" an.

> „O! selig wen sein gut Geschicke,
> Bewahret vor grosem Ruhm und Glücke,
> Der, was die Welt erhebt, verlacht;
> Der Frey von Sorgen und Geschäfften,
> Des Leibes und der Seelen Kräften
> Zum Werckzeug für die Tugend macht.“(Tübingen 1757)[22]

Nur eine Freiheit „von Sorgen und Geschäfften“ ist hier gemeint. Die gesellschaftliche Freiheit ist kein Gegenstand des Strebens. Auch wer Pope zitierte, meinte diese persönliche Freiheit, zu tun und zu lassen, was man will.

> „O last mich als mein eigner Herr leben, und als mein eigner Herr sterben–
> leben und sterben ist alles was ich zu thun habe– last mich die Freunde
> wählen, die ich will, und lesen, welche Bücher mir gefallen, über einen
> Gönner hinwegsehen, ob ich mich gleich zuweilen herablasse einen Minister
> meinen Freund zu nennen. Für Höfe oder Staatssachen war ich nicht
> gebohren.“(Altdorf 1771)[23]

Es ist, wie man sieht, nicht notwendig, sich in ländliche Hütten zurückzuziehen. Auch in der Zivilisation ist eine persönliche Idylle möglich. Jener Mittel können diese sogar ermöglichen. Für einen Gebildeten, zu welchen auch die junge Bildungsschicht der Studenten zählt, gehören Bücher eben zum Leben. Die Flucht aufs Land war sowieso ein stilisiertes Ideal, das nur auf dem Hintergrund zu verstehen ist, daß man sich vom städtischen und adligen Treiben absetzen und eine neue auf Tugend begründete Lebensform leben

[22] LBS cod.hist.oct.231, S.27.
[23] UBE Ms.2134, Bl.77v. Alexander Pope, Esq:IV,1.

wollte. Ämter oder gar der Dienst am Hof hatten per se den Geruch des Korrumpierten. Allerdings war auch dieses Ideal selbst korrumpierbar: in Versailles hatte Marie Antoinette Schäfereien und Chinoiserien angelegt, in denen sich Adlige als Schäfer und Schäferinnen so verkleideten und gebärdeten, wie sie das ländliche Leben sehen wollten. Auch der Adel hatte eine –allerdings anders begründete– Sehnsucht nach dem idyllischen Leben. Er wollte dem strengen Reglement des Hofes und den damit verbundenen Zwängen entfliehen. Grundsätzlich lassen die Idyllentexte auch diese in Koketterie endende Form der Auslegung zu. Als Beispiel dieser tändelnden Dichtung mag ein Text E.v. Kleists dienen („An W- - -nen. Im May.“, dritte Strophe).

> „Dorth liegt der Hirth, am nahen Wasserfall
> vom sanften Arm der Schäferin umschlungen
> vom süßem Schlaf; die holde Nachtigall
> hat dieses Paar liebreitzend eingesungen.
> O fühlt ich doch, bey allgemeiner Lust
> der Freude Reiz nur auch in meiner Brust.“
> (Tübingen 1775)[24]

Hier ist die Natur nur Kulisse, kein Selbstzweck. Erotisches wird beschworen, wobei dies als Spiel, nicht als Abbild der Realität zu bewerten ist. Die Interpretation der Intellektuellen war aber zumeist adelskritisch. Dies ist auch aus der Zeichnung eines Studenten in einem Stammbuch, die um 1774 in Leipzig gemacht wurde, zu ersehen. Sie zeigt eine ländliche Szenerie. Ein verfallenes Schloß, dessen Außentreppe noch erkennbar ist, dient ihr als Lokalität. Links steht eine von Grünzeug umwucherte Restmauer, an der jetzt ein Brunnen steht, aus dem gerade eine Frau Wasser schöpft. Vor dem Brunnen weiden zwei Schafe, am Treppenaufgang lehnen ein Spaten und ein Rechen. Im Hintergrund und rechts sind Bäume.[25] Die Ruine steht als Symbol für Altes,

---

[24]UAT S 127/17, Bl.63r.

[25]DLA A:Stbb.892, S.237. Damit zeigt die Zeichnung eine bemerkenswerte inhaltliche Nähe zur Titelvignette von Friedrich „Maler“ Müllers „Schafschur“

Überlebtes.[26] Die Darstellung der Wirkung von Zerstörung richtet sich gegen als obsolet oder bedrohlich aufgefaßte Dinge und durch letztere versinnlichte Erscheinungen oder Zwänge. Der Brunnen symbolisiert in der frühchristlichen Literatur die reine Jungfrau Maria.[27] Unsere Wasserschöpfende wäre analog dazu ebenfalls tugendhaft. Die Bäume stehen für Beständigkeit[28], hier die der Natur gegenüber menschlichen Werken. Das einfache Leben findet in den von der Natur besiegten Resten adliger Herrschaftsrepräsentation statt. Da, wie im vorigen Unterkapitel gezeigt, die Natürlichkeit von der Aufklärung mit herrschaftsfreien Inhalten belegt worden war, haben wir es hier also schon zur Mitte der siebziger Jahre des 18. Jahrhunderts mit dem Wunsch zu tun, die Adelsherrschaft möge sich bald überlebt haben. Bemerkenswert ist, daß gerade idyllische Inhalte oft durch Zeichnungen und kleine Aquarelle ausgedrückt werden. Das Schema ist dabei immer dasselbe. Dargestellt wird eine ländliches Leben zeigende Szene vor dem Hintergrund einer Ruine oder einer in der Ferne gerade noch erkennbaren Stadt.[29] Denn:

> „Cur valle permutem Sabina
> Divitias operosiores?–(Halle 1790)[30]

(1775). Dies spricht dafür, daß eine solche Ikonographie sehr wohl bekannt war und auch gedeutet werden konnte.

[26] Vgl. LCI. Allg.I. Bd.3, Sp.573/574; Emblemata, Sp.95/96 und Sp.99/100.

[27] Vgl. LCI Allg.I. Bd.1, Sp.330-336.

[28] Vgl. Emblemata, Sp.145/146.

[29] DLA A:Stbb.15462, zw. S.204 u. 205 einliegend; UAT S 127/8, Bl.66v; DLA A:Stbb.892, S.187; DLA A:Stbb.892, S.59; UAT S 127/17, Bl.125v; DLA A:Stbb.54.730, S.144; MKF L.St.325, S.74; MKF L.St.401,S.93; IHKW INH 44672, S.14.

[30] MKF L.St.384, S.74. Horaz: Carmina III,1,47. Übersetzung:

> „Warum sollte ich vertauschen mein Sabinertal
> gegen Schätze voll größerer Mühsal?“[Aus: Kytzler (Hrsg. und Übers.), S.115.]

Muße ist notwendig, um ganz den Idealen leben zu können. Dazu darf man aber nicht mit den Auswirkungen der Zivilisation in Berührung kommen. Dies gilt auch noch für die neunziger Jahre.

> „Nicht im Getümmel, nein im Schoose der Natur
> Am stillen Bach, im unbelauschten Schatten
> Besuchet uns die holde Freude nur.“(Leipzig 1793)[31]

Hier wird Wielands vielgelesene „Musarion“ (erstes Buch) zitiert. Aber auch mit anderen Eintragungen treffen die Studenten den Ton der zweiten horazischen Epode.

> „Beatus ille qui procul Negotiis ut prisca
> gens mortalium paterna rura bobus exercet
> suis.“ (Tübingen 1799)[32]

Ein Student drückte seine Sehnsucht mit einem Text von Pope aus.

> „Glücklich ist derjenige, der seine Wünsche und Sorgen auf einige Morgen
> Landes einschränkt; und der sich freut, wenn er seine vaterländische Luft
> auf seinen eignen Boden einathmet; der Milch hat von seinen Heerden, Brod
> von seinen Feld, Kleider von seiner Wolle, im Sommer Schatten von seinen
> Bäumen, und im Winter Feuer: Geseegnet ist er, wenn ihm sorgenlos und

[31] MKF L.St.285, S.48; auch in: NSW VI Hs.Gr.13 Nr.127, Bl.117b.
[32] IHKW 2, Bl.36 auch in: MKF L.St.285, S.102. Übersetzung:

> „Glückselig jener, der da ferne von Geschäften
> so wie das Urgeschlecht der Sterblichen
> die väterliche Flur mit eignen Stieren pflügt“[Aus: Kytzler (Hrsg. und Übers.), S.239.]

> sanft Stunden, Tage und Jahre hingleiten, mit Gesundheit des Körpers und
> Ruhe der Seele, ohne Unterbrechung seiner Arbeit und seines Schlafs in
> süßer Erquickung und gedankenvoller Unschuld. Wer das hat, mag ungesehen
> und unbekannt leben und unbekannt sterben; er bedarf keines Steins, der
> da seye, wo er liege.“(Leipzig 1795)[33]

Das ist die Sehnsucht nach einem nicht entfremdeten Sein. Dieses genügt sich selbst. Es ist ein beständiger Wechsel von Arbeit und Ruhe, der das Vergehen der Zeit vergessen macht. Ein „natürliches“ Leben bedarf weder des Ruhms noch des offiziösen Nachruhms. Es ist kein Denkmal notwendig, weil sich derjenige, welcher so lebt, selbst ein Denkmal setzt.

Durch den Bezug auf eine vorbildhafte Natürlichkeit wirkten die Idyllen utopisch, das heißt sie intendierten einen verbesserten gesellschaftlichen Zustand. Der Rückzug aus dem öffentlichen Leben hat also dadurch einen eminent politischen Charakter. Das Leben in kleinen Gesellschaften –gleichsam „privaten Republiken“, welche es per definitionem aber nicht gibt– ist ein Gegenbild zu herrschenden gesellschaftlichen Strukturen des Absolutismus. Nicht umsonst gehörte Robespierre zu den begeisterten Lesern des Idyllendichters Salomon Geßner.

3.1.3 Zivilisation

Zitate, welche die Zivilisation thematisieren, sind nur sehr selten (mit durchschnittlich 0,22%) vorhanden. Sie sind nicht durchgehend belegt. Ihren Wert haben sie, weil sie zeigen, wovon sich das Natürliche und das Idyllische absetzen. Auch wird das negativ besetzte Zivilisatorische nur in Zusammenhang mit jenen

[33] MKF L.St.285, S.106.

genannt. Ein Text Jacobis mag in diesem Zusammenhang als Beispiel genügen.

> „Ein Sternseher nähert sich den Weltkörpern durch sein Sehrohr; allein der Hirte betrachtet sie auf der Flur, und sieht einen schönern Abend, als der Astronom auf seiner Warte.“(Leipzig 1795)[34]

Die Natur teilt sich trotz aller Errungenschaften des menschlichen Geistes nur durch unmittelbares Erleben mit. Der „natürliche“ Hirte sieht zwar nicht so genau wie der Astronom, aber er sieht mehr, weil er mit Empfindung sieht. Er fühlt die Schönheit der Natur, deren Teil er ist. Während der Astronom, der sich durch seine mittelbare Sichtweise als „nicht-natürlich“ zeigt, nur etwas technisch Vermitteltes untersuchen kann.

3.2 Das menschliche Gefühl

Das Gefühl wurde seltener thematisiert als man denken sollte, da es doch in Literatur und Philosophie des 18. Jahrhunderts einen großen Stellenwert hat. Deutschen Studenten war es aber augenscheinlich wichtiger, sich mit anderen Überzeugungen, Regeln oder Postulaten in die Stammbücher ihrer Freunde einzutragen. Nichtsdestotrotz ist es wichtig, zu wissen, daß der Wert, den man dem menschlichen Gefühl gab, eine Grundlage für das Denken in den schon gezeigten und noch zu entwickelnden Bahnen war. Die studentischen Betrachtungen über das Gefühl spalten sich auf in solche über die Empfindsamkeit im allgemeinen und über das menschliche Innere im besonderen.

3.2.1 Empfindsamkeit

Ein Durchschnitt von 0,74% aller Eintragungen entfallen auf diejenigen, die Empfindsamkeit als solche behandeln. Der Höhepunkt

[34] DLA A:Stbb.54.739, Bl.19r. Ort aufgrund anderer Eintragungen ermittelt.

liegt dabei mit 1,62% und 1,44% in den sechziger und siebziger Jahren des 18. Jahrhunderts. Die Empfindsamkeit war Voraussetzung für ein tugendhaftes Leben. „Empfindsamkeit ist das Genie zur Tugend."(Tübingen 1776)[35], wie es mit Hoelty ausgedrückt wurde. Das Genie ist das nicht rational Erfaßbare. Es speist sich nur aus sich selbst heraus. Trotzdem sind seine Impulse für den allgemeinen Fortgang der menschlichen Bildung notwendig. So befördern die Regungen des menschlichen Gefühls die Tugend. Der Mensch bezieht seine Tugendhaftigkeit aus sich selbst; er benötigt dazu keine Vernunftgründe. Ein Zitat aus Hagedorns „Oden und Lieder[n]" („Die Jugend", zweite Strophe) zeigt dies.

„Quellen tausendfacher Lust:
Jugend! Schönheit! Liebe!
Ihr erwekt in meiner Brust
Schmeichelhaffte Triebe.
Kein Genuß ergrübelt sich;
Ich weis g[e]nug, indem ich mich
Im Empfinden übe."(Tübingen 1776)[36]

Wie schon dargelegt[37] ist die Jugend der Zeitraum im menschlichen Leben, der zur Empfindung befähigt. Und nur der Empfindende erkennt auch, was ihn beglückt. Auf diesen Weg führt keine Gelehrsamkeit, sondern nur das „Empfinden". [38]

Die erweckten Triebe entsprechen wohl den Tugendvorstellungen der Zeit, da sie schmeichelhaft sind. Allein der Empfindende kann die Welt unmittelbar erfahren.

„O Heil dem Fülenden! Ein Strom von Segen
Ist ihm die Schöpfung weit umher!

[35]UBT Mh 863c, Bl.119r.

[36]LBS cod.hist.oct.219, S.181.

[37]vgl. Kapitel 2.9.

[38]vgl. das Zitat Schillers „Die Warheit ist vorhanden für den Weisen, Die Schönheit für ein fühlend Herz."(Tübingen 1791)[UBT Mh 858a, Bl.40.].

Sein Herz, das ewig klopft mit stärkern Schlägen,
Ist ihm ein Wonnethränenmeer."(Tübingen 1776)[39]

Der Fühlende wird durch die Welt beglückt. Die Fähigkeit, dies zu bemerken, kommt aus seinem Innersten, aus seinem Herzen. Dieses ist der Antrieb seines Lebens und wird es durch seine Empfindsamkeit immer mehr. Ähnlich wie bei der „Natürlichkeit" kann auch hier festgestellt werden, daß sich mit einer bestimmten Eigenschaft, hier der Empfindsamkeit, ein besseres Menschsein oder das Menschsein überhaupt verbindet. Andere sind von seinem Glück ausgeschlossen.

> «O Sentiment, Sentiment! douce vie de l'ame, quel est le Coeur de fer, que ta n'a jamais trouble? Quel est l'Infortune mortel, a qui tu n'arraches jamais des larmes?»(Stuttgart 1783)[40]

Die Empfindsamkeit macht das Leben süß. Wer sie nicht kennt und von ihr nicht gerührt wird, kann kein glücklicher Mensch sein: er hat ein Herz aus Stein oder ist einfach ein unglücklicher Sterblicher. Diese durch Rousseau ausgedrückte Überzeugung gilt für den ganzen betrachteten Zeitraum und die Mehrheit der Studenten. Die Einstufung der Empfindsamkeit als im Leben untaugliche Schwärmerei bleibt auf ein Wieland-Zitat isoliert.

> „Gefühl und Imagination sind sehr angenehme Gefährten, aber gefährliche Wegweiser durch das Labyrinth des Lebens."(Jena 1793)[41]

Ganz anders werden die Empfindungen in einem von Klopstock übernommenen Text beschrieben (Schelling zitierte als Theologiestudent Klopstocks „Fahrt auf der Zürcher See", 11. und 12.Strophe.).

---

[39] UBT Mh 863c, Bl.76v.

[40] DLA A:Stbb.Z 2527, Bl.1. Übersetzung: O Gefühl, Gefühl! Süßes Leben der Seele, welches ist das Herz aus Eisen, das du niemals erschüttertest? Wer ist der unglückliche Sterbliche, dem du niemals Tränen entrissest?

[41] HAAB 553, S.136.

„Lieblich winket der Wein, wenn er Empfindungen,
Beßre sanftere Lust, wenn er Gedanken winkt,
Im Sokratischen Becher
Von der thauenden Ros' umkränzt.

Wenn er dringt bis ins Herz, u. zu Entschließungen,
Die der Säufer verkennt, jeden Gedanken weht,
Wenn er lehret verachten
Was nicht würdig des Weisen ist."(Tübingen 1794)[42]

Hier sind Empfindungen und Weisheit wieder miteinander verbunden. Dem Wein wird die Kraft zugesprochen sie zu erwecken. Es ist hier aber nicht von einem alkoholischen Rausch die Rede, sondern von einem gleichsam als Rausch zu bezeichnenden Zustand der geistigen Angeregtheit.

3.2.2 Innerlichkeit

Zitate, welche den Menschen aus seinem Inneren erklären, sind mit im Durchschnitt 0,45% an allen Eintragungen vertreten. Am häufigsten erscheinen sie in den siebziger Jahren mit 1,12%.

„In unsrer eignen Brust,
da oder nirgends fließt die Quelle wahrer Lust,
der Freuden, welche nie versiegen,
des Zustands daurender Vergnügen,
den nichts von außen stört."(Tübingen 1773)[43]

So wie dieses Zitat aus Wielands „Musarion"(erstes Buch) bestimmen die meisten der Eintragungen das Innere des Menschen als den Ursprungsort seines Glücks. Wie dieses Glück beschaffen sein soll, bleibt allerdings unklar. Erst 1790 wird zugestanden, daß das menschliche Innere nicht nur Freuden birgt. Auch Bedrückendes

---

[42] LBS cod.hist.oct.280, Bl.160v.

[43] UAT S 127/8, Bl.90v; auch in: UBT Mh 868, S.73; GNM Hs.110415d, S.240; UBJ 45, S.128; UBE Ms.2066, Bl.23.

wird vom Menschen selbst produziert, erkannten die Anfänge der Psychologie.

> „Aussendinge sind nichts, ich selbst allein
> bin mir mein Himmel und meine Hölle.“(Jena 1790)[44],

trug sich ein Student mit Schillers Karl Moor aus den „Räubern“(IV,5) ein.

Eine Wende zeigt sich mit einer sinnhaltigen Änderung des obigen Wielandschen Textes.

> „In unsrer eignen Zeit, hier oder –
> Nirgendwo ist die Quelle wahrer Lust –“(Jena 1795)[45]

Das Innere des Menschen wird abgelöst zugungsten einer Öffnung gegenüber gesellschaftlichen Zeitläuften. Das Hier und Jetzt bestimmt das Glück des Menschen. Die wiedergegebene Variation des Originals betont implizit die Eigenverantwortlichkeit des Menschen.

3.3 Tugend

Studentische Eintragungen, die sich um die Tugend drehen, sind mit durchschnittlich 12,77% die am häufigsten vorkommende Gruppe aller Eintragungen. Die sechziger und siebziger Jahre haben mit 16,23% und 14,13% die meisten dieser Eintragungen. Die Eckdaten der äußeren Jahrzehnte für den betrachteten Zeitraum 1740 bis 1800 sind 11,21% bzw. 10,67%. Insgesamt gesehen steigen die Zahlen zunächst kontinuierlich, zwischen den fünfziger und sechziger Jahren sprunghaft an, um dann nach den sechziger Jahren eben so kontinuierlich abzufallen. Schon aufgrund dieser Zahlenverhältnisse kann man sagen, daß die Tugend, zumindest als Postulat, eine Macht war. Dies hatte auch schon Martens

[44] UBJ 111, Bl.76. Gegenüber der Erstausgabe nur unwesentlich veränderter Text.

[45] LBS cod.hist.oct. 104, Bl.100v.

erkannt.[46] Er war über die Inhalte der Moralischen Wochenschriften zum Schluß gekommen, daß letztere den Anspruch hatten, das Bürgertum des 18. Jahrhunderts im Sinne einer antiaristokratischen und antichristlichen Tugend zu einer neuen Klasse zu erziehen. Diese sollte den anderen dadurch überlegen sein, daß sie Vernunft und Erziehung als die jeden Menschen bestimmenden Momente anerkennt und ihr Leben nach dieser Maxime ausrichtet. „Antichristlich“ heißt nicht, daß sich die Autoren der Wochenschriften gegen den Glauben an Gott gewandt hätten. Sie wandten sich vielmehr gegen das Bild vom Menschen als ein durch Erbsünde korrumpiertes Wesen. Der Mensch sei vom Bösen gelenkt, dem er aus eigener Kraft nicht entkommen könne. Nur Gottes Gnade könne dies bewirken. Dem entgegenstehend wird in den Wochenschriften die Meinung vertreten, daß Tugend etwas dem Menschen Natürliches sei. Allerdings müße der Mensch belehrt und geformt werden. Durch seine ihm eigene Vernunft könne er seiner Bestimmung näherkommen, die Glückseligkeit zu erreichen, die Gott ihm ermögliche. Solche Ergebnisse zeigen, daß der Tugend sehr wohl eine identitätsbildende Kraft zugesprochen wurde. Sie gab ihren Trägern die Waffe der moralischen Integrität in die Hände im Kampf gegen den in seinen Sitten verderbten Adel, der seinen Anspruch auf Herrschaft behauptete.

3.3.1 Der Begriff

Tugend ist ein in seinen Ausdeutungsmöglichkeiten recht offener Begriff. In diesem Kapitel werden nur Eintragungen untersucht, die das Wort *Tugend* in diesem Sinne gebrauchen. Weitere Texte, die inhaltlich ganz bestimmte, als Tugenden zu verstehende Ideale vertreten, werden in eigenen Kapiteln behandelt.

Zunächst fällt auf, daß die Tugend, wegen der Schwierigkeit sie zu fassen, oft über andere, auch ihr entgegenstehende Begriffe

---

[46] Wolfgang Martens: Die Botschaft der Tugend. Die Aufklärung im Spiegel der deutschen Moralischen Wochenschriften. Stuttgart 1968.

definiert wird, so in folgendem Text aus Fenelons «Telemaque».

> «Le naufrage et la mort sont moins affreux,
> que les plaisirs qui attaquent la vertu.»
> (Altdorf 1749)[47]

Über die Vorstellung, daß das Ende allen menschlichen Seins, das schrecklichste also, was dem Menschen physisch zustossen kann, nicht so schlimm ist, wie Freuden, die den Tod der Tugend bedeuten, wird der letzteren Stellenwert beschrieben. Die Tugend ist das wichtigste im Leben. Und man muß sie schützen – auch vor Freuden, die sich im nachhinein eben als Leid darstellen könnten. Die Tugend ist notwendig für die menschliche Gemeinschaft, wie sie von Cicero („Laelius de amicitia“, 20) beschrieben wird.

> „Qui in virtute summum bonum ponunt, praeclare illi quidem: sed haec ipsa virtus amicitium et gignit et continet: nec sine virtute amicitia esse ullo pacto potest.“(Altdorf 1752)[48]

Die Tugend ist also die Grundlage für Freundschaften und darüberhinaus für alles Zusammenleben der Menschen überhaupt. Ohne die Tugend könnte einer dem anderen nicht trauen, würden Abkommen gebrochen. Der Gehalt der Tugend selbst ist damit aber noch nicht erklärend dargestellt.

---

[47] GNM Hs.113301c, S.200. Übersetzung:

> Untergang und Tod sind weniger scheußlich,
> als die Freuden, die die Tugend zerstören.

[48] GNM Hs.113305b, S.125. Übersetzung: „Die in der Mannestugend das höchste Gut erblicken, handeln zwar vortrefflich, allein gerade sie, die Mannestugend, zeugt und erhält Freundschaft, und ohne Mannestüchtigkeit kann Freundschaft schlechterdings nicht bestehen.“[Aus: Marcus Tullius Cicero: Laelius. Über die Freundschaft. Übers. von Robert Feger. Stuttgart 1986, S.11/12.].

„Freund! die Tugend ist kein leerer Name,
aus dem Herzen keimt des Guten Same;
und ein Gott ists, der der Berge Spizen
röthet mit Blizen.“(Tübingen 1754)[49]

Dieses vielzitierte Gedicht von Hallers (erste Strophe aus „Die Tugend“ des „Versuch[s] schweizerischer Gedichte“) spricht ebendiese Problematik an. Es begegnet der Vorstellung, bei der Tugend könnte es sich um einen Begriff ohne Inhalt handeln. Die Tugend entspringt aus dem Innersten des Menschen und sie wird mit dem Guten selbst gleichgesetzt. Worin dieses Gute besteht, wird allerdings nicht weiter erläutert. Die zwei folgenden Verse klären die Herkunft der Tugend. Sie ist göttlich. Ein Gott, der selbst die Spitzen der dem Menschen in Erhabenheit erfahrenen Berge in seiner Gewalt hat, bestimmt auch über das Innere des kleinen Menschen. Er legt den Samen des Guten in das menschliche Herz, damit er keime. Die Tugend dann aber zu entfalten, obliegt dem Menschen.

„Youngs Klagen 6.Nacht
Jeder Mensch macht seine eigene Grösse,
Bauet sich selbsten: Die Tugend allein Baut
Höher als die Pyramiden; Und wann
Aegyptens Denckmäler einstürtzen,
So werden die Ihrigen noch dauern.“(Heidelberg 1757)[50]

Der Mensch ist für sich selbst verantwortlich. Wenn er in dieser Verantwortung die Tugend für sein Leben wählt, so errichtet er

[49]LBS cod.hist.oct.139, S.251; auch in: LBS cod.poet.fol.63, Vh, S.225; GNM Hs.117184, S.98; LBS cod.hist.oct.87a, S.207; UBT Mh 863b, S.266; DLA A:Stbb.892, S.132; UAT S 127/4, Bl.11v; DLA A: Stbb.60.588, S.137; IHKW INH 44660, S.38 [hier statt „Guten“ „Argen“]; MKF L.St. 324, S.140; MKF L.St.455, S.176; GNM Hs.117185g, Bl.36v; nur der erste Vers: GNM Hs.84104h, S.279; UAT S 127/22, S.106; UBT Mh 963, S.139; LBS cod.hist.oct. 291, S.305; UAT S 127/4, Bl.56; LBS cod.hist.oct.297, Bl.72; IHKW 46, Bl.119; nur die ersten zwei Verse: UBT Mh 863c, Bl.61v.

[50]LBS cod.hist.oct.231, S.286.

sich mit ihrem Denkmal sein eigenes. Erst die Tugend macht den Menschen groß.

> „Kein Mensch ist edel und frey, der den Begierden gehorchet,
> Noch groß, wofern er dem Schöpfer nicht dient;
> Er sey das Wunder der Welt, er sey der König der Helden,
> Stets ist er ohne die Tugend ein Knecht."(Tübingen 1758)[51]

Ohne die Tugend kann sich der Mensch in seinen Fähigkeiten nicht voll entfalten, wie dieses Zitat aus Gellerts „Vermischten Gedichten" („An den Herrn Grafen Hanns Moritz von Brühl bey seinem vierzehnten Geburtstage.", sechste Strophe) meint. Wenn der Mensch seine Affekte nicht kontrolliert, wird er von seinen „Begierden" abhängig. Tugendhaft zu sein bedeutet, Gott zu dienen. Dadurch wird der Mensch „edel und frey" sowie „groß". Damit sind keine weltlichen Qualitäten gemeint. Vielmehr kann auch ein real Mächtiger, wie der „König der Helden", im hier angelegten Maßstab ein Knecht sein. Durch die Tugend erwirbt sich der Mensch eine Unabhängigkeit von Zwängen und Umständen und eine als spirituell zu bezeichnende Freiheit. Darüberhinaus gehört er einem, von diesem Standpunkt aus gesehen gleichsam „ersten Stand" an, da er wirklich „edel" ist. Wie aber muß der Gottesdienst der Tugend beschaffen sein? Darüber gibt uns ein weiteres Gedicht von Hallers („Über den Ursprung des Übels", 3, 81,83,84; der hier als erstes zitierte Vers stammt aus Gellerts sechster der „Moralische[n] Vorlesungen") etwas mehr Aufschluß.

---

[51] LBS cod. hist.oct.139, S.151; UBT Md 743, S.307; UBE Ms.2134, Bl.125v; NSW VI Hs.Gr.13 Nr.120, S.202; MKF L.St.395, S.141; fünfte und sechste Strophe in: UBE Ms.2741, S.57.

„Der Mensch der Gott verläßt, erniedrigt sein Geschick.
Wer von der Tugend weicht, der weicht von seinem Glück.
Die Pflichten sind der Weg, den Gott zur Wohlfahrt giebt,
Ein Hertz, wo Laster herrscht, hat nie sich selbst geliebt.“(Tübingen 1756) [52]

Vers drei sagt, daß es die Pflichten sind, die zum Ziel führen. Die Tugend ist also nicht zwecklos, sondern ihr folgt ein Lohn, der mit „Glück“ und „Wohlfahrt“ bezeichnet wird. Die Pflicht taucht hier vor der Säkularisierung durch Kants kategorischen Imperativ an Gott gebunden auf.[53] Trotz der genauen Bezeichnung der Tugend als Erfüllung der von Gott gegebenen Pflichten wird sie zudem noch vom Laster als ihrem Gegenteil abgehoben. Der lasterhafte Mensch ist doppelt unglücklich: er ist von Gott verlassen und kann außerdem noch nicht einmal sich selbst lieben.

„Durch Tugend müssen wir des Lebens würdig werden,
Und ohne Tugend ist kein dauernd Glück auf Erden,
Mit ihr ist niemand unbeglückt.“(Göttingen 1764)[54]

Ein Student drückt mit diesem Gedicht von Uz sogar die Meinung aus, daß nur der Tugendhafte des Lebens würdig sei.[55] Gleichsam als Anreiz, tugendhaft zu sein, wird gemahnt, daß glücklich zu werden nur mit der Tugend möglich sei. Weiter wird mit einem Zitat von Gellert[56] –den man überhaupt als Dichter der Tugend

[52]LBS cod.hist.oct.139, S.267; der hier zweite und erste Vers in: NSW VI Hs.Gr.13 Nr.101, S.76; der hier zweite Vers in: LBS cod.hist.oct.87a, S.207; MKF L.St.424, S.77.

[53]vgl. Kapitel 3.12.

[54]GNM Hs.117184, S.216.

[55]vgl. Kapitel 3.1.1.

[56]Die dritte Strophe aus der „Zufriedenheit mit seinem Zustande“, die wiederum zu den „Geistlichen Oden und Liedern“ zählt.

bezeichnen könnte– auf den nicht materiellen Charakter des Lebensglücks durch die Tugend hingewiesen.

> „Nie schenckt der Stand, nie schencken Güter
> Dem Menschen die Zufriedenheit
> Die wahre Ruhe der Gemüther
> Ist Tugend und Genügsamkeit.“(Leipzig 1767)[57]

Die Verbindung von Tugend und Genügsamkeit –ein Hendiadyoin, das den Wert der speziellen Tugend Genügsamkeit der allgemeinen Tugend beiordnet– zeigt, daß die Tugend nicht teilbar ist. Einer, der nicht genügsam ist, kann nicht mehr als tugendhaft bezeichnet werden. Zudem ist die Genügsamkeit ein wichtiges Konstituens für das Ideal eines natürlichen Lebens. Materielle Werte können nach dieser Auffassung nicht nur nichts zur Zufriedenheit beitragen. Sie verhindern letztere sogar. Ihre Wirkung entfaltet die Tugend ganz durch sich allein. Sie wird in einer studentischen Eintragung aus dem Jahre 1772 mit einem Text Wielands beschrieben, welcher sie personifiziert darstellt.

> „–die Tugend– wie edel, wie ganz sich selber ähnlich, wie voll von stiller Grösse in ihrer ganzen Gestalt! Schön ist in allen seinen Zügen ihr bräunlicht Angesicht, wo, wie auf glatter Fluth der Sonne Bild, das reinste aller Vergnügen, Vergnügen an sich selbst, und innrer Friede ruht. Durch ihre Wangen scheint ein unbeflektes Blut; ihr ofnes Auge, voll von sicherm Selbstvertrauen, erlaubt bis auf den Grund von ihrer Seele zu schauen. Still würkende Güte, die minder spricht, als thut, und Redlichkeit, und unbezwingbarer Muth. Mahlt sich darinn, und flößt ein ehrfurchtvolles Grauen mit Liebe gemischt, dem der sie ansieht, ein, man liebt

[57] LBS cod.hist.oct.87a, S. 349; auch in: LBS cod.hist.oct.87a, S.338; UBE Ms.2134, Bl.194v; nur V.3/4. in: DLA A:Stbb.60.588, S.273.

> sie, und wünscht zu verdienen, von ihr geliebt zu seyn."(Tübingen) [58]

Die Tugend ist nur durch sich selbst erklärbar, sie ist „ganz sich selber ähnlich". Und – sie gehört den unteren Schichten an. In einer Zeit, in der die Vermögenderen und der Adel auf eine möglichst blasse Hautfarbe achteten, hat sie ein „bräunlicht Angesicht". Ein sonnenverbranntes Gesicht war das Signum für einen Menschen, welcher im Freien arbeiten mußte, also ein Bauer, Hirte usw. Vor allem der letztere Berufsstand wurde zum idyllischen Ideal stilisiert. Er war demnach in seiner materiellen Beschränkung frei, naturverbunden, moralisch integer und nicht selten philosophisch. Die Tugend strahlt Zufriedenheit und Frieden aus, ganz anders als der oben beschriebene lasterhafte Mensch, welcher sich selbst nicht lieben kann. Sie hat nichts zu verbergen und weiß dies auch. Im besonderen zeichnet sie sich durch Handlungen und nicht durch Reden aus.[59] Der Mut und die Redlichkeit, mit denen sie sich durchsetzen kann, ruft bei ihrem Betrachter durchaus ambivalente Gefühle hervor. Die Macht der Tugend bewirkt ein „ehrfurchtvolles Grauen". Man wünscht sich diese personifizierte Tugend aufgrund ihrer Kraft nicht zum Feind. Der tugendhafte Betrachter empfindet aber ebenso Liebe. Er selbst hat sie nämlich nicht zu fürchten und hofft vielmehr, dem Tugendideal zu genügen. Diese Tugend ist durchaus kämpferisch. Und als Mittel im Kampf gegen das Laster, das heißt in der Realität gegen ihre zumeist adligen Träger wurde sie auch eingesetzt. In einer großen Anzahl von Eintragungen hat sich in den sechziger und siebziger Jahren der Begriff der Tugend von dem eines Gottes gelöst. Die Tugend kann nun, wie wir gesehen haben, allein stehen. Sie entwickelt eine eigene Kraft, wie auch in einem häufig Ende der siebziger Jahre zitierten Gedicht Ewald von Kleists („Geburtslied", V.89/92) – meist nur des letzten hier abgedruckten Satzes.

---

[58] UBT Mh 868, S.179.

[59] vgl. Kapitel 3.13.

„Laß sie, die niedre Raben schreyn,
Und trinke du der Sonne Glut
Gleich einem Adler. Hülle dich
in deine Tugend, wenn es stürmt."(Tübingen 1774)[60]

Der Tugendhafte muß sich nicht um das Geschrei derer bekümmern, die moralisch unter ihm stehen. Er steht hoch über ihnen und hat teil an der Quelle des Lebens. Wenn er aber einmal Schwierigkeiten bekommen sollte, hat er immer noch seine Tugend, die ihn gegen die Fährnisse des Lebens beschützt. Wer Tugend besitzt, ist allem gewachsen. Sie macht dem Menschen jedes Schicksal erträglich. Und nicht nur das. Die Tugend ist sogar einem anscheinend schönen Leben vorzuziehen, meinen wieder vielzitierte Verse von Hallers (aus dem „Versuch schweizerischer Gedichte" die elfte Strophe des Gedichts „Die Tugend").

„Aus der Tugend fließt der wahre Friede,
Wollust eckelt, Reichthum macht uns müde,
Kronen drücken, Ehre blendt nicht immer,
Tugend fehlt nimmer."(Tübingen 1775)[61]

Die Tugend ist beständig in ihrem Wert, wo andere Werte Negatives mit sich bringen. Der Wollust sind die Tugendhaften schon fast natürlicherweise abhold. Aber auch Geld und Macht hindern eher daran, friedlich zu leben. Sie nehmen den Menschen gefangen und können ihn korrumpieren. Selbst die Ehre ist mit Mangel behaftet. Dieser Überzeugung liegt eine isolationistische Haltung

[60] LBS cod.hist.oct.92, S.10; nur V.91/92 in: DLA A:Stbb.60.11, S.183; DLA A:Stbb.48809, S.217; UBT Mh1026, S.75; SAW 200/303, S.26; DLA A:Stbb. 48809,S.38; DLA A:Stbb.Z2527, Bl.118; DLA A: Stbb.Z2527, Bl.70; GNM Hs.102250, S.204; UAT S 128/10, Bl.35; MKF L.St.303, S. 208; GNM Hs.102250, S.160; MKF L.St.285, S.49; GNM Hs.37734, S.101; IHKW INH 44656, Bl.39; NSW VI Hs.Gr.13 Nr.107a, Bl.23; MKF L.St.303, S.91 [V.91-93]; IHKW 25, S.258; MKF L.St.467, S.7; HAAB 553, S.195; GNM Hs.95595, S.118.

[61] UBT Mh 863c, Bl.50v; UBT Mh 973, Bl.38v; NSW VI Hs.Gr.13 Nr. 106, S.13; MKF L.St.61, S.133; DLA A:Stbb.Z2284, Bl.48v.

der Welt gegenüber zugrunde. Es gibt aber auch dem entgegengesetzte Eintragungen.

> „Tugend ist eine Fertigkeit die Harmonie der Welt zu befördern.“(Tübingen 1777) [62]

Dieser Satz Ewald von Kleists aus seinen „Gedanken über verschiedene Vorwürfe“ scheint sich auf den ersten Blick nicht zu sehr von den anderen, die Tugend betreffenden Eintragungen abzuheben. Er hebt aber die bisher auf Einzelpersonen bezogene Tugend zu einer die ganze Welt betreffenden Sache. Wenn viele oder am besten alle einzelnen sich der Tugend verschreiben würden, so wäre der Zustand in der Welt der der „Harmonie“. Der zitierte Satz ist also eine Utopie. Sie fordert die Einlösung. Dabei klingt implizit an, daß der erstrebte Zustand keineswegs als erreicht angesehen werden kann. Es tut not, die Harmonie der Welt erst einmal durch die Tugend zu befördern. Der Tugend wird eine die Welt verändernde Kraft zugesprochen. In den achtziger Jahren wurden weiterhin die bekannten Definitionen der Tugend gegeben. Darüberhinaus beschäftigte manche Studenten die Frage, ob man zur Erlangung der Tugend auch klug sein müsse.

> „La vertu ne nous coute que par notre faute; et si nous voulions etre toujours Sages, rarement aurions nous besoin d'etre vertueux.“(Stuttgart 1783) [63]

Dieser Student zitierte als Gewährsmann Rousseau. Weisheit erringt man sich dadurch, daß man tugendhaft ist. Sie ist also keine Bedingung, sondern eine Folge der Tugend oder vielmehr eine Eigenschaft des Tugendhaften. Die Entscheidung für die Tugend selbst ist weise. Tugend und Weisheit gehen demnach untrennbar miteinander einher. Unter Weisheit versteht man keine

[62] DLA A:Stbb.17278, Bl.21v.

[63] DLA A:Stbb.Z2527, Bl.115. Übersetzung: Die Tugend kostet uns nichts als unsere Fehler; und wenn wir immer weise sein wollen, ist es nur notwendig, daß wir tugendhaft sind.

Klugheit z.B. durch Bildung und Ausbildung, sondern eine Einsicht in die Dinge des Lebens. An diese Weisheit ist Bescheidung in die Verhältnisse und Bescheidenheit im Umgang mit Menschen geknüpft. Die Weisheit ist keinesfalls eine rationelle Vernunft. Vielmehr ist sie auf die Natur begründet, wie ein Student mit Hoelty („Das Landleben", V.2/3 der ersten Strophe) meint.

> „Jedes Säuseln des Baums, jedes Geräusch des Bachs
> Jeder blinkende Kiesel
> Predigt Tugend und Weißheit."(Altdorf 1794)[64]

Tugend und Weisheit sind schon von der Natur im Menschen angelegt. Der muß nur noch ermahnt werden, diese Gaben auch zu nutzen. Diese Mahnung übernimmt die Natur selbst, sie offenbart sich dem Menschen. Er muß nur auf sein Inneres hören.

> „Der Adlerflug der Imagination ist nothwendig von dem Gang der überlegenden Vernunft verschieden, die keinen Schritt thut, ohne vorher mit dem Stab der Erfahrung die Festigkeit des Bodens geprüft zu haben. Aber eifrige Begierde tugendhafft zu handeln, erhöhet und schärft das Bekenntnisvermögen der Seele, und ersezt sehr offt in solchen Lagen den Mangel der Überlegung."(Tübingen 1787) [65]

Der Text Dalbergs zeigt, daß es für den Tugendhaften auf etwas anderes ankommt, als darauf, Vernunft zu besitzen. Die Vernunft wird hier sogar negativ dargestellt. Sie ist vernünftelnd und zögerlich, bringt den Menschen im Handeln nicht voran. Die Kraft der Einbildung hingegen entspricht der Erhabenheit des Adlerflugs. Sie steht über kleinlichen Bedenken. Nicht rationelles Denken ist gefragt, sondern tugendhaftes Handeln, dessen Richtigkeit einem die Imagination gewährt. Zudem wird man mit dem Ziel der Tugend vor Augen empfänglicher für die Dinge, die dieses Ziel zu

[64] UBJ 82, Bl.48v.
[65] LBS cod.hist.oct.278, S.12.

erreichen helfen. Der Sitz der vom Gefühl gelenkten Imagination ist die Seele. Ich glaube, daß *Seele* hier nicht im religiösen Sinne gemeint sein kann. Es handelt sich vielmehr um die menschliche Psyche im allgemeinen. Sie erkennt intuitiv, was richtig für sie ist –die Tugend– und handelt danach. Allerdings fordert die Tugend gerade im Hinblick auf die Psyche des Menschen auch Opfer. Ein Student zitierte aus Schillers „Don Carlos"(I,5):

> „Wie groß wird unsre Tugend,
> wenn unser Herz bey ihrer Übung bricht!!"(Jena 1789)[66]

Diese Tugend ist asketisch. Sie fordert Verzicht vom Menschen. Erst dann ist sie wirklich wertvoll.

> „Wahre Tugend ist ein immerwährender Streit
> mit Leidenschaften, Thorheiten u. Lastern,
> in uns selbst u. ausser uns."(Erlangen 1791)[67]

Mit diesem Zitat aus Wielands „Agathon" wird deutlich, daß die Tugend errungen werden muß. Auch hier wird gesagt, daß es sich erst dann um die „wahre Tugend" handelt. Tugendhaftigkeit, die dem Menschen ohne Kampf zufliegt, ist keine wirkliche.[68] Ein „immerwährender Streit" ist die Übung und Ausübung der Tugend. Ohne dies ist sie nutzlos, wie es ein Student mit der Eintragung eines Textes von Chesterfield ausdrückte.

> „Tugend und Gelehrsamkeit haben gleich dem Golde ihren innern Werth. Werden sie aber nicht abgeputzt, so verliehren sie ihren groeßten Glanz gewis, selbst abgeschliffenes Erz wird mehr Liebhaber finden als rohes Gold."(Jena 1793) [69]

[66]IHKW INH 44656, Bl.50r; auch in: MKF L.St.319, S.194.
[67]SB N Nor.H.876, S.92.
[68]vgl. Kapitel 3.3.5.
[69]HAAB 553, S.253.

Interessant ist, daß die „Gelehrsamkeit" der Tugend zur Seite gestellt wird. Sie sind zwar nicht aneinander geknüpft, haben aber dieselben Bedingungen für ihre Wirksamkeit. Im Gegensatz zu obig ausgeführtem trägt die „Gelehrsamkeit" einen durchaus positiven Inhalt.

Noch 1794 wird in Leipzig die Tugend mit einem Gellert-Zitat definiert. „Die Tugend ist die Gesundheit der Seele."[70] Das entspricht den bisher angeführten Vorstellungen von der Ruhe in sich selbst und impliziert auch die Bescheidung in die gegebenen Verhältnisse, da neben der „Gesundheit der Seele" alles andere an Bedeutung verliert. Deshalb muß der Mensch auch darauf bedacht sein, die ihm gegebene Tugend auszubilden. Und wie macht man dies am besten? Ein Platen/Platon(?)-Zitat rät:

> „Trinke u. speise bey denen, die jeder im Staate verehrt.
> Ihnen nur nahe dich stets, d[a]ß du erringest ihr Los.
> Tugend lernst du nur im Kreise redlicher Männer
> Bubengesellschaft vertilgt jegliches Weisheitsgefühl"
> (Jena 1795)[71]

Neben der neuerlichen Verknüpfung von Tugend und Weisheit fällt auf, daß hier zum ersten Mal die Möglichkeit der Erziehung zur Tugend durch Vorbilder als Weg zur Tugend aufgezeigt wird. In einem gleichsam patriarchalischen Verhältnis an der Tafel „redlicher Männer" wirken diese in einem pädagogischen Sinne auf den Jüngling ein. Die Trink- und Speisegemeinschaft hat hierbei eine hervorragende Bedeutung. Schon seit den Zeiten der Antike hat diese einen besonderen Stellenwert. *Gastmähler* wurden genutzt, um sich gegenseitig zu bilden. Viele Bünde werden seit alters her durch gemeinsames Trinken bekräftigt. Die gemeinschaftliche Einnahme des Essens in Klöstern hat denselben Sinn. Auch Studenten kamen tatsächlich bei Tisch mit Honoratioren ih-

[70] MKF L.St.285, S.103.
[71] UBJ 82, Bl.14r.

rer Universitätsstadt zusammen. Und zwar machten sie dies, wie im zitierten Text angegeben, ausdrücklich, um ihre Sitten zu verbessern. Tugendhaftigkeit gilt als ein dem Menschen eigentümliches und unveräußerliches Gut. Während verliehene Würden nur rein äußerlicher Natur sind.

> „Rechtschaffenheit ist ein Stern auf bloßer
> Brust, die andern sitzen nur am Latze.“(Halle 1796)[72]

Dieser von einem Jurastudenten eingetragene Text Popes spielt mit der Assoziation des Sterns zu einem Orden. Während die Rechtschaffenheit immer ein Teil des Rechtschaffenen bleibt, werden Orden mit der Kleidung abgelegt. Sie sind dem Menschen nicht eigen und sagen nichts über seinen tatsächlichen Wert aus.

> „Das Wesen der Tugend besteht nicht im Wissen, es liegt im Herzen. Das Glük des Lebens ist Verborgenh[ei]t u. die vertrauliche zärtliche Freundschaft aller Menschen. Der Lohn der Tugend und gut gewählter Freundschaft ist die Zufriedenheit und Glückseeligkeit der Menschen.“(Frankfurt a.O. 1796)[73]

Dieses Zitat Rudolph von Werdenbergs faßt noch einmal die verbreitete Definition von Tugend zusammen. Ihre Verbindung mit der Freundschaft ist einesteils gattungsbedingt, zum anderen rührt sie von der Vorstellung her, daß nur der Tugendhafte zu wahrer Freundschaft fähig sei. Was weiter oben als „Harmonie der Welt“ zitiert wurde, wird hier „zärtliche Freundschaft aller Menschen“ genannt. Das Versprechen der Tugend in den neunziger Jahren ist eine gesellschaftliche Utopie, deren Einlösung in Aussicht gestellt wird.

---

[72] MKF L.St.319, S.125.
[73] MKF L.St.319, S.35.

3.3.2 Der Lohn der Tugend

Es ist überhaupt wichtig, zu wissen, daß die Tugend kein Selbstzweck war. Sie bezog ihre Wirkung auch aus den zu den verschiedenen Zeiten unterschiedlichen Formen von Belohnung, die man ihr zuschrieb.

> „Une vertu solide et constante avance plus que la Politique la plus raffiné.“ (Marburg 1740)[74]

Ganz allgemein schrieb man ihr, wie hier durch einen Satz Larreys, eine Wirkung zu, die größer ist als ausgeklügelte Verhaltensweisen. Gerade das Beharren in der Schlichtheit und Naivität der Tugend bewirkt einen wie auch immer gearteten Erfolg. Rankünе und komplizierte Abmachungen haben dagegen (auf die Länge gesehen) keinen Bestand. Sie sind vielmehr durch eine als negativ empfundene Künstelei in ihrem Ansehen beschädigt. Der Nutzen, der aus der Tugend zu ziehen ist, war zunächst allerdings kein direkter, wie an folgendem „Moralischem Gedicht“ Gellerts („Der Ruhm“, zwölfte Strophe) zu sehen ist.

> „Erwirb dir Tugend und Verstand
> Nicht um sie von der Welt erkant
> Mit eitelem Stoltze zu besitzen
> Erwirb sie dir mit edeler Müh
> Und halte dies für Ruhm, durch sie
> Der Welt und dir zu nützen.“(Duisburg 1763)[75]

Der Lohn von Tugend wie auch von Verstand ist der, daß durch sie die Menschheit an sich in ihrem Fortkommen unterstützt wird. Nicht der einzelne hat den Nutzen von ihr, sondern die „Welt“. Der einzelne sollte vielmehr sogar verdecken, daß er diese beiden Werte besitzt. Ruhmsucht entspricht nicht dem Ideal der Tugend.

---

[74] LBS cod.hist.oct.77, Bl.14v. Übersetzung: Eine feste und beständige Tugend vermag mehr als die am höchsten verfeinerte Politik.

[75] UBT Md 743, S.309.

Der Nutzen für die Allgemeinheit ist der Endzweck der Tugend des einzelnen. Dadurch erwirbt sich der Tugendhafte einen Quasi-Ruhm, der ihn zwar nicht bekannt macht, was der eigentlichen Bedeutung des Wortes zuwiderläuft. Er wird dadurch aber sozusagen ruhmreich vor sich selbst. Und nur darauf kommt es an.

> „Ein Hertz, von Lastern frey, ergiebt sich stillen Trieben;
> Sein Ruhm ist Ruh; sein Glück geliebt zu seyn, und Lieben.“(Greifswald 1766) [76]

Durch das Kronegk-Zitat wird das eben Gesagte noch gefestigt. Die Tugend sitzt im Innersten des Menschen und genauso verschlossen will sie sich auch halten. Den tugendhaften Menschen verlangt es nicht nach dem Lärm und den Vergnügungen der Welt. Er hat ganz andere Freuden. Es ist ihm schon genug, wenn er liebt und man ihn wieder liebt. Diese Liebe unter den Menschen ist Mittel und Ziel zugleich. Auch in den siebziger Jahren ändert sich nichts daran, wie man an einer Eintragung sieht, die ein Gedicht Gellerts zitiert, das letzterem als Vorsatz zum Beschluß seiner 18. „Moralischen Vorlesung“ dient.

> „Jüngling, schmük auch du mit Unschuld deine Jugend;
> Sieh auf die Weißheit stets, doch mehr noch auf die Tugend,
> Und werd als Mann beglükt durch keusche Lieb und Tugend.“(Tübingen 1774) [77]

Der Lohn für tugendhaftes Verhalten in der Jugend ist das Glück als Mann durch eben diese Tugend. Weisheit ist zwar wichtig, doch nicht entscheidend. Die Tugend erscheint in ihren Auswirkungen ganz auf das Innere des Menschen bezogen. Sie bewirkt nichts außer ihm, sondern besorgt ihm vor allem Ruhe durch die

[76] GNM Hs.117184, S.191.
[77] UBT Mh 963, S.307.

Gewißheit, niemandem anderem zu schaden. Der Mensch soll unschuldig, das heißt moralisch integer sein. Die Tugendhaftigkeit, welche teilweise auch durch ausdrücklichen Verzicht in der Jugend erworben wurde, soll vor allem im Alter zum Lustgewinn verhelfen, wie mit folgendem Gedicht von Uz ausgedrückt wird.

> „Im Schooß der Tugend kann kein Zeitpunkt unsers Lebens
> Uns ohne Wollust seyn, das Alter droht vergebens;
> Vergebens faßt es uns in seinen schwarzen Arm
> Und scheucht mit greisem Haar der leichten Scherze Schwarm."(Erlangen 1780) [78]

Die Tugend ist dem „leichten Scherze" abhold. Sie zieht ihre „Wollust" aus sich selbst. Der Mensch erfährt unter ihrer Herrschaft sein Leben gleichsam als gleichförmig. Alle Lebensstadien sind von der immer gleichen Tugend bestimmt. So kann den Menschen nichts anfechten, was ihn etwa sein Alter empfinden lassen würde. Die Erinnerung an vergangene gute Taten hält im Alter aufrecht.[79] Ja, noch mehr ist aus dem von Kronegk zitierten Text zu lesen.

> „Die Tugend nur allein kan uns die Ruhe geben:
> Sie stärket uns im Tod; sie lehrt uns frölich leben,
> Sie trozt noch nach dem Tod dem Unbestand der Zeit,
> Und leitet unsere Schritt zu der Unsterblichkeit."
> (Gießen 1781)[80]

Über das bereits Beschriebene hinaus wird aus der Tugend ein metaphysischer Trost bezogen. Sie verhilft im Zusammenhang mit der Hoffnung auf ein jenseitiges Leben zur persönlichen Unsterblichkeit. Dieser „Lohn der Tugend" ist nicht so altruistisch, wie es

[78] DLA A:Stbb.6086, Bl.36.

[79] Vgl. auch ein Claudius-Zitat: „Edel und gut gewesen zu sein das gilt, wenn einem einst die Knochen zu dörren anfangen und öhlt und wärmt die Knochen von innen aus."(Jena 1794)[UBJ 45, S.176.].

[80] SAW 200/303, S.216.

die Tugend vorgibt zu sein. Nur der Tugendhafte wird unsterblich. Implizit ist in dem Gedicht gesagt, daß diejenigen, die gleichsam nicht rechtgläubig sind, unwiderruflich vergänglich sind.

> „Kennst du die Stärke, den Werth der Tugend? – Dein Friede auf Erden, dort dein künftiger ewiger Lohn, die Krone deß Sieger, dein unwandelbar sicher Gut, und natürliches Erbteil, das ins Unendliche – wenn du selbst nur es wilst, – sich verbeßert, liegt in ihr: nichts raubt den Besiz, die Einnahm ist göttlich.“ (Tübingen 1788)[81]

Die Studenten, welche diesen Text Youngs (sechste Nacht der „Nighthoughts“) so oder in etwas variierter Form in Stammbücher eingetragen hatten, bekannten sich ausdrücklich zur oben ausgeführten Überzeugung. Man muß wollen, also tugendhaft sein, dann winkt einem „die Krone deß Sieger“, die Unsterblichkeit. Aber auch schon im irdischen Dasein wird der Tugendhafte durch einen inneren Frieden belohnt. Ausschlaggebend ist aber die Exklusivität eines jenseitigen Lohnes, der die Gefolgsleute der Tugend denjenigen vorzieht, die im Leben lasterhaft im weitesten Sinne waren.[82] Wie schon in anderen Bereichen[83] setzt man sich hier als Besitzer eines Merkmals von denen ab, die dieses Merkmal entweder nicht haben oder denen man es abspricht.[84]

> „Gräber winken – u. vernichtet
> Ist der Tugendfeinde Spott.
> Nach dem Tode wird gerichtet
> Und im Himmel ist ein Gott;
> O ihr Menschen! seht im Bilde,
> Seht der Unschuld hohes Glück!

[81] LBS cod.hist.oct.297, Bl.86 (Ort aus anderen Eintragungen ermittelt); auch in: UBT Mh1026, S.229.

[82] Vgl. das Kapitel 3.15.

[83] Vgl. das Kapitel 3.1.1.

[84] Vgl. das Kapitel 3.3.3.

Waget öfters einen Blick
In elysische Gefilde."(Erlangen 1798)[85]

Mit diesem Gedicht Johann Georg Jacobis drückt es ein Student explizit aus, daß Tugendfeinde sich vor Gott und dem Tode zu fürchten hätten. Im Jüngsten Gericht wird die Tugend denen zum Wohl ausschlagen, die ihr im Leben anhingen. Um sich das zu erwartende jenseitige Paradies zu vergegenwärtigen, sollen es sich die Menschen in ihrem Abbild ansehen: der Unschuld. Dieser Blick soll an die Chance des Menschen gemahnen, sich die Ewigkeit zu verdienen.

Anders als bei sonstigen Eintragungen muß hier das Ergebnis relativiert werden. Von einem in einem imaginierten Jenseits zu erwartenden Lohn der Tugend sprechen in den neunziger Jahren fast nur noch Theologiestudenten. Die in den anderen Unterkapiteln zur Tugend herausgestellten Aspekte wurden von Studenten aller Fächer vertreten. Der Tugend kommt in diesem hier beschriebenen Teilaspekt verglichen mit den Ergebnissen aus anderen Gruppen von Eintragungen eine konservative Bedeutung zu, deren Träger Theologiestudenten sind. Sie müssen schon von Berufs wegen an ein Jenseits glauben, wo andere Studenten, nach ihren Eintragungen zu schließen, längst die Begrenztheit des menschlichen Lebens verinnerlicht hatten. Andererseits läßt sich aus letzteren Eintragungen der achtziger und neunziger Jahre auch eine Erweiterung des Menschen in dem Sinne lesen, daß, entgegen der Meinung früherer Jahrzehnte, der Mensch eine Eigenverantwortung übernommen hat. Nicht mehr Gott lenkt, sondern der Mensch handelt. Die Ergebnisse dieses Unterkapitels sind also nur unter den gemachten Einschränkungen zu bewerten.

3.3.3 Die Beziehungen der Menschen

Vereinzelt treten Eintragungen auf, in denen die Studenten auf den zwischenmenschlichen Charakter der Tugend und auf ihre Be-

[85] GNM Hs.95595, S.193.

deutung für die Menschheit im allgemeinen abheben. Sie setzen erst in den siebziger Jahren mit folgendem Zitat Wielands ein.

> „Meine Partheylichkeit ist gegen niemand so groß, daß ich um seinetwillen der Sittenlehre Gewalt anthun sollte.“(Altdorf 1771)[86]

Der Mensch, welcher der Sittenlehre, das heißt der Tugend anhängt, lebt in jedem Falle nach ihr, auch gegenüber möglichen Feinden. Damit ist, zumindest für die tugendhaften Menschen, eine Sphäre der Wahrhaftigkeit gegeben. Sie ist allgemeingültig. Die mit der Eintragung gemachte Feststellung erhebt die Tugend zur Pflicht der Menschlichkeit. Sie wird gleichsam von einer Privatsache zu einem Gesetz, dessen Befolgung auf Einsicht und nicht auf Zwang beruht. So sind freundschaftliche Beziehungen auch nur unter denen möglich, die sich jeweils freiwillig den Geboten der Tugend unterstellen. „Nur wer die Tugend thätig greifet der sei dein Freund.“(Tübingen 1777)[87], wie wiederum mit Wieland festgestellt wird. Die Gemeinschaft der Tugendhaften will unter sich bleiben. Damit wird das Gesetz zwangsläufig nie auf die Probe und infrage gestellt. Somit wird in diesem Zirkel das Anliegen der Menschheit vorangebracht. Allerdings nimmt die Menschheit im gesamten de facto nicht daran teil. Die Allgemeingültigkeit der Tugend ist utopisches Postulat, nicht Realität. Für das Bestreben der Tugendhaften ist dies ein offenbarer Mangel. „Aufklärung ohne Tugend ist das Unglück der Menschheit.“[88], besagt ein Motto, das 1790 in Jena in ein Stammbuch eingetragen wurde. Aufklärung, das heißt die Ausbildung der menschlichen ratio und die Lösung von irrationalen Glaubenssätzen ist möglich, ohne daß mit ihnen eine sittliche Vervollkommnung einherginge. Eine solche Aufklärung schlägt der Menschheit zum Nachteil aus, da sie Aufgeklärten ohne Tugendhaftigkeit alle Errungenschaften

---

[86] UBE Ms.2134, Bl.129r.

[87] DLA A:Stbb.60.11, S.118.

[88] UBJ 81, S.67.

des modernen Menschen an die Hand gibt, ihn aber keiner Kontrolle bzw. Selbstkontrolle unterwirft.

3.3.4 Die politische Rolle der Tugend

Der Tugend wurde auch, verstärkt dann in den neunziger Jahren, eine gesellschaftsbildende Kraft zugesprochen. Eine Eintragung des folgenden Textes Voltaires präludiert sehr früh diese später aufkommende Tendenz.

> «Les mortels sont egaux ce ne point de naissance
> C'est la seule vertu qui fait leur difference.»
> (Halle 1744)[89]

Die Tugend allein schafft Unterschiede zwischen den Menschen. Standesunterschiede etwa werden als nicht so wichtig angesehen. Es gibt nur die Klassen der Tugendhaften und der Nicht-Tugendhaften. Die Macht der Tugend steht über allen gesellschaftlichen Begrenzungen.

> «Les loix de la Vertu sont eternelles;
> Les Hommes, ni les Rois, ne peuvent rien contre elles.»(Göttingen 1766)[90]

Durch diesen Racine-Text verlieh ein Student seiner Überzeugung Ausdruck, daß alle Menschen, auch Herrscher, den Gesetzen der Tugend unterworfen sind. Die Tugend ist ewig, die Menschen vergehen. Schon das begründet der ersteren Kraft. Dieser Gedanke trägt durch die Utopie auch Trost in sich. Nur das Ewige zählt.

[89]GNM Hs.113894, Bl.150r; dieser Text taucht dann erst wieder –auch mit leichten Variationen– in den achtziger und neunziger Jahren in studentischen Stammbüchern auf: DLA A:Stbb.Z2358, Bl.50; IHKW Ring, Bl.48; MKF L.St.436, S.240; HAAB 505, S.91; IHKW 60, S.133. Übersetzung: Die Sterblichen sind gleich. Es ist nicht die Geburt; es ist allein die Tugend, die sie unterscheidet.

[90]GNM Hs.117184, S.209. Übersetzung: Die Gesetze der Tugend währen ewig; Die Menschen, auch nicht Könige, können etwas gegen sie ausrichten.

Und da vermag der Tugendhafte mehr als einer, der den Gesetzen der Tugend nicht folgt, selbst wenn es ein Herrscher wäre. Die beiden zitierten Verse gewinnen aber noch dadurch eine andere Qualität, als sie das Denken einer Herrschaft der Tugend ermöglichen. Unter dieser Herrschaft müßten die Könige tugendhaft sein, um noch herrschen zu können. Da die Wirklichkeit aber eine andere ist, dient die Tugend als Refugium vor der Macht, wie in den hier wiedergegebenen Versen aus Gellerts zweitem Buch der „Fabeln und Erzählungen" („Herodes und Herodias", siebte Strophe, V.4/5).

> „Ein Tugend Freund liegt lieber frey an Ketten;
> Als sclavisch um der Fürsten Thron."
> (Erlangen 1767)[91]

Das Bewußtsein, Tugend zu besitzen, kann nicht durch Gewalt genommen werden. Hier endet die Macht. Der Tugendhafte kann sich in Gefangenschaft seine eigene, innere Freiheit bewahren. Demgegenüber ist der Höfling, der sich ständig kontrollieren muß, zwar realiter frei, doch eigentlich ein Sklave. Er kann nicht seinen Interessen nachgehen. Das ist auch der Sinn des Hoflebens. Der Adel wird vom Monarchen auf diese Weise domestiziert. Freiheit, die durch Tugend bewirkt wird, ist nicht an äußere Umstände gebunden. Dies geht bis zur Kritik an der eigenen Zivilisation.

> „Die Tugend sieht man unter allen Zonen
> In weisser und in schwarzer Haut,
> Und Laster oft, davor den dummen Kaffern graut,
> Gepflegt im Mittel aufgeklärter Nationen."
> (Göttingen 1775)[92]

Die Möglichkeit zur Tugend wird auch sogenannten *wilden* Völkern zugesprochen. Mehr noch: letztere sind zwar „dumm", aber auch

[91] GNM Hs.84104h, S.221.
[92] IHKW INH 44655, S.214. Blum zugeschrieben.

gleichzeitig tugendhafter als einige Mitglieder „aufgeklärter Nationen". Aufklärung allein bringt noch nicht die Tugend. Sie kann sie vielmehr sogar verhindern. Dann nämlich, wenn sie umschlägt in eine Überzivilisiertheit. Diese legt zwar auf die äußeren Formen großen Wert. Solange sie aber gewahrt werden, kann sich dahinter auch das Gegenteil verbergen. Es darf nur nicht ausbrechen. Das ist das Prinzip der Affektenkontrolle in überfeinerten Kulturen, wie des französischen Rokoko oder auch Japans mit seinen bis heute hochentwickelten Umgangsformen. Demgegenüber ist die Naivität einer primitiven Kultur wahrhaftiger. Schon die Aufklärung selbst hatte dies erkannt. Greifbar wird dies im Mythos vom guten Wilden. Dieser war gut und weise, weil naturnah. Die Zivilisation entfremdete den Menschen sich selbst. Der gute Wilde ist eine Idealisierung, die die Verderbtheit der eigenen Kultur voraussetzt. Es gab diesen Mythos zu allen Zeiten und er diente zur Kritik der eigenen Wirklichkeit.[93]

In Eintragungen der neunziger Jahre wird der Zusammenhang von Tugendpostulat und gesellschaftlicher Progressivität evident. Zunächst möchte ich eine Eintragung anführen, an welcher eine Entwicklung von der Tugend- zur Revolutionsbegeisterung abzulesen ist.[94] Am 20.4.1792 trug sich der Medizinstudent Carl Touret von der Stuttgarter Hohen Karlsschule ins Stammbuch eines anderen Karlsschülers ein.

> „Die seligsten Augenblike unseres Lebens sind die, wo wir an unserer Mitbrüder Glük wahren Antheil genommen, u. die beste Handlung die wir auf der Welt ausüben können, ist; wenn wir die Thränen eines Unglücklichen in Freude verwandeln, wohl uns, wenn wir dereinst von Edeln beim Schutte unseres

---

[93] S. Werner Krauss: Zur Anthropologie des 18. Jahrhunderts. Die Frühgeschichte der Menschheit im Blickpunkt der Aufklärung. München, Wien 1979 (Erste Auflage in Berlin (DDR) 1978), S.32-47. René Gonnard: La légende du bon sauvage. Paris 1946.

[94] LBS cod.hist.oct.117, Bl.255.

> Grabes das Lob verdienen –Rechtschaffenheit umarmte ihn schwesterlich.–“

Touret bekennt sich zu einer gesellschaftlich wirksamen Tugend, zur Sorge um andere und zur tätigen Hilfe. Damit wird zumindest im Umkreis des Tugendhaften eine an Menschlichkeit orientierte Welt geschaffen. Als Lohn bleibt ihm das Bewußtsein, die Tugend zu leben, und deren Nachruhm. Über vier Jahre später, am 1.8.1796, renovierte der inzwischen zum Arzt promovierte Touret seine Eintragung auf demselben Stammbuchblatt mit anderer Tinte. «Vive la republique, au diable les autrichiens». Nun bekennt sich Touret zur Republik und im engeren Sinne zur französischen. Die Republik war die Institutionalisierung des Tugendideals, sie war eine „res publica“, eine öffentliche Sache. Jeder muß sich so verhalten, daß er dem anderen nicht schadet. Das ist der Grundsatz der persönlichen Freiheit, solange nicht die Rechte eines anderen verletzt werden. Die Republik ist die Angelegenheit all ihrer Bürger. Nur so kann diese Utopie verwirklicht werden. Die Wurzeln solcher Vorstellungen liegen im Gedanken einer von der Tugend beherrschten, besseren Welt. Mit dem Bekenntnis zur Republik verbindet Touret die Verfluchung der Österreicher. Als Revolutionsanhänger mußte Touret die Österreicher zum Teufel wünschen, da es im Sommer 1796 zunächst den Anschein hatte, als würden sie den Bestand der von ihm favorisierten Republik gefährden. Erst nach Niederlagen gegen die französischen Revolutionstruppen im Juni und Juli 1796 wurde das anders. Am 18.7.1796 zogen französische Truppen in Stuttgart ein.[95] Daß Touret Anhänger der Französischen Revolution war, wird noch durch die an den französischen Revolutionskalender angelehnte Datierung der Eintragung bestätigt. Seit dem Beginn der Französischen Revolution, dem 14.7.1789, wurde in Frankreich nach Jahren der Freiheit gerechnet, bis zur Einführung des offiziellen Revolutionskalenders im September 1792. Nach dem Datum im herkömmli-

[95] S. Monika Neugebauer-Wölk: Revolution und Constitution. Die Brüder Cotta. Berlin 1989, S.304.

chen Stil schreibt Touret:„im 1ten Monat der Wirtembergischen Freiheit“. Gab er nur seiner Freude über die Besetzung Stuttgarts Ausdruck, oder war er in weitergehende Pläne zur Errichtung einer württembergischen Republik eingeweiht?

Der Tugend wird im allgemeinen eindeutig eine den menschlichen Gemeinschaften förderliche Wirkung zugesprochen, wie in folgendem Satz Littletons.

> „That is the happiest country which has the most virtue in it.“(Göttingen 1793)[96]

Das Volk als ganzes kann nicht tugendhaft sein. Die einzelnen seiner Glieder tragen durch ihre persönliche Tugendhaftigkeit dazu bei, daß der Staat als ganzes funktionieren kann. Dies wirkt wiederum auf den einzelnen zurück. Er ist in eine Gemeinschaft eingebettet, in der er durch den Primat der Tugend eben auch als einzelner die Erfüllung seines Glücks suchen kann. Eine auf Tugend gegründete Gesellschaft gewährt ein gewisses Maß an persönlichen Freiheiten.

> „Tugend, und Freyheit sind die Grundstützen des Menschen Glücks!“(Jena 1794) [97]

3.3.5 Kritik an den Tugendvorstellungen

Bedenken daran, ob die Tugendhaftigkeit in der Realität zu leben wäre, kamen den Studenten erst in den neunziger Jahren des 18. Jahrhunderts. Den Wert der Tugend zweifelten sie nicht an. Die Eintragungen treffen gewöhnlich den gleichen Ton wie das Zitat aus Schillers „Don Carlos“(IV,4).

> „Jede Tugend ist fleckenfrey, bis auf den Augenblick der Probe.“(Halle 1793)[98]

---

[96]MKF L.St.369, S.69. Übersetzung: Dies ist der glücklichste Staat/das glücklichste Volk, in dem am meisten Tugend ist.

[97]DLA A:Stbb.60.590, S.169.

[98]UBJ 44, Bl.56.

Die Bekenntnisse zur persönlichen Tugendhaftigkeit sind eben nur theoretischer Natur. In der Versuchung zeigt sich mehr oder weniger oft die menschliche Schwäche im tatsächlichen Leben. Andererseits ist der unanfechtbar in Tugendhaftigkeit Beharrende auch nicht ganz ernst zu nehmen und sogar gefährlich für andere Menschen.

> „Der Mann, der stets nach Regeln handelt,
> Stets Herr ist von sich selbst, und niemals sich verwandelt,
> Der nur für andre lebt, nichts fürchtet, nichts begehrt,
> Kurz, nie was Menschliches erfährt,
> Der Mann, wofern er nicht ein Gott ist, ist ein Schwärmer."
> (Leipzig 1794)[99]

Der zitierte Text Wielands zeigt, daß das Leben aller verschiedener Tugenden, wie Pflichterfüllung, Selbstbeherrschung, Altruismus, Tapferkeit und Bescheidung unmenschlich ist. Dem Menschen ist es gerade eigentümlich, unvollkommen zu sein. Vollkommenheit ist verdächtig und wird der Schwärmerei bezichtigt. Ein Schwärmer ist dogmatisch. Die Haltung des Schwärmers ist asketisch und führt zu einem Gesinnungstotalitarismus. Sie fordert von sich wie von anderen dieselbe Unbedingtheit im Leben nach den Glaubenssätzen der Tugend.

Der Wert der Tugend an sich war trotz der Einsicht menschlicher Mängel unbestritten. Ein Text Kants in einer studentischen Eintragung verdeutlicht dies. Es handelt sich um ein Zitat aus der „Anthropologie in pragmatischer Hinsicht" (1,1,§ 14)[100]

---

[99] MKF L.St.285, S.21.

[100] Die Eintragung läßt eine größere Textstelle nach „auszugeben" aus, die ich hier wiedergebe: „mit dem sarkastischen Swift zu sagen: ‚Die Ehrlichkeit ist ein Paar Schuhe, die im Kothe ausgetreten worden ‘u.s.w. oder mit dem Prediger *Hofstede* in seinem Angriff auf Marmontels *Belisar* selbst einen Sokrates zu verleumden, um ja zu verhindern, daß irgend jemand an die Tugend glaube," [Kant's Gesammelte Schriften. Hrsg. von der Königlich-Preußischen Akademie

> „Alle menschl.[iche] Tugend im Verkehr ist Scheidemünze; ein Kind ist der, welcher sie für ächtes Geld nimmt. – Es ist aber doch besser, Scheidemünze, als gar kein solches Mittel im Umlauf zu haben, u. endl.[ich] kann es doch, wenn gleich mit ansehnl.[iche]m Verlust in baares Geld umgesetzt werden. Sie für lauter Spielmarken, die gar keinen Werth haben, auszugeben, ist ein an der Menschheit verübter Hochverrath.“(Altdorf 1800)[101]

Die menschliche Tugend ist nie rein anzutreffen. Sie ist wie die Scheidemünze eine Legierung von Edelmetallen mit solchen minderer Qualität. Die postulierte Tugend wird in ihrer Reinheit auch nicht mit der tatsächlich gelebten, nicht in allen Ausprägungen dem Ideal entsprechenden Tugend verwechselt. Deshalb aber die Tugend als solche in ihrer Bedeutung für die Menschen zu verwerfen, ist auch nicht angezeigt. So wie eine Scheidemünze neben Kupfer doch noch Gold oder Silber enthält, so hat auch die menschliche Tugend, obwohl sie mit Allzumenschlichem durchsetzt ist, immer noch einen wertvollen Anteil. Dieser Extrakt der Tugend bringt die Menschheit als ganzes gesehen in ihrer moralischen und gesellschaftlichen Entwicklung voran. Diese Entwicklung vollzieht sich zwar mit einem „Verlust“, weil die Grundbedingung nicht vollkommen gegeben ist. Sie ist aber dennoch möglich und erfolgt, wenn auch nicht mit gewünschter Schnelligkeit und nicht hin zum Vollkommenen.

3.4 Virtus

Die originär antike Tugend der Mannhaftigkeit und Tapferkeit wurde in studentischen Stammbüchern mit durchschnittlich

der Wissenschaften. Erste Abtheilung: Werke. Berlin, Leipzig 1910-1923. Bd.6, S.188, dort in der Anmerkung.]. Außerdem ist zu vermerken, daß Kant nicht „Geld“, sondern „Gold“ der „Scheidemünze“ gegenüberstellt.

[101] GNM Hs.141128, S.111.

1,87%, bezogen auf den gesamten Untersuchungszeitraum von 60 Jahren, als Gehalt von Texten eingetragen. Das Verhältnis der Eintragungen untereinander in den einzelnen Jahrzehnten schwankt stark von 0,32% in den sechziger Jahren bis zu 5,61% in den vierziger Jahren. Ansonsten kommt es in den neunziger Jahren mit 1,60% dem Durchschnitt am nächsten. Die zitierten Texte selbst sind sich in ihrem Gehalt sehr ähnlich, so daß hier nur einige von ihnen beispielhaft angeführt zu werden brauchen. Den Beginn mag einer von Horaz (Carmina III,3,1), des meistzitierten Autors überhaupt, machen.

> „Iustum et tenacem propositi virum,
> Non civium ardor prava iubentium,
> Non vultus instantis tyranni
> Mente quatit solida“(Altdorf 1744)[102]

Beharrungsvermögen im Gerechten ist die hier beschriebene Tugend. Sein Ziel gilt es durchzusetzen, auch gegen andere. Selbst ein despotischer Herrscher darf kein Hindernis sein. Dazu bedarf es eines „männlichen“ Mutes. Wichtig ist allein die Überzeugung, das richtige zu tun. Sie zieht sogar ein Widerstandsrecht gegen den Herrscher nach sich. Die Mannhaftigkeit, wiewohl aus dem einzelnen entspringend und sich aus ihm nährend, bleibt doch keineswegs auf ihn beschränkt. Vielmehr kann sie in letzter Konsequenz eine gesellschaftlich wirksame Entwicklung nehmen. Die Legitimation bezieht der Mutige einzig aus der Gerechtigkeit seiner Sache. Sie ist nicht unbedingt vom Willen einer Mehrheit abhängig. Auch der Besitz oder Nicht-Besitz von Macht darf hier

[102]GNM Hs.173690, S.171; auch in: GNM Hs.110415d, S.238; MKF L.St.253, S.206. Übersetzung:

> „Den gerechten und beharrlich seinen Vorsatz haltenden Mann,
> nicht kann ihn der Bürger Wut, die Böses befehlen,
> nicht der Blick des drohenden Tyrannen
> in seinem festen Sinn erschüttern“[Aus: Kytzler (Hrsg. und Übers.), S.119.]

keine Rolle spielen. Diese Überzeugungen, einzeln oder verbunden, halten sich. Vor allem der Gedanke, daß die Gerechtigkeit die virtus beseelt, ist vorherrschend. In folgender Eintragung kommt Cicero zu Wort („De officiis“, I,65). „Fortes et magnanimi sunt, non qui faciunt, sed qui propulsant injuriam.“ (Altdorf 1758)[103] Man muß also nicht nur selbst gerecht sein, sondern auch die Ungerechtigkeit, wenn man sie antrifft, bekämpfen. Die virtus ist eine tätige Tugend. Sie lebt durch das Handeln. Zwei Strophen eines vom eintragenden Studenten Klopstock zugeschriebenen[104] Gedichts werden isoliert zu einem diesen Gedanken auf die Spitze treibenden martialischen Motto.

„Ich bin ein deutscher Jüngling!
Mein Haar ist kraus, breit meine Brust;
Mein Vater ist ein edler Mann
Ich bin es auch!

Wenn mein Aug Unrecht siehet
Sträubt sich mein krauses Haar empor!
Und meine Hand
schwellt auf, und zuckt und greift ans Schwerd!“
(Erlangen 1794)[105]

[103]LBS cod.hist.oct.231, S.245. Übersetzung: „Als tapfer und großmütig haben also nicht diejenigen zu gelten, die Unrecht tun, sondern die, die es abwehren.“[Aus: Gunermann (Hrsg. und Übers.), S.59.].

[104]Tatsächlich stammt der Text nicht von Klopstock, sondern von Matthias Claudius, der in bezug auf sein Gedicht „Auch ein Lied“ (am 23.4.1771 anonym im „Wandsbecker Boten“ veröffentlicht) ausdrücklich auf das „Lied von Klopstock“ (erstmals 1770 veröffentlicht) verweist. Daß diese lyrische Auseinandersetzung nicht unbeachtet blieb, läßt sich durch eine weitere Stammbucheintragung belegen, die „ein deutsches blau-augites Mädchen“(MKF L.St.325, S.85; vgl. S.267 der vorliegenden Arbeit) anführt und damit die Kenntnis des Klopstock-Gedichts indirekt bestätigt. Ebenfalls auf Klopstocks prototypisches „Lied“ greifen die Bearbeitungen Christian Friedrich Daniel Schubarts („Das gnädige Fräulein“, 1776 anonym erschienen) und Gottlieb von Leons („Vaterlandslied“, 1779) zurück.

[105]MKF L.St.467, S.12.

Wie aus einer, vom eintragenden Studenten in eine Abschiedsformel eingearbeiteten, Bemerkung zu entnehmen ist, war der Adressat dieses Mottos ein krausköpfiger Hitzkopf. Die beiden Strophen sind deshalb diesbezüglich zu deuten, daß sie den Charakter des Stammbucheigners beschreiben sollen. Sie geben darüberhinaus aber auch Zeugnis von der oben schon beschriebenen Liebe zur Gerechtigkeit. Unrecht wird in diesem Ideal tätig und auf direkte Weise bekämpft, was bis zum Einsatz körperlicher Gewalt geht. Neben dieser kämpferischen gibt es auch noch eine andere, seltener belegte Ausprägung männlicher Tugend.

> „Bey den mißglückten Umständen ruhig bleiben, mitten in der Gefahr in keine Art von Verwirrung oder Betäubung gerathen, immer seine Besonnenheit und den strengen Gebrauch seiner Vernunft behalten: das gehört zum Carackter des Mannes von Herz. Ein anderes eben so nöthigs ist ein Werk des großen Verstandes: zu fällige Fälle voraussehn; bey sich stets sehen, was unter entgegenstehenden Bedingungen gesehen werde; beschließen, was auf diesen oder jenen Fall zu thun sey; u. es nie dazu kommen lassen, daß man sagen müsse: das hätte ich nicht gedacht. etc“(Jena 1792)[106]

Mit Cicero werden hier „Besonnenheit“ und Vernunft als Eigenschaften „des Mannes von Herz“ hochgehalten. Sie helfen, das Leben vorausblickend und planend zu meistern. Dieses Ideal ist dem aus dem zuletzt zitierten Motto entgegengesetzt. Dort war ein aus einem intuitiven Gefühl der Gerechtigkeit herrührendes impulsives Handeln gefragt. Hier ist es ein überlegenes Kalkül der Dinge, beinahe ein Zaudern.

---

[106] HAAB 501, S.31.

3.5 Ehre

Die Ehre betreffende Eintragungen machten Studenten zwischen 1740 und 1800 nur zu 0,61% im Durchschnitt. Die Häufigkeit nimmt von Eckdatum zu Eckdatum linear von 1,87% zu schließlich 0,24% ab. Die Frage um ihre Ehre beschäftigte die Studenten also wohl nicht sonderlich, entgegen den vorherrschenden Meinungen über studentisches Ethos.[107] Es gab zwar Ehrenduelle unter Studenten und vor allem zwischen Verbindungsmitgliedern. Dabei wird aber vergessen, daß nur ein kleiner Bruchteil überhaupt Verbindungen angehörte. Die Übernahme von burschenschaftlichen Idealen aus dem Anfang des 19. Jahrhunderts auch nur für das kurz davorliegende Ende des 18. Jahrhunderts[108] ist also nicht nur aufgrund der völlig anderen historischen Situation und der im nationalen Sinne hohen Wertigkeit der Studentenschaft abzulehnen. Vielmehr wurde schon zur Mitte des 18. Jahrhunderts in der studentischen Mentalität und nicht erst im ersten Drittel des 19. Jahrhunderts in regelhaften Erlassen[109] „der Schwerpunkt der Ehre [...] von außen nach innen verlegt, der kollektive Ehrbegriff mit den Kriterien bürgerlich individueller Ethik und Ehre durchdrungen."[110]

Die wenigen verbleibenden Texte drehen sich nicht um eine Standesehre. Entweder handelt es sich hierbei um allgemeine Betrachtungen über die Ehre, z.B. um die Schwierigkeit, ehrenhaft zu sein, wie hier durch Boileau ausgedrückt.

> „L'honeur est comme un Isle escurpée
> et sans bords,

---

[107] Vgl. F. Zunkel: Ehre, Reputation. In: Geschichtliche Grundbegriffe. Bd.2, S.1-63, bes. S.40-44.

[108] Vgl. Zunkel, S.43/44.

[109] Zunkel überträgt diese für Soldaten geltende Maßnahmen implizit dadurch auf Studenten als er sie direkt an die Rede eines Burschenschafters anschließend zitiert und so beide Sphären miteinander vermengt. Beide faßt er unter einer „ritterlichen Ehrenwahrung" zusammen. Vgl. Zunkel, S.43/44.

[110] S. Zunkel, S.44.

On n'y peut plus rentrer des qu'on
en est dehors."(Altdorf 1749)[111]

Dabei ist nichts über den Charakter der Ehre ausgesagt. Lediglich, daß man sie nur einmal besitzt: entweder für immer oder eben nie mehr nach ihrem Verlust. Oder aber die Eintragungen stellen eine Verbindung von der Tugend zur Ehre her.

„La gloir est la Fille de la Vertu
Qui veut epouser la Fille
Il s'attaché a la Mere."(Leipzig 1775)[112]

Illustriert wird dieses Motto durch eine farbige Zeichnung.[113] Sie zeigt links einen Holzpfeiler mit zwei zeigenden Händen, auf denen „durch Tugend"(Hand 1) „zur Ehre"(Hand 2) steht. Daran hängen grüne Ranken. Davor steht ein Putto, der Blumen windet. Rechts und im Mittelgrund sind Bäume zu sehen und im Hintergrund auf einem Hügel ein goldfarbiger und -strahlender runder Kuppelbau –wahrscheinlich ein Palast. Der Palast auf einer Anhöhe gegenüber den Zeichen der Beständigkeit in der Ebene –Säule und Bäume[114]– steht für die Gefährdung, den möglichen

[111]GNM Hs.113301c, S.244. Übersetzung: Die Ehre ist wie eine steile Insel ohne Küste. Man kann nicht mehr zurück, wenn man sie verlassen hat.

[112]DLA A:Stbb.892, S.220. Übersetzung:

Die Ehre ist die Tochter der Tugend
Wer die Tochter heiraten will
Der mache sich die Mutter verbunden.

Vgl. die ebenfalls zitierte Fassung Günthers:

„Die Ehre bleibet wohl der wahren Tugend Kind,
Dieß sieht man in der Welt, dieß hört man in den Schulen:
Seht, wie so schön nunmehr das Sprichwort Kraft gewinnt:
Der, so die Tochter will, muß wohl mit der Mutter buhlen."(Marburg 1740)[LBS cod. hist.oct.77, Bl.100.]

[113]DLA A:Stbb. 892, S.221.

[114]Vgl. LCI Allg.I. Bd.4, Sp.54-56.

Sturz aus der Höhe, des ersteren.[115] Die Bekränzung der Säule zeigt an, daß man sich durch sie Ehre erwirbt.[116] Die Kindlichkeit des Putto steht der Ernsthaftigkeit seiner Handlung nicht entgegen.[117] Die Tugend ist es, die einem Menschen Ehre bringt. Eine Ehre ohne Tugendhaftigkeit ist nach dieser Überzeugung nicht denkbar. Wiederum ein Boileau-Zitat spezifiziert diese allgemeine Aussage.

> „Le seul honneur solide,
> C'est de prendre toujours la verité pour guide:
> De regarder en tout la raison et la loi;
> D'être doux pour tout autre, et rigoureux pour soi;
> D'accomplir tout le bien, que le Ciel nous inspire,
> Et d'être juste enfin, ce mot seul veut tout dire."
> (Helmstedt 1788)[118]

Ehre zu haben, wird mit der Ausübung verschiedener Tugenden gleichgesetzt. Unter ihnen nimmt die Tugend der Gerechtigkeit einen besonderen Platz ein. [119]

Der Student Strackerjan stellt in seinem Symbolum in vier verschiedenen Eintragungen zwischen März 1796 und März 1798 der Ehre die Freiheit zur Seite: „E...., honneur, liberté!!!!"(1797)[120] Bei der Eintragung dieses Symbolums verwandte der Jurastudent zur Datierung den französischen Revolutionskalender:„Jena 18. du Frim.[aire] VI". Damit ist wohl auch sicher, daß eine gesellschaftliche Freiheit gemeint ist, und nicht etwa eine studentische, an die eine imaginäre *studentische Ehre* geknüpft wäre. Das „E...."

---

[115] Vgl. Emblemata, Sp.1231/1232.

[116] Vgl. Emblemata, Sp.1229.

[117] LCI Allg.I. Bd.3, Sp.481/482.

[118] NSW VI Hs.Gr.13 Nr.101, S.110. Übersetzung: Die einzig beständige Ehre ist, immer die Wahrheit zur Führerin zu nehmen; bei allem die Vernunft und das Gesetz zu beachten; zu allen anderen sanft zu sein und streng zu sich; all das Gute zu verwirklichen, was der Himmel uns einflößt und schließlich, gerecht zu sein, dieses Wort allein mag alles sagen.

[119] vgl. dazu auch Kapitel 4.11.

[120] MKF L.St.253, S.155.

im Symbolum steht übrigens wahrscheinlich für den Namen eines Mädchens und nicht etwa für *Égalité* .[121]

3.6 Bescheidung

Sich in die gegebenen bzw. gottgewollten Lebensverhältnisse bescheiden zu können, war vor allem zwischen 1740 und 1790 ein großes Ideal, das zwar in den neunziger Jahren nicht verschwand, aber doch in der Häufigkeit der Nennungen stark abnahm. Bei über den gesamten Zeitraum gesehen durchschnittlich 3,81% schwankt das Verhältnis zwischen 5,61% in den vierziger und 3,09% in den fünfziger Jahren, um in den neunziger Jahren auf 1,90% zu fallen. Mit den Errungenschaften der Französischen Revolution galt es nicht mehr, sich auf sich selbst zurückzuziehen und genug sein zu lassen, wie es folgendes Zitat aus dem ersten Brief des Paulus an Timotheus (VI,6.) ausdrückt.

> „Es ist aber ein großer Gewinn, wer gottselig ist und lässet sich genügen.“ (Marburg 1740)[122]

Das Vertrauen auf Gott ist ausreichend, um ein glückliches Leben führen zu können. Wer Gott in sich trägt, benötigt keine irdischen Güter. Das Ideal der Selbstgenügsamkeit wird erst durch den gottseligen Zustand des Menschen hervorgerufen. Dieser zieht jene nach sich, weil der Mensch Gott in sich trägt. Er trägt den größten Reichtum in sich, nämlich Gott. Er ist also nur in Beziehung auf Materielles bescheiden, auf Metaphysisches bezüglich aber das höchste suchend. Neben dieser spirituellen Bescheidung existiert noch eine eher säkulare.

---

[121] So mancher Student fügte die Abkürzung des Namens eines Mädchens oder einen noch anonymeren Hinweis in seine Eintragung ein:„für Freiheit und Ehre – für mein Mädchen“ [in X-Form](Helmstedt 1794; NSW VI Hs.Gr.13 Nr.120, S.7.).

[122] LBS cod.hist.oct.77, Bl.107. Im Stammbuch griechisch geschrieben.

„In der Ruh vergnügter Sinnen
Steckt das höchste Gut der Welt:
Und dies Kleinod zu gewinnen
Braucht man weder Staat noch Geld.
Weil ein jeder stündlich sieht,
Daß, wer heute trozt und blüht,
Morgen doch am Ruder zieht.“(Altdorf 1743)[123]

Dieses Gedicht Günthers meint ein aus der Erfahrung der Vergänglichkeit der Dinge des Lebens herrührendes gleichsam stoisches Empfinden. Äußerlichkeiten sind unwichtig. Aber im Unterschied zum eingangs zitierten Text speist sich der Rückzug auf sich selbst nicht aus dem Glauben an Gott. Vielmehr ist es aufgrund der Wechselfälle des Lebens der Mühe nicht wert, nach Repräsentativität der eigenen Person oder auch nach Geld zu streben. Dies kann alles schnell dahin sein. Was bleibt ist, ob arm oder reich, die „Ruh vergnügter Sinnen“. Sie läßt den Menschen das Leben bestehen. Es ist eine Ruhe, kein Aufruhr der Sinne. Nur so bleibt die Psyche im Gleichgewicht und der Mensch unabhängig von anderem als sich selbst. Dies ist der Tenor vieler Texte. Sie zielen auf eine Bescheidung mit Gegebenem ab. In den sechziger Jahren beginnen nun Texte aufzutauchen, die den Menschen Einfluß nehmen lassen, auf das was ihn im Leben bestimmt.

„Auream quisquis mediocritatem
Diligit, tutus caret obsoleti
Sordibus tecti caret inividenda
Sobrius aula.“(Göttingen 1765)[124]

---

[123]GNM Hs.113894, Bl.131r.

[124]GNM Hs.117184, S.161; auch in: GNM Hs. 84104h, S.244. Horaz: Carmina II,10. Übersetzung:

„Wer den goldenen Weg in der Mitte
wählt, in Sicherheit meidet er der verfallenen
Hütte Schmutz, meidet die neiderweckende
Halle unbeirrt.“

Hier ist nicht einfach eine Bescheidung gefordert, die von allem Materiellen im Leben absieht. Der Mensch soll selbst entscheiden, was für ihn gut ist. Nämlich ein Leben im Mittelstand. Armut wird ihm nicht abverlangt. Ein Armer kann nicht würdig sein. Anders als in den Texten der vierziger und fünfziger Jahre implizit genannt bezieht der Mensch sein Glück im Dasein nicht nur aus sich selbst. Er solle aber auch nicht reich sein. Dies würde den Neid anderer auf ihn lenken, und ihm so die Ruhe rauben. Der Reiche und Mächtige wird durch seine Geschäfte vom eigentlichen Leben abgehalten. Erst das Mittelmaß ermöglicht ein materiell gesichertes Leben ohne Beunruhigungen des Innern. In diesem Sinne ist auch die in einem studentischen Stammbuch zitierte letzte Strophe aus „Gedanken bei einer Begebenheit“ („Versuch schweizerischer Gedichte“) von Hallers gemeint.

> „Es bettle, wer da will, des Glückes eitle Gaben.
> Im Wunsche groß, klein im Genuß.
> Von mir soll das Geschick nur diese Bitte haben,
> Gleich fern von Noth und Überfluß.“
> (Tübingen 1772)[125]

Aber auch in den sechziger Jahren und den ihnen folgenden Jahrzehnten ist die Meinung vorherrschend, daß der Mensch, egal in welcher materiellen Lage, die Bedingungen seines Lebens aus sich heraus selbst gestalte. Als Beispiel möge die erste Strophe aus Hagedorns „Die Glückseligkeit“ („Moralische Gedichte“) genügen.

> „Es ist das wahre Glück an keinen Stand gebunden,
> Das Mittel zum Genus der schnellen Stunden,
> Das, was allein mit Recht beneidenswürdig heist,
> ist die Zufriedenheit und ein gesezter Geist.“(Tübingen 1789)[126]

Nicht der Rang in der Gesellschaft ist wichtig, sondern die Zufriedenheit mit ihm. Diese Haltung rührt aus der Einsicht in

[125] LBS cod.hist.oct. 230, S.295.

[126] LBS cod.hist.oct.280, Bl.51v.

die Vergänglichkeit menschlichen Lebens her. Das letztere gilt es zu genießen und nicht mit der Jagd nach nur vermeintlichen Glücksgütern zu vergeuden. Auch soll man sich das Dasein nicht durch Unzufriedenheit vergällen.

> „Man vergesse das Vergangene, grüble nicht an der Zukunft, grüble nicht irgend etwas von seiner Tage, das besser seyn könte, als es ist. – Alles ist immer besser als wir denken u. glauben."
> (Altdorf 1788)[127],

wird Zimmermann aus dem vierten Teil seines Werks „Von der Einsamkeit" zitiert. Dieser, wie alle bisher zitierten Texte, mit Ausnahme des von Horaz, nimmt gegenüber bestehenden Zuständen eine affirmative Haltung ein. Dem einzelnen Menschen wird die Einsicht in und das Urteilsvermögen über die Dinge abgesprochen. Speziell dieser Text bezieht sich auch, aber nicht ausschließlich, auf individuelle Probleme des Menschen. Er läßt ganz bewußt die Möglichkeit zu, auch auf die Gesellschaft betreffenden Erscheinungen („irgend etwas") angewandt zu werden. Er läßt Vergangenes nicht gelten, bejaht bestehende Strukuren und verbietet, etwas zu verändern. Ja, die Veränderung darf nicht einmal gedacht werden! Im Gefolge der Leibnizschen Philosophie gilt die bestehende als die beste aller Welten. Und wenn sie es nicht sein sollte, so richtet man sie sich ein, wie in diesem Gedicht von Erasmus Schleicher.

> „Geh hin und such und finde
> Dein Glük in deiner Brust!
> Dann kostet keinen Seufzer
> Dir irgend ein Verlust
>
> Das Lied der Nachtigallen
> Wiegt dich in süsse Ruh;
> Und wenn auch diese schweigen

[127] GNM Hs.116393, S.130.

> Hörst du an wüsten Teichen
> Vergnügt den Unken zu."(Erlangen 1792)[128]

Das Glück ist nicht außer dem Menschen, sondern in ihm.[129] Darauf muß er sich konzentrieren, alles andere bleibt für ihn außer betracht. So erlangt er eine Gleichgültigkeit, die damals offenbar Glück bedeutete. In der Bescheidung auf sich selbst wird die Natur zum Verbündeten. Ihre Schönheit hilft dem Menschen, sein Schicksal zu leben. Und wenn sie einmal nicht schön sein sollte, so wird sie als schön empfunden. Auf diese Weise findet das Individuum für sich immer einen Weg, ohne das ganze verändern zu müssen. Es gab aber durchaus, wenn auch nur vereinzelt, andere Stimmen, die sich mit der Bescheidung im beschriebenen Sinne negativ auseinandersetzten.

> „Um bei Salz und Brod glücklich zu seyn, muß man wenigstens – Salz und Brod haben."(Altdorf 1792)[130]

Das Ideal eines spartanisch-republikanischen Lebens bei Beschränkung auf schmale Kost, wird zwar nicht als solches ironisch zitiert. Der Satz Müllers von Izehoe merkt an, daß selbst dieses wenige nicht jedem zu Verfügung steht. Eine dabei mitschwingende gesellschaftskritische Stimme sagt, daß dies anders sein müßte.[131] Eine andere Eintragung knüpft nicht negativ an die Vorstellungen von Bescheidung an, sondern sie macht sich deren topos zunutze, daß Reichtum etc. den Menschen nicht zum Guten ausschlage, um ein anderes Ideal zu befördern.

---

[128] SB N Nor. H.876, S.149.

[129] vgl. das Kapitel 3.2.2.

[130] MKF L.St.441, S.125. Müller von Izehoe zugeschrieben, d.i. Johann Gottwerth Müller (1743-1828), der vor allem mit komischen Romanen bekannt wurde. Vgl. auch: Goedeke. 4.Band. Teil II. Dresden 3.Aufl./ 1916. Neudruck: Nendeln/Liechtenstein 1975, S.936-939.

[131] vgl. das Kapitel 2.8.

„Ehre, Gold und andre Güter
Quälen oft nur die Gemüther
Freyheit macht das Leben froh.“(Erlangen 1798)[132]

Auf „Ehre, Gold und andre Güter“ kann auch hier verzichtet werden. Dies aber nicht als Grundlage, um bescheiden leben zu können. Vielmehr wird ein neues Gegensatzpaar aufgebaut. An die Stelle der Bescheidung in die Verhältnisse tritt der Wert der Freiheit. Die Freiheit ist nun der Zweck des Lebens, nicht mehr eine Ruhe der Gemüter aus selbstgewählter Bescheidung. Dies schließt nicht aus, daß die Einfachheit des Lebens weiterhin ein Ideal bleibt.[133]

3.7 Vernunft

Die Begabung mit Vernunft spielte für Studenten –zwangsläufig könnte man sagen– eine wichtige Rolle. Dabei ist zu beobachten, daß die Prozentzahlen der Eintragungen zwar von Jahrzehnt zu Jahrzehnt schwanken. Insgesamt gesehen nehmen sie aber zum Ende des 18. Jahrhunderts hin ab und verzeichnen in den neunziger Jahren noch 1,16%. Ihren Höhepunkt hatte die *Vernunft* mit 2,92% in den Stammbüchern der sechziger Jahre. Die durchschnittliche Häufigkeit von Eintragungen „vernünftigen“ Inhalts beträgt für den untersuchten Zeitraum von 60 Jahren 2,06%. Zunächst handelt es sich um einfache Bekenntnisse.

„Ein Sinn, der Feuer hat, hat immer was zu schaffen,
Bald schärfft er seinen Wiz, bald schärft er seine Waffen.
Zwey Dinge machen uns berühmt und bekannt,
Der Degen und das Buch, der Adel und Verstand.“(Jena 1751)[134]

---

[132] GNM Hs.95595, S.61.
[133] vgl. das Kapitel 3.1.2.
[134] GNM Hs.113301c, S.144.

In diesem, (August Hermann?) Francke zugeschriebenen, Gedicht ist der Verstand ein Mittel, sich Ruhm zu erwerben. Er ist dazu so gut legitimiert wie die standesbegründende Gewaltausübung des Adels. Die Analogie geht noch weiter: er ist selbst als Waffe zu gebrauchen. Der „Wiz“, die gewitzte Handhabe der Vernunft, *ist* die Waffe. Adel und Gelehrtenstand sind hier gleichermaßen anerkannt. Keiner kann ein Vorrecht behaupten. In einem Zeitalter, in dem der Adel für sich die alleinige gesellschaftliche und politische Macht beansprucht und sie auch besitzt, ist dieses uns heute eher konservativ erscheinende Gedicht tatsächlich ein progressives Sich-Behaupten der Bildungsschicht. Wie sich zeigen wird, macht sie dies auch gegen die Bevormundung durch den Klerus.

> „Glaubt doch nur,
> Epikur
> Verlacht die grösten Weisen;
> Die Vernunft
> Seiner Zunft
> Sprengt die Folter-Eisen,
> Die der Aberglaube stählt,
> Wenn er schwache Seelen quählt,
> und des dummen Pöbels Geist
> In die Nacht des Irrthums weist.“(Tübingen 1764)[135]

Mit einem Gedicht Günthers, das Kirchenliedstruktur aufweist, ruft hier ein Student der Theologie [!] den griechischen Philosophen Epikur als Gewährsmann gegen den von den Priestern gestützten Aberglauben im Volk an.[136] Die „Weisen“, die verlacht werden sollen, sind wohl im weitesten Sinne Geistliche. Diese wollen ihren institutionalisierten Glauben durch Androhung unmenschlicher Strafen unhinterfragbar machen, ihn damit für alle

[135] LBS cod.hist.oct.87a, S.183.

[136] Epikur siedelte Götter und Dämonen in Zwischenwelten an, wo sie sich nicht um die Menschen kümmerten. Dadurch wollte er die Menschen von der Furcht vor jenen befreien.

Zeiten befestigen und die Menschen in Abhängigkeit halten. Das Mittel dagegen ist die Vernunft. Sie befreit durch rationale Erkenntnis vom Irrationalen. Sie hilft den Menschen, sich selbst und ihre Lage zu erkennen, holt sie aus der „Nacht des Irrthums". Dadurch müßten die vom Klerus geschaffenen Mechanismen ihr Ende finden und der Mensch sich aus der Unmündigkeit erheben. Es darf aber nicht übersehen werden, daß wirkliche Bildung die Sache einer Elite war. Folgender Text Gellerts veranschauliche diese Behauptung.

> „Den gesunden Verstand können alle Menschen durch Unterricht, Umgang u. Uebung erhalten; er ist die gangbare Münze der Welt. Der feine u. schöne Verstand ist ein Juwel; wenn er allgemein getragen würde, verlöre er sein Ansehen."(Altdorf 1771)[137]

Jeder Mensch kann ausgebildet und geschult werden. Doch nur wenigen ist der „feine u. schöne Verstand" vorbehalten. Dies ist eine gleichsam aristokratische Haltung. Die letztere Art von Verstand ist nicht durch Schulung zu erreichen. Sie ist nur bestimmten Menschen eigentümlich. Es handelt sich um einen *Geistesadel.* Nach dem Prinzip des Unterangebots bezieht er seinen Wert aus seinem seltenen Vorkommen. Deshalb wirkt er auch, steht hoch im „Ansehen". Dies läßt sich einsetzen.

> „In unserem denkenden Zeitalter läßt sich nicht vermuthen, daß nicht viele verdiente Männer iede Veranlaßung nuzen sollten, zu dem gemeinschaftlichen Interesse, der sich imer mehr aufklärenden Vernunft mitzuarbeiten, wenn sich nur einige Hofnung zeigt, zum Zweck zu gelangen."(Jena 1787)[138]

---

[137] UBE Ms.2134, Bl.109r.
[138] DLA A:Stbb.68.410, S.245.

Der eintragende Student verleiht mit diesem Text Kants[139] seiner Überzeugung Ausdruck, daß die wenigen, deren Stimme Gewicht hat, diese im Sinne der Aufklärung erheben sollten. Diejenigen, welche schon aufgeklärt sind, helfen dem Ideal nach allen anderen, dies auch zu erreichen. Der Zweck ist eine von der Vernunft bestimmte Gesellschaft. In dieser hätten alle ihren Nutzen. Der einzelne erlangt ihn über das Wohl der Gemeinschaft, für die es zu wirken gilt. Im Sinne dieser Utopie wird mit Überkommenem gebrochen, wie im Zitat von Kaniz'.

> „Verwirf den Richterspruch,
> Den die Gewohnheit fällt,
> Es ist Dir die Vernunft
> Umsonst nicht zugesellt."(Marburg 1790)[140]

Die Vernunft ist die für den Menschen alles entscheidende Instanz. Traditionen müssen weichen. Dies ist nicht etwa nebensächlich. In Frankreich dauerten die revolutionären Ereignisse nun schon ein Jahr an. Sie hatten das Alte dem Diktum der Vernunft unterstellt. Durch die Vernunft vieler einzelner kann das ganze geändert werden. Daß der Zusammenhang von Vernunft und Revolution nicht konstruiert ist, belegt folgende Eintragung eines deutschen Studenten in Straßburg von 1793.

> „Vergnügt und frey gelebt, vernünftig frey gedacht,
> Dies ist was uns erhebt, und dereinst glücklich macht."[141]

Das Motto wird durch die Datierung „im 2ten Jahr der Republique" ergänzt. Vernünftiges, an der Freiheit orientiertes Denken, verbunden mit Lebenslust, erhebt. Das heißt in der Erhabenheit ist sich der Mensch erst seines Menschseins bewußt und

[139] „Prolegomena zu einer jeden künftigen Metaphysik, die als Wissenschaft wird auftreten können." Das Zitat findet sich dort im Anhang zum „Vorschlag zu einer Untersuchung der Kritik, auf welche das Urteil folgen kann".

[140] MKF L.St.354, S.92.

[141] HAAB 575, S.79.

sicher.[142] Diese Erkenntnis führt zu einem glücklichen Leben. Die Freiheit ist zunächst eine ganz persönliche. Das Individuum hat bezüglich des sinnlichen Erlebens ein freies Leben zum Ziel. Dessen Betonung wird verständlich, wenn man im Auge behält, daß es sich bei den Eintragenden um Studenten handelt, die zwischen 17 und 21 Jahren alt waren. Da der Mensch aber in eine Gemeinschaft eingebunden ist, ist darüberhinaus immer auch an eine gesellschaftliche Freiheit gedacht. Schließlich stellt die Eintragung selbst eine Beziehung zur Französischen Revolution her. Die Datierung nach Jahren der Republik ist ein Bekenntnis zu dieser. Dadurch erscheint die Forderung, „frey" zu sein, in einem ganz anderen Licht. Die persönliche Freiheit, vor allem die im Denken, ist die Voraussetzung für die weiterreichende auf gesellschaftlicher Ebene. Ebenso wie die Tugend wird die Vernunft zur politischen Waffe.

> „Was wäre der Halbgott des Throns; wenn sein monarchischer Dünkel, in der Einsicht der Bürger, seinem gebührenden Richter begegnete."(Jena 1798)[143]

Die Vernunft vermag, gesellschaftliche Strukturen als verkrustet zu erkennen und darüber zu richten. Das hier nur als Potentialis Ausgedrückte, war in Frankreich bereits Wirklichkeit geworden. Die Vertreter der Bürger hatten in einer Abstimmung über den König gerichtet, worauf er hingerichtet wurde. Vorausgegangen war dem die Einsicht, daß die Ideale der Revolution nur gegen die Monarchie, in einer Republik, zu erreichen waren. Die Eintragung ist, erst recht auf diesem historischen Hintergrund gesehen, eine Absage an bestehende Monarchien und eine Drohung gegen die Monarchen. Das Prinzip der Monarchie läuft der menschlichen Vernunft zuwider, wie es durch einen zitierten Text Sackmanns gesagt wird.

---

[142] Vgl. Schillers „Vom Erhabenen (Zur weiteren Ausführung einiger Kantischer Ideen)".

[143] IHKW INH 44672, S.30.

> „Wer alles Heil der Menschen von Fürsten erwartet, der schändet den Menschen-Verstand. Nicht Geld, noch Würde, sondern Verstand regiert die Welt, schafft und würkt darinnen, was er will.“(Tübingen 1798)[144]

Der menschliche Verstand ist die Grundlage von Herrschaft. Ihm ist alles unterworfen. Der Glaube an die Vernunft rührt aus einem biblischen Sendungsbewußtsein des Menschen her, das auch in einem Text von Wieland faßbar wird.

> „Der Mensch ist durch die Vernunft dazu bestimmt
> ‚die Welt nach seinem besten Vermögen zu verwalten‘
> und für seine Bemühung berechtigt
> ‚sie so gut zu benuzen, als er immer weiß und kann.‘“(Tübingen 1783) [145]

Dieses Verständnis von Vernunft entwickelt sich aus einem distinktiven Merkmal, das den Menschen von anderen Lebewesen abhebt und ihn über sie setzt, zu einem Instrument, auch die Dinge innerhalb der menschlichen Gemeinschaften zu regeln. So erhebt die Vernunft nicht nur den Menschen an sich zum Herrn der Welt. Sie fungiert auch als Grundlage menschlichen Zusammenlebens. An diesem Ideal werden bestehende Strukturen gemessen und als untauglich verworfen, wofern sie unvernünftig sein sollten. Eine absolute Monarchie kann nie vernünftig sein, da in ihr nicht die Bedingungen gegeben sind, die das Wohl des Staates durch das Einzelinteresse des Bürgers befördern. Dies ist nur dann genügend ausgeprägt, wenn es nicht durch reglementierende Eingriffe gehemmt wird. Wie man sieht, handelt es sich bei der Herrschaft der Vernunft um ein liberales System, auf wirtschaftlichem Gebiet um das «laissez faire» der Marktwirtschaft, das freie Ausbalancieren der Interessen, das von der Vernunft der Individuen nach deren Vorteil gesteuert wird.

---

[144] LBS cod.hist.oct.297, Bl.41. (Ort aus anderen Eintragungen ermittelt).
[145] DLA A:Stbb.60.588, S.201.

3.8 Weisheit

Von der Vernunft unterschieden ist die Weisheit. Sie gründet sich nicht unbedingt auf die ratio. Sie ist vielmehr von der Erfahrung und Einsicht des Menschen in die Dinge abhängig. Zudem ist die Weisheit mit einer sittlichen Tugendhaftigkeit und einem Maß im Leben verbunden, die Vernunft nicht zwangsläufig. Bei durchschnittlich 4,77% aller eingetragenen Texte hat die „Weisheit“ bis in die achtziger Jahre hinein ihren größten Niederschlag in studentischen Stammbüchern gefunden. Ihren Höhepunkt erreicht sie in den sechziger Jahren mit 6,82%. Dieses Verhältnis verändert sich, gemessen an dem abrupten Abfall auf 2,28% in den neunziger Jahren, nur unwesentlich. Wie wird man weise? Ein Ratschlag mittels eines Terenzzitates:

> „Istne est sapere; non, quod ante pedes modo est, videre, sed etiam illa, quae futura sunt, prospicere.“(Tübingen 1738)[146]

Ein Weiser darf nicht in der Gegenwart befangen sein. Er könnte sonst vom Schicksal überrascht werden. Ein Merkmal der Weisheit ist es aber gerade, unabhängig von den Wendungen des Lebens zu sein. Es ist deshalb geboten, sich auf mögliches kommendes einzustellen. Durch einen Text von Lactanz wird eine Anweisung gegeben, wie die Weisheit und mit ihr das Glück zu erreichen sei.

> „Qui vult sapiens et beatus esse, audiat Dei vocem discat Justitiam; Humana contemnat, Divina suscipiat, ut summum illud bonum ad quod natus est, possit adipisci -“(Erlangen 1758)[147]

---

[146] LBS cod.hist.oct.77, Bl.31r. Übersetzung im Stammbuch: „Aufs künftige schauen, das heißt, sich die Stufen zur Weisheit ebnen“.

[147] DLA A:Stbb.15462, S.151. (Ort aus anderen Eintragungen ermittelt) Übersetzung: Wer weise und glücklich sein will, der höre auf die Stimme Gottes, lerne die Gerechtigkeit kennen, verachte Menschliches, nehme Göttliches auf, daß er all das Gute, zu dem er geboren ist, erlangen kann.

Wichtig ist es vor allem, sich vom Menschlichen lösen zu können. Dann benötigt man es auch nicht. Der Weise verläßt sich nur auf Gott. Das begründet sein Glück.[148] Nicht weltliche Gelehrtheit ist gefragt, sondern Gott zu kennen.

> „Sapiens est, qui didicit non omnia, sed ea,
> quae ad veram felicitatem pertinent; et iis,
> quae didicit, afficitur ac transfiguratus est.“(Tübingen 1759) [149]

Der Weg, den Erasmus von Rotterdam[150] hier angibt, weise zu werden, ist zugleich das weise Leben selbst. Das Durchdringen des Gelernten schafft eine neue Welt. Es ist zunächst die des Lernstoffes, der wohl Göttliches zum Gegenstand hat, da er zur Glückseligkeit führt. Auf einer anderen Ebene führt die Versenkung in das zu Lernende, gleichsam eine Meditation, auf eine andere Bewußtseinsebene. In ihr wird ein Zustand der Weisheit erreicht. Er löst ab von allem Weltlichem. Dies ist die Methode und der Sinn der monotonen Andachtsübungen in Klöstern, auch und gerade zu Nachtzeiten. Hier ist also ein weltentrückter Zustand mit Weisheit gleichgesetzt. In den sechziger Jahren wird die Weisheit mehr und mehr mit Attributen der bürgerlichen Tugendhaftigkeit belegt, welche gleichwohl von Gott vertreten werden.

> „Wahr ists: im Widerspruch der Dinge, die geschehn,
> Nicht aus Unwissenheit, stets neue Wunder sehn,
> der Tugend ädlen Reitz auch in dem Staube kennen,
> Und auch auf Thronen nicht das Laster glücklich neuen,
> Mit schuldigem Genuß des Lebens sich erfreun,

[148] vgl. das Kapitel 2.1.

[149] UBT Mh 675, S.243. Übersetzung: Weise ist, wer nicht alles lernt, aber jenes, welches zur wahren Glückseligkeit führt; und dieses, was er lernt, muß eingeprägt und durchdrungen sein.

[150] in „Ecclesiaste Lib.1“.

den uns bestimmten Tod nicht wünschen und nicht scheun,
Auch wenn der Donner ruft, den Gott des Donners ehren:
Mein Freund, das werden uns Verstand u. Weisheit lehren.“
(Erlangen 1760)[151]

Hagedorns Gedicht bringt allerdings noch den Verstand ins Spiel, der eine andere Qualität hat als die Weisheit. Der Verstand lenkt über Vernunftgründe das menschliche Handeln. Der Weise hingegen kennt keine eigentlichen Entscheidungen mehr. Sein Handeln ist immer richtig, da dies sein Wesen ist. Ein Weiser wird immer auch zugleich tugendhaft sein, egal in welcher Lage er sich befindet. Das ist ein weiteres Charakteristikum: er ist unabhängig von den normalen Dingen des Lebens, ob arm oder reich, dienend oder mächtig. Sein Wesen bleibt sich immer gleich. Deshalb kann er auch nicht lasterhaft sein, selbst wenn er die Möglichkeit dazu hätte. Die Ergebenheit in die Dinge, wie sie sind, läßt den Weisen das Leben meistern. Das könnte als die eigentliche Weisheit bezeichnet werden. Die Fähigkeit dazu rührt aus dem Glauben an Gott her. Was hier nur anklingt ist für die Zeit wichtig. Weisheit bedeutet nicht unbedingt Askese[152] im Weltlichen, wie dies eine studentische Eintragung durch ein Gedicht von Hallers herausstellt.

„Vergnügt zu seyn, ist schon erlaubt,
Die Unschuld paart sich mit der Freude;
ein Weiser, der die Gottheit glaubt,
Geht drum nicht stets im Trauer Kleide;

[151] DLA A:Stbb.15462, S.273.

[152] Es gab auch ein Leben, das nach allgemeinen Maßstäben als asketisch einzustufen wäre, von einem idealen „Weisen“ aber nicht so empfunden wurde, da er seine Lust am Leben eben aus anderen Quellen beziehen kann als die Allgemeinheit. Vgl. unten.

> Wer alle Lust aus Furcht verdammt,
> ficht wider sich mit eignen Waffen,
> Die Welt die von dem Himmel stammt,
> ist nicht umsonst so schön geschaffen."
> (Erlangen 1760)[153]

Weisheit heißt also nicht, ein Eremitendasein zu führen. Auch dabei kann sich der Weise auf Gott berufen. Denn wozu hätte dieser die Freude auf der Welt erschaffen, wenn sie nicht von jedem genossen werden könnte? Sowieso ist die Lustfeindlichkeit ein Zeichen von Schwäche. Nur wer sich seiner nicht sicher ist, muß jegliches Vergnügen fliehen. Der Weise ist ein vollkommener Mensch. Dazu gehört, daß er auch an den Freuden des Lebens teilhat. Es würde ihm sonst eine Erfahrung fehlen. Das hier gezeichnete Bild des Weisen ist nicht das eines Buchgelehrten. Diese Überzeugung ist durch den gesamten Untersuchungszeitraum zu beobachten.[154] Es ist das eines gottgläubigen, lebenserfahrenen Menschen. Der Lohn für ein Leben in Weisheit ist zum einen jenseitiger Natur, wie in folgendem Satz Kronegks.

> „Jenseits des Grabes, o Mensch, sey glücklich,
> Und diesseits sey weiße."(Tübingen 1764)[155]

Wer im Leben weise ist, der wird danach glücklich sein. Das funktioniert deshalb, weil wie gezeigt an die Weisheit auch der Glaube an Gott geknüpft ist, zumindest noch in jener Zeit. Die Vergänglichkeit des Lebens kann so ein Ansporn werden, weise zu sein, um

[153] DLA A:Stbb.15462, S.36.

[154] Vgl. folgendes Motto, das vier Verse von Halems benutzt.

> „Der du die Weisheit suchst, o geh aus der Wüste der Bücher
> All hervor u. pirsch unter den Menschen ihr nach.
> Nicht der Erd allein; auch der Luft entschöpfen die Bäume
> Durch die Blätter den Stoff, der sie nehret u. belehrt."
> (Jena 1797)[IHKW 62, S.108.]

[155] LBS cod.hist.oct.87a, S.288; auch in: UAT S 127/17, Bl.36v; LBS cod.hist.oct.92, S.70; MKF L.St.324, S.159.

sich das Jenseits zu erkaufen, wie bei folgendem Motto, das Gellert aus seinen „Geistlichen Oden und Liedern“ zitiert („Beständige Erinnerung des Todes“, erste Hälfte der zweiten Strophe).

> „Der Tod soll dich nicht traurig schrecken
> Doch dich zur Weisheit zu erwecken,
> Soll er dir stets vor Augen seyn.“(Tübingen 1775)[156]

Zum anderen aber bereichert die Weisheit auch das Leben selbst. Als Beleg mögen die Verse von Uz dienen, welche 1775 in Leipzig in ein studentisches Stammbuch eingetragen worden waren.

> „Der Pöbel sieht erstaunt des Weisen Angesicht,
> Sieht seine Heiterkeit, doch ihre Quelle nicht.“[157]

> „Pracht, Reichthum, eitle Lust kann sie uns nicht gewähren
> Was giebt die Weisheit uns? Den Geist, das zu entbehren.“(Göttingen 1766)[158]

Der Weise erlangt in diesen, als letztes wiedergegebenen Versen Kaestners einen Grad an Maß und Bescheidung, der es ihm ermöglicht, auf das zu verzichten, was er nicht hat. Er ist so nicht von einem Streben geprägt, sich irdische Güter anzuhäufen, was auch ein Gedicht Hagedorns meint.

> „Nichts kann den Weisen binden,
> Der alle Sinnen übt,
> Die Armut zu empfinden,
> So die Natur ihm gibt.“ (Tübingen 1767)[159]

Wiewohl der Weise auch lustbetont leben kann, so ist dies nicht auf die Lustbarkeiten der Masse bezogen. Es handelt sich nicht

[156]SAW 200/302, S.98.
[157]DLA A:Stbb.892, S.247.
[158]LBS cod.hist.oct.87a, S.69; auch in: LBS cod.hist.oct.87a, S.120.
[159]LBS cod.hist.oct.290, S.304.

um eine „eitle Lust“, sondern um eine tugendhafte, die den Weisen selbst unvergänglich macht. Überhaupt ist er von Tugenden geprägt. Ein weiteres Gedicht Hagedorns („Die Glückseligkeit“, 20.Strophe unter Auslassung des fünften Verses) vereinigt diese Tendenz mehrerer Eintragungen.

> „Der Weise hat ein Loos, das seinen Werth entscheidet;
> Verdienste, wo Er gilt, und Unschuld, wo er leidet:
> Zu seinem Wesen wird vom Zufall nichts entliehn,
> Recht Warheit Menschenhuld und Tugend bilden Ihn;
> Von Vorurtheilen frey, getrost zu allen Zeiten,
> Im Purpur nicht zu gros, durch Kittel nicht entehrt,
> Stets edler als sein Stand, und stets bewunderns-
> werth.“(Göttingen 1766) [160]

Der Weise ist in jeder Lebenslage er selbst. Er ist so auch in allen Ständen anzutreffen, steht aber jenseits einer solchen Ordnung. Da seine Weisheit unabhängig von Materiellem besteht, verderben ihn weder Reichtum, Macht oder Armut. Dieses Ideal wird auch von der Hoffnung getragen, ein solcher Weiser möge tatsächlich einmal den „Purpur“ tragen, und sein Land gleichsam philosophisch regieren. Die Wirklichkeit war allerdings eine andere, auch bei den später von den Historikern *aufgeklärt* genannten Monarchen. Diese instrumentalisierten die Philosophie der Aufklärung für ihre Zwecke. Die geschilderte Überzeugung, was Weisheit sei, hält sich in studentischen Stammbucheintragungen bis in die neunziger Jahre. Als Beispiel mag hier ein Zitat Miltons gelten.

> „Nur zu leicht verliert sich die ungebundene Phantasie auf endlosen Abwegen, bis der Verstand durch Erfahrung gelehrt, sich überzeugt, daß nicht die tiefe Wißenschaft verborgner und außer dem menschlichen Wirkungs Kreise liegender Dinge, sondern Kenntniß desjenigen, was zunächst uns angeht, und

[160] GNM Hs.117184, S.208.

> auf das gemeine Leben Einfluß hat, wahre Weisheit sey."(Halle 1793)[161]

Der Weise ist kein weltabgewandter Eremit der Wissenschaften und Künste, sondern er nimmt am Leben teil. In den neunziger Jahren nimmt die Tendenz zu, Weisheit vor allem darauf zu beziehen. Wer am Leben teilnimmt, den bewegen auch dessen Probleme. Und zwar nicht nur die persönlicher, auch die gesellschaftlicher Art. Der Weise, der sich durch Einsicht selbst an die Tugend bindet, ist folgerichtig auch ein Freund der Freiheit.[162] Dem Adel wird die Weisheit abgesprochen. Selten kommt dies so direkt zum Ausdruck wie in einem Zitat von Joh.Bapt.Alxinger.

> „Wo tiefgebeugte Sclaverey
> Mit schweren Ketten klirrt, wird Weisheit niemals wohnen
> Was soll sie auch bei Fürstenthronen?
> Sie, die sich nicht auf Kuppeley,
> Auf Schmeicheln nicht versteht; durch Unrecht hoch beleidigt,
> Den Thäter vor der Welt verklagt,
> Und in das Angesicht gekrönten Mördern sagt,
> Ein Mord sey leicht begangen, schwer vertheidigt."(Jena 1795) [163]

Fürsten unterdrücken ihre Untertanen, würdigen sie zu Sklaven herab. Mit „Weisheit", die ja immer auch tugendhaft ist, ist das nicht zu vereinbaren. Weise sind diese Fürsten auch schon deshalb nicht, weil sie die Irrelevanz von Fragen der Macht in dieser Beziehung nicht kennen. Auch das durch Intrigen geprägte Leben am Hofe widerspricht dem Ideal. Ein Weiser handelt nicht unter

---

[161] IHKW 25, S.147.

[162] vgl. das Kapitel 3.3.

[163] UBJ 82, Bl.67r; die beiden ersten Verse auch in: NSW VI Hs.Gr.13 Nr. 117, S.205.

Selbstverleugnung auf ein bestimmtes Ziel hin. Er ist der Wahrheit verpflichtet. Monarchen sind jetzt zu „gekrönten Mördern" geworden. Dies ist zunächst einmal eine allgemeine Feststellung, die auf die menschenverachtende Macht- und Ausbeutungspolitik der absolutistischen Fürsten abzielt. Dann kann sie aber im Zeitalter der Revolutionskriege auch noch eine spezielle Bedeutung erhalten. Im ersten Koalitionskrieg bekämpften die Fürsten Europas die Revolution. Die Eintragung stammt aus dem Januar 1795, wurde also noch vor dem Baseler Frieden (5.4.1795) gemacht. Damit war das revolutionäre Frankreich zu diesem Zeitpunkt einem großen Druck ausgesetzt. Durch den Zusammenhalt von „gekrönten Mördern" starben viele Soldaten der französischen Revolutionsarmee und ihrer Gegner. Eine Eintragung von 1795 zeigt deutlich den Zusammenhang vom Ideal der Weisheit und der Französischen Revolution.

> „Dein Geist wird sich zu keiner Zeit zu feiger Ungedult
> verlieren
> Wenn du der Weisheit folgst, die ohne fehlzuführen
> Mit Rosen jeden Pfad bestreut."(Erlangen)[164]

Ganz allgemein gesagt läßt einen die Weisheit seinen Weg unbeirrt verfolgen, was letztlich belohnt wird. Das Motto gewinnt durch das Symbolum des Studenten noch eine besondere Bedeutung. In einen blau-weiß-roten Kreis, den Farben der revolutionären Trikolore, ist von innen nach außen gelesen die Revolutionsparole «Libre vivre ou mourir» eingeschrieben. Dies ist eindeutig als Bekenntnis zur Französischen Revolution zu werten. In der Verbindung von Motto und Symbolum wird ein starker Idealismus kenntlich, welcher in seinem Bekenntnis frei zu leben oder zu sterben von der Weisheit unterstützt wird. Der Weise zögert nicht, wenn es not tut, Konsequenzen zu zeigen. Ein solch radikaler Idealismus wurde aber meist nicht wirklich gelebt. Das heißt, die Studenten gingen nicht in den Freitod, nachdem klar war, daß

[164] GNM Hs.95595, S.91. (Ort aus anderen Eintragungen ermittelt).

ihr Land nicht zur Republik nach französischem Vorbild ausgerufen wurde. Auch im Kampf für die Republik starben bis auf die Ausnahmen, die für die Franzosen kämpften, nicht allzuviele. Nichtsdestotrotz ist allein die durch dieses Bekenntnis eröffnete Möglichkeit ein Signal.

3.9 Altruismus

Eintragungen, die das Denken, Empfinden oder Handeln für andere zum Inhalt haben, sind explizit als solche in studentischen Stammbüchern nur von den siebziger bis zu den neunziger Jahren des 18. Jahrhunderts zu belegen. Für die siebziger Jahre werden 1,04%, für die achtziger 1,55% und für die neunziger schließlich 2,58% aller Texte in Eintragungen verzeichnet. Die durchschnittliche Häufigkeit ist 1,04%. Der Grundsatz all dieser Texte lautet „Geben ist seliger, denn nehmen."(Tübingen 1776)[165], wie es in der Apostelgeschichte des Lukas heißt. Trotzdem ist nicht jeder *Altruismus* gänzlich selbstlos, wie z.B. in folgendem Zitat aus Gellerts erstem Buch der „Fabeln und Erzählungen" („Der arme Schiffer", letzte Strophe).

> "Mensch! mache dich verdient um andrer Wohlergehen;
> Denn was ist göttlicher, als wenn du liebreich bist,
> Und mit Vergnügen eilst, dem Nächsten beizustehen,
> Der, wenn er Großmuth sieht, großmüthig dankbar ist!" (Helmstedt 1772)[166]

Das alles Bewegende bei einem so verstandenen Altruismus ist die Hoffnung auf Dankbarkeit. Sich Verdienst durch „Nächstenliebe" zu verschaffen, ist das Mittel dazu. Eigentlich ist solch ein Verhalten aber nichts anderes als das Pendant der tugendhaften Bürger-

[165] LBS cod.hist.oct.291, S.182.

[166] UBE Ms.2134, Bl.156v; auch in: UAT S 127/4, Bl.8v; SAW 200/303, S.178.

lichen zur von letzteren verschmähten Ruhmsucht des Adels. Es handelt sich hier nur um eine andere Art von Ruhm. Das Verlangen des Menschen nach Anerkennung bleibt aber dasselbe. Die Tugendhaftigkeit ist so gesehen kein Selbstzweck aus Idealismus, sondern letztlich ein Vehikel zur Beförderung der eigenen Glückseligkeit oder auch Jenseitshoffnungen.[167] Was trotz dieses zu bedenkenden Aspektes bleibt, ist die Wirksamkeit der Utopie einer Welt voll tugendhafter Menschen. Das Postulat „Thue was du kannst, zum Dienst der Welt.“(Göttingen 1779)[168], das von E.v. Kleist stammt, übt –bei konsequenter Befolgung aller– durch die in ihm wohnende Aussicht auf eine bessere Gesellschaft seine Faszination aus und findet mit diesem und anderen ähnlichen Texten seinen Niederschlag in studentischen Stammbüchern.[169] Der Altruismus wird in diesem Gessner zitierenden Satz sogar zum Sinn des menschlichen Lebens erhoben.

> „Keiner von uns gehe zu Grabe, er habe denn süße Früchte getragen, und wolthätigen Schatten über Nothleidende gestreut.“(Helmstedt 1788)[170]

Der Mensch muß nützlich wirken, und zwar für welche, denen es schlecht ergeht. Hier spielt gewiß der Gedanke der Barmherzigkeit eine Rolle. Zu allen Zeiten war es eine Verpflichtung, den Armen zu helfen, vor allem durch Almosen. Dabei wurde aber zwischen unverschuldet Armen, z.B. durch Krankheit, und denen unterschieden, welchen man Eigenverschulden und Arbeitsscheu nachsagte, ohne nach den Gründen z.B. für die Arbeitslosigkeit zu fragen. Diese ersteren *ehrbaren* Armen waren das Ziel caritativen Handelns, nicht „Nothleidende“ überhaupt. Die meisten Texte machten allerdings das Wohl aller und oft nichts weniger als der ganzen Welt zum Ziel menschlichen Handelns.

---

[167] vgl. das Kapitel 3.3.2.
[168] IHKW INH 44655, S.283.
[169] Vgl. das Kapitel 3.3.4.
[170] NSW VI Hs.Gr.13 Nr.106, S.21b.

„Verfliest ihr Tage meines Lebens,
Zwar unvermerkt, nur nicht vergebens
Für meiner Mitgeschöpfe Glück!
So mag von mir die Nachwelt schweigen!
So bleib ein glänzendes Geschick
Dem glücklich kühnen Laster eigen!"
(Stuttgart 1792)[171]

Das entsagungsvolle altruistische Ideal läßt sich aus diesem Gedicht von Uz erschließen. Das eigene Leben ist an sich bedeutungslos, wenn es nicht zu „meiner Mitgeschöpfe Glück" genutzt wird. Hier wird auch explizit kein Wert auf Nachruhm gelegt. Dieser wird dem „glücklich kühnen Laster" überlassen. Das hieße, daß nur lasterhafte Mittel eine solche Aufmerksamkeit erregen können, um Bekanntheit zu erlangen. Die altruistische Tugend aber wirkt im verborgenen. Ihr Träger bezieht seine Befriedigung aus dem Wissen um seine Nützlichkeit. Dies kommt auch in folgendem Motto zum Ausdruck, das Schiller („Kabale und Liebe", II,2) zitiert. „Es ist besser keine Juwele im Haare, doch das Bewußtsein einer guten That im Herzen zu haben."(Helmstedt 1796)[172] Solch eine Haltung ist aber nicht unumstritten.[173] Wichtig ist hier die schon beobachtete Teilung der Menschheit in eine tugendhafte und eine lasterhafte. Der Altruismus war zweifelsohne christlich geprägt, so auch in folgendem Klopstock-Zitat.

„Sich nicht rächen, auch wenn Rache Gerechtigkeit
wäre,
das ist edel: erhaben ist es, den Beleidiger zu lieben;
Ihn mit stillem Wohlthun im Elende erquicken ist
himmlisch"(Göttingen 1795) [174]

[171]LBS cod.hist.oct.104, Bl.27v; auch in: UBJ 81, S.166.
[172]NSW VI Hs.Gr.13 Nr.120, S.148.
[173]Vgl. das zweite Zitat dieses Unterkapitels (Helmstedt 1772).
[174]MKF L.St.369, S.238; auch in: MKF L.St.352, S.41; DLA A:Stbb.54.739, Bl.80v.

Dafür wird sogar das Ideal der Gerechtigkeit hintangestellt. Dem Feind soll darüberhinaus auch noch geholfen werden, wenn er der Hilfe bedarf. Dieses wohl nur schwerlich tatsächlich gelebte, auf die Spitze getriebene altruistische Ideal bezieht seinen Antrieb aus einem Überlegenheitsgefühl des Wohltäters, das diesem eine eigene Genugtuung, gleichsam die Rache des Tugendhaften verschafft. Jenseits dieser Kritik ist aber das Ideal gefordert. Solche Taten wären tatsächlich „himmlisch" in Beziehung auf die damit verbundene Form des menschlichen Zusammenlebens. Der utopische Charakter des Textes ist klar zu erkennen. Die Einlösung für die Zukunft steht aus. Himmlisch war der Altruismus auch deshalb, weil er im Zuge der allgemeinen Aufklärung zum Religionsersatz wurde. Ein Student drückte dies mit einem Satz Thomas Paines[175] aus.

> „Unabhängigkeit ist mein Glück, mein Vaterland ist die Welt, und meine Religion ist, gutes thun."(Jena 1795)[176]

Neben persönlicher Freiheit und einem kosmopolitischen Geist ist der Altruismus nun eine Bedingung menschlichen Lebens. Diesen gilt es auch gegen äußere Zwänge und im besonderen gegen die Nicht-Tugendhaften durchzusetzen. Gegen diese soll man sich durch sein Mensch-Sein abheben, das 1795 auch schon einmal durch den Anklang an den «citoyen» der Französischen Republik mit der Gleichheit aller in eins gesetzt wird. Der Student Lederle, der folgenden Text in Jena in ein Stammbuch eingetragen hatte, war laut Vermerk des Stammbuchbesitzers auf der Rückseite des betreffenden Blattes ein „eifriger republicaner", was aber nicht positiv gemeint gewesen war, obwohl ihm ansonsten alle positiven Tugenden bescheinigt wurden. Dieses Zugeständnis eines offensichtlichen Gegners der Französischen Revolution und der Re-

---

[175] Paine rechtfertigte 1791 in seiner Schrift „The rights of man" die Französische Revolution und richtete sich damit gegen Burke.

[176] MKF L.St.369, S.91.

publik zeigt wieder einmal mehr die der Tugend innewohnende Progressivität in jener Zeit.

> „Menschen Wohl sey dein steter Zweck und wenn auch der Despotismus sich gegen dich empören will, so denk - daß du Mensch - denk - - daß du freyer Bürger bist.“(Jena 1795)[177]

Das „Menschen Wohl“ ist hier in Beziehung gesetzt zur Freiheit. Dies in einer Zeit zu behaupten, als die Deutschen eben noch keine freien Bürger waren, zeigt allein schon revolutionären Geist. Der Student appelliert geradezu an das Naturrecht. Kein Despot kann dem einzelnen das Bewußtsein, ein freier Bürger zu sein, nehmen. Auch offensichtliche Unfreiheit hindert dies nicht. Im Kopf dieses Studenten, und wohl auch anderer, besteht die Republik schon. Ein Kennzeichen der Freiheit ist das Streben, sich um seine Mitmenschen zu sorgen. Der Despotismus, der „sich darüber empören will“, besitzt es nicht, bekämpft es vielmehr sogar. Solcherart wird Altruismus von einer religiösen zu einer republikanischen Tugend. Sie unterhöhlt despotische Systeme. Wenn jeder sich um das Wohl anderer bekümmern würde, hätte der Despotismus keine Chance. Letzterer hat nämlich gerade keine allgemeine Wohlfahrt zum Ziel, sondern im Gegenteil die Nutzbarmachung aller für wenige.

3.10 Erziehung

Das 18. Jahrhundert wird auch das Jahrhundert der Erziehung genannt. Man sollte also meinen, daß sich dies, zumal bei Studenten, auch in den Äußerungen niederschlägt. Doch dem ist nicht so. Der Höhenkamm der geistigen Diskussion in den verschiedensten Erscheinungen beschäftigt sich schon mit Fragen der Erziehung. Nach den Ergebnissen der ausgewerteten Stammbucheintragungen scheinen sie von den Studenten jedoch nicht im gleichen

---

[177] IHKW INH 44675, Bl.16.

Maße beachtet worden zu sein. Diesbezügliche Texte können nur für den Zeitraum ab den sechziger Jahren bis hin zu einschließlich den neunziger Jahren verzeichnet werden. Der Durchschnitt der Häufigkeit über den gesamten Untersuchungszeitraum gesehen beträgt 0,30%. In den sechziger und siebziger Jahren beträgt er 0,65%/0,64% und fällt dann in den achtziger und neunziger Jahren auf 0,26%/0,27% ab. Den Studenten waren ihre Ideale selbst wichtig. Unbedeutend oder selbstverständlich scheint ihnen der Weg zu ihrer Verwirklichung gewesen zu sein. In den Augen einiger Studenten nahm die Erziehung, den Texten ihrer Eintragungen nach zu schließen, einen höheren Stellenwert ein als in denen der anderen.

> „L'instruction fait tout, et la main de nos peres
> Grave en nos faibles coeurs ces premiers caracteres,
> Que l'exemple et le tems viennent retracer.
> Et que peutêtre Dieu seul peut effacer."
> (Göttingen 1768)[178]

Diese Verse Voltaires stellen die Dominanz der ersten Prägung fest. Ihr kann sich der Mensch nicht mehr entziehen und die Erfahrungen des Lebens sind nur noch imstande, jene zu bestätigen. Der junge Mensch ist so vollständig abhängig, hier von seinem Vater. Dieser gibt jenem den ersten Unterricht. Der Vater gibt im Idealfall seinem Kind/Sohn das geistige Rüstzeug mit. Tatsächlich waren es bis weit ins 20. Jahrhundert hinein die Frauen –Mütter, Großmütter und Personal– allenfalls noch die Großväter, die die Kinder erzogen. Das Ideal der väterlichen Unterweisung bestand

---

[178] LBS cod.hist.oct.87a, S.350. Jahr aufgrund einer anderen Eintragung ermittelt. Übersetzung:

> Die Unterweisung macht alles, und die Hand unserer Väter
> graviert diese ersten Buchstaben in unsere schwachen Herzen ein,
> welche das Beispiel und die Zeit nachzeichnen werden.
> Und die vielleicht Gott allein ausradieren kann.

aber dennoch. Nur der Mann konnte den Sohn bilden. Die übrige Erziehung, und sowieso die der Mädchen, war nicht seine Sache.

Das späte 18. Jahrhundert brach aber wie in anderen so auch in Fragen der Erziehung mit Konventionen. Dies mag der 1771 in einem studentischen Stammbuch zitierte Auszug aus dem „zweiten Teil" von Mendelssohns „Philosophischen Schriften" belegen, die erst im selben Jahr erschienen waren.[179]

> „Man ist schon längst über jene düstere Sittenlehre hinweg, die alle Ergözlichkeiten der Sinne verdammt, und dem Menschen Pflichten vorschreibt, zu welchen ihn sein Schöpfer nicht eingerichtet hat. Wir sind bestimmt, in diesem Leben nicht nur die Kräffte des Verstandes und des Willens zu verbeßern; sondern auch das Gefühl durch sinnliche Erkänntniß und die dunkeln Triebe der Seele durch das sinnliche Vergnügen zu einer höheren Vollkommenheit zu erziehen. —
>
> Nur alsdann machen wir uns elend, wann wir das Verhältniß verfehlen, das Geringfügige dem Wichtigen, die niedere Vollkommenheit der höhern, das Vorübergehende Gegenwärtige dem dauerhaften Zukünftigen vorziehen."(Tübingen 1771)[180]

Die Erziehung soll also neue Wege beschreiten und außer der reinen Ausbildung auch das Gefühl schulen. Ferner wird erkannt, daß der Mensch nie nur gut oder böse ist. In seiner Seele wohnen „die dunkeln Triebe". Gleichwohl kann sie „zu einer höheren Vollkommenheit" erzogen werden. Diese Erkenntnis, die nicht nur Mendelssohn hatte, kann als der Beginn der Psychologie bezeichnet werden.[181] Nicht erst die Romantik erkannte die menschlichen

---

[179] Dabei handelt es sich um eine Umarbeitung einer ersten Auflage der „Philosophischen Schriften" von 1761.

[180] UBT Mh 863b, S.153.

[181] Vgl. das Kapitel 3.2.2.

Nachtseiten . Das Ziel der aufklärerischen Erziehung ist, zum „dauerhaften Zukünftigen“ zu leiten. Das Leben des Menschen ist nur das Mittel zu einem jenseitigen Dasein. Allerdings gibt es auch Zweifel, ob der Mensch als irdisches Wesen sich im Diesseits die Ewigkeit durch ein tugendhaftes Leben verdienen könne, ausgedrückt durch das Zitat folgenden Textes von Salzmann.

> „Wenn der Mensch noch so gut unterrichtet wird, wird aber nicht angeführt, seinen Körper zu beherrschen; so bekömmt er zwar den Willen gut zu handeln: aber das Vermögen dazu fehlt ihm.“(Helmstedt 1789)[182]

Ein Medizinstudent löst sich von den allgemeinen Stellungnahmen zur Erziehung und folgert ganz konkret für sich:

> „Zu dieser goldnen Zeit, da der menschliche Geist die Feßeln des Aberglaubens, und des Despotismus zerbrach, ist es besondere Pflicht des Arztes, der so viel würken kann, nicht blos die Gebrechen des Körpers zu heilen, sondern auch Rechte der Menschheit zu lehren.“(Jena 1795)[183]

Das goldene Zeitalter ist hier das der Französischen Revolution, auf die sich der Medizinstudent Strauel bezieht. Daß es in einem anderen Staat herrscht, ist ihm aber nicht genug. Er möchte seine Stellung als Arzt dazu benutzen, auf die Menschen aufklärend einzuwirken. Wenn er dazu aufruft, die „Rechte der Menschheit zu lehren“, will er letztlich eine Situation schaffen, daß sie auch dort installiert werden, wo er lebt: in Deutschland. Da dies aber in den damals bestehenden Fürstenstaaten nicht möglich war, entspricht sein Vorhaben einer Revolutionsvorbereitung. Strauel will an seinem Platz das dafür Notwendige leisten.

---

[182] NSW VI Hs.Gr.13 Nr.105, S.53a.
[183] LBS cod.hist.oct.104, Bl.95v.

3.11 Nutzen

Seine Zeit zu nutzen, für sich oder/und für andere, dieses Ideal hat den Ursprung seiner auch heute noch bestehenden Geltung im 18. Jahrhundert. Die mit dem Kennwort *Nutzen* zu belegenden Texte werden teilweise auch von anderen Begriffen abgedeckt.[184] Deshalb wohl läßt sich der *Nutzen* insgesamt nur mit einem Durchschnitt von 0,66% und mit von Jahrzehnt zu Jahrzehnt schwankenden Verhältnissen belegen. Ein nutzvolles Leben muß das Ziel eines jeden Menschen sein.

> „Verdient wohl der den Nahmen eines Menschen, der den Werth seiner Seele eben so wenig kennet, als die Berge die kostbaren Steine wissen, welche in ihnen verborgen liegen...
>
> Die Zeit verlieren, ohne sie zu brauchen, heißt nur da seyn, athmen, und nicht leben; aber sie nuzen, kan man leben nennen. Ein blosses Daseyn ist eine unerträgliche Last vor Wesen, die bestimmt sind, zu leben...
>
> Laßt uns das Glück den [!] Leibe, den Leib der Seele, die Seele aber Gott unterwerffen. Diß ist das einige dauerhaffte Gebäude. Würde wohl eine umgekehrte Pyramide stehen können?“(Tübingen 1768)[185]

Dieses Zitat von Texten Youngs kann stellvertretend für im Tenor ähnliche andere Stammbucheintragungen stehen. Es wird ein Unterschied zwischen dem Leben und dem Dasein festgestellt. Das Dasein ist demnach die bloße Existenz, die auch ein Tier hat. Der Mensch allein kann aus seiner Existenz Leben machen. Dazu gibt er ihm einen Sinn, den er im Nutzen sieht. Sinnstiftend wirkt auch

---

[184] *Altruismus, Handeln* .

[185] UBT Mh 973, Bl.41v; nur zweiter Absatz: IHKW Ring, Bl.15; nur dritter Absatz: LBS cod.hist.oct.219, S.186.

die aufgestellte Hierarchie. Gott ist das erste der Dinge. Ihm untersteht, von ihm hängt letztlich alles ab. Von daher gesehen muß der Mensch sein Leben nutzen, um Gott zu gefallen, das heißt er muß sich der Ausnahmestellung des Menschseins bewußt werden und danach leben, „den Werth seiner Seele“ erkennen. Ein so verstandenes Leben ist in letzter Konsequenz Gottesdienst. So sah das auch noch 1786 in Bayreuth ein Theologiestudent, der mit seinem Motto das menschliche Wirken Gottes Urteil unterstellt wissen wollte.

> „Wenn der uns Beyfall gibt, und uns billigt, dessen Beyfall unendlich mehr werth ist, als die Lobsprache einer ganzen Welt; wenn der uns in der Ordnung findet, und uns wohl will, der allein Wohlergehen und Freude austheilen kann: so wird uns zu unserm Glücke nie etwas wesentliches fehlen-.“[186]

Nicht weil der Text als solcher für dieses Unterkapitel so interessant wäre, ist er hier wiedergegeben. Das Bekenntnis zu Gott ist für einen Theologiestudenten wohl nicht so außergewöhnlich. Vielmehr ist die Verbindung dieses Spalding-Zitates mit der Widmung des Einträgers erhellend.

> „Ich weiß, dieser Grundsaz ist auch der Ihrige, Bester Vetter! O wie freue ich mich daher, Sie schon im Geiste auf der Ehrenstuffe eines klugen, rechtschaffenen und dem Staate nüzlichen Mannes zu sehen.“

Sein Leben Gott zu widmen und dem Staat nützlich zu sein, kann ein und dasselbe sein. Ein gottgefälliges Leben stützt auch den Staat. Damit muß nicht unbedingt eine Unterwürfigkeit und ein Sich-Fügen in die Verhältnisse –seien sie, wie sie wollen– gemeint sein. Dies wäre der Fall bei einem sich vor jeder Obrigkeit duckenden Frömmler oder aber bei einer Kontemplation, welche sich selbst zugleich Mittel und Zweck ist und die nichts anderes berührt

[186] BSM Cgm 7402, S.180.

als die Suche nach Gott. Hier ist aber vielmehr das Wirken für eine Gemeinschaft von Menschen gemeint, denn Anerkennung in Form einer „Ehrenstuffe“ bekommt man nicht von einer Institution, sondern von anderen Menschen. Dieses Wirken ist ein gottgefälliges in dem Sinn, wie ich es schon in den entsprechenden Unterkapiteln entwickelt hatte: es ist tugendhaft und von daher auch auf das Leben mit anderen Menschen bezogen.[187]Tugend ist kein Wert an sich. Sie bezieht ihn aus einem altruistisch oder – seltener– egoistisch ausgerichteten Streben nach Nutzen. Aus der zitierten Widmung sieht also ein Ideal hervor, das den Einsatz von Individuen zum Nutzen der Gemeinschaft, in der sie leben, fordert. Auch in den neunziger Jahren wurde der Nutzen betont.

> „Verdienst und Unverdienst macht Biedermann u. Kerl,
> das übrige ist Schurzfell oder Chorrock.“(Helmstedt 1795)[188]

Der Text Popes legt Wert darauf, festzustellen, daß „Verdienst“ unabhängig von der Standeszugehörigkeit besteht. Sie wird wie die Standesattribute in der Kleidung als Äußerlichkeit abgetan.

3.12 Pflicht

Texte, die eine Pflicht des Menschen feststellen oder postulieren, sind zwischen 1740 und 1800 mit durchschnittlich 0,94% in studentische Stammbücher eingetragen. Wie beim *Nutzen* , und aus demselben Grund, schwankt das Verhältnis zwischen den einzelnen Jahrzehnten. Ein Höhepunkt wird gleich zu Beginn des Untersuchungszeitraums in den vierziger Jahren erreicht, um dann in den sechziger Jahren auf den absoluten Tiefstand von 0,32% zu fallen. Die neunziger Jahre verzeichnen den zweithöchsten Wert mit

---

[187]Vgl. die Kapitel 3.1 und 3.3.

[188]NSW VI Hs. Gr.13 Nr.118, S.44a; UBT Mh 863b, S.303; UAT S 128/12, Bl.95; SAW 200/306, Bl.95r; MKF L.St.352, S.148.

1,33%. Generalisiert machen die hier erfaßten Texte dem Menschen das zeitgenössische Tugendideal zur Pflicht. Ein Student zitiert aus Uz' „Lyrischen Gedichten".

> „Der ganzen Schöpfung Wohl ist unser erst Geseze:
> Ich werde glüklich seyn, wann ich durch keine That
> Diß allgemeine Wohl verleze,
> Für welches ich die Welt betrat."(Tübingen 1757)[189]

In der Verantwortlichkeit des Menschen liegt der „ganzen Schöpfung Wohl". Sie ist Pflicht und zugleich Sinn des menschlichen Lebens. Dieser absolute Anspruch setzt den Menschen gleichsam als Stellvertreter Gottes auf Erden, zumindest die Menschen, die ihre Pflicht erfüllen. So sind sie in der Erfüllung ihrer Pflicht auch nur Gott und sich selbst verantwortlich.

> „Der rechtschaffene Mann tut seine Schuldigkeit, ohne um sich zu sehen. Gott und seine Seele sind die Zeugen, deren Beyfall er zu verdienen sucht."(Tübingen 1776)[190]

Mit diesem Young-Text wird bekundet, daß nicht Ruhmsucht der Antrieb des Menschen ist, seine Pflicht zu tun. Die übrige Welt bekümmert ihn diesbezüglich nicht. Nur Gott und seine eigene Seele sind ihm wichtig. Vor ihnen will er bestehen. Das heißt aber keineswegs, daß auch die Pflichten nur ins Innere des Menschen gerichtet wären. Ein weiteres, vielzitiertes Gedicht von Uz mag als Beleg dienen.

> „Den edlen Seelen quillt Vergnügen
> Selbst aus Erfüllung ihrer Pflicht.
> Freund! einem Armen Recht zu sprechen,
> Und wenn die Tugend weint, an Frevlern sie zu rächen

[189] UBT Mh 1016, S.249 (Ort aus anderen Eintragungen ermittelt); auch in: UBT Mh 973, Bl.86v.

[190] SAW 200/302, S.188.

Ist göttlicher, als ein Gedicht."(Tübingen 1776)[191]

Pflicht ist es vielmehr, anderen zu helfen, wenn sie der Hilfe bedürfen. Pflicht ist es auch, Tugendhaften und der Tugend gegen Nicht-Tugendhafte beizustehen. Der solcherart bestehenden Gemeinschaft von „edlen Seelen" ist die Ausübung ihrer Tugendhaftigkeit Lustgewinn. Im Falle dieser Eintragung hat der Text zudem noch eine besondere, konkrete Note. Der Einträger ist Jurastudent. Juristen können die Pflicht „Armen Recht zu sprechen" tatsächlich ausüben. Sie würden so an ihrem Platz, mit ihren Mitteln für ein menschlicheres Miteinander eintreten und damit in einem begrenzten aber wirkungsvollen Rahmen für einen gesellschaftlichen Fortschritt arbeiten. Die grundsätzliche Pflicht ist die Achtung vor dem anderen. Die Montage zweier Texte des Neuen Testaments zielt darauf ab. Zum ersten handelt es sich um das Evangelium des Matthäus (7,12) und zum zweiten um das des Johannes (13,35).

> „Alles, das ihr wollt, das euch die Leute thun sollen, das thut ihr ihnen, das ist das Gesetz und die Propheten.
>
> Denn <u>daran</u> wird Jedermann erkennen, daß ihr meine <u>Jünger</u> seyd, so ihr <u>Liebe untereinander</u> habt."(Helmstedt 1790)[192]

Es entsteht eine Gemeinschaft der Liebenden. Diese von dem eintragenden Studenten sinnvoll ausgewählten und montierten Texte entsprechen in ihrem Gehalt nahezu dem kategorischen Imperativ Kants, der in den neunziger Jahren des öfteren zitiert wurde, allerdings nur in diesem Fall auch mit dem zweiten Satz.

> „Handle so, daß die Maxime deines Willens zu einem allgemeinem Gesez tauglich sey; behandle dich und

[191] UAT S127/17, Bl.90v; auch in: LBS cod.hist.oct.219, S.276; nur Zeile 3-5: DLA A:Stbb.60.588; S.141; UAT S 128/5, Bl.18; DLA A:Stbb.I2267, S.137; NSW VI Hs.Gr.13 Nr.122a, Bl.77; IHKW 58, Bl.18v; IHKW 59, Bl.46v.

[192] MKF L.St.65, S.147; auch in: HABW Cod.Guelf.1147.2 Nov., S.97.

> jede andre Person als Zwek, nicht bloß als Mittel!"
> (Halle 1792)[193]

Sittliche Vollkommenheit ist gefordert, um das als verbindliche Pflicht ansehen zu können, was es nicht gibt. Erst dadurch wird die Entscheidung wertvoll, daß es kein „Gesez" gibt, sondern daß der menschliche Wille es sich selbst gibt. Dazu muß man sich und andere als Menschen erkennen. So hat jeder Mensch seinen eigenen Wert und kann „nicht bloß als Mittel" angesehen werden. Jeder muß als Gleicher unter Gleichen anerkannt werden. Der Wille, so zu handeln, hebt den Menschen über alle andere Kreatur hinaus.

> „Es giebt nur zwei Dinge, die uns zur innigsten Verehrung und steten Bewunderung antreiben – der gestirnte Himmel über uns und das moralische Gesetz in uns!"(Jena 1794)[194],

wird frei nach den Schlußworten des ersten Teils von Kants „Kritik der praktischen Vernunft"[195] erklärt. Der Mensch nimmt denselben Stellenwert ein wie das Universum, weil er sittlich ist. Er kann sein Handeln Einsicht und Willen unterstellen. Daß er dies tatsächlich mache, ist das Postulat vieler studentischer Stammbucheintragungen in den neunziger Jahren des 18. Jahrhunderts, die den kategorischen Imperativ Kants aufnehmen. In den meisten Fällen stammen diese Eintragungen aus Jena, wo in den neunziger Jahren Fichte die Kantischen Ideen weiterentwickelte. Für ihn war es letztlich Aufgabe der Gelehrten, die sittliche Vervollkommnung des Menschen voranzutreiben. Auch dieser Gedanke seiner Vorlesungen „Über die Bestimmung des Gelehrten" (4.Vorlesung) fand seinen Niederschlag in einem (Jenaer) Stammbuch.

---

[193] IHKW 25, S.101; der erste Satz noch in: GNM Hs.112748, S.81; DLA A:Stbb.60.590, S.347; UBJ 45, S.113; DLA A:Stbb.60.590, S.351; HAAB 553, S.87; UBE Ms.1983, Bl.94r.

[194] NSW VI Hs.Gr.13 Nr.117, S.64.

[195] Also ausschließlich dessen „Methodenlehre der reinen praktischen Vernunft".

> „Die erste Bestimmung des Gelehrtenstandes: ist die oberste Aufsicht über den wirklichen Fortgang des Menschengeschlechts im allgemeinen, und die stete Beförderung dieses Fortgangs.“(1795)[196]

Dabei spielt wieder die eigene Situation der Studenten eine Rolle. Man ist Gelehrter oder möchte es werden. Sich selbst nichts weniger als den „Fortgang des Menschengeschlechts“ zur Pflicht zu machen, zeugt von einer hohen Erwartung und Bereitschaft. Zur Relevanz des sittlichen Handelns im Alltag auch und gerade für den gesellschaftpolitischen Bereich kann das Motto einer Eintragung dienen, die den Artikel 4 der „Erklärung der Rechte und Pflichten des Menschen und des Bürgers“ zitiert,[197] die der französischen Verfassung von 1795 vorangestellt war.

> „Niemand kann ein guter Bürger, genannt werden, der nicht ein guter Sohn, ein guter Vater, ein guter Bruder, ein wahrer Freund, ein guter Gatte ist.“(Jena 1798)[198]

Der Student Friedrich Emmermann hatte ganz bewußt diesen Ausschnitt aus der Bürgerrechtserklärung gewählt. Als Anhänger der Französischen Revolution sieht er die Grundlage jeglichen gesellschaftlichen Wandels im einzelnen. Daß er tatsächlich ein Verfechter revolutionärer Ideale war, beweist seine Widmung.

---

[196]UBJ 82, Bl.7v. Vgl. Johann Gottlieb Fichte: Über die Bestimmung des Gelehrten. Fünf Vorlesungen 1794. Stuttgart 1959 (Nach der Erstausgabe von Jena und Leipzig 1794), S.47: „und hieraus ergibt sich denn die wahre Bestimmung des Gelehrtenstandes: es ist die oberste Aufsicht über den wirklichen Fortgang des Menschengeschlechts im allgemeinen und die stete Beförderung dieses Fortgangs.“ Das nicht wortgetreue Zitat des Studenten läßt den Schluß zu, daß er die Eintragung aus dem Gedächtnis der gehörten Vorlesung gemacht hat.

[197]Die Französische Revolution. Eine Dokumentation. Hrsg. von Walter Grab. München 1973, S.239.

[198]IHKW 46, Bl.191r. (Ort aus anderen Eintragungen ermittelt)

> „Dies Blättchen mein Lieber, betrachten Sie als den Schwanengesang Ihres Freundes auf dem Boden der Knechtschaft und Unterdrückung. – Auch im Lande der Freyheit im Schooße der großen Frankenrepublik gedenke ich Ihrer.“

Friedrich Emmermann wollte also nach Frankreich reisen, dem Land, das sein Ideal der Freiheit verwirklicht hatte. Die Verbindung von Motto und Widmung zeigt, daß das uns heute als banal erscheinende Motto tatsächlich eine eminente politische Bedeutung hatte. Tugendhaftigkeit im weitesten Sinne war eine menschliche und schließlich bürgerliche Pflicht. Dabei muß der Bürger mit dem Menschen gleichgesetzt werden, denn nur er ist tugendhaft. Nicht-Tugendhafte werden als un-menschlich ausgegrenzt.[199]

3.13 Handeln

Eintragungen mit Texten, die das Handeln von Menschen betreffen, schlagen über den Zeitraum von 60 Jahren mit durchschnittlich 1,67% zu Buche. Sie nehmen, mit der Ausnahme der sechziger Jahre von 0,65%, in der Häufigkeit ständig zu, so daß sie in den neunziger Jahren einen Anteil von 3,11% an den gesamten Eintragungen haben. Gegenläufig dazu nimmt das Vertrauen der Studenten in die göttliche Voraussicht kontinuierlich ab. Der Zeitraum des Umbruchs sind die achtziger Jahre. Haben in den siebziger Jahren die Texte, die eine Voraussicht und Vorgestaltung der Dinge durch Gott feststellen, mit 2,25% noch doppelt soviel Prozentpunkte wie diejenigen Texte, die das menschliche Handeln propagieren, so hat sich dieses Verhältnis schon in den achtziger Jahren nahezu umgekehrt. Jetzt können für *Handeln* 2,97% gegenüber 1,55% für die *Gottesvoraussicht* verzeichnet werden. In den neunziger Jahren wird die Differenz mit 3,11% zu 0,68% noch größer. Die Beziehung der beiden Textgruppen zueinander ist of-

[199] vgl. die Kapitel 3.1.1 und 3.3.

fensichtlich. In dem Maße wie die Studenten das Vertrauen in die durch Gott bestimmten Dinge des Lebens verlieren, gewinnen sie an Einsicht, selbst ihre Welt handelnd für sich einrichten zu können. Der Mensch ist von Gott verlassen, gewinnt dafür aber die Selbstbestimmung. Er duldet nicht mehr, sondern handelt. In den neunziger Jahren wird diese Erkenntnis noch von den Ereignissen in Frankreich bestätigt, wo die Menschen tatsächlich die Welt durch ihr Handeln veränderten. Zu Beginn des untersuchten Zeitraums wird auch schon auf die Wichtigkeit situationsbedingten Handelns hingewiesen.

> „Die fleißige und muntre Bienen-Schaar,
> Nimmt zu dem Eintrag ihrer Speise,
> Das schön und helle Wetter wahr.
> Auf gleiche Art und Weise
> Machts auch ein kluger Mann.
> Er weiß bey all und jeden Sachen
> Zeit und Gelegenheit sich wohl zu Nuz zu machen."(Altdorf 1741)[200]

Ein „kluger Mann" muß erkennen, was in welchem Moment wichtig ist. Das Leben muß nach den Umständen bestmöglich genutzt werden. Wenn sich eine vorteilhafte Möglichkeit ergibt, sollte sie nicht versäumt werden. Dafür ist der Mensch selbst verantwortlich, wenn auch zu dieser Zeit der Glaube an Gott insgesamt noch vorherrschend war.[201] Der Impuls zum Handeln geht zunächst noch von Gott aus. „Wohl und recht thun, ist dem HERRN lieber, denn Opfer."(Tübingen 1767)[202] Mit diesem Spruch Salomons (XXI,3) wird deutlich, daß das Handeln kein Selbstzweck

---

[200]GNM Hs.113894, Bl.96v; der Text wurde der Autorin Zäunemannin zugeschrieben. Dabei handelt es sich um Sidonia Hedwig Zäunemannin (1714-1740), „kayserlich gekrönter Poetin" (S. Goedeke. 3. Band. Dresden 2.Aufl./ 1887. Neudruck: Nendeln/Liechtenstein 1975, S.329.), die hier also recht schnell rezipiert wurde.

[201]vgl. die Kapitel 2.1, 2.2 und 2.11.

[202]LBS cod.hist.oct.290, S.313. (Ort aus anderen Eintragungen ermittelt).

sein kann, und daß auch nicht jede Art des Handelns Gottes Wohlgefallen erweckt. Die Taten der Menschen müssen im weitesten Sinne tugendhaft sein. Dabei ist das Ideal keine absolut gesehen große Tat, sondern die relative, wie folgender Satz Youngs („Nighthoughts“, zweite Nacht) zeigt.

> „Wer das Beste thut, was ihm seine Umstände erlauben, der thut recht, der handelt edel; Engel könnten nicht mehr thun.“(Altdorf 1771)[203]

Solcherart zu handeln ist das eigentlich Gute. Immer sein bestes zu geben ist gleichsam himmlisch. So wird der tugendhaft Handelnde gleich den Engeln Gott teilhaftig. Im obigen Sinne ist auch dieses Geßner-Zitat zu lesen.

> „Wie glücklich ist der Weise, der, dem grosen Pöbel unbekannt, in lachenden Gefilden jede Wollust geniesst, welche die bescheidene Natur fodert, und gibt; Und unbemerkt grössere Thaten thut, als der Eroberer und der angegaffete Fürst.“(Tübingen 1776)[204]

Nicht große Taten im eigentlichen Sinne sind gefragt. Der vom Text gemeinte kriegerische Ruhm und das sich auf Repräsentation beschränkende Handeln von Herrschern sind nicht würdig. Die sogenannte große Welt läßt tatsächliches Wirken im Sinne der Aufklärung gar nicht zu. Dies ist hingegen durch den Rückzug in die Idylle möglich. In seinem Kreis zu wirken, ist das Ideal. Hier handelt man aus menschlichem Interesse und nicht aus diesem künstlich übergeordneten Gründen, wie den oben genannten. Diese Einstellung macht auch erst wahrhaft glücklich. Hier rührt das Handeln erstmals nicht von Gott her oder ist auf ihn bezogen. Ende der siebziger Jahre wird, hier mit einem Hume-Zitat, erkannt, daß der Mensch ein autonomes Wesen ist.

---

[203] UBE Ms.2134, Bl.111v.

[204] LBS cod.hist.oct.291, S.258.

> „Die äusserliche Handlung wird durch den Willen; der Wille durch das Verlangen, und das Verlangen wird durch das Angenehme oder Unangenehme bestimmt.“(Tübingen 1778)[205]

Das Handeln des Menschen kommt nur aus diesem selbst. Im äußersten Falle können noch Erfahrungen oder Eindrücke eine Rolle spielen, welche etwas als angenehm oder unangenehm einstufen lassen. In den achtziger Jahren handelte die Mehrzahl der in Stammbüchern eingetragenen Texte vom Einfluß des menschlichen Handelns auf ein erwartetes Jenseits und auf das Schicksal.[206] Auch Wielands „Ein Biedermann zeigt seine Theorie im Leben“ (Jena 1789)[207], wurde mehrfach aus „Kombabus oder Was ist Tugend?“ (Vers 42) zitiert. Das Kennzeichen eines Biedermanns ist, daß er tugendhaft ist, eben: bieder. Bloße Bekenntnisse genügen aber nicht. Das abstrakte Tugendideal soll in Handlungen konkret und wirksam werden. Auf eine griffige Formel gebracht lautet das Symbolum eines Studenten „Thue recht und scheue niemanden“(Helmstedt 1791)[208]. Damit verbindet er sich zu diesen Idealen und ruft andere dazu auf. Das Handeln ist hier noch mit einer anderen Tugend verbunden, die ich generell mit *Virtus* bezeichnet hatte, egal ob sie in antiken Texten vorkommt oder nicht. Der Tugendhafte soll sich von niemandem in seinem Bestreben aufhalten lassen. Demgegenüber treten in dieser Beziehung andere Tugenden in den Hintergrund.

> „Was nützt uns forschender Verstand,
> Der in den Weltlauf sieht und unsre Pflicht erkennet,

[205] LBS cod.hist.oct.219, S.27.

[206] Zum Einfluß des Handelns auf die Jenseitshoffnung und das Schicksal siehe die Kapitel 2.3 und 2.11.

[207] IHKW INH 44656, Bl.37; NSW VI Hs.Gr.13 Nr.104, S.44b; IHKW INH 44656, Bl.37; IHKW 63, S. 213; HAAB 501, S.95; IHKW Ring, Bl.56; UBJ 112, S.139; MKF L.St.319, S.129; UBJ 88, S.49; SB N Nor.H.1458, S.203; IHKW 46, Bl.65.

[208] NSW VI Hs.Gr.13 Nr.108, S.157.

Erobern wir nicht kühn die Felsenwand,
Die Wollen und Vollbringen trennet."
(Helmstedt 1791)[209]

Diese Verse Schillers meinen aber nicht andere, die etwa hindern könnten. Vielmehr steht die Barriere im Menschen selbst, wie auch der Wille zum Handeln. Der Verstand, und sei er auch noch so groß, ist nutzlos, wenn der Wille des Menschen dessen Erkenntnisse nicht durchsetzt. Die Problematik wurde durchaus erkannt. Nicht die Erkenntnis und das Ideal als solche, sondern das Handeln bringt die Menschheit voran. Das ist vielleicht schon als Kritik an der Aufklärung, im besonderen der deutschen, zu sehen. Während die Philosophie in Frankreich indirekt den Boden für die Revolution geebnet hatte, wurde sie in Deutschland zum Ersatz für politisches Handeln. Der Student, welcher den oben wiedergegebenen Text Schillers eingetragen hatte, benutzte diesen im entgegengesetzten Sinne. Er verurteilt das Ideal als nutzlos, wenn es nicht auch gelebt würde. Auch andere waren dieser Meinung und sagten es z.B. mit Knigge.

„Beurtheile die Menschen nicht nach dem, was sie sagen, sondern nach dem, was sie thun."(Jena 1792)[210]

Dies stützt meine obige intertextuelle Interpretation des Schiller-Zitats. Denn dieser Text allein hätte im Sinne der idealistischen Philosophie gedeutet werden müssen. Der intertextuelle Zusammenhang aber, der von der Gattung des Stammbuchs begründet wird, läßt eine andere Auslegung zu. Selbständiges Handeln wird darüberhinaus sogar zum Wesen des Menschen erhoben. Ein Theologiestudent zitiert aus einer „Predigt über die Freiheit" Doederleins.[211]

[209] NSW VI Hs.Gr.13 Nr.110, S.51.
[210] UBJ 82, S.221.
[211] Joh.Christian Doederlein (1746-1792), Professor der Theologie in Jena, galt als „Melanchthon seiner Zeit" [Allgemeine Deutsche Biographie. Bd.5, S.280/281.]. Die Eintragung wurde sieben Monate vor seinem Tod gemacht.

> „Der Mensch hat Alles verlohren, wenn er Seine Würde Preiß giebt und nicht selbst handelt!“(Jena 1792)[212]

Jemand, der sich seine Handlungen vorschreiben läßt, begibt sich so, mit Kant zu reden, in „selbstverschuldete Unmündigkeit“. Und das in einer Zeit, in der ansonsten der Ausgang aus derselben behauptet wird. Ein Mensch, der alles verliert, verliert auch sein Menschsein an sich. Dieses liegt eben in der Fähigkeit zur Selbstbestimmung und daraus resultierendem Handeln begründet. Nur der Handelnde ist, so verstanden, überhaupt Mensch. Wie schon des öfteren wird hier das Menschsein an bestimmte Verhaltens- oder Empfindungsweisen gebunden. Eine Gesellschaft, die einem Muster bestimmter Ideale entspricht, hebt sich von denjenigen ab, die dies nicht tun. Da die fraglichen Ideale sämtlich positiv besetzt sind, bilden ihre Träger die legitime Gesellschaftsform. Wenn sie, wie in diesem Fall des Bürgertums –denn darum handelt es sich– nicht die herrschende sind, so können sie implizit als die der Zukunft gelten. Deutlich wird dies noch einmal in einem Motto, das einen Gedanken Herders anführt.

> „Licht ist das stillste, aber wirksamste Element der Natur; durch seinen schnellen Strahl, durch seine ungestört fortgesezte, geräuschlose Wirkung belebt und reinigt es die Natur, erwekt und färbt die schlummernden Blumen, macht andre Farben ersterben; es ist der stille Träger fortwirkender Schöpfungs Kräfte. So sei auch unsre Thätigkeit für die Welt, der wir uns widmen, und der ganze Lohn derselben, dass durch sie, wie durch verschlungene Lichtstrahlen, eine neue schöne Schöpfung lebe.“(Tübingen 1795)[213]

[212] MKF.L.St.678, S.153.
[213] UBT Mh 863, Bl.33v.

Im Bild des Lichts, das in der Natur die Energie letztlich für alles Leben liefert, ist die Position des tugendhaften Menschen bezeichnet. Menschen, die sich in altruistischer Weise für die Welt einsetzen, spenden gleichsam neues Leben. Die Nutzung der Lichtmetaphorik auch im zweiten, eigentlich den Menschen gewidmeten Satz, verbindet letztere mit positiven Konnotationen an Natürlichkeit. Durch den Aufruf an „unsre Thätigkeit“ wird eine Gemeinschaft beschworen, die es so gar nicht gibt. Sie entsteht erst dann, wenn die Anhänger der Tugend in deren Sinne handeln. Das ist zugleich der „Lohn“. Unter Umständen ist der Text auch direkt als Aufforderung, „eine neue schöne Schöpfung“, eine Republik erstehen zu lassen, zu verstehen. Diese wird im Ideal von denselben Gruppen getragen, die der Text anspricht. Handelnde Menschen verhelfen der Republik, der „res publica“, zur Existenz. Sie kann nur funktionieren, wenn die Bürger sie als ihre Sache begreifen.

In einem Gedicht Eschenburgs erfährt der Begriff des Handelns eine Konkretisierung auf den gesellschaftlichen Bereich hin.

> „Wer frey darf denken, denket wohl!
> Ein weiser Spruch, des tiefsten Sinnes voll!
> Laß mich ein wenig ihn entfalten.
> Auch dieser ist darinn enthalten:
> Wer frey darf handeln, darf auch handeln wie er soll
> So wie Vernunft und Pflicht nicht Fürst u. Pöbel wollen,
> Daß freye Menschen handeln sollen
> Wer beydes nicht darf, der, nur der wird dumm und toll.“(Erlangen 1795) [214]

„Ein weiser Spruch“, der auch oft (seit 1780) in Stammbüchern zu finden ist (er ist der letzte Vers der zweiten Strophe aus Hallers „Ehmaligen Zueignungsschrift an den hochwohlgebornen gnädigen Herrn, Herrn Isaac Steiger, des Standes Bern Schultheißen“

[214] MKF.L.St.253, S.97.

im „Versuch schweizerischer Gedichte“)[215], ist die erste Zeile des Gedichts, dem es mehr um das Handeln als um das Denken geht. Und zwar bleibt hier das geforderte menschliche Handeln nicht in einer Abstraktion befangen, die den Beweggrund offenläßt. Dieser ist eindeutig zumindest aufgeklärter Natur. Nicht Macht darf den Ausschlag für ein bestimmtes Handeln geben, sondern nur die vernünftige Einsicht in die Dinge. Diese soll nicht dem Diktat eines Fürsten weichen müssen, aber auch nicht dem Druck der Masse. Damit könnte man die Basis für dieses Handeln mit der rousseauistischen «volonté générale» benennen. Auch diese ist nicht zwangsläufig der Wille einer Mehrheit, sondern das, was nach Meinung Vernunftbegabter dem großen und ganzen zum Wohl ausschlägt. Bedingung dafür ist, daß sich die Menschen im Denken befreien. Nur so können sie für sich zu Urteilen gelangen, die die Basis ihres Handelns bilden und dem Anspruch an die Vernunft gerecht werden können. Nur so kann auch aus dem innerlich im Denken und Fühlen befreiten Menschen ein gesellschaftlich freier Mensch werden, der handeln kann, wie er will, und nicht muß, wie andere wollen. Freies Denken ist die Grundlage des freien Handelns. Wenn also nur eines von beiden ausgeübt werden kann, so das Denken. Bei Unterdrückung der äußeren Freiheit ist der Mensch dennoch in seinem Innern frei. Dies muß er sich bewahren, da er sonst „dumm und toll“ wird, das heißt er entspricht nicht mehr dem Ideal eines vernünftigen Menschen. Darüberhinaus trägt das freie Denken die virtuelle Möglichkeit in sich, auch einmal zu freiem Handeln zu werden.

Es gab aber auch die Möglichkeit, daß der Mensch trotz idealen Handelns scheitern könnte, wie man an folgendem Satz aus Fichtes „Berichtigung der Urteile des Publikums über die Französische Revolution“(1793)[216] ersehen kann.

---

[215] zitiert in folgenden Stammbüchern: GNM Hs.31634, S.169; NSW VI Hs.Gr.13 Nr.105a, S.164; NSW VI Hs.Gr.13 Nr.120, S.103; MKF L.St.424, S.152; IHKW INH 44675, Bl.34 (hier: „denkt edel“).

[216] Dort im dritten Kapitel der Einleitung.

> „Handle recht, wenn auch die Trümmer des Weltalls über dir zusammenstürzen, und dich mit dem Bewußtsein ‚recht gehandelt zu haben und eines bessern Schicksals würdig zu sein ‘in ihrem Schoosse begraben.“ (Jena 1796)[217]

Tugendhaftes Handeln ist auch ohne direkten Zweck für den einzelnen gleichsam durch sich selbst Lohn für ihn. Die Tugend gereicht ihm in den Widrigkeiten des Lebens zum Trost.

Daß das Postulat des Handelns nicht nur ein Ideal war, zeigt der Fall des in Jena Philosophie studierenden Berners Fischer. Er hatte sich 1797 mit der neunten Strophe aus Goethes „Das Göttliche“ in das Stammbuch Hofmeisters eingetragen.

> „Und wir verehren
> Die Unsterblichen
> Als wären sie Menschen
> Thäten im Großen
> Was der Beste im Kleinen
> Thut oder möchte.“[218]

Einige Menschen, die besten, bemühen sich handelnd, etwas zu erreichen, damit sie den Göttern gleich unsterblich werden. Ein Vermerk Hofmeisters klärt uns über Fischers Leben auf.

> „Zu Bern starb am 4ten Mai 1800 in seinem 28st. Lebensjahre Bürger Joh.Rud. Fischer aus Bern, außerordentl. Prof. der Philos., u. Chef des Bureau des Ministeriums der Künste u. Wissenschaften. Er hatte sich zu Jena gebildet. In ihm verliert Helvetien einen der eifrigsten Mitarbeiter an der Verbesserung seines Schulwesens, dem er sich nun ganz gewidmet hatte. Seine gemeinnützige Arbeiten unter dem würdigen Minister Stopfer, u. später seine

[217] UBJ 88, S.152.
[218] NSW VI Hs.Gr.13 Nr.122, S.105.

> angestrengten Bemühungen für die Gründung der ersten Normalschule in Helvetien, zu deren Vorsteher er bereits von der Regierung ernannt war, haben ihm bei seinen aufgeklärten Mitbürgern ein schönes Denkmal gestiftet.“

Fischer entsprach also tatsächlich dem Ideal eines tugendhaft durch „gemeinnützige Arbeiten“ Handelnden. Wegen seiner Taten war er nach seinem Tode „bei seinen aufgeklärten Mitbürgern“ im Andenken geblieben. Das heißt auch in der Realität gab es die imaginären Gemeinschaften der Tugendhaften, deren ideale Existenz in dieser Arbeit schon des öfteren behauptet worden war. Zudem bildete Fischer mit seinem Kommilitonen Steck ein politisch gleichgesonnenes Gespann. Im Stammbuch Hofmeisters stehen sie mit ihren Eintragungen auf zwei einander folgenden Seiten. In der Helvetischen Republik nahmen beide eine verantwortliche Stellung ein.[219]

3.14 Klagen über Zeit und Zeitgenossen

Texte des Inhalts, wie er in der Überschrift angegeben ist, tauchen nur vereinzelt in Stammbüchern auf, d.h. mit über den Zeitraum von sechzig Jahren gesehen durchschnittlich 0,55%. Trotzdem wird noch deutlich, daß diese Textsorte in den achtziger und neunziger Jahren stark zurückgeht, nämlich auf die Hälfte des Durchschnittswertes in den achtziger und auf 0,12% in den neunziger Jahren. Der Höhepunkt liegt mit 1,62% in den sechziger Jahren. Die Eintragungen reichen von scherzhaften über moralisierende bis hin zu einsichtig-abgeklärten Texten.

> „Unsre Ahnen, wenn sie klagten
> daß die Zeiten schlimmer würden,
> sagten: alles sey verkehret,

[219] Vgl. Kapitel 2.7.

und das oberste zu unterst,
und das unterste zu oberst;
vor dem seys nicht so gewesen.
Und wenn jetzt die Enkel klagen
daß die Zeiten schlimmer werden,
schlimmer als sie nie gewesen;
sagt man: alles sey verkehret,
und das oberste zu unterst
und das unterste zu oberst.
Also stehn nun alle Sachen
wieder in dem rechten Zustand,
und das oberste zu oberst
und das unterste zu unterst.
also sind jezt gute Zeiten.“(Tübingen 1763)[220]

Das Gedicht Hubers mokiert sich über den topos, daß immer die Zeit, in welcher man lebt, die schlechteste sei. Mit diesem topos arbeiten auch die folgenden in einem Stammbuch zitierten Verse von Uz.

„Die süße Falschheit unßrer Zeit
Entweiche von der Erde,
Daß alte wahre Redlichkeit
Noch einmal Mode werde.“(Tübingen 1768)[221]

Zunächst scheint in gewohnter Manier über die jetzige Zeit geklagt zu werden. Jedoch wird hier ganz konkret Kritik an einer bestimmten Erscheinung geübt. „Die süße Falschheit“ ist die ver- und überfeinerte Kultur des höfischen Rokoko. In ihr dürfen Gefühle nicht ausgedrückt werden. Alles ist in ein Korsett der Etikette und der Verhaltensweisen eingezwängt. Dadurch soll vor allem der Adel domestiziert und dem Monarchen dienstbar gemacht, und unter dessen Kontrolle gestellt werden. Die Folge war:

[220] LBS cod.hist.oct.139, S.49.
[221] LBS cod.hist.oct.141a Kaps., Bl.32v.

man wahrte den Schein und spann Intrigen. Dies ist der Ansatzpunkt der Kritik. Der Umgang sollte lieber weniger zivilisiert, dafür aber ehrlicher sein. Doch hieß es auch verständnisvoll und über die Zeitläufte erhaben mit zwei Versen Kronegks.

> „Die Zeiten ändern sich, doch gleichen sie sich immer
> Es war auf unsrer Welt nie besser und nie schlimmer.“
> (Erlangen 1791)[222]

3.15 Schrecken und Gegener der Tugend – Die Verderbtheit

Als Antipoden zur Tugend wurden zwischen 1740 und 1800 mit durchschnittlich 2,58% in studentischen Stammbüchern Texte eingetragen, welche meist allgemeine, manchmal auch spezielle Ablehnungen der Verderbtheit beinhalten. Die Verderbtheit war das, wovon sich die Tugendhaften abzusetzen suchten. Das war auch die Funktion dieser Texte. Da die Tugend als abstrakter Begriff nicht sehr scharf zu fassen ist, benötigt man einen kontrastierenden Hintergrund, um sie deutlicher erscheinen zu lassen. Die Tugend soll umso erstrebenswerter erscheinen.

> „Siehe, das Böse vermagst du auch schaarweis dir zu gewinnen.“ (Altdorf 1744)[223]

Das impliziert, daß das Böse das Gute an Zahl übertrifft. Gut zu sein ist etwas Elitäres. Dazu gehört Verdienst. Alles andere ist eine Angelegenheit der Masse. Die Tugend ist also auch Mittel zum Zweck, sich abzuheben und als etwas besonderes zu erscheinen. So wurde dies im 18. Jahrhundert aber nicht empfunden.

[222] UBE Ms.2284, S.205.

[223] GNM Hs.173690, S.187. Vossische Übersetzung des Vers 287 der Oper. et Dieb. Hesiods. Im Original griechisch geschrieben. S. Hesiods Werke. Übersetzt von Johann Heinrich Voß. Neu hrsg. von Bertha Kern. Tübingen 1911, S.45.

Tugendhaftigkeit zog zwar gleichsam unvermeidlicherweise gewisse „Belohnungen“ nach sich, war im Idealfall aber Selbstzweck.[224] Daß die Durchführbarkeit einer reinen Tugendlehre kritisch gesehen wurde[225] ändert nichts daran, daß die Tugend an sich nur positiv bewertet wurde. Was ihr entgegenstand, galt es zu bekämpfen. Ein Gedicht Böhlaus zeigt sehr schön die verschiedenen Facetten der Verderbtheit.

> „Diß nenn ich pöbelhaft, wann man der Unschuld fliehet,
> Und bloß den eignen Ruhm in fremder Schande siehet
> Wann man dem Lob und Glück, deß Nechsten tödlich ist,
> Und alles nach dem Maaß der tollen Neigung mißt.
> Wann man die Wissenschafft den Glantz der Weißheit fliehet,
> Sich alles, andern nichts mit Gutheit übersiehet,
> Und dannoch bey dem Schimpf entdekter Blöße meynt,
> Daß man der klugen Welt ein Stern der Hoffnung scheint.“
> (Tübingen 1753)[226]

Die Verderbtheit ist nicht nur egoistisch in dem Sinn, daß man den eigenen Vorteil suchte. Sie sucht ihn sogar im Schaden anderer. Damit läuft sie dem Ideal des Altruismus zuwider. Auch können ihre Anhänger niemals weise im oben entwickelten Verständnis sein.[227] Das heißt nicht, daß sie dumm wären. List, die auch eine negative Konnotation hat, können sie durchaus besessen haben. Weitere Merkmale sind die Eigenliebe und eine dünkelhafte Voreingenommenheit. Diese Eigenschaften werden hier als solche des Charakters dargestellt. Eine weitere Eintragung mit einem Text

---

[224] Vgl. das Kapitel 3.3.2.
[225] vgl. das Kapitel 3.3.3.
[226] DLA A:Stbb.51.641, S.160.
[227] Vgl. das Kapitel 3.8.

Montaignes[228] macht sie allerdings abhängig von äußeren Faktoren.

> „Die Menschen werden nicht eher rechtschaffene Leuthe als im Unglück: nicht anders, als ob ein gutes Glück und ein gutes Gewißen nicht könnten beysammen seyn.“(Tübingen 1764)[229]

In positiver Betimmung wurde schon festgestellt, daß Tugend anscheinend meist an einfaches Leben gebunden war.[230] Nur in Ausnahmen war sie ein Ideal, das unabhängig vom Vorhandensein oder Nichtvorhandensein von materiellen Gütern bestehen konnte. Offensichtlich gilt auch der Umkehrschluß: wer in glücklichen Umständen lebt, kann nicht tugendhaft sein. Und so, wie dem Tugendhaften ein, meist jenseitiger, Lohn zuteil wird, so warten auf den Lasterhaften Strafen.

> „Durch Tugend steigen wir empor zu der Seeligkeit reiner Geister, zu paradiesischem Glücke, da hingegen jede unbesiegte, unreine Leidenschafft uns hinunterreißt und in Labyrinthe schleppet, wo Unruh, Angst, Elend, und Nachreu auf uns lauern.“(Erlangen 1767)[231]

Deutlich ist die Nähe zu den Verdammnisvorstellungen der Religion(en). Viel wichtiger ist aber, daß prinzipiell jedem dieses Schicksal widerfahren könnte. Dafür ist es aber andererseits auch jedem möglich, über die Verderbtheit zu siegen. Es gibt nicht mehr nur das rein Gute und das rein Böse, wie noch in den vierziger und fünfziger Jahren. Doch nicht nur das im Menschen angelegte Psychische, sondern auch das ihn umgebende Soziale hat Einfluß auf ihn, meint ein studentischer Eintrag durch ein Gedicht E. v. Kleists.

---

[228]≪Essais≫,3,9.

[229]LBS cod.hist.oct.87a, S.193.

[230]Vgl. das Kapitel 3.1.

[231]GNM Hs.84104h, S.270; Geßner.

„Und wer auch noch auf reine Sitten hält,
Wird doch zuletzt vom Hauffen hingerissen;
Gleich einem der in wilde Fluten fällt;
Er peitscht den Strom mit Händen und mit Füßen
Er klimmt hinauf, doch endlich fehlt die Kraft,
Der Leib erstarrt, sinckt, und wird fort gerafft."
(Göttingen 1768)[232]

Dabei geht der Text davon aus, daß die (damalige) Gegenwart verdorben ist. Es gibt nur wenige, die „noch auf reine Sitten" halten. Sie kommen damit aber nicht gegen die andersdenkende Masse an und werden schließlich trotz aller Bemühungen von ihr überwunden, gehen in ihr unter.[233] In den achtziger Jahren wird diese pessimistische Weltsicht noch entschiedener. Ein Student zitiert aus dem ersten Band von Rousseaus «Emile».

«Tout est bien sortant des mains de L'auteur des choses, tout dégénére entre les mains de l'homme.»(Stuttgart 1783)[234]

Das Urteil ist rigoros. Nach ihm ist der Mensch dazu verdammt, alles schlecht zu machen, ob er es will oder nicht. Der Mensch an sich gilt als korrumpiert. In den neunziger Jahren wendet sich dieser Zivilisationspessimismus nicht mehr generell gegen alle, sondern in einigen Fällen gezielt gegen die Herrscher.

„Große Menschen sind selten gute Menschen, und gute selten große. Große Fürsten können gut seyn, aber gute selten groß werden."(Göttingen 1791) [235]

Mit der Nähe zum oben zitierten Montaigne-Text macht dieser Satz die Tugendhaftigkeit des Menschen von seiner gesellschaft-

---

[232]LBS cod.hist.oct.87a, S.68.
[233]vgl. das Kapitel IV,12.
[234]DLA A:Stbb.6729, S.280. Übersetzung: Alles kommt gut aus den Händen des Schöpfers der Dinge, alles verschlechtert sich in den Händen des Menschen.
[235]GNM Hs.117196, S.234.

lichen Stellung abhängig. Je höher diese ist, umso wahrscheinlicher ist es, daß der Mensch seine guten Eigenschaften verliert, die er bei einem zurückgezogenem Leben besitzt. Die Macht macht den Menschen. Am schlimmsten verändert ihn dabei der Kampf um den Aufstieg. Wenn im besonderen ein Fürst „groß“ werden will, muß er andere als die in dieser Arbeit behandelten bürgerlichen Tugenden zeigen. Er muß sprichwörtlich *über Leichen gehen* können. Das rührt von einer noch aus dem Mittelalter stammenden Herrschaftsvorstellung her, nach der die Aufgabe eines Herrschers vor allem darin bestand, den Besitz an Land zu mehren. Wenn der Fürst eine gewisse „Größe“ erreicht hat, dann kann er es sich gleichsam *leisten* , zumindest im innenpolitischen Bereich, „gut“ zu sein. Dasselbe gilt für den Fall, wenn er schon eine konsolidierte Stellung des Monarchen vorgefunden hatte. Diese beiden letzten Möglichkeiten sind aber „selten“. Die Macht entwickelt einerseits eine Eigendynamik, die es dem Machthabenden nicht erlaubt, von ihren Prinzipien abzugehen, wenn er sie behalten möchte. Andererseits verändert sie auch die Charaktereigenschaften eines Menschen dahingehend, daß er sie sich zumindest bewahren, wenn nicht vergrößern will.

Die Stammbucheintragungen sind in den neunziger Jahren auf eine individuelle Verderbtheit bezogen, die gleichwohl eine gesellschaftliche Dimension hat.

> „Aber wie sollte die Welt sich verbessern? Es läst ja ein jeder Alles zu, und will mit Gewalt die andern bezwingen. Und so sinken wir tiefer und immer tiefer ins Arge. Afterred, Lug und Verrath, und Diebstahl und falscher Eidschwur, Raub und Mord; man hört nichts anders erzählen. Falsche Propheten und Heuchler betrügen schändl. die Menschen.“(Jena 1795)[236]

[236]IHKW INH 44675, Bl.1.

Dieses Zitat aus Goethes „Reineke Fuchs"(achter Gesang, V.158 ff.) ist nicht nur eine allgemeine Klage über die eigene Zeit, über die Mängel der Menschen und über die damit verbundene Unmöglichkeit, die Hoffnung auf eine bessere Welt zu verwirklichen. Es ist auch eine Beschreibung der Zustände in Jena im Juli 1795. Damals hatten Jenenser Studenten einen Aufruhr veranstaltet, der von modernen Idealen geprägt war. Er wurde niedergeschlagen.[237] So ist auch die Widmung des eintragenden Jurastudenten Kellner erklärbar.

> „Geschrieben mit der linken Hand in betrübten Zeiten und Umständen von Deinem wahren Freunde H.C. Kellner d.R.B. aus Westphalen"

Die Stammbücher waren derzeit voll von Eintragungen, die sich direkt auf den Studentenaufruhr beziehen, so daß wegen der Ähnlichkeit der gewählten Worte auch in diesem Fall davon auszugehen ist, daß hier das Scheitern der studentischen politischen Aktion gemeint war. Vielleicht wurde Kellner dabei an der rechten Hand oder am rechten Arm verletzt. Auf jeden Fall wird der Text Goethes für ein ganz konkretes Ereignis instrumentalisiert, das die Hintergründe des glücklosen Aufstands erahnen läßt. Diesen schrieb man ganz allgemein der Verderbtheit des Menschen zu.

Die Einstellung gegenüber den Mächtigen polarisiert sich am Ende des Jahrhunderts.

> „Viele Klagen hör ich oft erheben
> Vom Hochmuth, den der Große übt
> Der Großen Hochmuth wird sich geben
> Wenn unsre Kriecherey sich gibt."(Jena 1799)[238]

In diesem Gedicht Bürgers („Mittel gegen den Hochmut der Großen") ist der Mächtige nur noch als untugendhaft dargestellt.

[237] vgl. das Kapitel VII,3.

[238] IHKW INH 44672, S.70. „Mittel gegen den Hochmut der Großen". In: Gedichte. 2 Bde. (1789) (erstmals im Göttinger Musenalmanach 1788).

Zu dieser Kritik kommt nun aber auch die an einem Untertanengeist, der die Anmassungen der Macht erst ermöglicht. Mehr noch: es ist eine Forderung, die „Kriecherey" abzulegen, was in der Folge auch den „Großen" ändern wird, da ihm die Grundlage seiner Macht entzogen wird. Hinter der Eintragung dieses Textes ist die Erfahrung der Französischen Revolution mitzudenken, welche genau das Behauptete als wahr erwiesen hat. Das Gedicht wird so im nachhinein zur Beschreibung der Geschichte und zugleich zum Aufruf, ihre gültigen Prinzipien und Ereignisstrukturen zu wiederholen.

Ansonsten nehmen gegen Ende der neunziger Jahre wieder die einfachen Ablehnungen der Verderbtheit zu, wie sie schon in den ersten Jahrzehnten des untersuchten Zeitraums zu beobachten waren.

> „Gutes üben ist leicht, und Großes leisten noch leichter,
> Eines ist noth und ist schwer; standhaft das Böse verschmähn."(Jena 1797)[239]

Mit diesem Text Kosegartens wird der menschlichen Psyche Rechnung getragen, die anscheinend vom Bösen verführbar ist. Verdienste zählen zwar, müssen aber eventuell wegen der angesprochenen Verführbarkeit relativiert werden. In diesem Sinne ist auch eine Eintragung einiger Verse von Uz geschrieben.

> „Der Absicht Niedrigkeit, erniedrigt grose Thaten
> wem Geiz und Ruhmbegier auch Herkuls Werke rathen
> der heist vergeblich gros;
> er schwingt sich nie vom Staub des Pöbels los."(Jena 1795)[240]

Der Grund für die Disposition zur Untugend ist wohl im Egoismus der Menschen zu suchen. Hierzu wird schon 1799 der ironische Ton Jean Pauls zitiert.

[239] NSW VI Hs.Gr.13 Nr.122, S.144; NSW VI Hs.Gr.13 Nr.131, Bl.81.
[240] NSW VI Hs.Gr.13 Nr.117, S.80.

> „Die Menschen s[in]d so sehr in ihren Ichs eingesunken, d[a]ß jeder den Küchenzettel fremder Leibgerichte gähnend anhört u. doch mit dem Intelligenzblatte der seinigen andere zu erfreuen meynt.“(Jena)[241]

Die Kritik richtet sich gegen den ganz persönlichen Umgang der Menschen untereinander im Alltag. Trotz der zu konstatierenden Abkehr von gesellschaftlichen Inhalten ist jene doch die Grundlage dieser. Hier deutet sich schon der Rückzug der Romantik auf das Individuelle an, der aber, richtig verstanden, in Analogie zur Idyllensehnsucht der Klassik eine als politisch zu bewertende Bedeutung hat.

[241] IHKW INH 44672, S.100.

Kapitel 4

Der Ruf nach Freiheit

4.1 Das Feindbild Despotismus

Eintragungen, deren Texte despotische Systeme charakterisieren oder bekämpfen, indem sie diese mit anderen Worten beschreiben oder direkt mit dem Begriff *Despotismus* belegen, sind nur in den achtziger Jahren mit 0,52% und in den neunziger Jahren mit 1,69% in studentischen Stammbüchern zu finden. Deshalb ist dem Artikel „Tyrannis, Despotie" der „Geschichtlichen Grundbegriffe" zuzustimmen. „In Deutschland vermag sich trotz der Montesquieu- und Rousseau-Rezeption ‚Despotismus'als Kampfbegriff gegen die absolute Monarchie vor der Französischen Revolution nur in begrenztem Umfang durchzusetzen."[1] Allgemein definiert er nach Montesquieu Despotie als einen Zustand ständig bedrohter Freiheit im täglichen Leben der Bürger, nicht nur durch den Monarchen. Die Regierungen Europas wurden danach als maßvoll angesehen. Rousseau setzte dem seine «volonte générale» entgegen. Aber auch er benutzte Tyrannis und Despotie nur als historische Reminiszenzen. Die französischen Physiokraten prägten die Begriffe des «despotisme légal» bzw. des «despotisme de la liberté», befürworteten also einen „aufgeklärten Absolutismus".

[1]Geschichtliche Grundbegriffe. Bd.6, S.680.

Bei den studentischen Eintragungen zum Despotismus ist zu bemerken, daß neben den hauptsächlich eingetragenen Texten mit gesellschaftspolitischer Bedeutung vereinzelt auch Texte zu finden sind, die einen *inneren Despotismus* meinen. „Sey deiner Leidenschaften Herr, nur die sind deine Tyrannen.“(Göttingen 1788)[2] Der Mensch muß seine physiologischen und psychischen Leidenschaften der Vernunft unterordnen, dann ist er frei. Bei dieser Art von Despotismus scheint vor allem an eine Gängelung durch Liebe gedacht worden zu sein.

> „Abhängigkeit von einer Geliebten ist weit gefährlicher, als Abhängigkeit von Feinden; Ein Tyrann, den man liebt, herrscht unumschränkter, als ein Tyrann, den man haßt.“(Tübingen 1791)[3]

Dieser Gedanke Lessings ist aber schon der letzte diesbezüglich von Studenten in Stammbücher eingetragene. Ansonsten werden, zunehmend in den neunziger Jahren, adelige Willkür und Unterdrückung angeprangert. Aber auch das Ausgeliefertsein an andere als adlige Obrigkeiten wurde als solche empfunden.

> „Rathsherrischer Zorn ist schreklicher in einer kleinen Stadt, als der Donner des Himmels, denn dieser gehet bald vorüber, aber jener nie.“ (Tübingen 1787)[4]

Einem selbstbestimmten und ungetrübten Lebensgenuß kann die Obrigkeit schlechthin entgegenstehen, wie man an dem wiedergegebenen Satz aus dem dritten Teil von „Über die Einsamkeit“ des Schweizer Arztes Zimmermann ersieht. Es ist demnach also keine Frage der Verfassung und des politischen Systems, sondern der

[2] HAAB 533, Bl.27v. Vgl. E. v. Kleist: Die Unzufriedenheit der Menschen, Verse 30/31. In der im Stammbuch zitierten Form fehlen den beiden Versen der zweite bzw. der erste Halbvers.

[3] UAT S 128/21, S.6.

[4] LBS cod.hist.oct.278, S.226.

tatsächlichen Auswirkungen auf das Leben. In diesem Sinne ist auch eine Eintragung eines Wieland-Textes zu verstehen, die am 29.9.1789 in Jena, also kurze Zeit nach dem Sturm auf die Bastille, gemacht wurde. Sie liest sich wie eine Apologie der Revolution und war es in diesem Falle auch der Intention des Autors nach. Das Zitat stammt aus der von Wieland herausgegebenen Zeitung „Der Teutsche Merkur“ vom September 1789. Das bedeutet, daß der Text sofort rezipiert und in die Diskussion eingebracht wurde.[5]

> „Die Bewegungen eines zur Verzweiflung gebrachten Volkes sind, ihrer Natur nach, stürmisch, und niemand kann für ihre Folge verantwortlich gemacht werden, als der- oder diejenigen, die das Volk durch eben so unverständige als tyrannische Maßregeln zu dieser Verzweiflung getrieben haben.“[6]

Das Volk hat ein Widerstandsrecht, sei es gegen einen Autokraten oder gegen eine Oligarchie, wenn deren Politik nicht auf Verstand beruht, un-verständig ist. Der Text evoziert die Meinung, eine so zu verstehende Politik sei zwangsläufig tyrannisch. Von der Vernunft gelenkte Politik ist Menschenwohl, alles andere steht diesem entgegen. Die Reaktion auf „tyrannische Maßregeln“ kann durchaus „stürmisch“ sein. Das heißt, daß Gewalt wohl als legitim angesehen wird im Kampf gegen Machthaber, die sich selbst

---

[5] Der betreffende Aufsatz „Über die Rechtmäßigkeit des Gebrauchs, den die französische Nazion dermahlen von ihrer Aufklärung und Stärke macht. Eine Unterredung. Geschrieben im August 1789.“ ist auch zugänglich in der Wieland-Ausgabe letzter Hand von Leipzig 1794 bis 1811: Christoph Martin Wieland: Sämmtliche Werke. Reprint. Hrsg. von der „Hamburger Stiftung zur Förderung von Wissenschaft und Kultur“ in Zusammenarbeit mit dem „Wieland-Archiv“, Biberach/Riß, und Dr. Hans Radspieler, Neu-Ulm. Hamburg 1984. 29. Band, S.147- 191, hier: S.149. Wieland verteidigt in dieser „Unterredung“ zwar den Beginn der Revolution, nimmt aber eine eindeutig pro-monarchische, allerdings anti-aristokratische Haltung ein. Sein Ideal ist ein aufgeklärter Monarch an der Spitze einer freien Nation; vgl. auch Christoph Martin Wieland: Meine Antworten. Aufsätze über die Französische Revolution. Hrsg. von Fritz Martini. Marbach a.N. 1983, S.8.

[6] MKF L.St.303, S.86.

durch Unvernunft in die Illegitimität getrieben haben. Wenn auch Gewalt ansonsten als außerordentlich eingeschätzt wird, da ihre Grundlage die Verzweiflung ist. Nur dies entschuldigt sie. Widerstand ist systemunabhängig. Das bedeutet auch, daß prinzipiell jede Staatsform möglich ist, sofern sie nur die Freiheiten der Beherrschten gewährleistet, wie aus folgendem Zitat der letzten vier Verse aus Pfeffels „Die drey Stände. An Herrn Rath Petersen in Darmstadt" zu ersehen ist.

> „Ein schöner Anblik, Freund! Wenn nur die heilge Regel
> Des Lichts uund Rechts der Riesen Arm regiert;
> Sonst ist es eins, ob Zepter oder Flegel,
> Ob Krumstab oder Speer das Reich despotisiert."
> (Altdorf 1793)[7]

Der Mächtige muß durch das Licht erleuchtet, d.h. aufgeklärt sein. Damit verbunden ist die konsequente Anwendung von Recht. Dies ist das, was man in Frankreich schon zur Mitte des 18. Jahrhunderts als «despotisme éclairé» bezeichnet hatte. Dabei war es den Physiokraten nicht nur egal, daß sie von einem Alleinherrscher regiert wurden. Dies wurde sogar als Vorteil empfunden, weil der –aufgeklärte– Monarch zum Wohle seiner Untertanen Entscheidungen treffen könne, ohne auf einen Apparat angewiesen zu sein, der diese nur verzögern und einschränken und sie damit mindestens eines Teils ihrer Wirksamkeit berauben würde. So weit geht der zitierte Text allerdings nicht. Sein Resümee ist resignierend. Ohne Aufklärung herrscht der ungezügelte Despotismus, egal ob weltlicher oder geistlicher Provenienz. Mit ihr ist für den einzelnen ein Leben in Freiheit möglich. Tatsächlich waren auch die sogenannten *absoluten* Monarchen an gewisse Rechte aus Gewohnheit und Tradition gebunden und mußten zudem auf die Interessen verschiedener Gruppen Rücksicht nehmen, so daß von einem Herrscher *legibus absolutus* nicht die Rede sein konnte. Der Text nimmt

[7] UBJ 82, Bl.77v; auch in: MKF L.St.310, S.150.

also keine Stellung dazu, ob der „aufgeklärte“ Absolutismus der am besten gangbare Weg zu einem funktionierenden Gesellschaftssystem oder nur das –vermeintlich– kleinere Übel ist.[8] Eine andere Eintragung macht das Wohl und Wehe einer Gesellschaft nicht primär von der Herrschaftsform abhängig.

> „Keine Meinung ist gefährlich, sobald ein ieder die seynige frei sagen darf. Aber sie wird es, wenn sie die einzige sein will, und zu einem gewißen Grad der Herrschaft wirklich gelangt.“(Leipzig 1793)[9]

Wichtig bei diesem Text Jacobis ist, daß Meinungsfreiheit herrscht. Erst ein Meinungstotalitarismus wirkt unterdrückend, und das in jedem System. Das impliziert auch, daß die Entwicklung in Frankreich durchaus kritisch eingeschätzt werden konnte. Im Kampf um die Meinungen wird allzuleicht die eigene als die einzige angesehen. Dagegen wird hier ein pluralistisches Ideal gesetzt. Demgegenüber sucht die Eintragung eines Schillerschen Verses („An die Freude“, 17.Str., erster Vers) die Lösung gezielt in der Abkehr von herrschenden Verhältnissen. Sie fordert die „Rettung von Tyrannen Ketten!“(Erlangen 1794)[10] Es ist ein Aufschrei, der

---

[8] 1797 wurde in Jena durch Goethes 14. der „Epigramme“ implizit Stellung für den „aufgeklärten“ Absolutismus bezogen.

> „Diesen Ambos vergleich ich dem Lande, den Hammer dem Fürsten,
> Und dem Volk das Blech, das in der Mitte sich krümt.
> Weh dem armen Bleche! wenn nur willkührliche Schläge
> Ungewiß treffen, und nie fertig der Kessel erscheint!“[IHKW 46, Bl.189.]

Als negativ erscheint nicht die Tatsache, daß der Fürst sich das Volk zurechtbiegt, sondern wenn er dies willkürlich macht und also kein bestimmtes Ziel damit verfolgt. Das Volk zu einem planvollen Ganzen zu bilden, auch mit Opfern, ist hingegen nicht nur erlaubt, sondern sogar gefordert.

[9] DLA A:Stbb.54.739, Bl.73v.

[10] MKF L.St.678, S.267; auch in: HAAB 351, Bl.62r; V.1/2 in: HAAB 478, S.68; die ganze 17.Str. in: SAW 200/307, S.29; Kombination des ersten Verses der 17.Str. und des vierten Verses der 15.Str. in: IHKW 60, S.114.

weiß, was er will bzw. was er nicht will. Er weiß aber nicht, wie dieses Ziel zu erreichen wäre. Die Lösung liegt zum einen in der Verweigerung dem verhaßten System gegenüber.

> „Stirb für dein Weib, für deinen Freund;
> fürs Vaterland, für deinen Feind,
> nur stirb für keinen Fürsten!!"(Jena 1795)[11]

Ein Tod im Einsatz für die persönlichen Belange ist nach den letzten drei Versen aus Pfeffels „Lohn des Helden" statthaft. Dazu gehört das Opfer für Freund oder Mädchen, eventuell auch für die Ehre, und für ein wie auch immer zu bestimmendes Vaterland. Damit ist auf keinen Fall der Soldatentod in den Truppen eines Landesherrn gemeint. Vielmehr ist dieser geradezu das Gegenbild aller geforderten Ideale.[12] In adligen Diensten, also gegen seine Interessen für die eines anderen zu sterben, wird kategorisch verboten. Das wäre Verrat an den eigenen Idealen, deren sich die Studenten untereinander zumeist gegenseitig versichert sein konnten, wie meine Untersuchung bisher gezeigt hat. Ein anderer Lösungsansatz zur Überwindung des Despotismus wird in der Aufklärung des unterdrückten Volkes gesehen.

> „Das Pferd zieht nur dann in der Mühle, wenn man ihm die Augen dekt, und das Volk nur solang am Joche, als es geblendet ist."(Tübingen 1795)[13]

„Geblendet" ist das Volk zum einen durch seine Unwissenheit und den von der Religion gestützten Glauben an die gottgewollte Verteilung von Macht und Reichtum, so wie sie im ancien régime schon seit Jahrhunderten bestand. Zum anderen ist es wohl auch vom nahezu sakralen Glanz der Repräsentation ihrer Monarchen geblendet, deren Zweck dies zum Teil war. Dem Volk sollten als Heilmittel dagegen sprichwörtlich *die Augen geöffnet* werden. Wenn

---

[11] DLA A:Stbb.60.590, S.211; auch in: DLA A:Stbb.60.590, S.13; MKF L.St.253, S.110.

[12] vgl. das Kapitel 4.9.

[13] LBS cod.hist.oct.117, S.274.

auch der Satz grammatisch gesehen lediglich eine Feststellung und vielleicht sogar eine Drohung ist, in welch letzterem Falle fraglich ist, ob der Adressat tatsächlich durch die Eintragung in ein studentisches Stammbuch erreicht werden kann, so möchte ich doch behaupten, daß es sich um einen Aufruf handelt, den beschriebenen Zustand zu ändern. Studenten wären dafür die richtigen Adressaten, da sie in ihren späteren Berufen das Ihrige dazu beitragen könnten.[14]

Immer mehr machte sich bei einigen Studenten die Auffassung breit, daß es, entgegen der Meinungen der letzten Jahre, eben doch auf das System der Herrschaft ankomme. Es genügte nicht mehr, unter einem aufgeklärten Herrscher zu leben. Um dies auszudrücken, werden wiederum Verse Pfeffels benutzt.[15]

> „Das was ein Fürst despotisch thut,
> Und wär es noch so schön und noch so gut
> Empört so sehr als – Grausamkeiten.“(Jena 1795)[16]

Das, was noch vor kurzem als Vorteil gegolten hatte, nämlich daß *ein* aufgeklärter Monarch sein Volk besser im Sinne der Aufklärung regieren könne, gilt nun nicht mehr. Vielmehr wird die Grundlage dieser aufgeklärten Monarchen in Frage gestellt: seine Regierungsform der Alleinherrschaft. Es ist nicht darum zu tun, ob der Fürst im tugendhaften Sinne handelt, sondern wie er es macht. Handeln, auch gutes, aus eigener Machtvollkommenheit heraus ist schlecht an sich. Bei der Ausbildung dieser Überzeugung im Denken der Studenten dürfte die Erfahrung der Französischen Revolution –in der eben dem Despotismus eines Herrschers gesteuert wurde–, wenn keine auslösende, so doch eine katalysierende Wirkung gehabt haben. Dasselbe gilt für den Satz Schillers „Menschen

[14] Einige in dieser Arbeit auch zitierten Eintragungen konkretisieren diesbezügliche Aufforderungen noch durch Erklärungen, wie das Motto in der Realität zu leben ist.

[15] Und zwar die letzten drei Verse aus „Der Elephant. An den Herrn Pannerherr Wildermett in Biel.“.

[16] DLA A:Stbb.60.590, S.162.

sind Marken, womit Fürsten zalen, wenn sie um Provinzen spielen."(Tübingen 1795)[17], der außer diesem ersten Beleg noch öfter vorkommt. Er wurde durch den ersten Koalitionskrieg (1792-97) gegen Frankreich und später durch den Gebietsschacher des Rastatter Kongresses bestätigt.

Eine Eintragung, wahrscheinlich von 1794 oder auch von 1795, zeigt, wie die Zeiten empfunden wurden. Sie ist auf ein als abgerissen gezeichnetes Blatt auf zwei Stammbuchseiten geschrieben.

„Fragment aus den Jahrbüchern der Menschheit
Ao.1794
erschoepfte Schaetze
verwüstete Länder, un
sinkende Thronen, zerbr
Ringen der List gegen List –
Rache der Unterdrückten –
Menschenblut – Zerstörung
halbreifer Früchte der Künste
und des Gewerbes, Seufzer un
zaehliger Bedrükten – brod-
lose Wittwen – vaterlose Wai-
sen ––
Damnosa quid non imminuit dies
Hor.

samkeit
Unterwürfigkeit
pfer der Hierarchie
tion – verdorbene Pfaf-
fen am Staatsruder – Geister-
erscheinungen – Religionsedict
Finsterniss – Licht.
Kreutzzüge – Catalogus

[17] UBE Ms.1983, Bl.33v; auch in: DLA A: Stbb. 60.12, Bl.20v; LBS cod.hist.oct.280, Bl.230v; SB N Nor.H.965, S.54.

librorum prohibitorum –
Vernunftprediger – Altar –
dem unbekannten Gott –
Freyheit – Guillotine –
Zaehneknirschen des Despotismus"(Jena)[18]

Der erste Teil schildert die Situation im Jahre 1794. Der zweite nach dem Horaz-Zitat[19] beschreibt auf der Rückseite des Stammbuchblattes Stationen der Geschichte Europas bis zur damaligen Gegenwart der Französischen Revolution. Die Momentaufnahme aus dem Jahre 1794 erscheint als Dokument der Zerstörung und Unterdrückung. Der große Gang durch die Geschichte gipfelt im Ziel der Revolution und mit der Guillotine im Sieg über den Despotismus. Die europäische Geschichte bis dahin war eine der Zwangsherrschaft, der Verfolgung und des Aberglaubens. Aus der aufkommenden Vernunft resultiert schließlich die Freiheit.

Der Despotismus war nun vollends zu einem Kampfbegriff geworden. Es wurde auch kaum noch nach verschiedenen Ausprägungen unterschieden. Despotismus ist ein jeglicher Vernunft entbehrendes System und damit nicht existenzwürdig.

„Ich möchte lieber Brudermord
auf meiner armen Seele haben,
als durch ein einzig Schmeichelwort
die Dummheit und den Despotismus laben."
(Leipzig 1797)[20]

Dieses Gedicht Bürgers setzt Dummheit und Despotismus durch die Alliteration und die assoziative Verknüpfung beim Leser in eins. Das schlimmste Verbrechen ist die Unterstützung des Despotismus, gleich in welcher Form sie geschieht. Er ist aufgrund seiner wider die Vernunft gerichteten Natur nicht lebensfähig und

---

[18] DLA A:Stbb.60.590, S.377/378.

[19] Carmina III,6,45; Übersetzung: „Schadenstiftend was verschlechtert nicht die Zeit?" [Aus: Kytzler (Hrsg. und Übers.), S.135.

[20] UBG Hs.1216x, Bl.60.

darf auf keine Weise am Leben erhalten werden. Man muß sich ihm verweigern.

4.2 Versklavtes Volk

Nur vereinzelt finden sich in studentischen Stammbüchern Texte, die von der allgemeinen Anklage des Despotismus abgehen und direkt die Unterdrückung von Menschen thematisieren. Die durchschnittliche Häufigkeit während sechzig Jahren beträgt nur 0,18%. Einzig in den neunziger Jahren werden 0,33% erreicht. Diese Texte könnte man auch unter dem Begriff *Despotismus* fassen, sie haben aber dennoch eine eigene Qualität, so daß ich sie hier in Ergänzung zum vorigen Kapitel gesondert besprechen möchte. Ein Drittel der Eintragungen setzt ein Gedicht Matthissons, nur zwischen 1791 und 1797, als Motto ein.

> „Sklaven-Ketten sind der Erde Leiden;
> Oefters ach! zerreißt sie nur der Tod!
> Blumenkränzen gleichen Ihre Freuden,
> Die ein Westhauch zu entblättern droht."
> (Halle 1793)[21]

Das Lamento nimmt die „Leiden" hin und hofft auf deren Ende mit dem Ende des Lebens, oder vielleicht gar auf ein besseres Jenseits?[22] Welcher Art die „Sklaven-Ketten" sind, ist auch nicht eindeutig festzustellen. Es können ganz allgemein solche Zwänge gemeint sein, die sich aufgrund des Menschseins ergeben. Da der Text aber nur in den neunziger Jahren Aufnahme in studentischen Stammbüchern findet, neige ich zu der Annahme, daß er auf dem Hintergrund der Französischen Revolution eine neue Bedeutung gewann. Die Studenten instrumentalisierten ihn, weil Men-

[21] IHKW 25, S.154; auch in: LBS cod.hist.oct.297, Bl.98; MKF L.St.678, S.285; UBJ 82, Bl.54v; UBJ 82, Bl.46r; SAW 200/307, S.140; DLA A:Stbb.60.12, Bl.21v; NSW VI Hs.Gr.13 Nr. 117b, S.198.

[22] vgl. das Kapitel 2.9.

schen ihrer Meinung nach im gesellschaftspolitischen Bereich unterdrückt wurden. Vielleicht waren sie erst durch die Ereignisse in Frankreich darauf aufmerksam geworden, daß auch ein anderes, mehr Freiheit gewährendes, politisches System denkbar war als das des «ancien régime»? Dadurch erkannten sie aber auch, daß für das Deutschland der neunziger Jahre obiges Gedicht immer noch Geltung hatte. Der Ton klingt nicht mehr lamentierend, sondern verzweifelt über die aussichtslos erscheinende Lage. Die gesellschaftlichen Formen sind erstarrt.

> „Die Menschen sind entweder Sclaven
> oder ——— Tyrannen.“(Heidelberg 1796)[23]

Der Satz ist ebenfalls auf Deutschland übertragbar. Es gibt nur Herrscher und Beherrschte. In der Tendenz haben sich die Einträger solcher Art von Texten mit einer von ihnen bedauerten Lage abgefunden.

> „Sklavenketten klirren dumpf u. düster
> Und der Genius der Menschheit weint,
> Kaum daß noch mit leiserem Geflüster
> Sich ein edles Geisterpaar vereint!
> Dir entfliehen, dieser Welt entschwinden
> Must du, will die Seele Ruhe finden,
> Ach! hienieden reiht sich Schein an Schein,
> Und der Beste steht verkannt allein!“(Halle 1798)[24]

Erlösung aus irdischen Zwängen wird nur noch von einem erhofften Jenseits erwartet. Es klingt aber auch noch so etwas wie Hoffnung für das Diesseits an. Wenn „sich ein edles Geisterpaar vereint“, könnte auch hier der Grundstein für eine auf Ideale gegründete Gesellschaft gelegt werden. Eine solche kleine Einheit ist der Gegenentwurf zum Bestehenden. Dieser Aspekt geht zugegebenermaßen im insgesamt pessimistischen Ton des Textes unter und ist wohl

---

[23] MKF L.St.678, S.139.
[24] MKF L.St.424, S.135.

auch nicht vorrangig von den Einträgern gemeint. Nichtsdestotrotz gibt es, wenn auch in verschwindend geringem Ausmaße, Stimmen, die die Sklaverei ganzer Völker nicht als feststehendes Diktum sehen können.

> «Dieu fit la liberté,
> l'homme a fait l'esclavage!»(Jena 1796)[25]

Schon gar nicht ist die Sklaverei gottgewollt, wie der Absolutismus seine Herrschaft begründet. Vom Naturrecht her gesehen ist jeder frei. Erst der Mensch hat im Laufe seiner historischen Entwicklung Strukturen geschaffen, die Regierungsformen ermöglichen, welche auf der Unterdrückung des Volkes basieren. Das hier zitierte Symbolum klingt wie die in einen Satz gegossene Zivilisationskritik Rousseaus. Wenn der Mensch einmal seine eigene Korrumpiertheit erkannt hat, so muß es ihm kraft seines menschlichen Willens auch möglich sein, den Prozeß umzukehren und eine ursprünglich gegebene Freiheit bewußt zu erringen. Vor allem, weil die Studenten –entgegen der These Hobbes, daß die Menschen sich ihre Regierungen gaben, um sich vor sich selbst zu schützen– sich nicht etwa einsichtig gegenüber einer als notwendig behaupteten Unterdrückung zeigen. Sie glauben vielmehr an die Kraft der Freiheit.

> „Die Freyheit ist es die alle große Männer hervorgebracht hat,
> In der Sclaverey hingegen ist noch nie nichts Großes hervorgekommen."(Stuttgart 1783)[26]

---

[25] NSW VI Hs.Gr.13 Nr.122, S.187. Übersetzung:

> Gott schuf die Freiheit,
> der Mensch hat die Sklaverei gemacht!

[26] DLA A:Stbb.Z2527, Bl.56. Der Medizinstudent an der Stuttgarter Hohen Carlsschule, von Gaelsler aus Kopenhagen, benutzte für sein Motto einen abgewandelten Satz Karl Moors aus Schillers „Räubern" (I,2.). Von Gaelsler

4.3 Kritik am Adel

Kritik am Adel ist in einzelnen Jahrzehnten zwischen 0,93%iger und
1,63%iger Häufigkeit der Texte in studentischen Stammbüchern zu finden. Die beiden genannten Grenzwerte bezeichnen das erste und letzte Jahrzehnt des Untersuchungszeitraums. Auffällig ist der relativ große Sprung von 1,03% in den achtziger Jahren auf den Wert der neunziger Jahre. Meiner Meinung nach haben hier wieder die revolutionären Ereignisse in Frankreich sensibilisierend auf die Studenten gewirkt. Die Texte richten sich über die gesamten 60 Jahre, generalisierend gesagt, gegen Prunk und Dünkel.

> „Freund! laß uns Gold-Durst, Stolz und Schlößer haßen,
> Und Kleinigkeiten Fürsten überlaßen.“
> (Erlangen 1769)[27]

Gemäß dem Ideal der Bescheidung[28] wendet man sich gegen Geldgier aber auch gegen den Besitz von Reichtümern. Nicht erst der zweite Vers E.v. Kleists („Das Landleben“, V.1/2 der letzten Strophe) bringt dies mit dem Adel in Beziehung. Die Schlösser als Attribut des Adels werden gehaßt, ebenso wie der untrennbar mit ihm verbundene Stolz. Der Stolz konstituiert den Adel

---

hatte letztere entweder selbst gelesen, gesehen, oder aber der fragliche Satz war ihm möglicherweise durch den ebenfalls Carlsschüler gewesenen Schiller bekannt. Das Zitat ist auch in einem anderen Stammbuch eingetragen, das der Stuttgarter Student gekannt haben könnte. Dort wurde schon im Juli 1782 in Tübingen folgender Text eingeschrieben.

> „Gesez hat noch keinen großen Mann gebildet, aber Freiheit brütet Koloße und Extremitäten aus.“[DLA A: Stbb.60.588, S.48.]

Auf jeden Fall kann man auch hier wieder von einer recht schnellen Rezeption und Aneignung zeitgenössischer Literatur durch Studenten sprechen.

[27] UAT S 127/22, S.97.

[28] vgl. die Kapitel 3.1 und 3.6.

des 18. Jahrhunderts erst eigentlich. Eine Elite muß sich durch Distanz von anderen abheben, sonst ist sie keine. Diese Distanz kann sich auf verschiedene Merkmale begründen, die ihren Ursprung jedesmal in einer wie auch immer gearteten Leistung oder Eigentümlichkeit haben. Wenn die Distanz durch eine künstlich hervorgerufene Unterscheidung, wie dies der adlige Dünkel ist, geschaffen werden muß, so hat sie ihre rechtmäßige Begründung durch Leistung schon verloren. Die Erkenntnis dessen führt dazu, daß dieser Wille zur Unterscheidung für die Masse zum Ärgernis wird. Hinter dem Anspruch steht keine Wahrheit mehr, sondern nur noch ein Schein. Macht ist keine Frage von Recht und Gerechtfertigt-Sein mehr, sondern nur noch eine von Gewalt und Inszenierung. Dieses Repräsentations-Theater wird als „Kleinigkeiten" empfunden. Es ist eine im eigentlichsten Sinne nutzlose Beschäftigung für am bürgerlichen Tugendkanon Ausgerichtete. Mit den „Kleinigkeiten" sind aber auch alle anderen im ersten Vers genannten Dinge gemeint. Eine gleichsam philosophische Weisheit läßt sie so erscheinen.

Nicht nur Kritik an den offen ins Auge springenden Mißständen der Adelsherrschaft wurde laut, wie folgende Eintragung eines Satzes von Hommel zeigt.

> „Lobet mir keinen gesezgebenden Mükenfänger, welcher die Unterthanen in Schulknaben verwandeln will!"(Tübingen 1787)[29]

Das von vielen Philosophen, besonders von deutschen, als bestmögliche Staatsform hingestellte aufgeklärte Monarchentum wird hier als negativ empfunden. Der an sich positiv zu bewertende Erziehungsgedanke erscheint übertragen auf das Verhältnis von Herrscher zu Beherrschten als Entmündigung und Entwürdigung. Darüberhinaus haben die „Unterthanen" eine Erziehung gar nicht nötig.

---

[29] UAT S 128/10, Bl.106.

> „Stand und Würde.
> Der adelige Rath.
> Mein Vater war ein ReichsBaron!
> Und ihrer war, ich meine...?
> Der bürgerliche Rath.
> So niedrig, daß, mein Herr Baron,
> Ich glaube, wären Sie sein Sohn,
> Sie hüteten die Schweine.“(Leipzig 1788)[30]

Dieses treffende Zitat von Voß zeigt das Selbstverständnis des Bürgertums. Die jeglicher Grundlage entbehrende Arroganz des Adeligen wird niedergeschlagen durch den bürgerlichen Verweis auf das Verdienst, das aus eigener Kraft eine Stellung erringt, die der Adel ohne dies nur aufgrund seiner Geburt innehat. Ja mehr noch, dem Adel wird sein hervorgehobener Stand rundweg abgesprochen. Er ist fehl an seinem Platz und taugt nur für die niedersten Arbeiten. Nach einem weiteren Zitat E.v. Kleists nicht nur das.

> „Das Volk, das Rang und Purpur schmückt
> ist niedern Geist's und leer an wahrer Liebe.“
> (Marburg 1789)[31]

„Niedern Geist's“ bedeutet nicht etwa dumm, sondern vielmehr von niederer Geisteshaltung, niederträchtig. Außerdem kann dieses „Volk“, gemeint ist wieder der Adel, nicht wahrhaftig lieben. Ein Adeliger wird durch die ihm abverlangten Verhaltensweisen gelenkt und ist in seinen Gefühlen und Affekten gebunden. Demgegenüber steht der Bürger, den nicht „Rang und Purpur schmückt“, der aber im Ideal integer ist und sein Dasein auf Liebe gründet. Auch die Frage nach dem Nutzen wird direkt und pointiert gestellt.

[30] GNM Hs.110415, S.129; auch in: MKF L.St.303, S.75.

[31] MKF L.St.354, S.7. Kleist: An W- - -nen. Im May. Die ersten zwei Verse der elften Strophe werden im Stammbuch leicht verändert wiedergegeben.

„Was nützt mehr, ein Diamant, oder ein Mühlstein – eine Hofschranz, oder ein Bauer?“(Jena 1790)[32]

Welche Antwort diese Frage forderte, war jedem klar. Bauer zu sein ist eine der ursprünglichsten Lebensformen der Menschheit. Er trägt direkt zum Lebenserhalt zunächst seiner Familie und im weiteren Verlauf der Geschichte mehr oder weniger großer Verbände und Gemeinschaften bei. Eine „Hofschranz“, das Zerrbild eines abhängigen, intriganten und parasitären Adligen, versorgt hingegen nicht einmal sich selbst, geschweige denn andere, oder daß er gar zum Gemeinwohl beitrüge. Er schadet der ganzen Gemeinschaft sogar und hemmt ihren Fortschritt. Sein Dasein ist unwirtschaftlich. Nicht nur dadurch, daß es Kosten verursacht, sondern durch die Art, wie es dies tut. Es sind Kosten aus einer Lebensführung, die nur die eigene Darstellung zum Zweck hat. Im ironischen Ton der letzten zwei Texte ist auch der nächste gehalten.

„Der Fürst – wie gnädig doch die großen Herren sind! –

Dem Mann schenckt er ein Amt; der Frau schenckt er ein Kind.“(Helmstedt 1792)[33]

Er spielt damit auf die gängige Praxis an, bürgerliche Mätressen von Adligen dadurch zu versorgen, daß ihren Männern ein Amt gegeben wurde. Der Umkehrschluß gilt auch: der Fürst kauft sich die Frau von Bürgerlichen. Dies wirft allerdings auch kein besonders schmeichelhaftes Licht auf die Moral der auf den Erwerb fixierten Bürger. Insgesamt gesehen wird der Tenor der Texte immer aggressiver.

„Unglück der Erde – Adel u. Pfaffen!“(Jena 1792)[34]

[32] GNM Hs.112748, S.220.
[33] NSW VI Hs.Gr.13 Nr.108, S.160.
[34] MKF L.St.678, S.334.

Unglück gilt es zu vermeiden und abzuwehren. Daher ist es von diesem Symbolum bis zur Verwünschung in einem anderen kein großer Schritt mehr.

> „Glück den Bewohnern einfach.[er] Hütten
> Verderben den Besizern weitläufiger Schlösser.“
> (Jena 1795)[35]

Der eingangs zitierte Haß auf die Schlösser wird hier verschärft. Zum einen durch die Konkretisierung auf deren „Besizer“ und zum anderen auch und vor allem durch das Anschlagen eines radikaleren Tons. Zog man sich in den sechziger Jahren noch weisheits- und entsagungsvoll von und vor der Macht zurück, so wünscht man den Adligen nun das Verderben an den Hals. Oder handelt es sich gar um einen fordernden Aufruf? Eine andere, ähnliche Eintragung ist jedenfalls imperativisch.

> „Haße den Hof und dessen Gnade! ehre die Gerechtigkeit!“(Jena 1795)[36]

Ein neues Selbstverständnis, das nicht nur auf die bürgerlichen Tugenden begründet ist, sondern meiner Meinung nach auch auf die Erfahrung der inzwischen schon weit vorangeschrittenen Französischen Revolution zurückzuführen ist, zeigt sich in der Ablehnung fürstlicher Gnadenbeweise. Selbstbewußt will man keine Almosen mehr, sondern man fordert das, was einem aufgrund des Naturrechts zusteht. Die neue Zeit erhofft sich keine Begnadigung von der alten. Sie fordert Gerechtigkeit[37] und ist sich dessen bewußt, daß sie die Regeln der Vergangenheit damit zerschmettern wird. Deshalb muß auch die Gerechtigkeit geehrt werden. Denen man sonst Ehre widerfahren ließ, bleibt nur noch der Haß übrig. Mit dieser Ablehnung des Adels wußte man sich in Gedanken eins.

---

[35] UBJ 88, S.224.
[36] UBJ 82, Bl.56r.
[37] vgl. das Kapitel 4.11.

„Sey Menschenfreund, Despotenfeind,
Denk an das Band, das uns vereint,
Dich schrecke keine Schwierigkeit,
Zum Ziele führt Beständigkeit.“(Göttingen 1796)[38]

In diesem Sinne besteht eine ideelle Gemeinschaft derer, die beharrlich auf den Untergang des Despotismus hinarbeiten. Zusammengehalten wird sie von einer Mischung aus Altruismus und mannhaftem Mut.[39] Das erstere fehlte dem Adel auf jeden Fall.

„Wer nicht wünscht, daß das Gute das einem Wesen wiederfahren kann, allen wiederfahre – der ist ein Aristocrat.“(Erlangen 1798)[40]

Wegen seines Egoismus und für seinen Machterhalt notwendigen Bestrebens, andere zu unterdrücken, wird der Adel gehaßt und geringgeschätzt. Vor allem wie gezeigt in den neunziger Jahren, in denen schon vorhandene Überzeugungen durch die Französische Revolution noch verstärkt worden waren. Für die Zukunft wird die Utopie einer auf Gleichheit beruhenden Gesellschaft entworfen.

„In einem Lande, wo alles Menschen- und Freyheitsliebe athmet!!!
Giebt es dort wohl einen Geringen?
Wenn es auch kein Fürst oder sonst adelicher Sprößling ist.“(Jena 1798)[41]

Diese Utopie hatte 1798 schon einen Namen: Frankreich. Trotz der realen Ebene bleibt es für andere Länder immer noch ein utopisches Postulat, das seine Einlösung fordert. Die Aussicht, die es bietet, erscheint gar zu verlockend. Nicht mehr die Stände sind entscheidend, sondern die Tugenden im weitesten Sinne.

[38] MKF L.St.369, S.115.
[39] vgl. die Kapitel 3.5 und 3.9.
[40] MKF L.St.455, S.75.
[41] SAW 200/307, zw.S.110 u.111 eingelegtes Bl.

4.4 Die schönen Seelen

Der Wert des Menschen liegt in seinem Inneren, in seiner Seele. Texte, die deren Schönheit beschreiben, wurden durchschnittlich mit nur 0,50% von Studenten in Stammbücher eingetragen. Den größten Anteil davon nehmen die siebziger Jahre mit 1,28% ein, nachdem die Zeit davor knapp über dem Schnitt lag. In den achtziger und neunziger Jahren fällt die Häufigkeit dieser Texte dann abrupt auf 0,26% bzw. auf 0,15% ab. Die *Seelenschönheit* scheint ein nahezu zeitloser topos gewesen zu sein. Die Qualität der Eintragungen ändert sich kaum. Dies hängt auch damit zusammen, daß sie zu einem großen Teil von der Gattung des Stammbuchs abhängig sind. Man wollte sich Freunden als guter Freund anzeigen. Folgende Verse Gottscheds mögen hier als Beispiel dienen.

> „Edle Seelen lieben treu.
> Ihre Glut brennt wie die Sterne
> in der Ferne
> Immer hell und immer neu.“(Tübingen 1758)[42]

Beständigkeit im Guten ist ein wichtiges Merkmal tugendhafter Menschen, die sich dadurch zur Freundschaft empfehlen. Die Sterne, die an die Ewigkeit erinnern, lassen auch die liebende Kraft der „Seelen“ als unvergänglich erscheinen. Auch ein Text Wielands arbeitet mit einer Lichtmetaphorik. Sie ist das adäquate Ausdrucksmittel, um ein nicht Faßbares zu beschreiben.

> „Die äußere Schönheit ist
> der Wiederschein der inneren Güte
> Ein um die Seele dünngewebter Flor.“(Leipzig 1775)[43]

Man glaubt, die Qualität des Inneren im Äußeren wiederzuentdecken. Das Wesentliche ist die Seele. Der Körper ist nur das ihr angepaßte Behältnis. Das heißt aber nicht, daß jede(r) Schöne

[42] LBS cod.hist.oct.139, S.107.
[43] DLA A:Stbb.892, S.145.

zugleich auch tugendhaft sein muß. Dazu gehört noch mehr, wie ein eingetragenes Gedicht von Uz zeigt.

„Die ich mir zum Mädchen wähle,
soll von aufgeweckter Seele,
Soll von schlancker Länge seyn;
Sanfte Güte, Wiz im Scherze,
Rührt mein Herze:
Nicht ein glatt Gesicht allein.“(Tübingen 1776)[44]

Allerdings ist Häßlichkeit nach dieser Überzeugung auf jeden Fall ein Zeichen auch für ein häßliches Innenleben. In einem Zeitalter, in dem auch wissenschaftlich durch Lavater der Charakter eines Menschen durch physiognomische Studien erkannt werden sollte, hatte dies Auswirkungen bis ins tägliche Leben hinein.

„Edlen Seelen
Kanns an Freuden nirgends fehlen.“(Erlangen 1778)[45]

Abseits von solchen Überlegungen war die Seelenschönheit in Anknüpfung an die Tugend nicht an Materiellem interessiert, wie folgender Auszug aus einer komischen Oper Weißes zeigt.

„Pracht und Staat macht nicht beglückt!
Ein unschuldig Herz entzückt
Freiheit und Natur!“(Jena 1792)[46]

Das Glück der schönen Seele liegt in der Natürlichkeit und Freiheit. Die Verbindung allein ist schon aufschlußreich. Freiheit ist Naturrecht. Die Freiheit ist zunächst einmal eine ganz persönliche von äußeren Gegebenheiten. Darüberhinaus ist *Freiheit* im Jahrzehnt der Französischen Revolution aber nicht mehr unbefangen nur in diesem Sinne zu lesen, sondern impliziert immer auch eine gesellschaftliche Freiheit.

[44] LBS cod.hist.oct.291, S.187.
[45] UBT Mh 863c, Bl.78r; diese Verse wurden Miller zugeschrieben.
[46] MKF L.St.324, S.89.

4.5 Der Adel der Aufklärung

Nicht dem Geburtsadel, sondern dem *Seelenadel* wurde ein ideeller Führungsanspruch zuerkannt. Diesbezügliche Texte nehmen, anders als die der *Seelenschönheit* , im Verlauf der untersuchten sechzig Jahre an Häufigkeit immer mehr zu. Entfielen auf sie in den vierziger Jahren noch nur 0,93%, so sind diese in den neunziger Jahren auf 3,56% angestiegen. Der Durchschnitt aus allen Jahrzehnten beträgt 2,16%. Beim Wert vor allem für die neunziger Jahre gilt, daß er nicht nur Texte ähnlichen Inhalts umfaßt. Hier kommt es sogar zu einer Flut an Eintragungen immer wieder derselben drei Texte. Einer von ihnen, ein Teilstück aus der 15.Strophe von Schillers Ode „An die Freude“ wird wegen seiner Vielschichtigkeit erst später besprochen.[47] Seine Auslegung läßt auf eine revolutionäre Mentalität der Studenten schließen.[48]

Die vom Geist der Aufklärung Beseelten wollen sich von althergebrachten Vorstellungen absetzen, z.B. mittels eines Gedichts von Hagedorn („Moralische Gedichte“, „Der Weise“, achte Strophe)

> „Ein Weiser kennt die Eitelkeit der Würden,
> In die das Glück zu selten Kluge steckt;
> Ihn rühret nicht der Auffpuz hoher Bürden;
> Ihm strahlt kein Stern, der kleine Hertzen deckt.
> Der Geist, durch den ein Cato groß geworden
> Fährt in kein Band, und ruht auf keinem Orden.“
> (Tübingen 1757)[49]

Alle äußeren Ehrungen sind eitel, d.h. vergänglich. Der Weisheit werden sie zwar nicht zuteil, was ihre Träger aber auch nicht

[47] S. das Kapitel 4.17.

[48] Die beiden anderen sind: „Nicht Erbrecht, noch Geburt [...] und „Nur der Mann mit guter Seele [...]“. Der Nachweis dieser Texte erfolgt am Ort ihrer Besprechung.

[49] UBT Mh 1016, S.264. Vgl. auch in Kapitel 5.1 die Bemerkungen zur Rezeption dieses Gedichts.

bekümmert. Dies ist Teil der Weisheit.[50] Dem Weisen ist bewußt: der Grad der offiziösen Anerkennung ist dem wahren Verdienst und der Größe derer, die sie erhalten, proportional entgegengesetzt. Orden ersetzen nur das, was ihre Träger nicht haben –Geist und Mut. Sie verstecken „kleine Hertzen". Eine andere Eintragung direkt auf der nächsten Seite zur eben zitierten reagiert mit weiteren Versen Hagedorns („Moralische Gedichte", „Wünsche, aus einem Schreiben an einen Freund, vom Jahre 1733."). Sie bezeichnen, was wirkliche Größe ausmacht.

> „Wer dies von Weisen lernt, sein eigner Freund zu werden,
> Mit der Versuchung nicht sich heimlich zu verstehn;
> Der ist (ihr Grossen glaubts) ein grosser Mann auf Erden
> Und darf Monarchen selbst frei unter Augen gehn."
> (Tübingen 1757)[51]

Sich selbst zu kennen und zu beherrschen, ist also die größte Tugend. Das hat nichts mit einer genuin bürgerlichen Tugend zu tun, sondern ist seit der Antike ein philosophisches Ideal auch asiatischer Kulturen. Fernab von jeglichem Rang und Stand geht es hier um das Menschsein. Deshalb hat auch ein Monarch einem solchen Weisen nichts voraus. Er ist frei. Das Vorbild eines solchen Menschen ist wohl Diogenes, der Alexander anekdotenhaft aus der Sonne schickt. Mit Boileau zu reden gilt, daß «La vertu d'un coeur noble est la marque certaine.»(Erlangen 1760)[52]. Das Herz, der Sitz der Seele, gibt dem Menschen erst seinen Wert, so auch in einem weiteren Hagedorn-Zitat („Die Glückseligkeit", zweite Strophe). Dieser Autor wird, wie man sieht, häufig im hier besprochenen Zusammenhang benutzt.

[50] vgl. das Kapitel 3.8.

[51] UBT Mh 1016, S.265; Ort und Datum aufgrund anderer Eintragungen ermittelt.

[52] DLA A:Stbb.15462, S.72. Übersetzung: Die Tugend eines edlen Herzens ist das sichere Erkennungszeichen.

„Nicht Erbrecht, noch Geburt das Herz macht gros u. klein:
Ein Kaiser könte Sclav, ein Sclave Kaiser seyn,
u. nur ein Ungefär giebt zu der Zeiten Schande,
dem Nero Cäsars Thron, dem Epictet die Bande.“(Tübingen 1764)[53]

Die tatsächlichen menschlichen Schicksale sind austauschbar. Jeder könnte jede beliebige Stellung in der Gesellschaft einnehmen. Deshalb ist sie auch nicht wichtig. Das „Herz“, die anima, die Seele, der Geist[54] machen den Menschen zu dem, was er ist. Ansonsten wird von der Macht des Zufalls in der Geschichte ausgegangen. Der Tyrann schlechthin, Nero, der späteren Zeiten teilweise als Antichrist galt, war der damals mächtigste Mann der Welt. Zur selben Zeit war Epiktet, bekannt aufgrund seiner moralphilosophischen Lehrsätze, Sklave Roms, also gleichsam äußerlich *in Bande geschlagen* .[55] Diese vier Verse tauchen noch in Eintragungen einiger Stammbücher bis in die neunziger Jahre auf. Nach 1790 aber nur noch ohne die beiden letzten Verse. Außerdem ist „Kaiser“ durch „König“ ersetzt.[56] Der Text wird dadurch enthistorisiert. Der Verweis auf das chronologisch weit entfernte Römische Reich entfällt, und damit die konkrete Anwendbarkeit auf einen Fall. Dadurch wird ein Text geschaffen, der durch seinen offenen Charakter seine These als in jeder Zeit gültig erscheinen läßt, auch

[53]LBS cod.hist.oct.87a, S.135; LBS cod.hist.oct.290, S.303; UBE Ms.2518, Bl.19r; MKF L. St.354, S.277; UBE Ms.2471, S.165; LBS cod.hist.oct.280, Bl.191r; nur V.1/2: SA N FAL E 17/I Nr.731, S.30 (mit Variation); MKF L.St.352, S.184; IHKW 62, S. 9; MKF L.St.319; S.267; MKF L.St.395, S.109; UBE Ms.2066, Bl.22v; IHKW INH 44675, Bl.80; IHKW 59, Bl.43v; nur V.1: UAT S 127/22, S.156; DLA A:Stbb892, S.89; IHKW INH 44666, S.257; MKF L.St.319, S.161 (mit Variation); MKF L.St.424, S.85.

[54]Anstelle von „Herz“ setzen zwei Eintragungen tatsächlich „Geist“ in den ersten Vers. MKF L.St.319, S.267 (1796) und IHKW 59, Bl.43v (1800).

[55]Nero ließ ihn dann frei.

[56]z.B. im Jahre 1796 [MKF L.St.352, S.184.]; auch in: SA N FAL E17/ Nr.731, S.30; IHKW 62, S.9; MKF L. St.319, S.267; MKF L.St.395, S.109; IHKW 59, Bl.43v.

in der eigenen. Die Beruhigung, daß es nur in ferner Vergangenheit Despoten und Sklaven gab, entfällt dadurch. Allerdings wird der Text dadurch nicht im politischen Sinne revolutionär. Er verbleibt in seiner allgemein philosophischen Haltung zum Wert des Menschen an sich, abseits von allen Standeszugehörigkeiten. Dies bestätigt auch eine noch weiter abgewandelte Eintragung, die aber gleichwohl auf Hagedorn zurückgeht.

> „Nicht Adel, nicht Gewalt, das Herz macht groß und klein
> Man kann im Kittel Fürst, und Sclav im Purpur seyn."
> (Leipzig 1797)[57]

Interessant scheint mir hier der teilweise veränderte Sinn durch den Einsatz von „Gewalt" zu sein. Auch Gewalt ändert nicht die eigentliche Größe des Menschen. Übertragen auf die Französische Revolution heißt das, daß diese zwar die Machtverhältnisse geändert hätte. Bis zum für den Text Wesentlichen kann sie aber nicht vorstoßen.

Grundsätzlich desselben Gehalts wie das ursprüngliche Gedicht Hagedorns ist noch ein weiterer Text. Daraus wird die wichtige Rolle, die der „Seele" für das aufgeklärte Selbstverständnis gegeben wird, deutlich.[58]

> „Nur der Mann mit guter Seele
> Ist ein Engel auf der Welt
> Er sey König oder zähle
> Sein erbettelt Kupfergeld" (Helmstedt 1789)[59]

---

[57] UBG Hs.1216x, Bl.30.

[58] Ich zitiere hier nach dem ersten Auftreten des Textes in den von mir untersuchten Stammbüchern und verweise darauf, daß ansonsten statt „guter" fast immer „edler" im ersten Vers steht.

[59] NSW VI Hs.Gr.13 Nr.108, S.222; auch in: NSW VI Hs.Gr.13 Nr.106, S.30; UBJ 111, Bl.45; MKF L.St.423, S.148; IHKW INH 44656, Bl.8; MKF L.St.65, S.110; UBJ 77, S.147; NSW VI Hs.Gr.13 Nr. 110, S.57; IHKW 63, S.189; UBJ 81, S.70; NSW VI Hs.Gr.13 Nr.108, S.148; SB N Nor. H.876, S.72; MKF

Auch andere Eintragungen betonen den Primat des *Seelenadels* gegenüber dem Geburtsadel. Mit folgendem oder ähnlichen Texten bekennen sich die Studenten zur Überzeugung, daß nur „Tugend allein adelt“(Jena 1790)[60] Hier wird einfach und direkt, aber schlagend, die Tugend dem Adel entgegengesetzt. Der Adel des 18. Jahrhunderts genügt den Anforderungen an die Tugend nicht, oder nicht mehr. Wohl werden neue, bürgerliche, Tugenden aus den veränderten gesellschaftlichen und nicht zuletzt wirtschaftlichen Umständen heraus geboren. Aber auch genuin adlige Tugenden werden nun von Bürgern für sich beansprucht.

> „Tapfer seyn und treu und gut,
> Adelt mehr, denn Ahnenblut.“(Gießen 1792)[61]

Tapferkeit und Treue für und gegenüber dem Lehnsherrn begründeten ursprünglich den Adel. Nun werden sie in Gegensatz zum jetzigen Adel gesetzt, der sich nur mehr auf die Reihe seiner Vorfahren berufen kann, selbst aber den Boden seiner Wurzeln verloren hat. Die Fürsten des 18. Jahrhunderts treten nicht mehr selbst kämpfend auf. Die einstige Schutzfunktion für die Bevölkerung haben sie längst zugunsten der reinen Machtrepräsentation abgelegt, und damit jegliche Berechtigung für ihre herausgehobene und bevorzugte Stellung verloren. Treue, gleich gegen wen, wich schon zu karolingischer Zeit dem Eigeninteresse.

Solcherart ist die Adelsherrschaft zum Unrechtsregime geworden.

L.St.325, S.119; HAAB 505, S.37; NSW VI Hs.Gr.13 Nr.117, S.108; MKF L.St.369, S.160; MKF L.St.369, S.138; NSW VI Hs.Gr.13 Nr.117; S.191; NSW VI Hs.Gr.13 Nr.118, S.53a; SA N FAL E17/I Nr.731, S.30; MKF L.St. 319, S.104; UB J 88, S.138; UBE Ms.2456, S.58; MFK L.St.319, S.147; MKF L.St. 61, S.36; UBG Hs.1216x; Bl.3; NSW VI Hs.Gr.13 Nr.127, Bl.106b; IHKW 46, Bl.193; NSU oct.Hist.Lit.48zg, Bl.2; MKF L.St.424, S.150; NSW VI Hs.Gr.13 Nr.127a, S.52; NSW VI Hs.Gr. 13 Nr. 122, S.91; GNM Hs.95595, S.246; GNM Hs.117185g, Bl.21; HAAB 478, S.233.

[60] UBJ 77, S.243.

[61] UBG Hs.1216g, S.109.

„Weh dem der gut Bürger quaelt,
Weil er 32 Ahnen zählt,
Wahrlich, Wahrlich, er ist doch ein Schelm,
Troz den Wappen, Troz dem Schwerdt und Helm,
Ist die Seele ohne Tadel
O, so ist der Mann von Adel."(Würzburg 1795)[62]

Berufung auf den Stand kann für den Adel keine Legitimität mehr begründen. Das offizielle Recht steht zwar noch auf seiner Seite. Dies war aber schon für die Zeitgenossen nicht mit Gerechtigkeit gleichzusetzen. Der erste Vers ist eine Drohung, die auf dem Hintergrund der Französischen Revolution mit den Hinrichtungen von König und Adligen, der Einrichtung eines Revolutionstribunals (10.3.1793) und der sogenannten «Grande Terreur» (seit 10.6.1794) sehr konkret ist. Dem korrumpierten Adel steht die moralische Integrität der wahren Menschen gegenüber. Diese sind der wahrhaftige Adel, deren einzige Instanz ihr Gewissen ist. Das heißt auch, daß der alte Stand bei der Zugehörigkeit zu den Besten eines Volkes keine Rolle spielen darf. Wer Tugend besitzt, gehört ihnen an.

„Man mus Tugend schützen, wo man sie
findet, sie wohne in der Brust eines
Aristokraten oder Demokraten."(Halle 1796)[63]

Ein anderes Gedicht erscheint zunächst harmlos, gewinnt aber durch die Einbeziehung der Zeitumstände, die immer mitgedacht werden müssen, da sie auch den Zeitgenossen präsent waren, an Brisanz. Eine nur auf den Text bezogene Auslegung ist deshalb nicht mehr möglich.

„Ein edler Mann in Ketten
Schläft einen sanftern Schlaf

[62] IHKW INH 44672, S.12.
[63] IHKW 60, S.11.

Als auf den weichsten Betten
Ein ehrenloser Graf."(Jena 1795)[64],

trägt ein Theologiestudent aus Worms ein, der sich als „Neufrancke" zu erkennen gibt. Damit ist nicht nur gemeint, daß sein Heimatland von den französischen Revolutionstruppen besetzt ist. Der Student Scherer ist auch den Idealen der Französischen Revolution zugetan, wie sein Symbolum „Schwarzbrod, Freiheit u. Bruderliebe."[65] belegt. Das Motto greift einerseits auf die philosophischen Vorstellungen von *Seelenadel* , die bis zu den siebziger Jahren vorherrschend waren, zurück. Gleichzeitig zeigt die intertextuelle Auslegung, warum „ein ehrenloser Graf" einen ruhelosen Schlaf haben muß: nicht nur, daß sein Gewissen ihm keine Ruhe läßt; er läuft Gefahr, seinen Kopf zu verlieren.

4.6 Der geschmähte Fürstenknecht

Mit einer an Häufigkeit zu den kleinsten Textgruppen zählenden Texten (durchschnittlich 0,11%) gaben die Studenten ihrer Abneigung gegen Menschen Ausdruck, die den Vorstellungen der Zeit von einem selbstbestimmten Denken und Handeln nicht entsprachen. Eine Entwicklung in einer Reihe kann aufgrund des geringen Vorkommens dieser Art von Texten nicht festgestellt werden. Ihr Gehalt ist auch in anderen Textgruppen teils implizit mitgedacht, teils explizit enthalten.[66] Entgegengesetzt zum Ideal des edlen Menschen steht der *Fürstenknecht* als seine Freiheit verkaufender Inbegriff des Kriechers und Schmeichlers.

„Ein Tugend Freund liegt lieber frey an Ketten;
Als sclavisch um der Fürsten Thron."(Erlangen 1767)[67]

[64]UBJ 88, S.138; auch in: SAW 200/307, S.81; IHKW 46, Bl.138; IHKW 46, Bl.13; MKF L.St.253, S.195.

[65]vgl. auch das Kapitel 4.10.

[66] *Versklavtes Volk, Kritik am Adel, Tod für die Freiheit* .

[67]GNM Hs.84104h, S.221.

Wer Tugend besitzt, ist in jedem Falle frei und verschmäht einen Fürstendienst, der ihn nur bindet, wird mit dem zitierten Text Gellerts („Fabeln und Erzählungen“, II.Buch, „Herodes und Herodias“, V.4/5 der siebten Strophe) gesagt. Damit ist eine gleichsam innere Freiheit gemeint. Der um den Thron liegt –das Bild sagt alles–, muß sich und seine Selbstachtung verleugnen. Er ist nicht mehr Herr seiner selbst, was im Ideal als schlimmer empfunden wird als tatsächliche Gefangenschaft.

> „— Der Freyheit süße Wonne
> Ersezt kein Glanz in Unterwürfigkeit
> Ein Sklav ist arm trägt er auch goldne Fesseln
> Und schläft im seidnen Bett doch immer nur auf Nes-
> seln.“ (Heidelberg 1792)[68]

Das Gewissen des Menschen ist die entscheidende Kraft. Es läßt selbst einen Höfling seine Lage erkennen und darüber unglücklich werden. Aber auch Wissenschaftler und Philosophen, die die verschiedensten Fürsten gern an ihrem Hof versammelten, um sich im Abglanz ihrer Weisheit zu sonnen, werden durch das Zitat eines „Moralischen Gedichts“ („Der Stolz“, V.88-91) Gellerts kritisiert.

> „Was ist die Weisheit sonst, durch die ein Geist gestie-
> gen?
> Nichts als die Wissenschaft, den Fürsten zu Vergnügen,
> Durch Scenen stolzer Lust ihn glücklich zu zerstreun,
> Und um sich groß zu sehn, des Fürsten Knecht zu
> sein.“(Jena 1792)[69]

Der Herrscher gebraucht die Wissenschaften ebenso als Zeitvertreib wie höfische Belustigungen und Zerstreuungen. Die Gelehrten prostituieren sich, um ihrerseits durch den Hof an Ruhm und Geltung zu gewinnen. Tatsächlich oft auch nur, um sich ernähren

---

[68] MKF L.St.436, S.238.
[69] MKF L.St.678, S.163.

zu können, was noch verzeihlicher wäre. Auch andere Nöte zwangen berühmte Männer oft in den Fürstendienst, wie dies der Fall Schubart zeigt. Ein Beispiel für eine Hofakademie in der Wirklichkeit ist der Hof Friedrichs II., an dem sich Gelehrte, der bekannteste dürfte wohl Voltaire gewesen sein, versammelt hatten.

Gleichwohl war jegliches Auftreten, das das Ansehen absolutistischer Fürsten heben konnte, verpönt.

> „Verachtung sei die Geis[s]el für den Mann
> Der die Tirannen lieben kann,
> Und sich mit ihren Fesseln brüstet!"(Jena 1794)[70]

Liebe konnte man den „Tirannen" unmöglich entgegenbringen. Der Dienst für sie war Sklavendienst, dessen man sich als freier Mensch nicht rühmen konnte. So sollte er von einer imaginären Gemeinschaft Freier und Tugendhafter geächtet werden.

4.7 Vernunftregierung

Die meisten deutschen Dichter und Philosophen des 18. Jahrhunderts favorisierten als Regierungsform die eines vernunftbegabten Monarchen. Für die Studenten gilt das nicht. Nur durchschnittlich 0,40% der untersuchten Stammbuchtexte haben das zum Inhalt, was man eine Vernunftregierung nennen könnte.[71] Zwischen den einzelnen Jahrzehnten schwanken die Werte ständig. Zunächst ist mit Platons Vorstellung ein nahezu zeitloses Ideal umrissen.

---

[70] LBS cod.hist.quart.736, Bl.622. Die letzten drei Verse von Pfeffels „Der Wolf und der Löwe" weisen eine auffällige Nähe zu dem hier wiedergegebenen Stammbuchmotto auf. Sie lauten:

> „Den pisse Has und Esel an,
> Der die Despoten fliehen kann
> Und sich mit ihren Fesseln brüstet."

[71] Zur Kritik an einer Vernunftregierung vgl. das Kapitel V,3.

> „Felix est Res publica, ubi Philosophia imperunt, aut Imperantes philosophantur.“(Marburg 1740)[72]

Philosophen sollen gute Menschen sein. Das kann noch angehen, ist aber keineswegs zwingend. Noch erstaunlicher ist, daß man ihnen offenbar zutraut, einen Staat zu regieren. Sie weisen dafür zwar keine wie auch immer geartete Qualifikation auf. Aber ein Weiser, als der ein Philosoph –zumindest im Altertum– gilt, ist geradezu prädestiniert, die Geschicke anderer zu lenken. Die Behauptung, Philosophen seien die besten Herrscher, geht auf den Glauben zurück, daß sie ihre Vorstellungen in Handeln umsetzen könnten. Einmal wird *ein* realer Herrscher tatsächlich hervorgehoben. „Kay[s]er Joseph der soll leben“(Göttingen 1788)[73] Joseph II. von Österreich kann als der aufgeklärte Monarch schlechthin gelten. Er hob die Leibeigenschaft auf, verbesserte das Schulwesen, milderte die Zensur, schaffte die Folter ab und reformierte die Kirchenpolitik.[74] Ansonsten blieben die Leitfiguren abstrakte Zusammensetzungen aus Entschlossenheit, Menschenliebe und Vernunft. Die Vorstellung von aufgeklärten Monarchen war im 18. Jahrhundert wohl progressiv. Sie konnte aber auch durch eine konservative Haltung begründet sein. Dann zeigt sich, daß der „aufgeklärte“ Absolutismus ein für ihren Machterhalt notwendiges Agieren der Monarchen war.

> „Ein Staat gleicht dem grossen Ozean. Schiffbruchdrohende Wellen im Staate, sind politische Misvergnügte und philosophische Neurer. Schrecken-

[72] LBS cod.hist.oct.77, Bl.99r. Übersetzung:

> Der Staat ist glücklich, wo die Philosophie herrscht oder Herrscher philosophieren.

[73] MKF L.St.303, S.177. Ort aus anderen Eintragungen ermittelt.

[74] Dabei muß gesagt werden, daß er dies nicht aus Menschenfreundlichkeit machte, sondern weil er seinen Staat auch machtpolitisch konsolidieren mußte. Sein aufgeklärter Absolutismus war die notwendige Folge außenpolitischer Erfolglosigkeiten und finanzieller Not.

> verkündigende Scyllen und Charibden sind Misanthropen und geitzige Müssigänger; der Steuermann in dieser Gefahr ist der Souverain; und das treflichste Ruder die Gesezze. Denn was kann wohl Bürgern schätzbarer seyn, als eine durch Gesezze gemäßigte Freyheit. Sie erlaubt und befiehlt es zugleich seine und seiner Mitbürger Glückseligkeit in unabänderlicher Harmonie, zu würken."(Jena 1795)[75]

Allgemein gesagt sind Andersdenkende und nicht nach Nutzen Strebende staatsgefährdend. Nur ein Alleinherrscher kann den Staat vor ihnen bewahren. Dazu benötigt er Gesetze. Nicht etwa welche, die *ihn* in seinem Tun beschränken könnten. Sie beschneiden vielmehr die Freiheit. Denn von ihr geht die Gefahr aus. So kann der Monarch „seine und seiner Mitbürger Glückseligkeit" befördern, oder das, was er darunter verstehen will. Dies birgt verständlicherweise Gefahren, vor allem dann, wenn der Herrscher nicht dem aufgeklärten Ideal entspricht. Was hätte für eine diesbezügliche Stammbucheintragung eine bessere Quelle sein können als Wielands Staatsroman „Der Goldne Spiegel" (II,5)?

> „Wehe dem Volke, dessen Beherrscher nicht lieber der Beste unter den Menschen als der Mächtigste unter den Königen seyn wollte."(Erlangen 1797) [76]

Außenpolitisches Machtstreben verlangt dem Volk Opfer ab, materielle und menschliche. Solch ein König kann demzufolge nicht das sein, was man unter einem aufgeklärten Monarchen verstanden wissen wollte. Dieser ist für Wohlfahrt und Glück seiner Untertanen verantwortlich und läßt sie sich auch angelegen sein. Kriege zu führen, denn das meint der zitierte Satz, steht dem entgegen. Denn Landbesitz bedeutet Macht und eventuell die erstrebte Übermacht gegenüber anderen Monarchen.

[75] MKF L.St.369, S.148.
[76] UBE Ms.1983, Bl.26r.

4.8 Verschiedene Erscheinungsformen von Freiheit

Texte, deren Inhalt sich um die Freiheit dreht, wurden zwischen 1740 und 1800 mit durchschnittlich 1,46% von Studenten in Stammbücher eingetragen. Diese Zahl relativiert sich aber, wenn man weiß, daß der erste *Freiheits* -Eintrag aus den sechziger Jahren stammt. Die Häufigkeit steigt stetig und steil von zuerst nur 0,32% auf 1,61%, dann auf 2,19% und schließlich auf 4,68% in den neunziger Jahren. Vor allem in letzteren sind die Texte meist politisch zu deuten.

4.8.1 Innere Freiheit

Zunächst aber fallen Texte auf, die eine persönliche Freiheit meinen, wie der folgende Weisses.

> „Fern von des Pöbels Sclaverey,
> Gott, Vaterland und Freunden treu
> Die Freyheit suchen ist mein Wunsch."
> (Altdorf 1771)[77]

Die Freiheit fernab allgemeiner Vorstellungen zu suchen ist das Ideal, das auch mit dem der Idylle bezeichnet werden könnte.[78] Der Mensch will unabhängig von Meinungen seine Glückseligkeit finden. So ist es auch kaum verwunderlich, was daneben als Stützen des Menschen noch bestehen kann. Gott ist *die* Stütze in einem ansonsten selbstbestimmten Leben. Gleichzeitig ist die Freiheit, die Freiheit Gott zu wählen.[79] In einem Leben mit Gott ist der Mensch von allen Zwängen frei, weil sie neben Gott unwichtig werden. Da der Mensch von Gott als soziales Wesen geschaffen wurde, benötigt jener Freunde. Sie sind wichtig, weil der

[77] UBE Ms.2134, Bl.93v.
[78] Vgl. das Kapitel 3.1.2.
[79] Vgl. das Kapitel 2.1.

Mensch sich durch Gleichgesinnte seines Wegs bewußt wird. Mit Freunden kann man sich eine Welt einrichten, ohne weitgehend auf von anderen Idealen bestimmte Welten eingehen zu müssen. Ein Leben „fern von des Pöbels Sclaverey" wird möglich. Daß das „Vaterland" in dieser Reihe einen Wert darstellt, ist nicht ganz so einsichtig. Man sollte annehmen, daß eine von Gott bestimmte Freundesgemeinschaft nicht noch eine übergeordnete territoriale oder ideelle Ordnung benötigt. Daß der Begriff trotzdem auftaucht, ist wohl damit zu erklären, daß er –wie die Freiheit auch– ein Ideal der Sehnsucht darstellt. Ein „Vaterland" aller Deutschen gab es wie bekannt im 18. Jahrhundert noch nicht. Mit dieser Sicht auf die Dinge rückt die „Freyheit" aber aus ihrer Beschränkung auf eine innere Freiheit heraus. Dachte man sich vielleicht eine gesellschaftliche Freiheit, die es nicht gab, als möglich in einem Staat, den es so auch noch nicht gab? Die Verbindung beider Ideale erhält so einen eindeutig utopischen Charakter, der auch noch die deutsche 1848er-Bewegung beseelen sollte.

Eine staatliche Freiheit meint auf jeden Fall die Eintragung eines Textes von Lavater (aus „Schweizer Bund").

> „Sey ewig heilig Schweizerbund!
> Noch jetzo sind wir frey
> Das Heyl, das treuer Väter Mund
> Uns schwur: bewahre treu."
> (Tübingen 1774)[80]

Der Bund der drei Urkantone Uri, Schwyz und Unterwalden 1291 ist die Grundlage schweizerischer Autonomie. Eine Unabhängigkeit des Staates von Fremdherrschaft und die Freiheit von Individuen wird hier im zweiten Vers in eins gesetzt. Das „wir" sind die Schweizer, als Nation und als Menschen. Auf diesem Hintergrund wird auch obige Interpretation zusätzlich erhellt.

Eine andere Eintragung, die einen „M.R." zitiert, hebt eher wieder den persönlichen Aspekt der Freiheit hervor.

[80] UAT S 127/8, Bl.29.

> „Auf nichts bin ich eifersüchtiger als auf meine Freyheit, und ist es nicht an dem schon genug, daß ich mich oft nicht widersezen darf, wenn hie oder da ein Doktor mich bei meiner Nase nimmt, u. mit mir über Heken und Sümpfe fortrennt, um mir den geradesten Weg zu der Glückseligkeit in dieser und iener Welt zu zeigen? Trau! ein Biedermann hängt hinlänglich von den grillenhaften Köpfen auf dieser Kugel, von den Elementen, von Vorurtheilen, von mancherley positiven Gesezen, (gegen welche er keine Ausnahme machen darf, ohne Unheil anzustiften) und von mehrern andern Dingen ab, als daß man es ihm verdenken könnte, wenn er, so oft sich das schiklich thun läßt, von dem Wege abgeht, den Andere für den besten erklärten, ehe sie ihn um seine Meynung befragten.“(Tübingen 1775) [81]

Der Text ist auch im Hinblick auf die eigene studentische Situation und die des Stammbucheigners ausgewählt. Den Lehrenden bei ihren Meinungen unkritisch folgen zu müssen, wird durchaus negativ gesehen. Überhaupt wird darüberhinaus jegliche Bevormundung abgelehnt. Eine Einschränkung, neben Naturgesetzen und mentaler Disposition für bestimmte Überzeugungen, wird allerdings gemacht: die Gesetze müssen befolgt werden. Denn Gesetze bringen Ordnung ins Chaos der individuellen Freiheiten. Die Freiräume, die das Ich des Textes sich nimmt, sind demzufolge eher auf solche Momente bezogen, in denen „sich das schiklich thun läßt“, wenn also kein anderer in seinem Leben behelligt werden kann.[82] Daß dies trotz aller Einsicht manchmal schwierig sein mag, ist offenkundig. „Es wird einem sauer gemacht, das bisgen Leben und Freiheit.“(Göttingen 1777)[83], bekennt ein anderer Student kurz darauf mit einem Satz aus Goethes „Götz von Berlichingen“

[81] UBT Mh 963, S.113.
[82] Vgl. das Kapitel 3.12 und dort besonders Kants kategorischen Imperativ.
[83] IHKW INH 44655, S.196.

(I, „Herberge im Wald"/Götz). Das Motto kann sich auf den zuletzt aufgezeigten Sachverhalt beziehen, oder aber ganz einfach als Seufzer über das „beschwerliche" Studentenleben gemeint sein.

Vereinzelt ist auch eine *akademische* Freiheit belegt. Zu bemerken ist die hier in diesem Sinne zu wertende Eintragung eines Satzes aus Schillers „Räubern" (IV,5). „Ein freyes Leben führen wir pp."(Jena 1792)[84]

> „Ein deutsches blau-augites
> Mädchen – Akademische Freiheit –
> Rhein-Wein, und Schwarz-Brod"(Marburg 1793)[85]

Die Eintragung zählt alle für den deutschen Burschen wichtigen Merkmale eines freien Studentenlebens auf.[86] Diese Art von Freiheit bezeichnet einen der männlichen Jugend während ihrer Studienzeit zugestandenen Freiraum, der in Beziehung auf gesellige Umtriebe, Gelage und erotische Abenteuer genutzt wurde. Dies aber konnten sich nur die reicheren und die adligen Studenten leisten. So sind auch dem Druck der Korporationen vor allem die Reicheren ausgesetzt.[87] Die Legende von der freien Burschenherrlichkeit traf tatsächlich nur auf wenige zu, deren Treiben dann in der Literatur, Karikatur und auch historischen Wissenschaft kolportiert wurde.[88]

Wirklich eine innere Freiheit des Menschen, nach seinem Willen zu handeln, bezeichnet folgender Text.

> «La nature commande à tout animal, et la bête obeit;
> l'homme éprouve la même impression, mais il se
> reconnoit libre d'aiquisier, ou de résister; et c'est

[84]UBJ 81, S.16; MKF L.St.253, S.39.

[85]MKF L.St.325, S.85.

[86]Zur besonderen Bedeutung von „Schwarz-Brod" vgl. das Kapitel 4.10.2.

[87]Vgl. Henri Brunschwig: Gesellschaft und Romantik in Preußen im 18. Jahrhundert, S.104-109.

[88]Vgl. vor allem Adolf Pernwerth von Bärenstein: Beiträge zur Geschichte und Literatur des deutschen Studententhumes, S.23-30 und 115-124.

> surtout dans la conscience de cette liberté, que se montre la spiritualité de son ame.»(Jena 1795)[89]

Der Mensch ist frei, sich über die von der Natur gesetzten Triebe und Bedürfnisse, auch wenn er sie empfindet, kraft seines Willens hinwegzusetzen. Dies macht ihn erst zum Menschen. Freiheit ist die Freiheit, sich für das Menschsein zu entscheiden. Eine andere Geisteshaltung ist eigentlich gar keine, sondern der Instinkt des Tieres. Diese Freiheit erhebt den Menschen auch über den Tod.

> „Wer ist ein freyer Mann?
> Der bey des Todesrufe
> Keck auf des Grabes Stufe,
> Und rückwärts blicken kan,
> Der ist ein freier Mann.“(Altdorf 1799)[90]

Der Mensch ist das einzige Lebewesen, das von seinem Tod weiß. Frei ist er dann, wenn er trotz dieses Bewußtseins sich selbst bewußt bleibt, sich in seinem Tun nicht beirren läßt und auch das Getane nicht bereuen muß. Der Tod ist kein Schrecken für ihn. Sein Leben war menschenwürdig. Diese Einsicht ermöglicht erst ein Leben, das über eine rein physische Existenz hinausgeht. Sie ist die innere Freiheit.

4.8.2 Gesellschaftliche Freiheit

Die Grenzen zwischen einer inneren und einer gesellschaftlichen Freiheit sind fließend. So können Texte, die die innere Freiheit thematisieren, unter veränderten historischen Bedingungen wie gezeigt durchaus eine gesellschaftliche Freiheit meinen. Oder Texte

---

[89] UBJ 43, Bl.47r. Übersetzung: Die Natur befiehlt jedem Lebewesen, und das Tier gehorcht; der Mensch macht dieselben Empfindungen durch, aber er sieht sich frei, zu folgen oder zu widerstehen; und das ist überhaupt das Wesen dieser Freiheit, daß sie die Haltung seines Geistes zeigt.

[90] UBE Ms.2066, Bl.78v. Es handelt sich hierbei um die letzte Strophe aus Pfeffels Gedicht „Der freye Mann“.

können sowohl die eine als auch die andere Art von Freiheit meinen. „Freiheit ist der Menschheit Adel.“(Göttingen 1789)[91] meint, daß der Mensch gleichsam adlig ist, der Freiheit im vorigen Unterkapitel zuletzt genannten Sinn besitzt. Der Text läßt aber auch die Auslegung zu, daß eine insgesamt freiere Gesellschaft edler ist.[92] In diesem Sinne können auch folgende Verse Klopstocks verstanden werden.

„O Freiheit!
Silberton dem Ohr!
Licht dem Verstand, und hoher Flug zu denken!
Dem Herzen gros Gefühl!“(Tübingen 1782)[93]

Nach Klopstocks Intention ist diese Strophe ein Lob auf das als aufgeklärt empfundene absolute Königtum Dänemarks.[94] Der Text läßt aber auch die Auslegung zu, daß sich unter den Studenten ein Bewußtsein gebildet hatte, das sich nicht mehr mit dem ihnen Gewährten bescheiden wollte. Die Freiheit wird nun als für den Menschen unabdingbares Ideal erkannt. Sie ermöglicht die Entfaltung der menschlichen Fähigkeit des Verstandes.[95] Zur

[91] IHKW Ring, Bl.74. Ort aus anderen Eintragungen ermittelt.

[92] Vgl. das Motto einer Eintragung von 1792. „Freyheit macht den Menschen zum Seyn würdig.“[UBJ 81, S.17.], die wiederum eine studentische Freiheit meint, wie aus der Datierung „Jena am andern Tage der Freiheit 1792“ zu schließen ist. 1792 waren die Jenaer Studenten nach Nohra ausgezogen. Es handelte sich um einen klassischen Studentenaufruhr. S. das Kapitel 4.15 und auch die dortigen Literaturhinweise.

[93] DLA A:Stbb.60.588, S.351; UAT S 128/10, Bl.1; LBS cod.hist.oct.280, Bl.64v; UBT Mh 858a, Bl.39; alle aus Tübingen!!!.

[94] Zu dessen Hundertjahrfeier 1760 verfaßte Klopstock das Gedicht „Auf das Jubelfest der Souveränetät in Dänemark“ (hier sind die ersten drei Verse der vierten Strophe zitiert). Durch die Erb-Souveränitätsverschreibung vom 16.10.1660 war dem König von Dänemark Erblichkeit der Krone und Souveränität, anstelle des bis dahin geltenden Wahlkönigtums und Adelsregimentes, übertragen worden. Der König Dänemarks zum Zeitpunkt des Jubiläums war Friedrich V. (1746-1766), ein Mäzen Klopstocks.

[95] Über das Klopstock-Gedicht und seine Rezeption auch in Stammbüchern s. „O Freyheit! Silberton dem Ohre...“. Französische Revolution und deutsche

Bestätigung wäre noch eine Eintragung von 1785 in Jena heranzuziehen.

> „Freyheit ist das Leben der Menschen,
> Knechtschaft ist ihr Tod.“[96]

Es wird aber auch darauf hingewiesen, daß nicht Freiheit das entscheidende im menschlichen Leben sei.

> „Was schmückest du deinen Kerker
> mit leichten Aussichten der Freyheit,
> und vergissest dabei der ewigen Wohnung.“
> (Erlangen 1786)[97]

Der „Kerker“ des irdischen Daseins lohnt nicht den Aufwand. Vielmehr soll man sich auf die Ewigkeit in einem imaginierten Jenseits vorbereiten. Zugunsten einer auf irrationalen Glauben gegründeten Hoffnung ist eine im Hier und Jetzt zu lebende Freiheit als geringwertig einzuschätzen. Solch eine Meinung steht unter den Studenten allerdings isoliert da.[98] In den neunziger Jahren werden die Verse unter dem Einfluß der Französischen Revolution zur Hoffnung auf politische Veränderung, im besonderen zur Anerkennung Frankreichs als verfassungsrechtliches Vorbild. Ein „demokratischer Freund Bernard de Montbeliard[99]“(Tübingen 1792)[100] ergänzt nämlich Klopstock durch die Parole «Vive la Liberté et la Constitution francaise!!»[101], was eingedenk der Revolutionsoden Klopstocks durchaus naheliegt.

Literatur 1789-1799. Eine Ausstellung des Deutschen Literaturarchivs auf dem Salon du Livre in Paris und im Schiller-Nationalmuseum Marbach am Neckar. Hrsg. von Ulrich Ott. Ausstellung und Katalog von Werner Volke, Ingrid Kussmaul und Brigitte Schillbach. Marbach a.N. 1989, bes. S.38-42.

[96] UBJ 38, S.42.

[97] GNM Hs.102250, S.157.

[98] Vgl. auch das Kapitel 2.3.

[99] Aus Mömpelgard; das war zur Zeit der Eintragung noch württembergisches linksrheinisches Gebiet.

[100] LBS cod.hist.oct.280, Bl.64v.

[101] Übersetzung: Es lebe[n] die Freiheit und die französische Verfassung.

Ein anderer Text, der in den neunziger Jahren mehrfach als Stammbucheintragung Verwendung fand, läßt nicht ohne weiteres schließen, ob er eine studentische oder eine gesellschaftliche Freiheit meint.

> „Es lebe, wer mit Männerstolz
> Bescheiden um sich blickt!
> Es lebe wer das Rechte thut
> Und dann den deutschen Freiheits Hut
> Recht fest aufs Auge drückt!“(Helmstedt 1791)[102]

Eine Eintragung ergänzt noch die Quelle: „aus einem bekannten academischen Liede“(Tübingen 1794)[103]. Sie und eine weitere[104] benutzen den Text erst ab dem dritten hier wiedergegebenen Vers. Letztere bietet uns auch schon die erste Möglichkeit, zu zeigen wie der Text des Studentenliedes revolutionär umcodiert werden konnte. Den „deutschen Freiheits Hut“ kann man als Abgrenzung zur seit Anfang 1792 in Paris zum Symbol der Revolution gewordenen phrygischen Mütze der Jakobiner sehen. Er kann aber auch dieses Bild aufgegriffen, den „Freiheitshut“ aus seinem traditionellen Kontext herausgeschält und es auf deutsche Verhältnisse übertragen haben. Der deutsche Freiheitshut wäre dann das Analogon zur roten Jakobinermütze. Darauf spielt Hegel an, wenn er vor „Freiheitshut“ einige Pünktchen setzt und darüber ergänzend: „deutschen“ (Tübingen 1793). Gefragt ist die männliche *virtus* , die handelnd „das Rechte thut“. Nicht daß Hegel unbedingt zur Revolution aufgerufen hätte. Aber auf jeden Fall bekannte er sich zur Französischen Revolution.[105] Dies meint auch eine weitere Eintragung des Studentenliedes, die den deutschen Freiheitshut in einen „ächten“(Jena 1797)[106] wandelt. Ein echter *Freiheits*hut im gesellschaftlichen Sinne ist die Jakobinermütze. Vielleicht kann

[102]NSW VI Hs.Gr.13 Nr.110, S.209.
[103]LBS cod.hist.oct.122 Kaps., Bl.3.
[104]LBS cod.hist.oct.280, Bl.126v. Ort aus anderen Eintragungen ermittelt.
[105]Vgl. Axel Kuhn: Schwarzbrot und Freiheit, S.42/43.
[106]IHKW 62, S.62.

man sie auch als „den edlen Freiheits Hut“(Jena 1795)[107] bezeichnen. Eine andere Eintragung bleibt wie die oben zitierte mit dem Zitat eines „deutschen“ Freiheitshuts, was die Erkenntnis ihrer politischen Haltung betrifft, wenig aussagekräftig.[108] Offen bleiben muß auch die Deutung der Eintragung, die den Freiheitshut „mit Ernst [...] recht tief aufs Auge drückt!!“(Jena 1799)[109].

Ein anderer Student möchte aber sicher seinen „teutschen Freiheitshut“ von der französischen Jakobinermütze abgegrenzt wissen. Er trägt die schon bekannten Verse ein und ergänzt sie noch.

> „Der Teutsche kennt den Teutschen bald
> Am offenen Gesicht,
> Am Feuer das vom Auge strahlt
> Am Ton worin er spricht.“(Jena 1797)[110]

Hier wird nicht Wert gelegt auf einen gleichsam kosmopolitischen Freiheitsbegriff, sondern auf ein als besondere Qualität empfundenes Deutschsein, das unterscheidend und gemeinschaftsbildend wirkt.

Freiheit der ganzen Gesellschaft bedarf, so paradox das klingen mag, gewisser Beschränkungen.

> «La liberté consiste à pouvoir faire tout ce qui ne nuit pas autrui.»(Altdorf 1792)[111]

Eine Freiheit, die die anderer einschränken könnte oder ihnen noch weiter schadete, ist Willkür und von daher zu beschneiden. Daß nicht das Recht des Stärkeren gilt, müssen Gesetze die Gesellschaft ordnen. Dieser an sich schon progressive Gedanke gewinnt noch dadurch an Bedeutung, daß der betreffende Student aus Artikel 4

---

[107] UBJ 45, S.99. Ort aus anderen Eintragungen ermittelt.

[108] UAT S 128/5, Bl.12

[109] IHKW INH 44672, S.88.

[110] UBJ 78, Bl.61r.

[111] UBJ 82, Bl.21v. Übersetzung: Die Freiheit besteht darin, alles tun zu können, was einem anderen nicht schadet. [Aus: Die Französische Revolution. Eine Dokumentation. Hrsg. von Walter Grab. München 1973, S.37.].

der französischen Menschen- und Bürgerrechtserklärung von 1789 zitiert. Damit macht er die Ideale der Französischen Revolution zu den seinigen, wie auch ein anderer Student, der als Motto Artikel 1 derselben Erklärung wählt.

> „Alte französ. Constitution
> Die Menschen werden frei und mit gleichen Rechten geboren, und bleiben frei und im Besitz dieser Rechte, Auszeichnung unter ihnen kann nur allgemeine Nuzbarkeit hervorbringen. Diesen und allen daraus folgenden Grundsätzen wird bis zum Ende seiner Tage treu bleiben Ihr Fr.Joh.Gottl.Aug. Hunger“(Leipzig 1794)[112]

Das Naturrecht aus der freien Geburt wird betont und über – denn dies ist gemeint– die alten Formen der Ungleichheit durch Einteilung in Stände gestellt. Aus den Gleichen kann man sich nur durch „allgemeine Nuzbarkeit“ hervorheben. Der Nutzen[113] konstituiert so gleichsam einen neuen Adel, den der Verdienste. Wie die Widmung des Jurastudenten Hunger zeigt, hat der Text Bedeutung für sein Leben. Er erkennt die Gleichheit aller an und will für die Gesellschaft im nützlichen Sinne wirken.

Dies läßt sich auch eindeutig aus dem Motto einer anderen Eintragung schließen, die zudem im Ton agressiver ist und ausdrücklich gegen Unterdrückung aufbegehrt.

> „Von der Freiheit Hochgefühle
> Glüh auf ewig unser Blut!
> Despotismuß – nimmer kühle
> Er der Freiheit hohen Muth!
> Fluch Tyrannen! Segen Lohn
> wer die Frechen stürzt vom Thron! –
> Keine trübe Wolke ziehe

[112] MKF L.St.338, S.221.
[113] Vgl. auch das Kapitel 3.11.

Und verdunkle dieses Ziel!
Vor Despoten-Knechte fliehn,
Zittre nie, wer frei seyn will.
Freiheit lehrt die Menschen kennen,
Für sie ihren Busen brennen
Menschen eure heilgen Pflichten
Nach der Menschheit hohem Werth,
Unermüdet zu verrichten
Werdet ihr von uns belehrt!
Gerne wollen wir euch retten
von der Dumheit Sklaven-Ketten!
Brüder, schwört's! in unserm Kreise
Laßt dies unser Streben sein,
Auf des Lebens großer Reise
Thaten Thaten anzureihn!
An der Thaten-Kette blicke
der Allschauer keine Lücke!
E."(Helmstedt 1794)[114]

In diesem Falle ist es die höchste Instanz für gläubige Menschen –Gott selbst–, die die Freiheitsbestrebungen unterstützt. Das Leben muß aus nützlichen Handlungen bestehen. Wie diese aussehen, darüber kann kein Zweifel bestehen. Freiheit soll geschaffen, die Monarchen gestürzt werden. Der Freiheitsliebende darf sich dabei nicht fürchten, auch „vor Despoten-Knechte[n] [zu] fliehn", Opfer zu bringen. Glücklich ausgewählt gibt der Text den Studenten Anweisungen, wie sie ihre auf der Universität gewonnenen Fähigkeiten und Kenntnisse für die Freiheit einzusetzen haben. Sie sollen die Menschen, die die Freiheit nicht kennen können, über sie unterrichten. Aufklärung im eigentlichen Sinne ist der Feind des Despotismus. Die –nur als Ideal bestehende– Gemeinschaft der künftigen Gelehrten verpflichtet sich dazu, es als ihren Daseinszweck zu betrachten, das Volk aufzuklären. Wissen befördert Kritik an Zuständen, die sonst nicht einsichtig gewesen wären. Das

[114]NSW VI Hs.Gr.13 Nr.120, S.7.

hatten auch schon seit jeher die Herrschenden erkannt und trachteten danach, Bildung auf eine Elite zu beschränken, die sie für die Aufrechterhaltung der staatlichen Funktionen benötigten. Die schulische Bildung für das Volk wurde –wenn überhaupt– nur soweit getrieben, daß es im Gottesdienst Lieder singen, leidlich rechnen und im Höchstfalle etwas lesen und schreiben konnte, was sie aber nicht weit über das Analphabetentum hinausheben konnte. Die meisten Menschen waren illiterat, d.h. sie konnten einen Text nicht verstehen, wenn sie auch die Buchstaben kannten. Daß dies der ideale Nährboden für ein *versklavtes Volk* ist, ist einleuchtend. Den Studenten galt es, diese Grundlage der Unterdrückung aufzuheben und das Volk zur Freiheit als Pflicht jeden Menschens regelrecht zu erziehen.

4.8.3 Freiheit durch Revolution – Das Vorbild Frankreichs

Auch ein Aufstand, der direkt gegen die Tyrannei die herrschende Unfreiheit beseitigen sollte, wurde postuliert.

> „Ich trink aus meinem irdnen Krug,
> Mit Weinbeerblut umlaubt,
> Und trinke jedem Fürsten Fluch,
> Der uns die Freiheit raubt;
>
> Und Segen jedem braven Mann,
> Des Herz für Freiheit schlägt,
> Der gerne wider dich, Tirann,
> Die Freiheitsfahne trägt.“(Göttingen 1794)[115]

Mit dem Ideal spartanischer Einfachheit (irdner Krug) wendet man sich gegen die Fürstenherrschaft. Beim Trinken wird die Ermordung des Tyrannen vorweggenommen, wenn auch hier erst nur „Weinbeerblut“ symbolisch glänzt. Es handelt sich um die

[115] NSW VI Hs.Gr.13 Nr.105a, S.201; nur die zweite hier wiedergegebene Strophe in: MKF L.St.253, S.200.

letzte Strophe aus Höltys „Lied eines befreiten Türkensklaven“. In Höltys eigener Fassung heißt es „Weinbeerblüth“ und der hier als gegenwärtig oder zukünftig proklamierte Freiheitskampf ist bei Hoelty im letzten Vers durch „trug“ schon Vergangenheit. Das Lob vergangener Taten wird so zum Aufruf für zukünftiges Handeln. Im Fluch wird der Tyrannenmord zwar nicht ausgesprochen, ist aber durch das initiierende Trankopfer evident. Die tapferen Freiheitsliebenden, die die „Freiheitsfahne“ tragen, werden für die beschworene Tat gesegnet. Das Gedicht erhält eine zusätzliche Brisanz durch die Hinrichtung des französischen Königs einundeinhalb Jahre vor der Eintragung, die genau vom 19.7.1794 datiert. So bleibt es nicht in einer Geste befangen, sondern ist eine konkrete Drohung gegen Despoten. Dafür spricht auch die direkte Anrede des Tyrannen mit „dich“ gegenüber einem „den“ im ursprünglichen Text des Gedichtes. Auch folgende Eintragung hat solch eine Haltung zur Konsequenz.

„Freiheit lebe!
Sie erhebe,
Immer glänzender ihr Haupt!
Lehre Menschen, Menschen lieben!
Lehre Menschenrechte üben!
Wo sie noch der Starkere raubt!“(Tübingen 1796)[116]

Liebe unter den Menschen und Beachtung der Menschenrechte können nicht durch Reformen eingeführt werden. Die Grundlage dafür ist die Freiheit. Erst durch sie werden jene möglich. Dann besteht keine rechtliche Abhängigkeit mehr von einem Stärkeren. Der eintragende Student meinte auch tatsächlich diese Art von Freiheit. Als sein Symbolum trägt er ein: „Nur freyen Leuten reich ich die Bruderhand!“ und setzt hinter seinen Namen „aus der zweiten Hauptstadt der Freyheit Amsterdam“. (Die Niederlande waren seit 1795 mit Hilfe der Franzosen Republik.) So ist die Freiheit, die hier gemeint ist, keine innere und auch keine stu-

[116]UBE Ms.1983, Bl.124v.

dentische Freiheit. Zwar nannten sich die Studenten auch *Bruder* , doch liegt aufgrund der zitierten Stellen die Assoziation zur «fraternité» der Französischen Revolution näher. Nicht der freie Bursche, sondern der freie Bürger wird gegrüßt.

Andere Eintragungen nehmen direkt bezug zur Französischen Revolution. So wird durch die Revolutionsparole «Liberté Egalité Fraternité ou la mort»(Jena 1798)[117] das Zitat aus Schillers „Räubern“ (IV,5)

> „Ein freies Leben führen wir
> ein Leben voller Wonne“

von einem Lob studentischer Freiheit zum Revolutionsbekenntnis. Ein anderer Jenaer Student gibt seiner Zeichnung eines Baumes einen Text bei. Dadurch wird in einem Stammbuch gleichsam ein Freiheitsbaum errichtet, vollends durch die Datierung nach dem französischen Revolutionskalender.

> «Arbre sacré de notre liberté,
> Recois les voeux de la patrie;
> Que le bonheur, la paix, l'egalité,
> Croissent sous ton ombre chérie.»(1798)[118]

Hier tritt wieder eine imaginäre Gemeinschaft –durch „patrie“ und „les voeux“ bezeichnet– auf, die wohl nicht alle beinhaltet, sondern als dem Vaterland zugehörig nur diejenigen akzeptiert, welche die Freiheit wollen.[119] Die Freiheit wird als Grundlage von Glück,

---

[117] MKF L.St.253, S.39; das „Räuberlied“ auch in: UBJ 81, S.16.

[118] IHKW 46, Bl.86. Übersetzung:

> Geweihter Baum unserer Freiheit,
> empfange die Gelübde des Vaterlands;
> daß das Glück, der Friede, die Gleichheit
> unter deinem geliebten Schatten gedeihen mögen.

[119] Vgl. das Kapitel VI,5.

Frieden und Gleichheit angesehen. Deshalb muß zunächst sie geschaffen werden. Und zwar geht das nur, wenn das System des Absolutismus überwunden ist.

> „Stekke auf die Trümmer der Despotie die Freiheitsfahne auf.“(Jena 1798)[120]

Das ancien régime muß zerschlagen werden, weil es die Freiheit nicht leben läßt. Seine „Trümmer“ hingegen sind ihr Humus. Diese Freiheit kann gedeihen, weil sie eine errungene, keine zugefallene oder gewährte ist, die im Volk keinen ideellen Rückhalt hat. Es gab tatsächlich diese Meinung, daß Ideale nur dann bestehen können, wenn sie mit Opfern erkämpft wurden und ständig erkämpft werden.

> „Friede, Freiheit und Nationalglückseeligkeit gleichen einer Pflanze, die, wenn sie nicht verdorren soll, von Zeit zu Zeit mit Blut und Thränen begossen werden muß.“(Helmstedt 1795)[121]

4.9 Der Tod für die Freiheit

Anknüpfend an die letztgenannte Vorstellung trugen sich einige wenige Studenten mit Texten ein, die einen Tod im Kampf um die Freiheit als edel ansahen. Die betreffenden Eintragungen wurden nur von den siebziger bis zu den neunziger Jahren, mit einem für diesen Zeitraum geltenden Durchschnitt von 0,27%, gemacht. Die geringen Werte können nicht verwundern. Die Studenten trugen sich lieber mit den allgemeinen Idealen in Stammbücher ein. Die genannte Konsequenz zogen nur wenige. Man sollte aber nicht den Fehler machen, diese für die einzigen zu halten. Dies ist so zu erklären, daß es bei der geringen Anzahl diesbezüglicher Eintragungen möglich ist, daß einige Studenten sich mit inhaltlich

---

[120] IHKW INH 44672, S.31.
[121] NSW VI Hs.Gr.13 Nr.118, S.55b.

verwandten Texten, wie z.B. *Despotismus* eintrugen, und damit hier nicht zu Buche schlagen konnten. Zudem handelt es sich bei den Texten der französischen Revolutionszeit um solche, die die Situation im ancien régime darstellen, im Gegensatz zu den Texten der vorigen Zeit, die das Ideal als solches meinen. Eine farbige Zeichnung, unterschrieben mit „La mort de Cicero" zeigt eben denselben: Eine Sänfte mit zwei Trägern steht im Wald. Zwei weitere Männer mit Schwertern erschlagen den aus der Sänfte hängenden Cicero. Die vier voll sichtbaren Männer sind nur mit Lendenschürzen bekleidet.(Göttingen 1776)[122] Cicero ist in der Ikonographie als „Begleiter der Rhetorica od[er]. überhaupt als deren Vertreter"[123] bekannt. Die Darstellung von Ciceros Ermordung auf der Zeichnung entspricht der Überlieferung durch antike Historiker.[124] Cicero starb wegen seiner Überzeugungen von der Freiheit und der Republik. Er wurde aufgrund der Proskriptionen des Antonius auf der Flucht ermordet. Cicero taugt dadurch als zeitloser, den Tod erleidender Märtyrer. Er hatte sich nicht für seine Vorstellungen geopfert. Sondern er wurde gleichsam ihr Opfer.

Ganz anders im Zeitalter der Französischen Revolution. Hier lautet das Ideal bewußt, lieber sterben zu wollen als unfrei zu leben.

„So lang ein edler Biedermann,
Mit einem Glied sein Brodt verdienen kann
So lange schäm' er sich nach Gnadenbrot zu hungern;
Doch thut ihm endlich keins mehr gut:
So hab' er Stolz genug und Muth,
Sich aus der Welt zu hungern."(Kiel 1789)[125]

---

[122] DLA A:Stbb.892, S.200; Ort und Datum aufgrund anderer Eintragungen ermittelt.

[123] LC I Allg.I. Bd.1, Sp.458/459, hier: Sp.459.

[124] Vgl. dazu: Real-Encyklopädie der classischen Altertumswissenschaft. Hrsg. von Pauly, Wissowa u.a. Neue Bearbeitung. Zweite Reihe. Dreizehnter Halbband. Stuttgart 1939, Sp.1087/1088.

[125] NSW VI Hs.Gr.13 Nr.101, S.4. Das Gedicht „Mannstrotz" von Gottfried

Ein freier Mann kann nicht abhängig sein, selbst wenn es ihn sein Leben kosten sollte. „Gnadenbrot", das der Herr gewährt, ist für ihn nicht ehrenhaft. Der Text umschreibt eine besondere Art des in der französischen Revolutionsparole aufgestellten Ideals des *vivre libre où mourir* . Kein Tod im Kampf um die Freiheit ist hier gemeint, sondern ein Freitod durch Nichtannahme von Almosen aus der Hand der Repräsentanten des verhaßten despotischen Systems. Diesem wollte man sich nicht unterordnen, wie es auch mit den letzten drei Versen aus Pfeffels „Das Schaf" ausgedrückt wird.

„Es ist auf Erden kein Tyrann
So mächtig, daß er dem befehle
Der sterben will u. sterben kan."(Altdorf 1792)[126]

Die Gewalt des Tyrannen endet da, wo sich ihm der Untertan verweigert. Letzterer nimmt nicht nur seinen Tod von der Hand des Tyrannen oder seiner Schergen in kauf. Nein, er ist bereit, sich einem seinen Idealen widerstrebenden Befehl durch seinen Freitod zu entziehen.

Ein Gedicht Bürgers, dessen erste hier zitierte Strophe noch zweimal[127] und dessen zweite Strophe noch einmal[128] zitiert werden, meint das, was man als Tod im Kampf um die Freiheit versteht.

„Für Tugend, Menschenwohl u. Menschenfreiheit sterben
Ist höchst erhabner Muth, ist Welterlöser Tod
Denn nur die göttlichsten der Heldenmenschen färben
Dafür den Panzerrock mit ihrem Herzblut roth.

Für blanke Majestät u. weiter nichts verbluten

August Bürger erschien erstmals 1788 im Göttinger Musenalmanach, dann wieder in: Gedichte. 2 Bände 1789. Der Student Heinrich Matthiessen rezipierte das Gedicht also sehr schnell.

[126] UBE Ms.2064a, Bl.70; auch in: UBE Ms.2284, S.20.

[127] IHKW 61, S.192; UAT S 161/793, S.11.

[128] UBE Ms.2456, S.139.

> Wer das für groß, für schön u. rührend hält der irrt,
> Denn das ist Hundemuth, der eingepeitscht mit Ruthen
> Und eingefüttert mit des Hofmahls Brocken wird.“(Jena 1795)[129]

Die erste Strophe bezeichnet einen soldatischen Tod im Kampf für die Ideale der Aufklärung. Die Assoziation zu den Revolutionstruppen Frankreichs in den neunziger Jahren liegt nahe. Auch sie zogen für ihre Überzeugungen in Schlachten gegen militärisch besser ausgebildete Gegner und errangen aufgrund ihrer persönlichen Motivation Siege. Dabei starben auch Soldaten für ihre Ideale. Die zweite Strophe bezeichnet eben den Typus des Soldaten, wie ihn die absolutistisch geführten gegnerischen Heere gebrauchten. Der Tod für einen Monarchen wird als Schein demaskiert, der es nicht wert ist. Er beruht nicht auf Überzeugungen, sondern auf Gehorsam durch Drill.[130] Oder aber die Soldaten waren *Söldner* im eigentlichen Sinne und kämpften für eine materielle Entlohnung.

Widerstand gegen Despotismus wird als Pflicht aufgefaßt, die bis zum Tod gehen kann, wie hier in Bürgers „Straflied beim schlechten Kriegsanfange der Gallier“[131].

> „Wer nicht für Freiheit sterben kann
> Der ist der Ketten werth,
> Ihn peitsche Pfaff und Edelmann
> An seinem eignen Heerd.“(Halle 1798)[132]

[129] HAAB 351, Bl.61r.

[130] Dies war das bis dahin erfolgreiche Prinzip vor allem des preußischen Heeres seit dem „Soldatenkönig“ Friedrich Wilhelm I.

[131] Zitiert ist die erste Strophe, die als letzte des Gedichts wiederholt wird. Bürger gab mit dem „Straflied“ seiner Enttäuschung über das anfängliche Zurückweichen der französischen Armee vor den Interventionsheeren 1792 Ausdruck. Die Eintragung in Stammbücher, nachdem sich die Mächtekonstellation längst geändert hatte, ist also von diesem konkreten Anlaß gelöst und auf eine grundsätzliche Ebene gehoben.

[132] IHKW 46, Bl.126; auch in: IHKW INH 44672 (1800), S.184.

Wie man sieht, wird als Unterdrückung nicht nur die durch den Adel, sondern auch die durch den Klerus angesehen. Gegen sie gilt es aufzubegehren. Wer das nicht tut, läßt den ersten Stand so mächtig werden, daß die Menschen keine Rückzugsmöglichkeit vor dem despotischen Zwang mehr haben. Sie sind nicht mehr Herr im eigenen Haus. In Pointierung und Überspitzung gleichen die Verse einer drohenden Karikatur. Denn tatsächlich hatte die Obrigkeit des ancien régime nicht den langen Arm, der ihr hier nachgesagt wird. Dazu fehlten ihr schon die informationstechnischen und administrativen Möglichkeiten. Der Text ist so als negative Utopie zu verstehen, die die Menschen aufrütteln soll.

4.10 Freiheitsparolen

Mit Freiheitsparolen trugen sich Studenten vor allem in den achtziger und neunziger Jahren mit 1,03% und 2,52% , nur vereinzelt auch vorher, in Stammbücher ein, so daß der Durchschnitt insgesamt nur 0,77% ergibt. Nicht jedesmal, wenn in einer Parole der Begriff *Freiheit* auftaucht, ist dieser einer politischen Ebene zuzuordnen. Manchmal ist er überhaupt keiner der im folgenden aufgeführten Ebenen eindeutig zuzurechnen.

4.10.1 Die studentische Freiheit

Was unter studentischer Freiheit im allgemeinen verstanden wird, wurde schon umrissen. Hier sollen nur der Vollständigkeit halber, und um die Abgrenzung zu anderen Freiheitsvorstellungen als der *akademischen* leichter zu machen, Formen von Parolen der letzteren vorgestellt werden.

„Freyheit und Eintracht!“(1788)[133] oder auch in Latein „Libertas et Concordia“(1790)[134] kommen nur als Göttinger Eintragungen vor. Deshalb und wegen der „Eintracht“ liegt der Schluß

[133] HAAB 533, Bl.46v; auch in: NSW VI Hs.Gr.13 Nr.102a, Bl.39.
[134] NSW VI Hs.Gr.13 Nr.102a, Bl.43.

nahe, daß es sich um eine studentische Verbindung handelt. Die „Freyheit" wäre demzufolge als akademische Freiheit zu bestimmen.

Dasselbe gilt wohl, wenn die „Freiheit" mit der Aufforderung verbunden ist, das Leben zu genießen. «Soyez libres! Vivez!»(Jena 1795)[135] oder etwas abgewandelt „Leben und Freyheit in höchst möglichem Umfange"(Jena 1797)[136] stehen für Lebenslust, die nur in ganz bestimmten Formen statthaft war, wie z.B. der Studentenzeit.[137]

Eindeutig ist ein anderer Eintrag, der als Motto «Vive la liberté des Etudiants»(1792)[138] führt. Er wurde in Fetzberg, einem Lager der im Juli aus Gießen ausgewanderten Studenten gemacht. Eintragungen, die nur „Libertas"(1792) [139] oder „Freiheit!"(Helmstedt 1795)[140] als Symbolum eintragen, meinen wohl ebenfalls eine studentische Freiheit. Im letzten Fall spricht das zugehörige Motto für die Wertung des Symbolums als studentische Freiheit.

> „Füchse, Hirsche und Studenten
> haben gleiches Ungemach. Jenen
> jagen Jägerhunde; diesen die
> Philister nach."

Das gesellige Gedicht zielt auf das *Prellen* der Bürger, vor allem der Gast- und Zimmerwirte ab. Eintragungen, die nur den Begriff „Freiheit"[141] gebrauchen, können nach diesem Beispiel wohl als die studentische Freiheit meinend identifiziert werden. Für jeden Fall trifft dies aber nicht unbedingt zu. Einige dieser Eintragungen sind wahrscheinlich politisch gemeint. Dies läßt sich aber nicht

[135] LBS cod.hist. oct.104, Bl.82v. Übersetzung: Seid frei! Lebt!

[136] MKF L.St.253, S.52.

[137] Vgl. das Kapitel 4.8 und 3.1.1.

[138] UBG Hs.1216g, S.195. Übersetzung: Es lebe die Freiheit der Studenten.

[139] UBG Hs.1216g, S.148. Ebenfalls in einem Lager Gießener Burschen eingetragen.

[140] NSW VI Hs.Gr.13 Nr.118, S.77b.

[141] NSW VI Hs. Gr.13 Nr.119, S.9; auch in: LBS cod.hist.oct.116, S.132.

beweisen, sondern nur aus dem Vorhandensein anderer Kombinationen in Parolen schließen. Auch die studentische Freiheit ist mit folgenden Parolen gemeint:

„Liebe und Freiheit!!"(Jena 1790)[142]

oder

„Geld und Freiheit"(Tübingen 1791)[143]

4.10.2 Freiheit als gesellschaftsbezogener Begriff

Im politischen Sinne progressiver sind da schon Eintragungen wie „Natur und Freiheit!"(Göttingen 1794)[144] Der Begriff der Natur ist mit einem positiven aufklärerischen Ideal besetzt. Davon partizipiert der Begriff der Freiheit und ist also keinesfalls im traditionell akademischen Sinne auszulegen. Analoges gilt für die Kombination von „Wahrheit u. Freyheit!"(Jena 1793)[145].

Von diesen eher allgemeinen Idealen heben sich die des Rechts und des Gesetzes in Verbindungen mit der Freiheit ab.

„Für Freyheit und für Recht"(Jena 1795) [146]

„Freyheit und das Gesez"(Halle 1799)[147]

[142]GNM Hs.112748, S.154.

[143]LBS cod.hist.oct.234, Bl.101v.

[144]MKF L.St.369, S.237; auch in: MKF L.St.285, S.17; LBS cod.hist.oct.116, S.134; MKF L.St.253, S.20.

[145]MKF L.St.678, S.333. Auch: UBJ 45, S.131; SB N Nor.H.1458, S.186; UAT S 161/93, S.121; SAW 200/307, S.64; MKF L.St.253, S.53; GNM Hs.95595, S.96.

[146]UBJ 88, S.164; auch in: MKF L.St.253, S.195; HAAB 478, Rückseite eines zwischen S.202 und S.203 eingeklebten Blattes; UBG Hs.1216g, S.202; UBJ 88, S.86.

[147]HAAB 478, S.105. Auch: NSW VI Hs.Gr.13 Nr.117, S.64; HAAB 478, S.141; MKF L.St.436, S.116; HAAB 478, S.105.

Recht und Gesetz sind ganz konkrete Forderungen, die Gleichheit und Sicherheit garantieren sollen. So gesehen sind sie darüberhinaus auch Forderungen nach einer neuen Gesellschaftsordnung. Denn im ancien régime gab es kein gleiches Recht für alle. Eine Eintragung verband die Parole „Freyheit und Gesetz" mit zwei Versen Schillers („An die Freude", V.1/2 der 17.Str.), die dieses ausdrücken.

> „Rettung von Tyrannenketten,
> Großmuth auch dem Bösewicht!"(Halle 1800)[148]

Die bei weitem verbreitetste Freiheitsparole[149] aber war „Schwarz Brod und Freiheit!"(Jena 1791)[150] Sie kommt auch in Französisch als „Pain bis et Liberté"(Göttingen 1776)[151] oder in schlechtem Französisch als „La liberté et du pain noir"(Tübingen 1796)[152] vor. Auch Eintragungen mit englischsprachigem „Bread

---

[148] HAAB 478, S.68.

[149] 35,23% der Freiheitsparolen.

[150] MKF L.St.678, S.157. auch in: LBS cod.hist.oct.104, Bl.40v; SAW 200/307, S.149; NSW VI Hs.Gr.13 Nr.101, S.32; HAAB 505, S.88; MKF L.St.354, S.161; MKF L.St.325, S.31; MKF L.St.324, S.239; MKF L.St.436, S.4; MKF L.St.65, S.181; DLA A:Stbb.60.590, S.291; SAW 200/307, S. 81; LBS cod.hist.oct.116, S.205; SAW 200/307, S.148; UBJ 82, Bl.6r; UBE Ms.2294, S. 24; IHKW 60, S.168; SAW 200/307, S.120; IHKW 58, Bl.54r; in Jena wurde 1795 noch eingetragen: „Schwarzbrod, Freiheit u. Bruderliebe." [UBJ 88, S.138.]. Zu dieser Parole vgl. Axel Kuhn: Schwarzbrot und Freiheit, bes. S.40-42. Nach Kuhn scheint die Parole ehemals Teil eines Studentenlieds gewesen zu sein, worauf folgende Eintragung schließen lasse:

> „Schwarz Brod und Freiheit gab Dir Gott jederzeit!"(Tübingen 1790)[LBS cod.hist.oct.234, Bl.58.]

Vgl. auch Otto Deneke: Schwarzbrot und Freiheit! In: Beiträge zur Tübinger Studentengeschichte. Hrsg. von Schmidgall. Nr. IV (1940/41), S.15-18. Deneke entwickelt eine Überlieferung des Gedankens von dem englischen Philosophen Bacon über den Schweizer Arzt Zimmermann bis zum geflügelten Wort.

[151] DLA A:Stbb.892, S.114.

[152] UBE Ms.1983, Bl.12r; auch in: DLA A:Stbb.Z2284, Bl.68v.

and liberty."(Helmstedt 1791)[153] gab es. Die Parolen erstrecken sich zeitlich von 1776 bis 1800.[154] Der Freiheitsbegriff der Parole ist teilweise im traditionellen, teilweise aber auch im modernen politischen Sinne zu verstehen. So trägt während der traditionellen studentischen Protestform eines Auszugs ein Gießener Student 1792 in einem Lager die fragliche Parole als sein Symbolum ein.[155] Hier meint sie wohl die studentische Freiheit.

Mit derselben Parole kann aber auch eine Freiheit im Sinne der Aufklärung gemeint sein. Einmal wird sie durch ein entsprechendes Motto ergänzt.

> „Man kann zur Freiheit nicht reifen, wenn man nicht zuvor in Freiheit gesetzt worden ist. Die ersten Versuche werde freilich roh, gemeiniglich auch mit einem beschwerlichern, und gefährlichern Zustand verbunden seyn, als da man noch unter den Befehlen oder auch der Vorsorge anderer stand; allein man reift für die Freiheit nie anders, als durch eigene Versuche, welche machen zu dürfen man frei seyn muß."(Jena 1795)[156]

Der Mensch muß nach diesem Text Immanuel Kants aus seiner Schrift „Die Religion innerhalb der Grenzen der bloßen Vernunft"(1793)[157] selbstverantwortlich handeln können, um tatsächlich einer gesellschaftlichen Freiheit gewachsen zu sein.

---

[153] NSW VI Hs.Gr.13 Nr.119, S.71; auch in: NSW VI Hs.Gr.13 Nr.107, S.59; NSW VI Hs. Gr.13 Nr.110, S.200; UBJ 44, Bl.57; NSW VI Hs.Gr.13 Nr.123, Bl.57.

[154] Nach Deneke, S.16/17 reichen sie bis zum Beginn des zweiten Viertels des 19. Jahrhunderts. Die hier in meiner Arbeit wiedergegebene Fassung der Parole in französischer Sprache aus Göttingen 1776 scheint der früheste Beleg in einem Stammbuch zu sein.

[155] UBG Hs.1216g, S.129.

[156] UBJ 88, S.62.

[157] Dort in einer Anmerkung [!] zum §4 im zweiten Teil des vierten Stückes. Statt wie im Stammbuch dreimal, kommt der Begriff „Freiheit" im Original nur zweimal vor. Anstelle des dritten Mals steht „Vernunft".

Fremdbestimmung, sei sie auch patriarchalisch-fürsorglich, wird abgelehnt. Die Eintragung gewinnt dadurch an Brisanz, daß in Frankreich zur selben Zeit gerade die „ersten Versuche“ gemacht wurden. Die dabei entstehenden „gefährlichern Zustände“ werden in Kauf genommen, um des zu erreichenden Ziels einer freien Gesellschaft willen. Weiterhin ist interessant, daß die Eintragung im Juli 1795 zur Zeit des schon erwähnten Studentenaufruhrs gemacht wurde. Letzterer ist meiner Meinung nach, unter anderem auch wegen des eben zitierten Mottos nicht als traditioneller Studentenaufruhr zu werten, sondern als politisch motivierte Unruhe.[158]

Eine andere Eintragung mit dem Symbolum „Freiheit und Schwarzbrod“(Tübingen 1797) [159] hat als Motto einen Text Schillers, der den Despotismus des Adels anprangert, ist also an sich radikaler als voriges Motto.

> „Die Menschen sind Marken, womit Fürsten zahlen,
> wenn sie spielen.-“

Es werden nicht nur Freiheiten gefordert, die auch der Adel zugestehen könnte. Die Adelsherrschaft als solche ist schlecht im moralischen Sinne, weil unmenschlich. Mit den Ansprüchen, die die Studenten des 18. Jahrhunderts offensichtlich an die moralische Integrität stellten, ist klar, daß das herrschende System erneuert werden muß. Es kann sich also nicht um Neuerungen im Sinne von Reformen handeln. „Freiheit“ heißt die Losung, „und Schwarzbrod“, das hier für eine spartanisch-republikanische Tradition steht.

4.10.3 Vorbilder und die Konsequenzen

Die früheste Eintragung, die sich in ihrer Freiheitsparole auf ein Vorbild beruft, lautet:

[158] Vgl. das Kapitel 4.15.
[159] LBS cod.hist.oct.280, Bl.230v.

«Toujours le meme.
Vive l'Angleterre»(Tübingen 1737)[160]

Einmal wird wesentlich später auch eingetragen „Long live old England & liberty."(Jena 1793)[161] Durch das Vorbild wird klar, daß es sich um einen auf die Gesellschaft bezogenen Freiheitsbegriff handeln muß. Großbritannien war durch seine parlamentarische Monarchie und durch eine Reihe von Verfassungsgesetzen *das* gesellschaftliche Modell für viele Aufgeklärte, die keinen völligen Umsturz der Verhältnisse wollten. Sie wollten Mitbestimmung *und* Monarchie.

Ebenso ein Ideal für Reformer war Polen. Der aus Warschau stammende Medizinstudent J. Winzel trug sein Symbolum zweimal in Jena, am 6.3.1791[162] und am 24.3.1791[163], in Stammbücher ein.

„Pohlen blühe
Freyheit lebe"(Jena 1791)

Hier gewinnt ein moderner patriotischer Aspekt an Bedeutung.[164] In den siebziger bis neunziger Jahren des 18. Jahrhunderts waren Reformen durchgeführt worden, um den Staat zu konsolidieren. Kurz nach den Eintragungen unseres Warschauer Studenten fand diese Periode ihren Abschluß und Höhepunkt mit der ersten geschriebenen Verfassung Europas am 3.5.1791.

Es läge nun nahe, zu vermuten, daß das revolutionäre Frankreich ebenfalls ein Vorbild für einige der Studenten war. Dies war

---

[160] UBT Mh 981, Bl.78r. Übersetzung:

Immer derselbe.
Es lebe England.

[161] MKF L.St.65, S.230. Übersetzung: Lang leben das alte England und die Freiheit.

[162] MKF L.St.65, S.199.

[163] UBJ 81, S.54.

[164] Auch unter deutschen Studenten kam allmählich das Ideal eines Nationalstaates auf. Vgl. das Kapitel 4.12.

es wohl auch. Aus den Freiheitsparolen läßt sich diese Behauptung aber nicht direkt beweisen.[165] Lediglich einige Eintragungen in französischer Sprache könnten darauf hindeuten.

„Vive la liberté!!"(Tübingen 1794)[166]

Auf das Vorbild Frankreichs weisen vielmehr Eintragungen hin, die Freiheit nur für möglich hielten, wenn das absolutistische Regime beendet würde.

„Freyheit auf eingestürzten Thronen"(Jena 1797)[167]

„Freyheit und Tod den Tirannen"(Erlangen 1797)[168]

Man könnte auch sagen: keine Reformen, sondern Revolution.

4.11 Gerechtigkeit

Texte, die Recht und Gerechtigkeit fordern, wurden zwischen 1740 und 1800 mit durchschnittlich 1,06% von Studenten in Stammbüchern eingetragen, und zwar mit von Jahrzehnt zu Jahrzehnt durchaus schwankenden Verhältnissen. In den neunziger Jahren lassen sich 1,33% verzeichnen. Die Texte sind meist politisch zu deuten. Nur selten können sie religiös oder metaphysisch ausgelegt werden.

„Selig sind, die da hungert u. dürstet nach der Gerechtigkeit, dann sie sollen satt werden."(Tübingen 1765)[169]

---

[165] Hier sind vielmehr die Revolutionsparolen, die von Frankreich übernommen wurden, aussagekräftig. Vgl. das Kapitel 4.14.

[166] UBT Mh 858a, Bl. 37a; auch in: NSW VI Hs.Gr.13 Nr.117, S.50; MKF L.St.369, S.6; UBT Mh 858a, Bl.37a; UAT S 128/12, Bl.92.

[167] MKF L.St.253, S.112.

[168] GNM Hs.95595, S.35, 36 u.39.

[169] UBT Mh 1031, S.89.

Dem Gläubigen wird Gerechtigkeit verheißen. Mehr sagt der Text (Matthäus V,6) nicht. Implizit bedeutet er aber den Christen, auf das Jüngste Gericht zu warten. Erst nach dem Tod ist also eine jenseitige, egalisierende Gerechtigkeit zu erhoffen.

Ein Satz des englischen Philosophen Pope prangert die Praxis der Gerichtsbarkeit an.

> „Die hungrichen Richter unterschreiben in Eile den Todesspruch, und Verbrecher hängen, damit die Geschworenen speisen können."(Altdorf 1771)[170]

Nicht das Rechtssystem selber, sondern menschliche Arroganz anderen gegenüber wird hier kritisiert. Ansonsten weisen die Texte aber auf die Vorzüge der Gerechtigkeit hin.

> „Die Lehrer werden leuchten wie des Himmels Glanz, und die, so viel zur Gerechtigkeit weisen, wie die Sterne, immer und ewiglich."(Tübingen 1773)[171]

Ein Nachleben in ihren Schülern können sich „Lehrer" im weitesten Sinne erwerben. Aber dies ist es nicht selbst. Es ist nur der Widerschein des echten ewigen Lebens. Das wird denjenigen zuteil, welche „zur Gerechtigkeit" weisen, also Lehrer in einem ganz besonderen Sinne sind. Sie sind die Lichtquelle selbst. Die Gerechtigkeit verknüpft sich hier mit aufklärender Erziehung. Das macht auch ihre Wirkung aus. Die Idee von der Gerechtigkeit pflanzt sich, im Gegensatz zu vielen anderen, immer weiter fort. Sie wird nie überholt oder relativiert, weil sie die Hoffnung der Menschen auf Gleichheit und Frieden trägt. Auch selbst gerecht zu sein, hat nach den Tugendvorstellungen der Zeit Vorteile.

> «Sois juste, et tu seras heureux.»(Göttingen 1778)[172]

[170] UBE Ms.2134, Bl.110r.

[171] LBS cod.hist.oct.254, Bl.149v. Daniel 12,3; auch in: UAT S 128/10, S.65.

[172] DLA A:Stbb.892, S.289. Übersetzung: Sei gerecht, und du wirst glücklich sein.

Das Zitat zeugt von einer frühen studentischen Rezeption Rousseaus in Deutschland.[173] Gerecht zu sein, also die Menschen nach gleichen Grundsätzen zu behandeln, läßt den Gerechten nicht nur vor anderen als tugendhaft erscheinen. Ihm selbst verschafft das eigene Bewußtsein das Gefühl, einem Ideal zu entsprechen. Das macht ihn glücklich. Zudem ist diese Art von Gerechtigkeit, wie andere Tugenden oft auch, so gesehen kein Selbstzweck. Sie erhebt den, der sie ausübt, über andere. Auch das Bewußtsein davon kann für den Menschen ein Konstituens des Glücks sein. Menschliche Größe vor sich und anderen geht auf die eigene Gerechtigkeit zurück. Aber auch vor Gott ist Gerechtigkeit ein unterscheidendes Merkmal der ansonsten gleichen Menschen.

> «Aux yeux de l'Eternel, et devant sa splendeur
> Il n'est point de Bassesse, il n'est point de grandeur.
> Le plus vil des humains, le roi le plus auguste,
> Tout est egal pour lui; rien n'est grand que le juste.»(Jena 1794)[174]

Dieses Gedicht Voltaires rekurriert auf das Naturrecht, daß alle Menschen gleich geboren sind. Ein Adel unter ihnen besteht nicht von Geburt an, sondern nur durch Verdienst.

Ein zitierter Satz Ciceros („De officiis",II,71) meint in diesem Sinne, daß ohne Gerechtigkeit nichts lobenswürdig sei.

---

[173] Erst in Jena 1795 erfolgte eine weitere Eintragung dieses Textes [HAAB 351, Bl.63v]. Das erste Rousseau-Zitat überhaupt in den untersuchten studentischen Stammbüchern stammt aus Tübingen 1764 [LBS cod.hist.oct.87a, S.245.].

[174] UBJ 111, Bl.142; auch in: GNM Hs.95595, S.83; MKF L.St.338, S.126; IHKW 2, Bl.59. Übersetzung:

> In den Augen Gottes und vor seiner Herrlichkeit
> Gibt es keine Niedrigkeit oder Größe.
> Der niedrigste der Menschen, der erhabenste König,
> Alle sind gleich für ihn; niemand ist groß als der Gerechte.

> „Fundamentum enim perpetuae commendationis et famae est justitia, sine qua nihil potest esse laudabile.“(Tübingen 1799)[175]

Ansonsten sind die Texte Gedanken über die durch die Verhältnisse gegebenen Bedingungen, oder Bekenntnisse in einfacher sowie ausführlicher Form. Am Vorabend der Revolution in Frankreich war auch schon in Deutschland eine Stimmung zu spüren, die das Bestehende kritisierte.

> „Wenn ich unser Jus mit der Beschaffenheit des menschlichen Herzens vergleiche, so paßt es darauf, wie die Faust aufs Auge. Die Gesetze werden nicht publicirt, und doch werden die Menschen danach gerichtet; sie dictiren immer Strafe; nichts als Strafe; hat man aber von einem Gesetz je gehört, das Belohnung dictirte? Nichts als Strafe dictiren sie; aber keine Vorschläge die Menschen zu bessern. Und die Besserung der Menschen muß doch der Hauptzweck jeder Gesellschaft seyn. Was hilft es denn, wenn die Einkünfte der Gesellschaft sich vergrößern, und ihre Häuser verschönern sich, und die Aecker, und Schaaf- und Viehzucht wird besser, wenn die Gesellschaft nicht besser wird?“(Helmstedt 1789)[176]

Das Zitat stammt nicht, wie man meinen könnte, von einem kritischen Jurastudenten, der sich mit den Auswirkungen seines Faches auf die Gesellschaft beschäftigt hätte, sondern von einem Studenten der Theologie. Der Text kennzeichnet die Grundlagen des

---

[175] IHKW 2, Bl.58. Übersetzung:

> „Denn die Grundforderung dauernder Empfehlung und guter Nachrede ist die Gerechtigkeit, ohne die nichts lobenswürdig sein kann.“ [Aus: Gunermann (Hrsg. und Übers.), S.207.]

[176] NSW VI Hs.Gr.13 Nr.104, S.63. Carlsberg 3,58.

modernen Rechtsstaats. Er tritt für Transparenz der Gesetze ein. Darüberhinaus ist hier auch etwas von einem Gedanken der Erziehung in bezug auf die heute so genannte Resozialisierung von Verbrechern zu bemerken. Nicht Strafe kann das Ziel des Gesetzgebers sein, sondern eine letztlich bessere Gesellschaft. Erfolge auf ökonomischem Gebiet, die auch ein Teilaspekt der Aufklärung sind, müssen relativiert werden, wenn mit ihnen „die Gesellschaft nicht besser wird". Schon in einer frühen Phase kapitalistischen Wirtschaftens wird dessen oberstes Prinzip des kontinuierlichen Wachstums infrage gestellt. Das Recht darf kein Mittel der Unterdrückung sein. Es muß in den Dienst der Bildung einer Gesellschaft gestellt werden, die ihr Interesse darin sieht, sich gleichsam in einem Wachstum der Tugend immer mehr zu verbessern. Dem Recht wohnt eine Kraft inne, die nicht unterdrückt werden kann.

> „Das Recht ist wie das Feuer, welches gedämpft zwar seine Thätigkeit, aber nie seine natürliche Kraft verliert."(Leipzig 1794)[177]

Zum Zeitpunkt der Eintragung hat dieser Satz[178] eine besondere Bedeutung. Über seinen immer gültigen Sinn hinaus ist er durch die Französische Revolution bewiesen worden. Das von den Monarchen unterdrückte Recht flackert wieder auf. Um in diesem Bild zu bleiben, könnte man sagen, daß auch ein Übergreifen auf andere Gebiete möglich oder, bei der positiven Konnotation des Textes, wünschenswert ist. Fast im gesamten übrigen Europa unterdrückten absolutistische Fürsten noch das (Natur-) Recht, das als Ideal angesehen wurde. Diese Idee wurde unter Zuhilfenahme eines Abschnitts aus dem 31.Kapitel von Wielands „Nachlaß des Diogenes von Sinope" formuliert.

> „Frei unabhängig, gleich an Rechten und Pflichten, setzte die Natur ihre Kinder auf die Welt, ohne

[177] UBJ 76, Bl.24r.
[178] Von Antonio Perez.

> irgend eine andere Verbindung, als das natürliche Band, mit denen, durch die, sie uns das Daseyn gab, und das Sympathische, wodurch sie Menschen zu Menschen zieht."(Halle 1796)[179]

Das Gerechte ist die Gleichheit der Menschen untereinander. Die einzigen Verbindungen, die dieses Ideal zuläßt, sind zwischenmenschlicher Art. Keinesfalls können Abhängigkeiten rechtlicher Art bestehen, wie sie etwa in der Leibeigenschaft oftmals noch Realität waren, wenn auch unter anderem Namen.

Die Forderung nach Gerechtigkeit war absolut. Gerechtigkeit ist nicht teilbar. Auch die Erfahrung der Realität trägt zur Unbedingtheit des Ideals bei, so daß der Wahlspruch Kaiser Ferdinands I. (regierte 1556-1564) für das 18. Jahrhundert instrumentalisiert werden konnte. In welchem Sinne, das zeigt die Datierung nach Freiheitsjahren Bataviens[180] analog dem französischen Kalender.0

> „Fiat justitia, et pereat mundus!"(Helmstedt 1796)[181]

Der Spruch taucht mit einer präzisierenden Veränderung Immanuel Kants noch einmal in einem Stammbuch auf. Kant hatte ihn in seiner Schrift „Zum ewigen Frieden" (1795)[182] aufgegriffen und variiert.

[179] MKF L.St.319, S.113.

[180] Einst ein germanisches Volk auf den Inseln der Rheinmündungen. „Batavia" ist seit dem Humanismus der lateinische Name für die Niederlande. Ende des 18. Jahrhunderts bezeichnet „Batavische Republik" die von den Franzosen errichtete niederländische Republik (1795-1806).

[181] NSW VI Hs.Gr.13 Nr.117, S.207. Übersetzung nach Julius Wilhelm Zincgref in seiner Sammlung „Der Teutschen scharpfsinnig kluge Sprüch"(1626):

> „Das Recht muß seinen Gang haben, und sollte die Welt darüber zugrunde gehen."

Vgl. auch die Abhandlung von Gerhard Funke: Fiat justitia, ne pereat mundus: Vernunftrecht der Freiheit, Vernunftstaat der Freiheit, Vernunftzweck der Freiheit im kritischen Idealismus. Mainz 1979.

[182] Dort im ersten Teil des Anhangs „Über die Mißhelligkeit zwischen der Moral und der Politik in Absicht auf den ewigen Frieden."

> „Es lebe die Gerechtigkeit, und wenn auch alle Schurken in der Welt zu Grunde gehen sollten!"(Leipzig 1798)[183]

Nicht die Welt soll zugrunde gehen, sondern die Schurken in ihr. Das sind diejenigen, welche die Gerechtigkeit verhindern, also die Herrschenden des ancien régime. Dazu ist erst einmal die Verfolgung dieses Ziels der Etablierung der Gerechtigkeit notwendig. In der Französischen Revolution wurde der Weg dazu gezeigt. Daß dies auch so verstanden wurde, zeigen die beiden „Weltuntergangszitate". Der Staat muß das Recht garantieren, daß Gleichheit, das heißt Gerechtigkeit unter allen herrscht. Kants Satz wurde seinerseits auf entscheidende Weise von Leopold von Seckendorf variiert.

> „Es herrsche Gerechtigkeit und alle Schelme in der Welt mögen darüber zu Grunde gehen"(Erlangen 1797)[184]

Wenn es von Kant noch in Kauf genommen wurde, daß „alle Schelme" untergehen, wenn es nur dem Erreichen von Gerechtigkeit nützt, so ist deren Untergang in der Seckendorfschen Version des Spruches eine Folge der Gerechtigkeit. Wenn erst Gerechtigkeit herrscht, dann ist kein Platz mehr für „Schelme". In der Folgerung rigoroser ist dieses Urteil auch mehr als der ursprüngliche Satz an der Realität orientiert, wie sie im Frankreich der neunziger Jahre die Durchsetzung der Gerechtigkeit gegen die privilegierten Stände zeigte.

4.12 Vaterland

Mit dem Vaterland beschäftigen sich im Durchschnitt 0,70% der Texte in studentischen Stammbüchern zwischen 1740 und 1800. Die Häufigkeit nimmt bis zu den neunziger Jahren zu, so daß in

[183] GNM Hs.121648, S.266.
[184] UBE Ms.1983, Bl.31v.

ihnen schließlich 1,42% verzeichnet werden können. *Vaterland* war Ende des 18. Jahrhunderts noch kein abgenutzter Begriff.

> „,Das Vaterland '– Was Vaterland?
> Der Topf, der Topf ist das Vaterland;
> Das übrige sind Frazen.-"(Jena 1787)[185]

Mit diesen von Johann Heinrich Voß (1751-1826) übernommenen Zeilen kritisiert ein Student die Lethargie seiner Zeitgenossen.[186]

Auch die heute übliche Vorstellung, daß man sich mit dem Begriff *Vaterland* von anderen Nationen abgrenzen möchte, trifft nur auf einen sehr geringen Teil der Studenten zu. Interessant ist, daß diese sich immer gegen Frankreich wenden.

> „Wer nicht bieder mit offnem Munde
> Die Wahrheit sagt, der ist ein Gallier,
> Und hat kein freies Vaterland!"(Tübingen 1785)[187]

Franzosen werden als intrigant verschrien. Sie sind nicht frei, was 1785 noch stimmt. In Frankreich war der höfische Absolutismus zur Vollendung gediehen. Aber auch 1806, nach der Durchsetzung der revolutionären Ideale und ihrer Manifestation durch Napoléon, blieb der betreffende Student bei seiner Überzeugung, wie die Renovation der Eintragung zeigt. Eine ähnliche Abneigung gegen Franzosen zeigt der folgende Text von F. Schulz.

> „Wir Deutschen haben für unsere Liebe, Herz; für unseren Kummer, Thränen; für unseren Zorn, Fäuste. Die Franzosen haben für alles – Zunge."(Jena 1798)[188]

Deutsche sind wahrhaftig und aufrichtig, während Franzosen allem durch Sprache die Ursprünglichkeit nehmen. Wie die beiden

[185] UBJ 38, S.33.

[186] In diesem Sinne ist auch die 1776 erschienene bittere Satire „Der zufriedene Sklave" von Voß geschrieben, aus der das Zitat stammt.

[187] LBS cod.hist.oct.97, S.246.

[188] UBG Hs.1216w, S.101.

anderen, so zielt auch die dritte franzosenfeindliche Eintragung eines Textes von Halems zunächst auf den Umgang der Franzosen mit der Sprache ab.

> „Römer besiegten die Völker durchs Schwerdt; dann folgte dem Siege Römersprache; doch wir – ha! wir bestanden den Kampf. Gallier wechseln den Kampf. Schon hörten wir Galliens Sprache, und nun folgte das Schwerdt. – Wieder bestehn wir den Kampf."(Jena 1796)[189]

Mit der Anspielung auf die Spätantike wird eine Tradition der unbesiegbaren Deutschen begründet. Im Gegensatz zu den Römern aber, die ihre Sprache den Besiegten brachten, war Französisch im Rokoko *die* Sprache des gebildeten Europa. Der Kampf folgte durch den ersten Koalitionskrieg (1792-1797). Der Analogieschluß aus dem bestandenen Kampf gegen die Römer kann nur heißen, daß auch jener wieder gewonnen wird. Franzosen können nur durch die ihnen nachgesagte virtuose Handhabe ihrer Sprache erobern. Im tatsächlichen Kampf müssen sie gegen die als ursprünglicher erscheinenden Deutschen unterliegen. Eine besondere Note erhält die Eintragung noch durch ihr Symbolum «Liberté, Egalité ou la Mort!!!!». In Verbindung mit dem Motto läßt sich sagen, daß hier die französische Revolutionsparole umgewertet wurde. Der Deutsche nimmt nun für sich in Anspruch, seine imaginäre Freiheit und Gleichheit gegen die Franzosen bis zum Tod zu verteidigen.

Was ist das Vaterland positiv gesagt? „Ubi bene ibi patria" (Gießen 1790)[190] Man kann überall leben, wenn es einem nur gut geht. Andere drücken diese Form von Kosmopolitismus ganz direkt aus.

---

[189] UBJ 88, S.69.

[190] IHKW INH 44660, S.4; umgekehrt auch in: IHKW 58, Bl.18v. Übersetzung: Wo es mir gut geht, da ist mein Vaterland. Das Zitat ist eine gebräuchliche Kurzform von Ciceros „Patria est, ubicumque est bene" („Tusculanarum disputationum", V,37).

„Die Welt ist mein Vaterland!"(Jena 1794)[191]

Nicht nationale Eigenheiten oder Gefühle sind ausschlaggebend, für das, was man *Vaterland* nennt. Es gibt eine übernationale Gemeinschaft der Aufgeklärten, gleichsam eine „Gelehrtenrepublik".

In den neunziger Jahren nahm demgegenüber die Vorstellung zu, seine Heimat so zu gestalten, daß man gern in ihr leben würde. «Vive la Nation d'Allemagne»(Jena 1795)[192] heißt es, das Vorbild Frankreichs auch im Symbolum «Liberte Egalite» aufgreifend. Die Nation wird zur Utopie, in der Freiheit und Gleichheit möglich sind. In Erlangen wurde dies zu einem Teil 1797 zur Bedingung des Vaterlands.

„Wo Freiheit ist, da ist mein Vaterland!"[193]

Um bewußt zu machen, daß die Verwirklichung einer Utopie niemandem in den Schoß fällt, rüttelt ein anderer Student auf und fordert implizit Handlungen.

„Deutschland blühe!
Freyheit lebe!
,Wozu das Weken? – Schlafen und schwelgen wir immer
,in Ruhe
,das Vaterland helfe sich selbst!'"(Jena 1797)[194]

Das letztere kann es eben nicht. Eine Nation besteht immer aus Individuen, die die Idee der Gemeinschaft tragen, oder nicht. Mit seiner Ironie legt der Text dies klar. Wie ist dem Vaterland zu helfen?

„Keinem Despotismus fröhne
Wer sich deutscher Abkunft rühmt."(Jena 1798)[195]

---

[191] NSW VI Hs.Gr.13 Nr.117, S.226; ähnlich auch: MKF L.St.369, S.91.
[192] DLA A:Stbb.60.590, S.102.
[193] GNM Hs.95595, S.92.
[194] IHKW 62, S.242.
[195] MKF L.St.253, S.43.

Demnach ist es eine deutsche Tugend, gegen Unterdrückung aufzubegehren. Diese und noch eine andere Eintragung[196] rufen dazu auf.

Solch eine Überzeugung impliziert Kampf und Opfer für das Ideal. Die Vorstellung eines Todes für das Vaterland ist alt. Am bekanntesten ist wohl das „Dulce et decorum est pro patria mori.“(Tübingen 1775) des Horaz (Oden. III,2,13.). Es wurde auch dem Deutschen anverwandelt durch Christian Felix Weisse (1726-1804).

> „Wie schoen wenn für das Vaterland
> Ein Mann kämpft und als Held
> Mit blankem Schwert in hoher Hand
> Im Vordertreffen faelt.“(Stuttgart 1783)[197]

Das Ideal, für das in diesen beiden Texten gestorben wird, ist nicht das der Befreiung vom Despotismus, sondern der von den Herrschenden aufgebaute Schein des soldatischen Heldentodes. Gegen diesen bezieht eine Eintragung explizit Stellung.

> «Combattant, serissons, mais pour notre patrie
> Malheur aux Vils Mortels qui servent la furie
> Et la Cupidité des Rois Béprédateur»(Straßburg 1793)[198]

Man kann wohl in den Kampf ziehen, für seine Ideale. Diese sind aber nicht die der Könige. Sie stehen ihnen sogar entgegen. Es sind die Ideale der Französischen Revolution, für die es im Ideal sogar zu sterben gilt. Das Symbolum zum zitierten Motto lautet:

[196] GNM Hs.117185g, Bl.18.
[197] DLA A:Stbb.Z 2527, Bl.99.
[198] HAAB 575, S.269. Übersetzung:

> Laßt uns kämpfen und würgen, aber für unser Vaterland
> Unglück für die niedrigen Sterblichen, die der Raserei
> Und der Habgier [«Béprédateur“?] Könige dienen.

«La Liberté ou la Mort». Mit «Vaincre ou mourir – pour la Patrie!» (Jena 1797)[199] drückt der Jurastudent Geib das gleiche aus. Sein Vaterland war schon befreit. Er stammte aus dem linksrheinischen Lambsheim und trat also für die Ideale der Französischen Revolution ein. Aus seiner Todesanzeige[200] geht hervor, daß er später als Capitän des napoleonischen Heeres einige Feldzüge mitmachte.

Für andere wurde ein Vaterland in Freiheit zur Utopie, auf deren Erfüllung sie warteten. Zu einem adelskritischen und gegen Tyrannenknechte gerichteten Motto trug Friedrich Majer eine Widmung an Leopold von Seckendorf ein.

> „Denke zuweilen lieber Seckendorf, – in glücklichern Zeiten unsres Vaterlandes – auch noch, an Deinen Freund und Bruder"(Jena 1794)[201]

Seckendorffs Vaterland war Württemberg. Was mit den „glücklichern Zeiten" gemeint ist, läßt sich aus Seckendorfs Biographie erschließen: er war Revolutionssympathisant und mit Isaac von Sinclair, Friedrich Hölderlin und dem Studentenspion in französischen Diensten aus Überzeugung, Brechtel, befreundet. Seckendorf setzte wohl, wie andere auch, seine Hoffnungen in die französischen Revolutionstruppen. Nach der Befreiung vom Despotismus durch jene wäre die Errichtung einer Republik möglich gewesen. Ähnliches dachte sich wohl auch J. Bertram aus Köln mit seiner Widmung.

> „Erhalte mir auch in der Entfernung deine Freundschaft lieber Kirchner, bis uns villeicht einst ein gemeinschaftlich freies Vaterland Wiedervereinigt."(Erlangen 1799)[202]

[199] MKF L.St.253,S.35.

[200] Frankfurter Konversationsblatt 1862, Nr.306; Notiz auf der Rückseite von: IHKW 46, Bl.22.

[201] LBS cod.hist.quart.736, Bl.622.

[202] MKF L.St.455, S.46.

Seine Ideale hat er in Dreiecksform eingezeichnet:„humanité“ und „Justice“ als Schenkel, „liberté“ als Basis und in der Mitte „la loi“.[203] In der christlichen Kunst symbolisiert das Dreieck in erster Linie die Dreifaltigkeit. „Seit dem 17. bis ins 19. J[ahr]h[undert]. kommt sowohl in kath[olischen]. wie in prot[estantischen]. Kirchen sehr häufig, u[nd] zwar bes[onders] an Altären, das D[reieck]. m[it]. dem Auge Gottes vor, meist v[on]. einer Gloriole umstrahlt.“[204] Bertram bezeichnete *seine* Dreifaltigkeit. Dabei nimmt das Gesetz in der Mitte des Dreiecks die Funktion Gottes als wachender Hirte ein. Das Vaterland ist in der Utopie Träger anderer Ideale. In ihm und durch es sollten sie verwirklicht werden. „Vaterland“ war in den neunziger Jahren also progressiv besetzt. Dies setzte sich in der ersten Hälfte des 19. Jahrhunderts fort, als die demokratischen Kräfte Europas ihren jeweiligen Nationalstaat auf demokratischer Grundlage zu errichten suchten.

4.13 Utopie

Mit utopischen Texten trugen sich Studenten im untersuchten Zeitraum mit durchschnittlich 0,61% in Stammbücher ein. Die Werte sind in den einzelnen Jahrzehnten durchaus schwankend, erreichen aber in den neunziger Jahren ihren Höhepunkt mit 1,57%. Die Behandlung der betreffenden Texte scheint zu lohnen. In Utopien hatten sich die Menschen schon immer bessere Lebens- und Staatsformen konstruiert. Utopien sind nicht illusorisch. Sie erhalten vielmehr ihre Kraft dadurch, daß sie als möglich erscheinen. Eine Utopie trägt virulent den Drang in sich, verwirklicht zu werden. Die wohl bekannteste Erscheinungsform utopischen Denkens ist die Vorstellung von einem einst gewesenen Goldenen Zeitalter, in dem die Menschen glücklich leben konnten.

[203] Übersetzung in dieser Reihenfolge: Menschlichkeit, Gerechtigkeit, Freiheit und Gesetz.

[204] LCI Allg.I. Bd.1, Sp.525.

„Bey des Erdballs erster Jugend,
Nennte man die Freude Tugend,
Und die Wollust Zärtlichkeit.
Ohne Kummer ohne Klage
Flohn des Lebens ruhge Tage
Und nicht einer ward bereut.“(Erlangen 1767)[205]

In diesem Gedicht von Kronegks resultiert das insgesamt schönere Leben früherer Zeiten aus den moralischeren Sitten der Menschen. Tugend beglückt. Neben ihr verblassen andere Erscheinungen des Lebens, so daß der Genuß des letzteren nur von ihr abhängt. Dieses Insistieren auf der Tugendhaftigkeit der Ahnen impliziert, daß die Zeitgenossen wohl weniger tugendhaft und daher auch weniger glücklich sind. Die Vergangenheit wird als Lösung für gegenwärtige Probleme herangezogen. Sie wird herbeigesehnt, wie in diesen Versen Gellerts („Moralische Gedichte“, „Der Menschenfreund“, letzte zwei Verse).

„Komm wieder, glücklich Jahr, du goldne Zeit der Alten,
da Wahrheit, Treu und Recht und Menschen Liebe galten.“
(Erlangen 1769)[206]

Diese Form der Utopie ist rückprojiziert. Sie sucht vergangene, oft nur vermeintlich ideale Formen als Muster für Gegenwart und Zukunft heranzuziehen. Die „goldne Zeit der Alten“ besaß alle Tugenden. Sie gilt es wieder heraufzubeschwören. Die Tugend ist dabei das Mittel im Kampf gegen alle Verderbnisse der Zeit.

Erst in den neunziger Jahren löst sich die Bindung der Vorstellung an das Vergangene als etwas Wiederzuholendes.

„Wenn jeder Mensch alle Menschen liebte, so besäße jeder einzelne die Welt.“(Göttingen 1792)[207]

---

[205] GNM Hs.84104h, S.272.
[206] UAT S 127/22, S.172.
[207] IHKW Ring, Bl.61; auch in: IHKW INH 44672, S.169.

Innerhalb von Stammbüchern projiziert dieser Satz Schillers erstmals das zu Erreichende in die Zukunft. Dort liegt die Hoffnung der Menschheit. Sie ist auf die Liebe der Menschen untereinander begründet. In einer Welt, in der jeder alle liebte, wären Ungerechtigkeiten im weitesten Sinne nicht mehr möglich. Eine auf Natürlichkeit gegründete Liebe ließe das Laster aussterben. Nicht Gewalt, sondern Überzeugung herrschte vor. Solcherart führt die Liebe zu Aufklärung und Freiheit des einzelnen und schließlich zur gesellschaftlichen Freiheit.

> „Ja frey zu seyn – der Menschheit erstes Recht –
> Dies sey das edle Ziel, nach dem wir ringen!
> Wer Ketten trägt wird durch die Ketten schlecht;
> Die Sklaverey lähmt unsers Geistes Schwingen.
> Vielleicht wird einst ein muthiger Geschlecht
> Der Freyheit Glück dem Erdkreis wiederbringen:
> Dann schweigt beschämt Despoten Uebermuth;
> Und wo ein Kerker stand, glänzt unsrer Göttin Huth!!!–“
> (Jena 1795)[208]

Hier wird aufgefordert, das Naturrecht der menschlichen Freiheit zu verwirklichen. Unfreiheit hindert an der Ausübung der Vernunft, also am eigentlichen Menschsein. Die Hoffnung trägt die Zukunft. Dann soll „ein muthiger Geschlecht“ die bestehenden Verhältnisse umwälzen. Der Despotismus wird besiegt. Die Freiheit beseitigt alle Zwänge. Im Jahre 1795 ist das Gedicht nicht in dieser Abstraktion zu lesen. Es löst sich daraus und wird zu einer ganz konkreten Utopie. Man denke an den ersten Artikel der französischen Menschen und Bürgerrechtserklärung von 1789: dort ist tatsächlich die Freiheit des Menschen garantiert. Was eingefordertes Naturrecht war, ist dort schon verbrieftes Recht. Andere Völker müssen erst noch um dieses Ziel „ringen“. Das hoffnungstragende Geschlecht rückt zeitlich ganz nahe. Es sind

[208] MKF L.St.441, S.222.

die französischen Revolutionstruppen, die schon 1794 linksrheinisches deutsches Gebiet erobert und ihm die Freiheit von der Fürstenherrschaft gebracht hatten. 1797 bestand im September und Oktober sogar eine cisrhenanische Republik. Sie scheiterte dann allerdings, weil die französische Regierung inzwischen eine andere Außenpolitik des Anschlusses der linksrheinischen Gebiete verfolgte, im Gegensatz zur vorher geübten Politik der Errichtung von Republiken. 1795 aber standen die Freiheitsbestrebungen der cisrhenanischen Bewegung im Vordergrund, die durch die französischen Revolutionstruppen ermöglicht worden waren. Der „Despoten Uebermuth“ wurde empfindlich getroffen. Sie hatten gesehen, wie die Revolution in Frankreich mit den Aristokraten verfahren war. Die linksrheinischen deutschen Jakobiner arbeiteten gegen die geflohenen Fürsten für eine Republik. Auch der letzte Vers des Gedichts hatte eine Entsprechung in der Wirklichkeit. Das Pariser Volk hatte gleich im Anschluß an die Erstürmung der Bastille mit der Schleifung dieses Symbols der Unrechtsherrschaft begonnen. Schon im August 1789 war ein Wettbewerb ausgeschrieben worden, der nach der Neugestaltung des ehemaligen Bastille-Platzes fragte. Auf dem nun «Place de la Liberté» genannten Gelände wurde schließlich am 15.4.1792 eine provisorische Freiheitsstatue eingeweiht, die im Juli 1793 von einer 15 Meter hohen gipsernen Isis abgelöst wurde, „aus deren Brüsten Wasser floß, das am 14.Juli die versammelten Patrioten trinken sollten“[209]. So kann man sagen, daß für Deutschland in den neunziger Jahren mit Blick auf die Ereignisse in Frankreich gilt:„Die jetzige Zeit ist schwanger mit der zukünftigen“(Leipzig 1796)[210]. Das Modell der Zukunft ist in Frankreich schon wirklich oder ist zumindest im Werden. Es baut auf einen Menschentypus, der selbstbestimmt und vernünftig handelt.

[209]Hans-Jürgen Lüsebrink/Rolf Reichardt: Die Bastille. Zur Symbolgeschichte von Herrschaft und Freiheit. Frankfurt a.M.1990, S.189.

[210]GNM Hs.121648, S.151.

> «il arrivera donc ce moment, ou les tyrans et les esclaves n'existeront plus que dans l'histoire et sur les theatres.»(Tübingen 1797)[211]

Für den menschlichen Geist ist Freiheit eine wesentliche Bedingung seiner Entfaltung. Zuerst muß mit den Despoten die Ursache von Unterdrückung beseitigt werden, denn nur so wird die Utopie Wirklichkeit.

Da hatte es eine gleichsam Wirklichkeit gewordene Utopie einfacher. Die ehemaligen Kolonien Nordamerikas mußten sich „nur" von ihrem Mutterland befreien. Dann war der Idealfall einer Utopie gegeben: eine Gesellschaft rechtlich gleicher Kolonisten, die sich im nicht erschlossenen Land selbst behaupten mußten. Aus der Masse untereinander hervorheben konnten sie sich nur durch Verdienst. [212] Der Student Friedrich Christian Hiller wollte offensichtlich nach Amerika gehen. In sein Stammbuch trugen sich im Laufe des Jahres 1793 vier Tübinger Studenten mit darauf bezogenen Texten ein. Drei der Eintragungen spielen auf Amerika an, ohne daß damit eine direkte politische Wertung verbunden wäre. Dabei muß aber bedacht werden, daß die Vereinigten Staaten für viele aufgeklärte und freiheitlich gesonnene Köpfe Europas ein Vorbild waren. Allein die Nennung ließ Gedanken an Freiheit und Gleichheit aufkommen. So waren letztere auch zuerst in der Präambel der amerikanischen Unabhängigkeitserklärung als Menschenrechte garantiert worden. Amerika war so auch ein Vorbild für die französischen Revolutionäre.

---

[211] DLA A:Stbb.51.640, Bl.116. «Condorcet esquisse d'un tableau hist. de l'esprit hum.». Übersetzung: er wird in dem Moment kommen, wo die Tyrannen und Sklaven nicht mehr existieren, außer in der Geschichte und auf den Theatern.

[212] Allerdings wurden sie selber zu Unterdrückern der amerikanischen Ureinwohner. Auch waren sie in wirtschaftlichem Sinne nicht gleichgestellt. Sie hatten durchaus verschiedene materielle Ausgangslagen. Man darf aber nicht vergessen, daß eine wirtschaftliche Gleichheit auch nicht zu den Idealen der Aufklärung zählte.

„[...] und mir die süsse Hoffnung werden lies, daß du mich auch von – Amerika aus lieben würdest.“[213]

„Wenn du einst bey einem Frolique in Amerika bist, so denke auch dabei an Deinen wahren Freund“[214]

„und trinkst du in America
bei seinem Götterwein
der Deutschen Wohl in Aria
so schließ auch mich mit ein!“[215]

Nur eine der Eintragungen läßt einen Schluß auf die politische Haltung des eintragenden Studenten zu.

„Denke – wann auch Meere uns trennen – aus Deinem dortigen Paradieß recht oft zurük an Deinen Freun[d] Lang Stifts-Bürger“[216]

Amerika erscheint Lang als Paradies. Die deutschen Verhältnisse stechen auch zu sehr davon ab. Zudem hebt der Theologiestudent des Tübinger Stifts nicht von ungefähr „Bürger“ hervor. Ganz bewußt spielt er damit auf eine rechtliche Gleichheit an, wie es sie in Amerika und nun auch in Frankreich gab. Die Utopie orientierte sich nicht mehr rückbesinnend an einem imaginären Goldenen Zeitalter, sondern an der realen Gegenwart.

4.14 Revolutionsparolen

Mit Parolen, die ihren Ursprung in der Französischen Revolution haben, konnten sich Studenten in Deutschland zwangsläufig nur Ende der achtziger und dann vor allem in den neunziger Jahren mit 1,96% aller eingetragenen Texte in Stammbüchern verewigen.

[213] LBS cod.hist.oct.280, Bl.68v.
[214] dito, Bl.66v. Ein Frolique ist eine Lustbarkeit.
[215] dito, Bl.111v.
[216] dito, Bl.105v.

Interessant dabei ist, daß die deutsche Parole „Freyheit oder Tod!“ (Erlangen 1788)[217] schon vor Ausbruch der Französischen Revolution bekannt war. Sie hatte also wohl eine andere Quelle als das französische «Vivre libre ou mourir!» (Tübingen 1791)[218] oder das «La mort ou la liberté» (Jena 1795)[219]. Auch in den neunziger Jahren überwiegt bei weitem die deutsche Version von „Freiheit oder Tod!“ (Giessen 1790)[220]. Insgesamt nimmt die progagierte Wahl von entweder der *Freiheit* oder aber dem *Tod* der Häufigkeit nach fast 38% der Revolutionsparolen in studentischen Stammbüchern ein. Diese Parolen sind bis 1800 belegt und haben ihren Höhepunkt in den Jahren 1795 bis 1797. Annähernd mithalten können da nur noch Verbindungen mit der *Gleichheit* . Sie erreichen knapp 30%.

„Freyheit u. Gleichheit“ (Marburg 1793)[221]

„Freiheit Gleichheit Menschenrechte“ (Jena 1795)[222]

„Freyheit – Gleichheit oder Todt.“ (Jena 1797)[223]

---

[217]MKF L.St.423, S.107; auch in: UBJ 37, S.16.

[218]LBS cod.hist.oct.280, Bl.95v; auch in: GNM Hs.95595, S.91; IHKW INH 44672, S.191; vgl. auch das deutsche „Frei leben oder sterben!!“(Jena 1797) [IHKW 46, Bl.15; auch in: MKF L.St.253, S.50; NSW VI Hs.Gr.13 Nr.117, S.182.]

[219]UBJ 82, Bl.10v; auch in: LBS cod.hist.oct.280, Bl.72v.; HAAB 575, S.269.

[220]IHKW INH 44660, S.190; auch in: DLA A:Stbb.60.590, S.162; UAT S 128/5, Bl.38; SAW 200/307, S.127; SAW 200/307, S. 26; IHKW 46, Bl.22; LBS cod.hist.oct.116, S.216; MKF L.St.253, S.60; IHKW 46, Bl.29; SAW 200/307, S.40. Vgl.Axel Kuhn: Schwarzbrot und Freiheit, S.25. Dort weist Kuhn als gemeinsame Quelle der deutschen und der französischen Parole die legendäre Schweizer Eidgenossenschaft nach.

[221]MKF L.St.325, S.139; auch in: UAT S 128/10, S.19; HAAB 505, S.91; LBS cod.hist.oct.280, Bl.61r; LBS cod.hist.quart.736, Bl.616; HAAB 351, Bl.44v; DLA A:Stbb.60.590, S.102; MKF L.St.319, S.232; SAW 200/307, S.132; IHKW INH 44672, S.188.

[222]NSW VI Hs.Gr.13 Nr.117, S.165; auch in: SA N FAL E 17/I Nr.731, S.132; DLA A:Stbb. 60.590, S.345.

[223]MKF L.St.253, S.64; auch in: IHKW INH 44672, S.184; UBJ 88, S.69.

Texte solcher Art wurden am häufigsten um die Mitte der neunziger Jahre eingetragen. Das dritte Element der französisch-revolutionären Dreieinigkeit, die «fraternité», tritt erst gegen Ende des Jahrhunderts und dann auch nur sehr selten in Erscheinung. Entweder nur als «liberté, fraternité» (Jena 1797)[224], oder auch vollständig als «Liberté Egalité Fraternité» (Jena 1798)[225]. Der Einträger der letzteren Parole erweitert sein Symbolum zwei Monate später durch «ou la mort» (Jena 1798)[226]. Nur einmal ist mit „Freiheit! Gleichheit!! Brüderschaft!!!" (Jena 1800)[227] eine deutsche Fassung zu verzeichnen. Bedeutsam scheint mir die Steigerung, die durch die Erhöhung der Anzahl von Ausrufungszeichen ausgedrückt wird. Die „Brüderschaft" ist der höchste Wert. Sie faßt die anderen in sich. Wenn die Menschen sich brüderlich zueinander verhalten, sind sie auch gleich und frei.

Direkt auf Frankreich beziehen sich nur wenige Revolutionsparolen. So läßt ein Student die französische Freiheit leben.

> «Vive la liberté francoise!» (Tübingen 1791)[228]

Ein Jahr später erweitert er sein Symbolum.

> «Vive la Liberté et la Constitution francaise!!» (Tübingen 1792)[229]

In einer Verfassung wird die Freiheit tatsächlich festgeschrieben und faßbar. So fordert sie auch ein deutscher Student und zitiert oder nennt nicht mehr nur die französische als Vorbild.

> «La Constitution ou la Mort» (Jena 1792)[230]

---

[224] MKF L.St.253, S.200.
[225] IHKW 46, Bl.96.
[226] MKF L.St.253, S.39.
[227] GNM Hs.117185g, Bl.62.
[228] UAT S 128/21, S.3.
[229] LBS cod.hist.oct.280, Bl.64v.
[230] UBJ 111, Bl.120.

Der uns schon bekannte Student-Spion Brechtel konkretisiert, was in der Verfassung stehen soll. Eine konstitutionelle Monarchie genügt nicht mehr. Er will eine Republik.

> «La liberté et l'egalité, une Republique
> ou la – mort» (Jena 1794)[231]

Man hatte sich von der bloßen Bewunderung des französischen Vorbildes gelöst und wollte die Ideale derselben im eigenen Vaterland verwirklicht wissen.

> «Vive la Nation d'Allemagne» (Jena 1795)[232]

Die deutsche Nation soll leben, und zwar nicht in Abgrenzung zu den Franzosen, sondern vielmehr wie diese, nämlich in Freiheit und Gleichheit, wie es durch das Symbolum dieser Eintragung ausgedrückt wird: «Liberte Egalite». Daß sie das für machbar hielten, zeigten andere Studenten dadurch, daß sie den Refrain eines berühmten Revolutionsliedes als Stammbucheintragung verwandten.

> «c'ira, c'ira, c'ira!» (Jena 1794)[233]

> «Ca ira!» (Erlangen 1794)[234]

Auch der später von den Deutschen als Unterdrücker bekämpfte Napoléon Bonaparte wurde im 18. Jahrhundert noch bejubelt. Mit dem erfolgreichen Revolutionsgeneral verband man die Hoffnung, Freiheit und Recht zu erlangen.

> «Liberté et droit!!! Vive Buonaparte!!!» (Jena 1798)[235]

---

[231] LBS cod.hist.quart.736, Bl.614.
[232] DLA A:Stbb.60.590, S.102.
[233] MKF L.St.436, S.166.
[234] GNM Hs.37734, S.164.
[235] IHKW INH 44672, S.39.

Zur Zeit dieser Eintragung war die *Ägyptische Expedition* (1798-1801) noch in einer für Frankreich erfolgreichen Phase. Der obiges Symbolum eintragende Student datiert „Jena, zur Zeit der alexandrinischen Expedition – 1798". Er hatte offensichtlich die Bestürmung Alexandrias verfolgt. Das internationale politische Tagesgeschehen war also durchaus im Bewußtsein der Studenten. Eine weitere Eintragung feiert Napoléon auf deutsch.

„Es lebe Buonaparte" (Jena 1798)[236]

4.15 Revolutionskalender

Eintragungen, die ihre Datierung nach dem französischen Revolutionskalender richten, sind, sachgemäß nur in den neunziger Jahren, mit 1,10% in studentischen Stammbüchern anzutreffen. Mit dieser Datierungsweise bekannte man sich zur Französischen Revolution. In Frankreich zählte man seit dem 14.7.1790 nach Jahren der Freiheit, die am 1.1.1792 um eine Jahreszahl erhöht wurden. Seit dem 10.8.1792 trat noch das Jahr der Gleichheit hinzu. Seit der Ausrufung der Republik am 22.9.1792 wurde nur noch nach Jahren der Republik gerechnet, die ihrerseits am 1.1.1793 um eine Jahreszahl erhöht wurden, so daß dann das Jahr 2 der Republik begann. Schon am 5.10.1793 wurde die Jahreszählung wieder auf den 22.9. zurückgesetzt. Gleichzeitig damit ging die Abschaffung des christlichen Kalenders einher. Außerdem wurde der Kalender selbst dahingehend reformiert, daß die 12 Monate vereinheitlicht und die „fehlenden" Tage zu 360 ergänzt wurden. Studenten in Deutschland übernahmen teilweise die französische Jahreszählung und auch die Monatsnamen. Mal benutzten sie dazu die französische Sprache, mal übersetzten sie den Kalender ins Deutsche. Ca. 46% der nach dem Revolutionskalender gezählten Datenangaben sind in deutsch gegeben, ca. 32% in französisch.

[236] IHKW INH 44672, S.45.

Einige (11%) belassen den französischen Monatsnamen, schreiben ansonsten aber deutsch.

> „Mainz 10.Augst. im 2ten Jahr der F. Freyheit 1791“[237]

> „Jena 21. Obstmonat im 2t Jahr der französischen Republik“ (Jena 1793)[238]

> «Jene le 14me Pluvios l'an 6. de la Republique francaise une et indivisible» (Jena 1798)[239]

> „Jena, im Fructidor des 4ten Jahrs der Frankenrepublik, /30.Aug. 1796 v.St./“[240]

Eine Eintragung datiert zum christlichen Kalender noch zusätzlich in lateinischer Sprache „Tübingen die novissima“ (Tübingen 1792)[241]. Daß die neue Zeit die Zeit nach der im Grundsatz gelungenen Befreiung vom Despotismus –wenn auch nur in Frankreich– ist, läßt sich an den zum letzten Zitat gehörigen Klopstock-Versen erkennen.[242] Den Menschen war bewußt, daß mit der einmaligen Erringung der Freiheit durch ein Volk eine neue Epoche begonnen hatte.

[237] GNM Hs.115675a, S.208; auch in: HAAB 575, S.36; HAAB 575, S.254; HAAB 575, S.253; HAAB 575, S.252; HAAB 575, S.2; NSW VI Hs.Gr.13 Nr.117, S.30; HAAB 575, S.252; HAAB 575, S.250; HAAB 575, S.79; HAAB 575, S.239; HAAB 575, S.121; HAAB 351, Bl.48v.

[238] NSW VI Hs.Gr.13 Nr.117, S.62; auch: SAW 200/307, S.26; IHKW 46, Bl.22; auch in.LBS cod.hist.oct.116, S.216.

[239] IHKW 46, Bl.86; auch: UBT Mh 858a, Bl.4; LBS cod.hist.quart.736, Bl.614; auch in: HAAB 575, S.183; HAAB 575, S.269; UBE Ms. 1983, Bl.19v; MKF L.St.253, S.35; MKF L.St.253, S.155; IHKW 46, Bl.81; MKF L.St. 287, S.68; IHKW INH 44672, S.63; NSW VI Hs.Gr.13 Nr.131, Bl.17.

[240] IHKW INH 44675, Bl.23; auch in: SAW 200/307, S.115; MKF L.St.226, S.35; UBE Ms.1983, Bl.33v.

[241] UBT Mh 858a, Bl.39.

[242] S. Kapitel 4.8.2. das Gedicht „O Freiheit!“.

Die Übertragungen der französischen Monatsnamen in die deutsche Sprache stammen interessanterweise alle aus Jena. Das zitierte Beispiel ist von Friedrich Gustav Kaempf, die anderen noch angegebenen sind von Karl Geib, der vor 1797 noch die *gemischte* deutsch-französische Form benutzte. 1797 im fünften Jahr der Republik trug er sich am 15.2., 22.2. und 12.3. mit einer Datierung nach dem Revolutionskalender in rein deutscher Form ein.[243] Im sechsten Jahr der Republik ab Ende 1797 verwandte er die französische Sprache für den Revolutionskalender.

> «Jène, à 8.Vendem. l'an 6me a la Republ.franc. /26.9.1797 v.St./»[244]

Seit dem Staatsstreich in Frankreich am 4.9.1797 überwog in der französischen Außenpolitik die Richtung, die nicht mehr die Bildung unabhängiger Republiken unterstützen, sondern die Einverleibung der besetzten Gebiete wollte. Vorher bestand für den Lambsheimer[245] Geib durchaus noch die Hoffnung auf eine Cisrhenanische Republik, wie sie tatsächlich auch im September und Oktober 1797 bestand. Geib hatte die Zeichen der Zeit erkannt, noch bevor das Direktorium in Frankreich Anfang Oktober offiziell auf die Anschlußpolitik umgeschwenkt war. Die Republik war für ihn da schon französisch und nicht mehr deutsch, wenngleich er sie immer noch als Vaterland ansah.[246]

Der Student J. Muller datierte in Analogie zum französischen Revolutionskalender nach Jahren der Freiheit seiner Heimat.

> „Helmstedt die XVI Martii
> Anno Libert. Batav. II.“[247]

[243] SAW 200/307, S.26; IHKW 46, Bl.22; LBS cod.hist.oct.116, S.216.
[244] MKF L.St.253, S.35.
[245] Linksrheinisches von den Franzosen erobertes deutsches Gebiet.
[246] Vgl. das Kapitel 4.12.
[247] NSW VI Hs.Gr.13 Nr.117, S.207; die gleiche Datierungsweise auch in: NSW VI Hs.Gr.13 Nr.117b, S.68. Vgl. auch das Kapitel 4.11.

Die von den Franzosen errichtete Batavische Republik bestand von 1795 bis 1806 auf niederländischem Boden.

Eine andere Analogie zum französischen Revolutionskalender bildete ein Jenaer Student, als er sich in seiner Datierung einer Stammbucheintragung auf Studentenerhebungen bezog.

> „Jena den 22.Herbstmond im 1.Jahr der unglückl. Burschenrevolution, im 4ten der grossen Jenaischen Revolution und post Christum natum 1795sten“[248]

Der Aufruhr 1795 in Jena schlug sich sowieso in den Stammbüchern nieder. Die Studenten lassen diesem Aufstand eine stärkere Aufmerksamkeit zukommen und räumen ihm einen größeren Stellenwert ein, als es die Historiker in ihren Veröffentlichungen machen. Der Studentenaufruhr von Jena 1795 wird entweder übergangen, vernachlässigt oder falsch bewertet.[249] Dies liegt meiner Meinung nach daran, daß es sich um keine Erhebung nur für akademische Freiheiten handelte. Die Stammbucheintragungen lassen den Schluß zu, daß sie von politischen Freiheitsidealen getragen war. Überhaupt schlagen sich Studentenerhebungen, die es in großer Zahl gab, kaum in Stammbüchern nieder. Wenn sie es dennoch tun, so wird daraus kenntlich, in welchem Ausmaße die Studenten davon berührt wurden. Insgesamt sind 1,54% der Texte in Eintragungen der neunziger Jahre solche, die einen Aufruhr von Studenten thematisieren. Davon entfallen ca.56%

---

[248] MKF L.St.441, S.54.

[249] Vgl. Otto Dann: Jena: Eine akademische Gesellschaft im Jahrzehnt der Französischen Revolution, S.174/175; Robert u. Richard Keil: Geschichte des jenaischen Studentenlebens, S.350; Ehrentraud Matz: Die Studentenunruhen an der Universität Jena im letzten Jahrzehnt des 18. Jahrhunderts. Diss.phil. Jena 1957, S.247; Fritz Hartung: Das Großherzogtum Sachsen unter der Regierung Karl Augusts. Weimar 1923, S.171; Erich Maschke: Universität Jena. Köln, Graz 1969, S. 80-82; Herbert Koch: Geschichte der Stadt Jena. Stuttgart 1966, S.210; Theodore Ziolkowski: German Romanticism and Its Institutions. (Kap.5); Henri Brunschwig: Gesellschaft und Romantik in Preußen im 18. Jahrhundert, S.104-109.

(=29 E.) auf den niedergeschlagenen Aufstand der Jenaer Studenten im Jahre 1795.[250]

Hauptsächlich taucht die Studentenerhebung in der Datierung der Eintragungen auf. Es gab Klagen und Vermerke von Arretierungen beteiligter Studenten[251], daneben zwei Vermerke über einen Weggang von Jena nach und wegen des Aufruhrs[252]. Und es wurden auch Eintragungen der Art gemacht, daß aus ihnen ein politisches Bewußtsein der Studenten spricht, das über ein bloßes Streben nach traditioneller studentischer Freiheit hinausgeht. Die Verwünschungen eines aus Jena ausgewanderten Studenten treffen deshalb auch die Ebene der politischen Repräsentanz und nicht nur deren Interessenvertreter in der Hierarchie der Universität oder die ausführenden Gewalten.

> „Pereat der Herzog von Weimar,
> Pereat der Academische Senat zu Jena,
> Pereant die Laubfrösche.“(Erfurt 1795)[253]

Ein anderer Student trägt als Motto die Revolutionsparole «La mort ou la liberté» (Jena 1795) [254] ein, ergänzt „Pereant Laubfrösche“ und datiert „Geschrieben am Tage da mann den Abzug verabredet 1795“. Wiederum ein anderer Student bezeichnet

---

[250] UBJ 45, S.150; DLA A:Stbb.60.590, neben S.246; DLA A:Stbb.60.590, S.69; DLA A: Stbb.60.590, S.107; DLA A:Stbb.60.590, S.117; DLA A:Stbb.60.590, S.162; DLA A: Stbb.60.590, S.209; DLA A:Stbb.60.590, S.245; DLA A:Stbb.60.590, S.276; DLA A: Stbb.60.590, S.41b; DLA A:Stbb.60.590, S.75; DLA A:Stbb.60.590, S.84; DLA A:Stbb. 60.590, S.85; DLA A:Stbb.60.590, S.88; GNM Hs.112746, S.89; IHKW INH 44670, S. 212; IHKW INH 44675, Bl.16; IHKW INH 44675, Bl.1; SAW 200/307, S.81; SAW 200/307, S.82; SAW 200/307, S.86; UBE Ms.2456, S.23; UBE Ms.2456, S.35; UBJ 43, Bl.150r; UBJ 82, Bl.10v; UBJ 82, Bl.56v; UBJ 88, S.62; UAT S 161/93, S.123.

[251] UBJ 45, S.150; DLA A:Stbb.60.590, S.75 u. S.201; UBJ 82, Bl.56v u. Bl.56r.

[252] DLA A:Stbb.60.590, S.84 u. S.69.

[253] IHKW INH 44670, S.282. „Pereat“ ist der lateinische, studentische Ruf für: Nieder mit ...; „Laubfrösche“ sind Soldaten.

[254] UBJ 82, Bl.10v.

die Niederschlagung des Aufstands mit:

> „Zur Zeit als der Herr
> eine der 10 Plagen über's Land
> schickte.“ (Jena 1795)[255]

Mit der Verbindung durch ein adelskritisches und die Existenz eines Seelenadels behauptenden Gedichts[256] wird der Studentenaufruhr in der Bewertung auf eine gesellschaftliche Ebene gehoben.

> „Ein braver Mann in Ketten,
> Schläft einen sanftern Schlaf;
> Als in den reichsten Betten,
> Ein ehrenloser Graf.“

4.16 Gegnerische Stimmen zur Französischen Revolution

Eintragungen, die gegen die Französische Revolution Stellung beziehen, gab es in studentischen Stammbüchern nur zu 0,47% in den neunziger Jahren. Die Eintragung des Brabanters Pierre de Thier selbst ist z.B. revolutionsfreundlich. Für das Motto benutzte er zwei Verse Voltaires.

> «Les hommes sont egaux, ce n'est point la naissance
> C'est la seule vertu, qui fait leur difference.»(Halle 1793)[257]

Die Revolutionsparole «vivez la liberté et l'egalité» ergänzt es als Symbolum. Das Motto wird dadurch von einem allgemeinen

[255] SAW 200/307, S.81.
[256] Vgl. das Kapitel 4.5.
[257] HAAB 505, S.91. Übersetzung: Die Menschen sind gleich. Es ist nicht die Geburt; es ist allein die Tugend, die sie unterscheidet. (Zur Interpretation s. Kap.3.3.4.).

Bekenntnis zur egalisierenden Funktion der Tugend zur Forderung nach ganz konkret gesellschaftlicher Freiheit und Gleichheit. Diese Bestimmtheit bezieht die Eintragung aus der Revolutionsparole, welche semantisch mit ihren auf die Gesellschaft bezogenen Intention und tatsächlichen Wirkung besetzt sind. Die Eintragung de Thiers wird ergänzt durch einen Vermerk von anderer Hand, der sich auf das Symbolum bezieht: «si elle n'est pas puante toujours»[258]. Grammatisch ist die «égalité» gemeint. Sie sollte nicht stinken bzw. widerlich sein. Das könnte bedeuten, daß der Anonymus nicht wollte, daß die untersten Volksschichten mit ihm gleichgesetzt würden. Eine Gleichheit, die stinkt, ist eine mit Stinkenden. Dieses Attribut wurde und wird Bauern, Vagabunden und Armen gegeben. Im Zeitalter der Aufklärung hatte die Stigmatisierung als stinkend tiefreichende Gründe. Gestank war gefährlich. Man hatte Angst vor den Miasmen, Ausdünstungen, welche nach damaliger Meinung Infektionen und Epidemien verursachen konnten.[259] Der Stinkende bedroht die anderen. Deshalb darf man ihm nicht zu nahe kommen. Eine Gleichheit aller hätte im übertragenen Sinne die gesellschaftliche Nähe zu Stinkenden bedeutet. Diese hätten alles vergiftet, mit ihrem Gestank durchdrungen. Nichts hätte mehr Bestand gehabt. Die Umwälzung des Bestehenden ist auch der Sinn der Revolution. Der Vermerk entspringt aus der Angst vor einer Vermischung der Schichten. Die Gleichheit hätte demnach nämlich, wie bei der Durchdringung mit Gestank, zur Folge gehabt, daß tatsächlich alle gleich wie die Unterschicht geworden wären. Eine konterrevolutionäre Haltung entspringt also aus einer tiefverwurzelten Furcht vor einem sozialen Abstieg. Gleichheit, letztlich durch Tugend befördert, wird durch den zusätzlichen Vermerk des Anonymus abgelehnt. Für ihn ist sie eine schädliche Gleichmacherei. Die Tugend wird folglich nicht

[258] Dies ist ein Beispiel dafür, daß das Stammbuch auch als Diskussionsforum genutzt wurde.

[259] Vgl. Alain Corbin: Pesthauch und Blütenduft. Eine Geschichte des Geruchs. Aus dem Französischen von Grete Osterwald. Frankfurt a.M. 1992. Originalausgabe Paris 1982.

immer als gesellschaftliche Kraft verstanden. Denn die Tugend selbst hätte der Anonymus wohl nicht als stinkend bezeichnet. Er trennt sie aus der Verbindung, die de Thier mit der Gleichheit und Freiheit gemacht hatte, heraus. So kann er die Gleichheit als negativ empfinden.

Andere Eintragungen zeigen schon im ursprünglichen Text eine konterrevolutionäre Haltung.

> „Neuer Sprachgebrauch
> ‚Der Sanskülotten Tiranney
> Nennt jedes Ding mit andern Worten:
> Heißt Recht und Ordnung Sclaverey;
> Sich Republik; die Freiheit – morden;
> Und Gleichheit – plündern; ihren Gott
> Vernunft; ach! Hunger – täglich's Brod;
> Und Guillotine ihren Tod.“(Helmstedt 1794)[260]

Eine generell konservative Haltung vermischt sich mit Kritik an den Erscheinungen der Revolution. Errungenschaften derselben werden als Verlust der alten Ordnung beklagt und für die Neuordnung der Verhältnisse notwendige Konsequenzen als Terror aufgefaßt. Die Eintragung datiert genau vom 20.7.1794, wurde also eine Woche vor dem Sturz Robespierres gemacht. Die Jakobiner hatten den Grund für ein radikal-demokratisches Staatswesen gelegt, das z.B. den „Hunger“ nicht nach sich zog, sondern ihn mit dem Maximum der Preise für Lebensmittel und die wichtigsten Konsumgüter (29.9.1793) bekämpfte. Politische Gegner, die die neugewonnene Freiheit gefährdeten, wurden durch das Revolutionstribunal abgeurteilt. Das Christentum wurde durch den Kult der Vernunft ersetzt. Das Gedicht sieht nicht die durch den historischen Kontext gegebene Notwendigkeit der Sachverhalte ein, sondern beharrt auf dem Alten. Allerdings ist die Reaktion mit durchaus gelungener sprachlicher Ironie verbunden.

---

[260]NSW VI Hs.Gr.13 Nr.118, S.123a.

Ein anderer Student greift einen Teil des Goetheschen Epos „Hermann und Dorothea“ (1797) heraus (neunter Gesang, Verse 302-306) und verwendet ihn als Motto.

> „Der Mensch, der zur schwankenden Zeit auch schwankend gesinnt ist,
> Der vermehrt das Uebel und breitet es weiter und weiter,
> Aber, wer fest auf seinem Sinn beharrt, der bildet die Welt sich.
> Nicht dem Teutschen geziemt es, die fürchterliche Bewegung
> Fortzuleiten, und auch zu wanken hierhin und dorthin.“ (Erlangen 1797)[261]

Neben der schnellen Aufnahme und Verarbeitung des Textes steht dieses Beispiel für eine dem Deutschen zugesprochene wesenseigene konservative Haltung. 1797 beziehen sich die eingetragenen Verse auf das in der Französischen Revolution gesehene „Uebel“. Von Goethe selbst war dies auch so intendiert. Das ganze Epos basiert auf dem Hintergrund der Französischen Revolution und daraus folgender Geschehnisse. Durch die schnelle Aufnahme und Verarbeitung fallen Intention und Wirkung in eins. Das Zitat ist ein Aufruf an den Deutschen, daß er „auf seinem Sinn beharrt“. Dadurch, und nicht durch Veränderungen, kann man sich die Welt bilden. Die Beständigkeit schafft demnach Möglichkeiten für den Menschen. Diese wertkonservative Haltung deutet auf das 19. Jahrhundert voraus. In der Beschränkung will sich der Bürger einen gewissen Freiraum erkaufen, verzichtet aber dadurch bewußt auf einen gesellschaftlichen Anspruch. Im Biedermeier ist man sich notwendigerweise selbst genug.

---

[261] UBE Ms.1983, Bl.58v. Ort aufgrund anderer Eintragungen ermittelt.

4.17 Revolutionäres Gedankengut

Texte, die sich mit einer imaginären idealen und auch tatsächlichen Revolution beschäftigen, wurden von Studenten nur in den achtziger (mit 1,03%) und neunziger Jahren (mit 3,38%) des 18. Jahrhunderts in Stammbücher eingetragen. Die in den achtziger Jahren ausschließlich allgemein auf Revolutionäres bezogenen Texte sind auch in den neunziger Jahren noch vorherrschend. Sie werden aber durch solche ergänzt, welche die Französische Revolution oder die je eigene Realität widerspiegeln.

Der meistzitierte Textausschnitt in studentischen Eintragungen ist die 15.Strophe aus Schillers Ode „An die Freude"(1786). Er ist inhaltlich nicht nur einschichtig zu interpretieren. 94 Studenten zitieren ihn ab 1788 bis zum Ende des Untersuchungszeitraums 1800: ca.18%[262] von ihnen in der hier wiedergegebenen Länge, ca.57%[263] nur den Anfang bis etwa einschließlich des vier-

[262] GNM Hs.117196, S.211; UBJ 37, S.20a; UBE Ms.2064a, Bl.6; MKF L.St.423, S.147; MKF L.St.678, S.202; HAAB 351, Bl.78v; NSW VI Hs.Gr. 13 Nr.118, S.43b; SAW 200/307, S.107; MKF L.St.319, S.147; NSW VI Hs.Gr.13 Nr. 117, S.29; UBG Hs.1216x, Bl.51; MKF L.St.352, S.80; NSW VI Hs.Gr.13 Nr.112, S.262; UBE Ms.2066, Bl.6v; GNM Hs.117185, Bl.64.

[263] UBJ 111, Bl.10; HAAB 335, Bl.47v; MKF L.St.678, S.185; MKF L.St.678, S.207; MKF L.St.678, S.225; MKF L.St.423, S.112; GNM Hs.37734, S.32; SB N Nor.H.1458, S.91; HAAB 497, Bl.25r; SA N FAL E 17/I Nr.731, S.9; UBJ 111, Bl.146; UBJ 45, S.141; SA N FAL E 17/I Nr.731, S.61; SA N FAL E 17/I Nr. 731, S.60; NSW VI Hs.Gr.13 Nr.118, S.69a; GNM Hs.37734, S.191; GNM Hs.37734, S.194; NSW VI Hs.Gr.13 Nr.117, S.111; SA N FAL E 17/I Nr.731, S.28; UBJ 43, Bl.102v; SA N FAL E 17/I Nr.731, S.8; MKF L.St.319, S.105; UBE Ms.2456, S.205; IHKW 60, S.114; UBE Ms.2456, S.216; UBE Ms.2456, S.188; SB N Nor.H.1458, S.186; SB N Nor.H.1458, S.77; UBE Ms.2066, Bl.21v; NSW VI Hs.Gr.13 Nr.117, S.192; GNM Hs.185172/109, S.9; MKF L.St.253, S.126; MKF L.St.369, S.11; UBG Hs.1216w, S.72; MKF L.St.253, S.144; MKF L.St.424, S.80; MKF L.St.424, S.34; GNM Hs.121648, S.229; MKF L.St. 424, S.81; MKF L.St.270, S.72; GNM Hs.185172/109, S.93; MKF L.St.403, S.181; HAAB 478, S.121; MKF L.St.270, S.73; UBE Ms.2294, S.222; UBJ 49, Bl.35r; GNM Hs.117185g, Bl.25; NSW VI Hs.Gr.13 Nr.132, Bl.6; HAAB 478, S.74; MKF L.St.354, S.212; HAAB 478, S.224; HAAB 478, S.197; HAAB 478, S.181; HAAB 478, S.150.

ten Verses und ca.25%[264] nur den Schluß ab dem fünften Vers.[265]

> „Festen Muth in schweren Leiden,
> Hülfe, wo die Unschuld weint,
> Ewigkeit geschwornen Eiden,
> Wahrheit gegen Freund u. Feind;
> Männerstolz vor Königs Thronen –
> Brüder gällt es Guth u. Blut –
> Dem Verdienste seine Kronen,
> Untergang der Lügenbrut."(Göttingen 1790)[266]

Dieser Text faßt für die Erkenntnis studentischer Mentalitäten wichtige Inhalte in eins, wo die von den Studenten ansonsten eingetragenen Texte die Ideale mehr oder weniger isoliert darstellen. Er ist getragen von einer positiven Einstellung zur Tugend im weiteren Sinne. Tugend muß in altruistischer Weise unterstützt werden. Die Wahrheitsliebe nimmt als absolut auszuübendes Ideal eine besondere Stellung ein, die sich mit einer geforderten mannhaften *virtus* verbindet. Letztere gilt es, „in schweren Leiden", wie auch „vor Königs Thronen" zu beweisen. Man muß sich dem Leben stellen und es meistern, auch Herrschern gegenüber, die von anderen Menschen nicht verschieden zu behandeln sind. Solch eine Einstellung ist zwangsläufig nicht ungefährlich. Sie kann das Leben kosten. Trotzdem sollen nicht Privilegien über die Gesellschaft entscheiden, sondern „Verdienste". Durch ihre Träger –gleichsam ein

---

[264] MKF L.St.423, S.122; MKF L.St.423, S.12; UBJ 111, Bl.104; UBJ 111, Bl.108; HAAB 335, Bl.46r NSW VI Hs.Gr.13 Nr.117, S.119; NSW VI Hs.Gr. 13 Nr.119, S.99; NSW VI Hs.Gr.13 Nr.117, S.67; MKF L.St.61, S.127; LBS cod.hist. oct.116, S.311; NSW VI Hs.Gr.13 Nr.118, S.126; IHKW INH 44675, Bl.37; HAAB 501, S.152; UBE Ms.1983, Bl.40v; IHKW 46, Bl.105; MKF L.St.61, S.88; MKF L.St.253, S. 20; GNM Hs.121648, S.255; MKF L.St.253, S.8; MKF L.St.395, S.133; GNM Hs.117185g, Bl.36r; UBE Ms.2294, S.276; GNM Hs.117185g, Bl.22; GNM Hs.117185g, Bl.75; IHKW INH 44672, S.188; GNM Hs.117185g, Bl.73.

[265] Manchmal wird auch ein kleinerer Ausschnitt zitiert. In einigen Fällen wurde offensichtlich ein Vers vergessen.

[266] GNM Hs.117196, S.211.

Seelen- und Verdienstadel– soll eine Gesellschaft regiert werden. Konsequenterweise sind deren Gegner eine „Lügenbrut“, die am besten von der Erde verschwinden sollte. Durch die Gegenüberstellung zu den Verdienstvollen und wegen des geforderten Stolzes vor Königen kann es sich bei ihr nur um den Geburtsadel handeln. Der letzte hier zitierte Vers wünscht also eine Revolution oder ruft gar dazu auf. Solcherart beschreibt der Text die Entwicklung der studentischen Mentalität von einer zunächst als unverbindlich erscheinenden Tugendhaftigkeit hin zu einer gesellschaftlich relevanten und schließlich zu die bestehende Gesellschaft in Frage stellenden Idealen, die eine Veränderung postulieren. Aufgrund der oben angegebenen Verhältniszahlen, die Aufschluß darüber geben, wie sich die Häufigkeiten der verschiedenen Arten verteilen, diesen Text einzutragen, läßt sich sagen, daß für mehr als die Hälfte dieser Studenten der Primat auf einer breit gefaßten Tugendhaftigkeit liegt. Nicht ganz die Hälfte zieht die konsequente Schlußfolgerung, daß das Postulat der Tugend im 18. Jahrhundert zu einer Umwälzung der gesellschaftlichen Formen führen muß. Insgesamt ein Viertel legt seinen Schwerpunkt sogar auf den revolutionären Aspekt des Textes, indem sie isoliert den Schluß, manchmal nur die beiden letzten oder gar nur den letzten Vers wiedergeben. Überhaupt ist der letzte Vers besonders interessant, weil er manchmal die „Lügenbrut“ abwandelt. Stattdessen stehen: „Heuchlerbrut“(Jena 1788) [267], „Sclavenbrut“(Jena 1795)[268], „Höllenbrut“(Jena 1796)[269], „Rache der Tyrannenbrut“(Jena 1799)[270], „Schurkenbrut“(Erlangen 1799)[271], „Lasterbrut“(Jena 1800)[272] und „Adels-Brut“(Jena 1800)[273]. Diese Änderungen instrumentalisieren Schillers Gedicht, um die Haltung gegenüber dem Adel

[267] MKF L.St.423, S.122.
[268] SAW 200/307, S.107.
[269] IHKW INH 44675, Bl.37 und MKF L.St.61, S.88.
[270] GNM Hs.117185g, Bl.36r.
[271] UBE Ms.2294, S.276.
[272] GNM Hs.117185, Bl.64.
[273] IHKW INH 44672, S.188.

zu polarisieren. Sie fordern durch ihre stark pejorative Konnotation meist ein rigoroses Urteil. Im Falle von „Rache der Tyrannenbrut" wird noch mehr das Handeln in den Vordergrund gestellt als in Schillers Original. Wenn ein „Untergang" sich auch ohne anderer Zutun ereignen kann, so setzt die „Rache" eine persönliche Teilnahme voraus.

Der Student und bald nach folgender Eintragung auch Geheimagent Frankreichs, Johann Franz Jakob Brechtel (1772-1799), trug sich „Zum Andenken an einen ächten Freund und Respublikaner"(Jena 1794)[274] ein.

> „Einen Gott, eine Republik, und ein gutes, schönes Weib, sind meine Dreyfaltigkeit."

Die Dreifaltigkeit von Gott, Sohn und heiligem Geist wird in Kreisen revolutionär gesonnener Studenten nicht mehr geglaubt. Sie taugt gerade noch zum parodierenden Zitat. Allerdings benötigten wohl auch Revolutionäre einen Gott oder sie hielten ihn für die Moral des Volkes unverzichtbar, wie sie auch im Kult der Vernunft in Frankreich Gott noch im Fest des „Höchsten Wesens" (8.6.1794) erhielten. Das Dogma von der Dreifaltigkeit Gottes wird aber in eine Dreifaltigkeit des Lebens umgewandelt. Das Leben ist für einen Mann nur mit einem „Weib" und in einer Republik ein wahres, vollständiges Leben. Nur in Freiheit und selbstbestimmmt kann er leben. Neun Monate später kann Brechtel auch schon auf einen Gott verzichten.

> „Außer einem lieben guten und schönen Weibe, und dem Aufblühen der französischen Republik wünsche ich mir nichts."(Jena 1795)[275]

In der Zwischenzeit hatte er sich während der Osterferien 1794 als Agent des französischen Geheimdienstes anwerben lassen, propagierte nun gezielt die französischen revolutionären Ideale, die

[274] HAAB 351, Bl.48v.
[275] HAAB 335, Bl.10v.

er auch schon vorher aus eigenem Antrieb vertreten hatte.[276] Der Vermerk eines Stammbuchbesitzers[277] nennt sogar mit dem 19.4.1794 das genaue Abreisedatum Brechtels in seine seit 1789/90 ins französische Departement Bas-Rhin einverleibte Vaterstadt Rülzheim. Mit einer anderen Eintragung verweist Brechtel auf den natürlichen Zustand kindlicher Unschuld des Menschen.

> „Non ab ipso ortu, sed post ortum, per pravum,
> Quae nunc in monarchiis viget educationem, homo
> morbus fit. Hinc natura insous est, rei sunt homines,
> reissimi sunt reges.“(Jena 1794)[278]

Erst die Zivilisation verdirbt die Menschen und macht so Monarchien möglich. Ein Freund Brechtels, Friedrich Gustav Kaempf (*1774), den ersterer auch als „Briefkasten“ für seine Geheimdienstkorrespondenz benutzte, trug sich mit einem Abschnitt aus dem zweiten Teil von Rousseaus «Emile» ein.

> „Wir nahn uns dem Zustand der Reife, dem Jahrhundert der Revolutionen. Unmöglich können die großen Monarchien Europens noch lange bestehen. Was Menschen bauten, kan auch von Menschen zerstöhrt werden. Unzerstöhrlich nur ist der Charakter, den die Natur eindrückt; und die Natur macht nicht Fürsten, nicht Reiche, nicht große Herrn. Glücklich der, der dann weise genug ist, den

[276] Zum Wirken Brechtels vgl. Alain Ruiz: Universität Jena Anno 1793-94, S.95-132.

[277] HAAB 351, Bl.48v.

[278] HAAB 497, Bl.34r. Übersetzung:

> Nicht von Geburt an, sondern nach der Geburt, durch eine schlechte Erziehung, welche jetzt in den Monarchien herrscht, wird der Mensch krank. Die Natur ist daran unschuldig; die Menschen sind verdorben, am allerverdorbensten [aber] sind die Könige.

> Stand zu verlassen, der ihn verläßt, und Mensch zu bleiben, trotz dem Schicksal."(Jena 1795)[279]

Was für Rousseau noch Vision war, ist für Kaempf Wirklichkeit geworden. Eine erste große Revolution hat es schon gegeben. Mit der Eintragung dieses Textes bekundet er seine Überzeugung, daß auch anderswo als in Frankreich Revolutionen zu erwarten sind. Und er wartete nicht nur darauf, sondern tat das seinige dazu, indem er an der Universität Jena jakobinische Ideale propagierte.[280] Die bestehenden Monarchien sind nicht gegeben oder gottgewollt, sondern menschliches Werk. Menschlicher Wille ist fähig, das Geschaffene wieder rückgängig zu machen und ein ursprünglich herrschendes Naturrecht wieder aufleben zu lassen, nach dem es keine Unterschiede zwischen den Menschen gab. Der letzte Satz meinte bei Rousseau noch die Erlangung individueller Glückseligkeit durch Besinnung auf die Gleichheit der Menschen und damit die Bejahung reiner Menschlichkeit. So erfährt der Mensch noch Sinn in seinem Leben, wenn durch den Umsturz der Systeme die von den Herrschenden geschaffenen, nur für sie gültigen Sinnprothesen obsolet geworden sind. Zwei Jahre nach der Hinrichtung des französischen Königs aber ist der Satz auch als Drohung gegen Adel und Monarchen aufzufassen, sich rechtzeitig auf die Seite der Revolution und des Rechts zu schlagen. Denn es gilt, mit Schiller[281]: „Wo Brutus lebt, muß Cäsar sterben!"(Erlangen 1796)[282] Ein freiheitlich gesonnener Mann kann keinen dulden, der das Ideal der Freiheit verrät. Marcus Junius Brutus (85-42 v.Chr.) war mit Gajus Longinus Cassius (gest. 42 v.Chr.) das Haupt der Verschwörung gegen Gajus Julius Cäsar (100-44 v.Chr.), der ein monarchisches Regiment anstrebte und deshalb sterben mußte, um die Republik zu erhalten.[283] Im 18. Jahrhundert bedeutet das, daß

[279] HAAB 351, Bl.93v.
[280] Vgl. Ruiz: Universität Jena Anno 1793-94.
[281] „Die Räuber", IV,5 (Lied des Karl Moor).
[282] DLA A:Stbb.60.590, S.334.
[283] Auf mittlere und lange Sicht gesehen schlug dies Bemühen allerdings fehl.

der Revolution zugetraut wurde, die sich die Herrschaft anmaßenden Könige zu stürzen. Die Könige werden nun, entgegen dem Geschehen in der frühen Phase der Französischen Revolution, in ihrer Person zum Gegner stilisiert.

> „'Was frag ich nach den unsterblichen Göttern und dem heiligen Gastrecht? Ich sage dir dank und fresse dich auf.' So sprach Polyphemos zu Ulüsses. Die Cyclopen des 18ten Jahrhunderts haben sogar zwey Augen: aber dannoch müssen diese Riesen besiegt werden, wenn wir auch nur eine Schleuder und glatte Steine vom Bache haben." (Tübingen 1798)[284]

Monarchen als menschenfressende Riesen sind ein Bild, das seinen Rückhalt in der Erfahrung der Wirklichkeit hat. Um ihr Regierungssystem und nicht zuletzt ihre kostspieligen Repräsentationen zu erhalten, mußten die Fürsten gegen die Interessen der von ihnen beherrschten Menschen regieren. Am nächsten kommt das Gleichnis der Geschichte des Odysseus der Praxis vieler Fürsten, ihre Landeskinder als Soldaten zu verkaufen und sie von Kriegen fremder Nationen auffressen zu lassen. Gegen dieses Unrecht, das dem göttlichen Recht bzw. dem Naturrecht Hohn spricht, muß aufbegehrt werden, wenn man überleben und menschenwürdig leben und nicht darauf hoffen will, daß die Gewalt des „Riesen" einen selbst schon nicht erwischen wird. Letztlich würde auch jeder verschlungen, ob vom Zyklopen bei Homer oder vom Apparat der Monarchie im 18. Jahrhundert. Auch wenn dieser übermächtig ist, so ist das Recht doch auf der Seite des Volkes, das hier in einer Anspielung als David erscheint, der den gerüsteten Goliath mit einer Steinschleuder besiegen kann. Auch andere Eintragungen machen Mut im Kampf gegen die „Riesen".

---

[284] LBS cod.hist.oct.280, Bl.228v. Ort aus anderen Eintragungen ermittelt.

> «Les grands ne nous paroissent grands
> que parce que nous sommes a genoux
> levons nous!»(Erlangen 1794)[285]

Andere Studenten haben diesen hier Voltaire zugeschriebenen Text bereits übersetzt eingetragen. Sie kannten das Original wohl durch die von Prudhomme herausgegebene Wochenschrift „Les Révolutions de Paris“, die seit dem 12.7.1789 erschien und den hier wiedergegebenen Spruch als Motto führte.[286]

> „Fuersten sind nur dann gross, wenn wir vor ihnen knien – lasst uns aufstehen!“(Jena 1800)[287]

Weil er sich gegen Unterdrückung richtet, ist der Kampf gegen die Monarchie gerecht. Er ist auch zwangsläufig absolut, weil nur in einer Welt ohne Unterdrückung die Freiheit herrschen kann. In letzter Konsequenz bedeutet das den intendierten Tod der Tyrannen, wie er in Frankreich tatsächlich vorgeführt wurde. Die Hinrichtung Ludwigs XVI. richtete sich nicht gegen seine Person, sondern gegen die Monarchie. Die Monarchie konnte nur fallen, wenn ihr Repräsentant starb und damit die Freiheit leben ließ.

> „Stekke auf den Trümmern der Despotie die Freyheitsfahne auf – bilde dir aus dem Schädel eines gemordeten Tyrannen einen Trinkpokal – fülle ihn mit Blut, und leere denselben auf das Wohl der Männer die durch das schwarze Thal des menschlichen Elends dringen – Licht verbreiten – Nacht vertreiben – Rosen um sich streuen – und so das

---

[285] SA N FAL E 17/I Nr.731, S.29; auch in: SB N Nor.H.1458, S.80.

[286] Alain Ruiz: „Die Großen scheinen uns nur deshalb groß, weil wir auf den Knien liegen. Stehen wir auf!“ Zur Rezeption eines französischen Schlagworts in Deutschland zur Zeit der Revolution von 1789. In: Die demokratische Bewegung in Mitteleuropa von der Spätaufklärung bis zur Revolution 1848/49. Ein Tagungsbericht. Innsbruck 1988, S.141-155.

[287] HAAB 478, Rückseite eines Blattes, eingeklebt zwischen S.202 und S.203; auch in: IHKW INH 44672, S.134.

> Ziel erreichen was die Gottheit der Menschlichen
> Macht und Weisheit stekte."(Jena 1798)[288]

Aufklärung und Revolution können am besten geehrt werden, wenn man ihnen nachstrebt, sie selbst durchsetzt und so vollendet. Auch in der geschilderten Radikalität ist die Revolution noch gerecht, weil ihre Ziele auf göttlichem Willen bzw. Naturrecht beruhen. Nur in Freiheit kann der Mensch sich entfalten und menschlich selbstbestimmt leben. Die Studenten stehen damit auch der radikalsten Phase der Französischen Revolution der sogannten «Terreur» bejahend gegenüber, wie hier der Theologiestudent C.A. Dietz.

> „Die Menschheit wird von bitterm Harm
> Und Tirannei gekränkt,
> Bis an dem letzten Pfaffendarm
> Der letzte König hängt."(Erlangen 1798)[289]

Solange der Mensch, ob auf weltlichem oder geistlichem Gebiet, gegängelt wird, so lange ist der Mensch nicht wirklich frei. Das Gedicht ist Beschreibung und Aufruf zugleich. Es müssen nicht nur die Stände abgeschafft, sondern tatsächlich in ihren Vertretern überwunden werden. Ein neues System kann nicht mit Überbleibseln des alten funktionieren. Erst auf den „Trümmern der Despotie" kann die Freiheitsfahne aufgesteckt werden.

Für die meisten der revolutionär gesonnenen Studenten war das Frankreich der Revolution ein Vorbild. Sie beziehen sich in Stammbucheintragungen mehr oder weniger direkt auf sie. Manche von diesen führen Ereignisse oder Protagonisten der Französischen Revolution an.

> „Die, die Revolutionen in der Welt machen, die dem Menschen seine Freiheit geben wollen, dörfen nirgends ruhen, – als im Grab."(Tübingen 1794)[290]

---

[288] IHKW 46, Bl.47. Ort aus anderen Eintragungen ermittelt.
[289] MKF L.St.455, S.62. Auch: IHKW 46, Bl.63.
[290] LBS cod.hist.oct.280, Bl.127v.

Darauf läßt der eintragende Ernst Märklin den Autor seines Mottos hochleben: „Der edle Saint-Just lebe lang!!!" Doch dabei bleibt es nicht. In einem nachgesetzten Memorabilia erinnert der Student den Stammbucheigner Hiller an ein gemeinsames Erlebnis.

> „Lieber Hiller denke jezuweilen auch noch an den 14t Jul: 1793. an dein Gartten-Häuschen, und an —"

War in Hillers Gartenhäuschen der vierte Jahrestag des Sturms auf die Bastille gefeiert worden? Oder handelt es sich um ein in politischer Hinsicht eher harmloses Erlebnis?[291] Die Freiheit, die die Studenten auch für Deutschland wollten, ist mit einem Auszug aus dem ersten Artikel der Menschenrechtserklärung in einem Symbolum beschrieben.[292]

> „Der Mensch ist frey geschaffen."(Tübingen 1796)[293]

Gesellschaftliche Freiheit jenseits von Einteilungen einer Nation in Stände lautet das Ideal. Sie galt es zu erringen, auch durch fremde Hilfe. Das Motto zum zitierten Symbolum drückt die Hoffnung, die den französischen Truppen in von der Notwendigkeit einer Revolution überzeugten Kreisen entgegengebracht wurde, aus.

> „So laßt denn allerwegen
> Der Freyheit Fahne wehn
> Und jauchzt den Franken brüderlich entgegen
> So wird, so muß es gehn."

Die Franzosen werden als Befreier empfangen. Sie befreien die von ihnen besetzten Gebiete vom verhaßten Despotismus. Einen Rückhalt hatte diese Überzeugung auch noch im damaligen außenpolitischen Konzept Frankreichs, die Bildung von freien Republiken zu

[291] Kuhn neigt begründet zur letzteren Erklärung. Vgl. Ders.: Schwarzbrot und Freiheit. S.18-19.

[292] S. Die Französische Revolution. Hrsg. von Grab, S.37; als Quelle käme auch Schillers Gedicht „Die Worte des Glaubens"in Frage, dort aus dem ersten Vers der zweiten Strophe.

[293] UBE Ms.1983, Bl.124r.

unterstützen. So war auch die Devise, die Chamfort (1746-1794) für republikanische Soldaten vor dem Auszug in Feindesland vorgeschlagen hatte, zu einem studentischen Symbolum geworden.[294]

> „Krieg den Schlössern
> Friede den Hütten.“(Jena 1798)[295]

Freiheit ist nicht teilbar. Es genügt nicht, die eigenen Paläste zu stürmen und in besiegten Gebieten das alte Regime zu belassen. Gegner sind nicht die anderen Völker, sondern der Absolutismus. Dieser muß generell als solcher zerschlagen werden, weil er keine Republik dulden konnte, die durchaus eine Signalwirkung auf andere Völker hatte. Der Umsturz in Frankreich wurde zu einem heroischen Vorbild. Ein Student zitierte ein Gedicht Matthissons.

> „Am Strand der Seine tobt Gewittersturm,
> Denn Gallien erwacht mit Löwengrimm;
> Die Kette fällt; des Elends Riesenthurm,
> O Freyheit, stürzt von deiner Donnerstimme.“(Jena 1800)[296]

Beschrieben wird der revolutionäre Akt der Erstürmung der Bastille. Sie war das Symbol von Unterdrückung und Unrecht geworden. Ihre Eroberung und anschließende Schleifung war ebenfalls eine symbolgeladene Handlung. Das Volk, edel und stark, dargestellt durch den Vergleich mit dem majestätischen Löwen, vernichtet den Despotismus. Es ist unzähmbar wie eine Naturgewalt. Der „Gewittersturm“ reinigt die Atmosphäre. Er fegt die Unterdrückung hinweg und schafft Luft zum freien Atmen. Der Wille zur Freiheit ist das alles Bewegende und Überwältigende. Die „Donnerstimme“ der Freiheit läßt eine Assoziation an

[294]In dieser Tradition ist das Motto des „Hessischen Landboten“ (1834. „Friede den Hütten! Krieg den Palästen!“) von Georg Büchner und Friedrich Ludwig Weidig zu sehen.
[295]IHKW 46, Bl.72.
[296]IHKW INH 44672, S.168.

die ebenfalls mauerbrechenden biblischen Posaunen von Jericho entstehen. Freiheit ist demnach ein gleichsam göttliches Recht des Menschen.

Daß die Studenten die französischen Truppen als Befreier und nicht als feindliche Besatzer empfanden, zeigen Eintragungen, die darauf anspielen. Heinrich Merz datiert „Mainz am 28t Aprill 93 zu Belagerungszeiten“[297]. Die Belagerer waren nicht die Franzosen. Die Mainzer Republik endete damals im April mit der Rückeroberung durch preußische Truppen. Ein anderer Student setzt unter seine Eintragung „de bonne dans la republique cis rhénane“(Jena 10.3.1798)[298] Bedeutsam ist dies, weil die Cisrhenanische Republik nur bis Ende Oktober 1797 bestand. Die Cisrhenanen hatten, nach der Änderung der französischen Außenpolitik von der Unterstützung bei der Bildung eigenständiger Republiken zur Anschlußpolitik, am 13.11.1797 das Aufgehen ihrer Gebiete in der französischen Republik erklärt.

Der Traum von der Befreiung durch die Franzosen war keine unverbindliche Gedankenspielerei. Der Student Marc, welcher als sein Symbolum „ca ira“(Erlangen 1795) [299] führte, "verließ Erlangen im Oct.95 u. gieng zur Franken Armee am Rhein“. Der Weg, die Revolution nach Deutschland zu bringen, war für ihn an die Hilfe der Franzosen gebunden, die er deshalb seinerseits tatkräftig unterstützen wollte. Er verriet also nicht seine Heimat an die Franzosen, sondern er suchte im Gegenteil, sie vom Despotismus zu befreien und die Freiheit nach Deutschland zu bringen.

[297]GNM Hs.115675a, S.24.
[298]MKF L.St.253, S.118.
[299]UBE Ms.2456, S.122.

Kapitel 5

Korrektur der Literaturgeschichte

Ein Literaturkanon ist an der Literatur einer bestimmten Epoche ausgerichtet. Das heißt, er umfaßt die zu dieser Zeit *produzierte* Literatur, die ihre Gültigkeit durch ihre Überlieferung bis heute bewiesen habe. In ihr wird die Begründung der Moderne faßbar. Die Ideen, die zu dieser führten, gehören aber nicht mehr zu unserem unmittelbar erfahrbaren Wissensvorrat. Sie sind nur mit der hier betriebenen Methode erfaßbar, die Zeugnisse für die Rezeption von Literatur aufsucht.

Rezeptionsgeschichte bezeichnet nach Jauß und auch Naumann [1] allgemein den Anteil des Lesers an der Literatur. Die Rezeptionsästhetik im engeren Sinne hingegen versucht, die Gründe für die Rezeption, die im Werk selbst, in je idealen Lesern und in der Gesellschaft begründet liegen, zu erhellen.[2] Jauß bezieht „Re-

[1] Hans Robert Jauß: Literaturgeschichte als Provokation der Literaturwissenschaft. In: Literaturgeschichte als Provokation. Frankfurt a.M.1970, S.144-207. M. Naumann: Literatur und Probleme ihrer Rezeption. In: Sozialgeschichte und Wirkungsästhetik. Hrsg. von P.U. Hohendahl. Frankfurt a.M.1974, S.215-237, hier: S.229.

[2] Wolfgang Iser: Der Akt des Lesens. Theorie ästhetischer Wirkung. München 1976; Peter Bürger: Vermittlung – Rezeption – Funktion. Ästhe-

zeption" nur auf die der Literatur folgenden oder synchronisch in einem Bezugssystem produzierten Literatur.[3] Darüberhinaus behauptet er eine gesellschaftliche Funktion der Literatur[4] im Sinne ihrer Wirkung auf die Gesellschaft über den Leser, d.h. die Rezeption bestimmter Werke zöge demnach Verhaltensänderungen nach sich. Ich gehe in meiner Arbeit dagegen von einer Instrumentalisierung von Texten aus. Literatur bewirkt im allgemeinen nichts, sondern bringt eine schon gewandelte Einstellung zum Ausdruck und kann von den Rezipienten fallweise zu deren Bekenntnis benutzt werden.

Im Rahmen dieser Untersuchung ist auch Erkenntnis über die tatsächlich von Lesern rezipierte Literatur möglich. Dabei muß zugestanden werden, daß es sich oftmals nur um die Rezeption von Teilen der betreffenden Werke gehandelt haben mag. Es waren dies diejenigen, welche die für die Rezipienten wichtigen Ideen trugen. So gesehen hatte diese Literatur schon eine Wirkung, nämlich die der Bereitstellung einer Artikulationsmöglichkeit für bereits vorhandene Einstellungen. Ein Künstler erfährt Mentalitäten und deren Wandel, auch frühzeitig, durch die ihm eigene Fähigkeit der Empfindung von Erlebtem. Dagegen sind die anderen Menschen nicht in diesem Maße sensibilisiert. Der wahre Künstler kann seine Erfahrung im Werk ausdrücken. Die Nicht-Künstler nutzen den Ausdruck der wenigen anderen und erkennen sich selbst.[5] Wenn hier von einer Korrektur des Literaturkanons gesprochen wurde, so handelt es sich um eine solche, die die so verstanden wirksame Literatur in einer bestimmten Zeit verzeichnet. Ein daraus neu zu erstellender Literaturkanon schlösse demzufolge auch nicht-

---

tische Theorie und Methodologie der Literaturwissenschaft. Frankfurt a.M. 1979; weitere Literatur bei: Gunter Grimm: Rezeptionsgeschichte. Grundlegung einer Theorie. München 1977, S.352-418.

[3]s. Jauß: Literaturgeschichte als Provokation der Literaturwissenschaft, S.189/190 und S.194.

[4]Jauß: Literaturgeschichte als Provokation der Literaturwissenschaft, S.199.

[5]Heute gilt dies nicht mehr.

zeitgenössische Literatur mit ein, wenn sie nur für Erkanntes und Auszudrückendes stehen kann.[6]

5.1 Die beliebtesten Autoren

Der/Dieser Kanon einer empirisch erforschten Rezeption literarischer Wirkung umfaßt zunächst einmal 14 Autoren –einschließlich der Bibel– von insgesamt 370 für die untersuchten Zitate belegten und nachgewiesenen Autoren.[7] Auf jeden dieser beliebtesten Autoren entfallen mindestens 2% der eingetragenen Texte als deren Urheber. Diese 14 Autoren vereinen von insgesamt 3012 literarischen Zitaten (bei im ganzen 3529 Eintragungen) 1598 auf sich. Die Auswahl der restlichen 356 Autoren zeichnet also zusammen für nicht einmal die Hälfte der eingetragenen Zitate verantwortlich. Viele der Autoren werden nur einmal genannt. In der Spitzengruppe der ersten 14 liegt schon der Durchschnittswert bei 114 Nennungen. Absolut gesehen konnte Horaz mit 257 Belegen über den gesamten Untersuchungszeitraum, was einem Durchschnitt von 10,95% in allen sechs Dekaden entspricht, die meisten Belege auf sich vereinen. Er wurde zwischen 19,05% in den fünfziger Jahren und noch 7,27% in den neunziger, gemessen an allen literarischen Zitaten, in studentische Stammbücher eingetragen. Dicht darauf folgt Schiller mit 235 Zitaten, wobei die Rangfolge differenziert werden muß. Tatsächlich kehrt sie sich um, wenn man in Rechnung stellt, daß Texte Schillers naturgemäß nur

---

[6] Vgl. auch die im Anhang B.1 auf S.386 dieser Arbeit abgedruckte *Übersicht über die 14 beliebtesten Autoren.*

[7] Die sich in Stammbüchern Eintragenden vermerkten nur manchmal den Autorennamen und sehr selten das betreffende Werk, aus dem das Zitat stammt. Die Texte wurden von mir durch Vergleiche untereinander, exzessive Lektüre in Frage kommender Werke und, sofern vorhanden, Benutzung von Konkordanzen für einzelne Autoren auf ihre Provenienz hin untersucht. Demgegenüber führt Kurras nur in den Eintragungen genannte Autoren auf. Vgl. Die Stammbücher. Erster Teil. Die bis 1750 begonnenen Stammbücher. Beschrieben von Lotte Kurras. (Kataloge des Germanischen Nationalmuseums Nürnberg. Fünfter Band.) Wiesbaden 1988, S.257-261.

in den beiden letzten Dekaden des fraglichen Zeitraums, und vor allem in deren letzterer, zitiert werden konnten. Dort erreichten Texte Schillers einen Anteil von 13,60% an allen Zitaten. Dasselbe gilt analog auch noch für Wieland, der in den siebziger bis neunziger Jahren, und für Gellert, der in den siebziger Jahren etwas häufiger zitiert wurde als Horaz in den betreffenden Dekaden. Wenn man allerdings auch nur den Durchschnitt der Dekaden betrachtet, die für einen Autor in Frage kommen, so zeigt sich, daß Horaz insgesamt auch im Verhältnis gesehen der „größte" Autor des Untersuchungszeitraums war.

Die 14 beliebtesten Autoren der Studenten wurden mit ganz bestimmten, je eigenen, vorrangigen –andere nicht ausschließenden– Inhalten aus ihren Texten zitiert. Ein Autor –vor allem die mehr zeitgenössischen– wurde von den Studenten auf ein Thema oder ein näher zu bestimmendes thematisches Feld begrenzt, das nicht unbedingt etwas mit seiner Intention zu tun haben mußte. Die nicht-zeitgenössischen Autoren waren eher eine Fundstelle für vielfältige Inhalte. Vor allem antike Autoren erscheinen so in den Stammbüchern mit einem breit gefächerten inhaltlichen Angebot, das relativ gleichmäßige Anteile hält.

Horaz: Der vielseitige Klassiker

Horaz (257 Belege)war, wie auch die anderen hier noch zu besprechenden antiken Autoren, den Studenten wohl vor allem durch den Lateinunterricht bekannt. Sie wurden unter mehreren Gesichtspunkten zitiert, wobei meist doch einer vorherrschte. Für Horaz umfaßt die Bandbreite die allgemeine Tugend und die besondere Tugend der Bescheidung, eine propagierte Lust am Leben, die Liebe, den Glauben an eine göttliche Voraussicht der Dinge und vor allem den topos der Vergänglichkeit des menschlichen Seins. Dabei war letzterer mit den anderen Themen sinnbildend verbunden. Die *horazische Vergänglichkeit* faßt die schon geschilderten Funktionen dieses topos in sich. Sie mahnt, das Leben zu nutzen und, ihrer eingedenk, den Zeitläufen und dem persönlichen

Glück oder Unglück nicht zuviel Beachtung zu schenken. In den neunziger Jahren wurde vermehrt auf die Arme und Reiche egalisierende Vergänglichkeit abgezielt und zur Tugendhaftigkeit im Leben ermahnt.

154 der insgesamt 257 Zitate aus Horaz' Werken, stammen aus seinen „Carmina". Vor allem deren zweites Buch war mit 61 Belegen sehr beliebt. Aufgrund ihrer mehrfachen Nennung sind an einzelnen Oden erwähnenswert: II,10 mit 22,[8] gefolgt von II,3 mit 15,[9] II,16 mit 14[10]und III,29[11] mit 11 Zitaten. Die neunte Ode des vierten Buches kann noch neun Eintragungen auf sich vereinen[12]

---

[8]DLA A:Stbb.51.641, S.197; LBS cod.hist.oct.139, S.238; UBT Mh 1016, S.252; LBS cod.hist.oct.231, S.14; LBS cod.hist.oct.139, S.56; GNM Hs.117184, S.161; LBS cod.hist.oct.141a Kaps., Bl.8v; GNM Hs.84104h, S.244; UBT Mh 868, S.59; UAT S 127/8, Bl.11v; IHKW INH 44655, S.101; GNM Hs.112748, S.150; NSU oct.Hist.Lit. 48z, S.103; UBE Ms.2064a, Bl.66; NSW VI Hs.Gr.13 Nr.117b, S.140; HAAB 497, Bl.51r; MKF L.St.61, S.128; UBJ 88, S.133; DLA A:Stbb.29324, S.65; DLA A:Stbb.60.590, S.321; SAW 200/307, S.157; UBE Ms.2066, Bl.89r; GNM Hs.141128, S.175.

[9]LBS cod.hist.oct.289, Bl.177v; LBS cod.hist.oct. 139, S.168; UBT Mh 1016, S.250; GNM Hs.117184, S.200; LBS cod.hist.oct.87a, S. 269; LBS cod.hist.oct.141a Kaps., Bl.22r; LBS cod.hist.oct.219, S.193; UAT S 127/8, Bl.33v; UBJ 38, S.155; MKF L.St.52, S.220; UBJ 46, Bl.76v; DLA A:Stbb.51.640, Bl.30; LBS cod.hist.oct.122 Kaps., Bl.10; NSW VI Hs.Gr.13 Nr.117, S.121; HAAB 351, Bl.62v; NSW VI Hs.Gr.13 Nr.122, S.90.

[10]DLA A:Stbb.51.641, S.210; LBS cod.hist.oct.87a, S.11; GNM Hs.84104h, S.250; UBT Mh 973, Bl.84r; UBT Mh 973, Bl.123r; LBS cod.hist.oct.230, S.306; DLA A:Stbb.60.588, S.223; DLA A:Stbb.68.410, S.275; IHKW INH 44666, S.76; SB N Nor.H.876, S.119; NSW VI Hs.Gr.13 Nr.119, S.93; NSW VI Hs.Gr.13 Nr.131, Bl.74a; NSW VI Hs.Gr.13 Nr.127a, S.160:

[11]LBS cod.hist.oct.139, S.218; LBS cod.hist.oct.139, S.258; UBT Mh 675, S.76; LBS cod.hist.oct.87a, S.171; UBT Mh 863b, S.273; UBE Ms.2134, Bl.179r; UAT S 127/8, Bl.27v; LBS cod.hist.oct.219, S.209; DLA A:Stbb.60.588, S.237; DLA A:Stbb.60.588, S.395; GNM Hs.110415d, S.74; UBJ 81, S.34; MKF L.St.285, S.155:

[12]LBS cod.hist.oct.87a, S.59; UBE Ms.2134, Bl.87v; UAT S 127/8, Bl.64r; NSW VI Hs. Gr.13 Nr.106, S.16; MKF L.St.379, S.18; NSW VI Hs.Gr.13 Nr.117b, S.136; DLA A: Stbb.I2267, S.199; MKF L.St.395, S.100; NSW VI Hs.Gr.13 Nr.127a, S.133.

und die vierte Ode des ersten Buches gerade noch sieben[13]. Gemessen an den „Carmina" stammen aus den „Epistulae" nur 48 Belegstellen. Davon sind wiederum nur zwei aus deren zweitem Buch. Die meisten Zitate innerhalb dieses Werks wurden aus dem ersten Brief des ersten Buchs entnommen, nämlich 15.[14] Der Vollständigkeit halber seien noch die anderen horazischen Werke erwähnt. Aus den „Sermones" wurde 18 mal zitiert, was sich mit elf Stellen aus dem ersten und sieben aus dem zweiten Buch relativ gleichmäßig verteilt. Lediglich acht in den untersuchten Stammbüchern eingetragene Texte stammen aus „De arte poetica" und nur drei aus dem „Epodon liber".

Schiller: Der unfreiwillige Bürger der Französischen Republik

Schiller (235 Belege) wurde schon in den achtziger Jahren entgegen seiner tatsächlichen politischen Haltung revolutionär interpretiert. Vor allem Teile seiner Ode „An die Freude" (1786 in der „Thalia" erschienen; schon ab 1788[15] in studentischen Stammbüchern nachweisbar) boten sich hierzu an. In den neunziger Jahren setzte sich diese Tendenz noch fort. Der „Männerstolz vor Königsthronen" wurde mit dem Postulat der Ehrung des Verdiensts zur allgemeinverständlichen Chiffre, die oftmals konsequent bis zur Forderung: „Untergang der Lügenbrut" führen sollte. Die Verbindung von persönlicher Freundschaft, Seelenadel, einer breitgefaßten Tugendhaftigkeit und mannhafter Tapferkeit gipfelt im Ruf nach Verände-

[13]GNM Hs.117184, S.151; LBS cod.hist.oct.290, S.205; UBT Mh 973, Bl.96v; NSW VI Hs.Gr.13 Nr.110, S.247; GNM Hs.117196, S.13; NSW VI Hs.Gr.13 Nr.107, S.94; UBJ 76, Bl.50r.

[14]LBS cod.hist.oct.139, S.314; DLA A:Stbb.15462, S.195; LBS cod. hist. oct.230, S.230; DLA A:Stbb.892, S.154; LBS cod.hist.oct.219, S.235; LBS cod.hist.oct.291, S.343; DLA A:Stbb.60.588, S.245; NSW VI Hs.Gr.13 Nr.104a, S.221; NSU oc.Hist.Lit.48z, S.54; GNM Hs.110415d, S.250; SB N Nor.H.876, S.138; IHKW 63, S.191; HAAB 501, S.90; HAAB 553, S.42; UBE Ms.1983, Bl.79v; UBE Ms.1983, Bl.48v; MKF L.St.424, S.79; GNM Hs.141128, S.179.

[15]GNM Hs.117196, S.101; MKF L.St.423, S.122.

rung der gesellschaftlichen Verhältnisse. Der Adel, unter anderem als „Heuchlerbrut“(Jena 1788)[16] diffamiert, paßt nicht in das entworfene Weltbild, das sich letztlich auf eine allgemeine Liebe unter den Menschen gründet, und ist somit nicht nur entbehrlich, sondern bei der Verwirklichung dieser Utopie sogar hinderlich. Solcherart wurden vor allem Schillers frühe Texte, wie die „Räuber“ und eben „An die Freude“ von den Studenten instrumentalisiert. Das zuletzt genannte Gedicht ist dasjenige Textfragment eines Schriftstellers, das am häufigsten als Quelle für studentische Stammbucheintragungen diente. Teile aus ihm wurden insgesamt 137 mal zitiert. Davon entfallen allein auf die 15.Strophe 94 Belege.[17] Mit deutlichem Abstand folgt darauf die dritte Strophe mit 23 Belegen.[18] Den dritten Rang innerhalb dieser Ordnung nimmt die in der Fassung der Gedichte letzter Gestalt unterdrückte 17.Strophe ein, die noch neunmal eingetragen wurde.[19] Aus der ebenfalls entfallenen 18.Strophe wurde einmal zitiert.[20] In das entworfene Bild der Rezeption von Schillers Werken fügt sich auch die Tatsache, daß die erste Strophe wenigstens einmal in eine Widmung Eingang gefunden hatte. Sie war mit dem Vers:

„Bettler werden Fürstenbrüder“(Jena 1792)[21]

in politischer Hinsicht weit radikaler als die später von Schiller *bereinigte* Fassung („Alle Menschen werden Brüder“). Aus anderen

[16] MKF L.St.423, S.122.

[17] Vgl. das Kapitel VII,5,1.

[18] GNM Hs.117196, S.101; SAW 200/306, Bl.18; UBJ 111, Bl.106; MKF L.St.678, S.81; GNM Hs.31534, S.149; MKF L.St.678, S.115; UBJ 44, Bl.19; MKF L.St.423, S.124; NSW VI Hs.Gr.13 Nr.117, S.31; MKF L.St.467, S.141; SA N FAL E 17/I Nr.731, S.36; MKF L.St.253, S.91; MKF L.St.352, S.61; MKF L.St.319, S.30; DLA A:Stbb.60.590, S.385; DL AA:Stbb.29324, S.152; MKF L.St.604, S.10; IHKW 46, Bl.35; IHKW 62, S.134; GNM Hs.185172/109, S.54; GNM Hs.141128, S.78; SB N Nor.H.965, S.51; IHKW 59, Bl.70v.

[19] UBE Ms.2284, S.16; MKF L.St.678, S.267; SAW 200/307, S.29; HAAB 351, Bl.62r; SAW 200/307, S.82; IHKW 46, Bl.192; IHKW 60, S.114; MKF L.St.395, S.135; HAAB 478, S.68.

[20] MKF L.St. 441, S.123.

[21] UBJ 81, S.224.

Gedichten wurde nur vereinzelt eingetragen.

Unter den Dramen sind die schon genannten „Räuber" mit 18 Eintragungen[22] das beliebteste unter den Studenten. Der „Don Carlos" vereinigt noch 15 Belege auf sich.[23] Andere Dramen fallen demgegenüber in der Häufigkeit der aus ihnen gezogenen Zitate stark ab. So entfallen auf „Die Verschwörung des Fiesko zu Genua"[24] und auf „Wallensteins Tod"[25] je drei Zitate, auf „Kabale und Liebe"[26] gar nur noch eines.

Gegenüber der vorherrschenden studentischen Rezeption fand aber in der Realität gerade bei Schiller „die Verdrängung der Auseinandersetzung mit den revolutionären Ereignissen in Frankreich zugunsten einer idealistischen Philosophie und Ästhetik [statt], in deren Zentrum der Begriff der Freiheit steht. Diese Philosophie war primär nicht Ideologie. Sie war eher Sublimierung der revolutionären Bestrebungen. Zum falschen Bewußtsein, zur Ideologie, ist sie erst im 19. Jahrhundert geworden."[27] Das heißt aber nicht, daß der deutsche Idealismus und insbesondere Schiller konterrevolutionär gewesen wären. Vielmehr sollten die Errungen-

[22] DLA A:Stbb.60.590, S.334; DLA A:Stbb.60.588, S.48; HABW Cod.Guelf.1147.2 Nov., S.142; NSW VI Hs.Gr.13 Nr.101, S.32; MKF L.St.65, S.61; UBJ 111, Bl.76; HABW Cod.Guelf. 1147.2 Nov., S.70; NSW VI Hs.Gr.13 Nr.108, S.163; UBJ 111, Bl.87; UBJ 81, S.151; UBJ 81, S.97; HAAB 300, Bl.35r; UBJ 81, S.200; UBJ 81, S.16; MKF L.St.285, S.46; UBT Md 659, S.98; LBS cod.hist.oct.117, Bl.281; MKF L.St.253, S.39.

[23] IHKW INH 44656, Bl.50r; IHKW Ring, Bl.47; IHKW INH 44670, S.109; UBJ 44, Bl.56; NSW VI Hs.Gr.13 Nr.122a, Bl.1; DLA A:Stbb.60.590, S.202; HAAB 553, S.29; SB N Nor.H.1458, S.194; MKF L.St.319, S.194; LBS cod.hist.oct. 116, S.196; GNM Hs.95595, S.71; NSW VI Hs.Gr.13 Nr.117b, S.275; GNM Hs.141130, S.51; IHKW 2, Bl.74; DLA A:Stbb.Z2284, Bl.50v.

[24] LBS cod.hist.oct.207, S.345; GNM Hs.117196, S.173; GNM Hs. 117196, S.35; NSW VI Hs.Gr.13 Nr.117, S.1.

[25] IHKW 58, Bl.85r; IHKW 59, Bl.50r; HAAB 478, S.169.

[26] NSW VI Hs.Gr.13 Nr.120, S.148.

[27] Peter Szondi: Der Fürstenmord, der nicht stattfand – Hölderlin und die Französische Revolution. In: Ders.: Einführung in die literarische Hermeneutik. Hrsg. von Jean Bollack und Helen Stierlin. Frankfurt a.M. 1975. S.409-426. Hier: S.409/410.

schaften der Französischen Revolution in Deutschland durch die Philosophie erreicht werden; allerdings nicht im gesellschaftlichen Bereich. Die zu erringende Freiheit wäre durch die von Schiller so genannte „ästhetische Erziehung“ eine des Individuums, das sich von äußeren Zwängen und Bedingungen frei machen kann. Diese als Reaktion auf das Entsetzen über die Revolution zu verstehende Philosophie wollte die Ideale der Revolution ohne Revolution verwirklichen. Der Versuch der Revolution in Frankreich wurde von den deutschen idealistischen Philosophen als gescheitert angesehen.[28] Die Studenten hatten gegenüber den meisten etablierten Intellektuellen eine konträre Überzeugung.

Wieland: Der Ratgeber für alle Lagen

Wieland wurde 207 mal von Studenten zitiert. Ähnlich wie Horaz scheint er für die Studenten ein wahrer Zitatenschatz gewesen zu sein. Man konnte mit ihm sowohl über die Liebe reflektieren, Gedanken über die Tugend –auch Kritik an deren Übersteigerung– nachhängen und ganz allgemein die Freude am Leben ausdrücken. Seine Texte eigneten sich aber auch für Forderungen nach Bescheidung und Weisheit im Alltag und, vor allem in den neunziger Jahren, um die Notwendigkeit der Durchsetzung guter Vorsätze im Handeln zu betonen.

Das Werk Wielands, aus dem am meisten zitiert wurde, ist nicht etwa der literarhistorisch so bedeutsame Roman „Agathon“(nur fünfmal belegt),[29] sondern die Verserzählung „Musarion oder Die Philosophie der Grazien“,[30] die 43 studentischen

---

[28]Szondi: Der Fürstenmord, der nicht stattfand, S.416-423.

[29]UBT Mh 868, S.83; UBJ 82, Bl.99v; LBS cod.hist.oct.219, S.283; UAT S 127/4, Bl.28v; UBE Ms.2741, S.109.

[30]UBT Mh 963, S.340; UBT Mh 868, S.144; UAT S 127/8, Bl.90v; SAW 200/302, S.224; UBT Mh 868, S.73; UBT Mh 863c, Bl.66v; UAT S 127/17, Bl.62v; UBT Mh 868, S.100; UAT S 127/17, Bl.130v; NSW VI Hs.Gr.13 Nr.101, S.131; GNM Hs.102250, S.67; HABW Cod.Guelf.1147.2 Nov., S.150; MKF L.St.50, S.133; HAAB 533, Bl.74v; NSW VI Hs.Gr.13 Nr.106, S.6a; MKF L.St.423, S.103; NSW VI Hs.Gr.13 Nr.106, S.24b; GNM Hs.110415d, S.240;

Eintragungen als Quelle diente. Überhaupt scheinen sich die Verserzählungen großer Beliebtheit erfreut zu haben, wie folgende Zusammenstellung zeigt. Aus dem „Oberon“ wurde 40 mal zitiert,[31] aus „Idris und Zenide“[32] und „Kombabus oder Was ist Tugend?“[33] je 18 mal. Der Staatsroman „Der goldne Spiegel“ ist sechsmal

---

GNM Hs.116393, S.24; NSW VI Hs.Gr.13 Nr.108, S.214; MKF L.St.303, S.77; NSW VI Hs.Gr.13 Nr.110, S.153; NSW VI Hs.Gr.13 Nr.104, S.69; HABW Cod.Guelf.1147.2 Nov., S.84; MKF L.St.65, S.109; GNM Hs.145105, Bl.18; NSW VI Hs.Gr.13 Nr.119, S.102; NSW VI Hs.Gr.13 Nr.117, S.84; NSW VI Hs.Gr.13 Nr.119, S.20; NSW VI Hs.Gr.13 Nr.119, S.93; NSW VI Hs.Gr.13 Nr.108, S.175; SB N Nor.H.1220, S.155; MKF L.St.61, S.31; MKF L.St.285, S.48; UBJ 45, S.118; LBS cod.hist.oct.104, Bl.100v; DLA A:Stbb.60.590, S.80; LBS cod.hist.oct.116, S.277; NSW VI Hs.Gr.13 Nr.120, S.163; UBE Ms.2066, Bl.23; NSW VI Hs.Gr.13 Nr.117b, S.76; NSW VI Hs.Gr.13 Nr.127, Bl.17b; UBJ 50, Bl.32v.

[31] DLA A:Stbb.60.588, S.95; GNM Hs.198430, Bl.64r; UBJ 111, Bl.53; IHKW INH 44660, S.11; LBS cod.hist.oct. 234, Bl.60r; SAW 200/306, Bl.89r; UBJ 81, S.91; SB N Nor.H.876, S.175; UBJ 81, S.28; MKF L.St.678, S.156; IHKW 25, S.281; MKF L.St.678, S.92; HAAB 553, S.103; UBJ 45, S.103; HAAB 553, S.110; GNM Hs.116393, S.160; SAW 200/306, Bl.55v; HAAB 501, S.178; UBJ 111, Bl.85; DLA A:Stbb.59.29, S.166; DLA A:Stbb.60.590, S.152; UBJ 43, Bl.30v; MKF L.St.441, S.25; UBJ 45, S.124; UBE Ms.2456, S.117; SA N FAL E 17/I Nr.731, S.58; MKF L.St. 285, S.89; HAAB 553, S.197; DLA A:Stbb.60.590, S.395; MKF L.St.276, S.38; MKF L. St.338, S.228; SAW 200/307, S.186; DLA A:Stbb.I2267, S.36; GNM Hs.141128, S.259; MKF L.St.253, S.162; GNM Hs.141128, S.143; GNM Hs.95595, S.153; IHKW 46, Bl.173; IHKW 62, S.239; NSW VI Hs.Gr.13 Nr.127a, S.156; UBJ 50, Bl.32r.

[32] UBT Mh 868, S.178; UBE Ms.2134, Bl.169v; LBS cod.hist.oct.219, S.229; UAT S 127/17, Bl.5v; UBT Mh 868, S.203; GNM Hs.112748, S.108; HABW Cod.Guelf.1147.2 Nov., S.113; MKF L.St.65, S.134; SB N Nor.H.876, S.102; UAT S 128/10, S.28; UBJ 42, S.57; NSW VI Hs.Gr.13 Nr.117, S.65; NSW VI Hs.Gr.13 Nr.117, S.123; MKF L.St.319, S.145; SB N Nor.H.1458, S.99; UBJ 41, S. 110; UBJ 49, Bl.7r; GNM Hs.95595, S.178.

[33] UBE Ms.2134, Bl.76r; UBE Ms.2134, Bl.128v; UAT S 127/8, Bl.146v; NSW VI Hs.Gr.13 Nr.104, S.44b; IHKW INH 44656, Bl.37; IHKW 63, S.213; HAAB 501, S.95; IHKW Ring, Bl.56; UBJ 112, S.139; MKF L. St.319, S.129; MKF L.St.352, S.134; UBJ 88, S.49; SB N Nor.H.1458, S.203; GNM Hs.185172/109, S.10; IHKW 46, Bl.65; IHKW 46, Bl.60; IHKW 62, S.243; IHKW 62, S.237.

belegt,[34] der „Nachlaß des Diogenes von Sinope“[35] und das Singspiel „Alceste“[36] noch je zweimal.

Die Bibel: Sammlung „mit-menschlicher“ Texte

Mit 134 Belegen folgt die Bibel einschließlich der „Apokryphen“. Die verschiedenen Autoren der Bibel werden hier in eins gefaßt, da die Bibel auch in ihrer Gesamtheit in Erscheinung tritt. Die Zitate stammen relativ gleichmäßig sowohl aus dem Alten Testament (53) als auch aus dem Neuen Testament (60); auf die „Apokryphen“ entfällt noch ein Anteil von 21 Zitaten.

Innerhalb des Alten Testaments wurde am häufigsten (13 mal) aus dem Psalter zitiert, wobei die betreffenden Texte *Gott* und das *Jenseits* thematisieren.[37] Elf Eintragungen stammen aus den Sprüchen Salomons,[38], neun aus dessen „Prediger“[39] Sie wurden für die Themen der Freundschaft, der Geselligkeit aber auch für den topos der Vergänglichkeit sowie für Postulate der Tugendhaftigkeit und des Handelns instrumentalisiert. Die Bücher Mose wurden sechsmal für Freundschaftsbekundungen und gesellige Eintragungen herangezogen.[40] Viermal wurde aus Jesaja zitiert, des-

[34]UBE Ms.1983, Bl.26r; UBT Mh 963, S.112; SAW 200/303, S.7; DLA A:Stbb.60.588, S. 393; DLA A:Stbb.Z2527, Bl.19; LBS cod.hist.oct.207, S.287.

[35]MKF L.St.319, S.113; MKF L.St. 65, S.112.

[36]DLA A:Stbb.892, S.204; UBJ 44, Bl.58.

[37]UBT Mh 1016, S.251; UBT Mh 1016, S.258; LBS cod.hist.oct.194, S.139; LBS cod.hist.oct.139, S.100; LBS cod.hist.oct.290, S.327; UBT Mh 1031, S.240; UBT Mh 1031, S.248; LBS cod. hist.oct.290, S.127; LBS cod.hist.oct.254, Bl.115v; UBE Ms.2134, Bl.57r; LBS cod.hist.oct.291, S.151; LBS cod.hist.oct.291, S.148; IHKW 58, Bl.4r.

[38]LBS cod.hist.oct.290, S.358; LBS cod.hist.oct.290,S.313; GNM Hs.102250, S.41; MKF L.St.288, S.129; NSW VI Hs.Gr.13 Nr.104a, S.270; UBE Ms.2018, Bl.40v; UAT S 128/10, S.58; HAAB 497, Bl. 46v; NSW VI Hs.Gr.13 Nr.112, S.200; IHKW 46, Bl.127; UBE Ms.2294, S.186.

[39]LBS cod.hist.oct.254, Bl.114v; DLA A:Stbb.6729, S.294; NSW VI Hs.Gr.13 Nr.104a, S.212; SB N Nor.H.876, S.107; NSW VI Hs.Gr.13 Nr.108, S.230; UAT S 128/10, Bl.234; SAW 200/306, Bl.61v; MKF L.St.369, S.246; NSW VI Hs.Gr.13 Nr.117b, S.170.

[40]NSW VI Hs.Gr.13 Nr.101, S.127; UBJ 77, S.139; UBJ 77, S.141; MKF

sen Zitate dafür aber eine große Bandbreite an Themen umfassen, die von Freundschaft und Geselligkeit über Gott und die Tugend bis zum Handeln reichen.[41]

Der meistzitierte Autor des Neuen Testaments ist Paulus. Er wurde 26 mal aus seinen Briefen zitiert, davon achtmal aus denen an die Korinther[42] und siebenmal aus dem an die Römer[43]. Man konnte ihn für Geselliges nutzen aber auch für Fragen nach dem Jenseits, für Bekenntnisse zur Wahrheit, für die Forderung nach Liebe und nach Handeln. Je siebenmal wurde Johannes aus seinem Evangelium[44] sowie aus seinen Briefen zitiert[45]. Seine Texte wurden als die üblichen geselligen Eintragungen und religiösen Stellungnahmen eingetragen. Außerdem konnten seine Texte für die Forderung nach Liebe in einem gesellschaftlich utopischen Sinne brauchbar gemacht werden. Aus dem Evangelium des Matthäus wurde immerhin noch von neun Studenten für ihre Eintragungen zitiert.[46] Es wurde außer für die auch bei Johannes geltenden Themen bei so modernen Fragen wie denen nach Pflicht und Wahrheit, Despotismus und Gerechtigkeit instrumentalisiert.

Die 21 Jesus Sirach aus den „Apokryphen" zitierenden Texte

L.St.65, S.148; NSW VI Hs.Gr.13 Nr.110, S.140; MKF L.St.369, S.115.

[41] LBS cod.hist.oct. 254, Bl.120r; LBS cod.hist.oct.254, Bl.123r; UBE Ms.2284, S.210; GNM Hs.37734, S.227.

[42] LBS cod.hist.cot.139, S.303; UBT Mh 1016, S.226; UBT Mh 1031, S.304; LBS cod. hist.oct.254, Bl.181v; UBE Ms.2518, Bl.23; NSW VI Hs.Gr.13 Nr.104a , S.189; NSW VI Hs.Gr.13 Nr.118, S.68a; GNM Hs.31534, S.256.

[43] LBS cod.hist.oct.77, Bl.106; LBS cod.hist.oct.254, Bl.124v; LBS cod.hist.oct.254, Bl.116r; LBS cod.hist.oct.254, Bl.119r; UBT Mh 868, S.105; NSW VI Hs.Gr.13 Nr.104a, S.194; UBT Mh 863, Bl.120.

[44] UBT Mh 1031, S.244; LBS cod.hist.oct.290, S.359; LBS cod.hist.oct.290, S.131; LBS cod.hist. oct.254, Bl.110r; MKF L.St.65, S.147; HABW Cod.Guelf.1147.2.Nov., S.97; UBJ 111, Bl.120.

[45] UBT Mh 1031, S.327; UBT Mh 1031, S.323; UBT Mh 1031, S.249; LBS cod.hist.oct.254, Bl.108v; LBS cod.hist.oct. 254, Bl.109v; LBS cod.hist.oct.254, Bl.113r; SAW 200/306, Bl.62v.

[46] LBS cod.hist.oct.139, S.236; UBT Md 743, S.169; UBT Mh 1031, S.84; UBT Mh 1031, S.89; UBT Mh 1031, S.210; MKF L.St.65, S.147; HABW Cod.Guelf.1147.2 Nov., S.97; IHKW 25, S.236; HAAB 351, Bl.78r.

verteilen sich inhaltlich auf Freundschaftsbekundungen, Bemerkungen über die Geschlechterbeziehung und auch revolutionär interpretierbare Eintragungen. Letztere sind fünf an der Zahl (alle „Sirach 4,32") und allesamt das Symbolum *eines* Studenten.[47]

Gellert: Der weise Tugendhafte

Gellert wurde 114 mal zitiert. Wie gezeigt waren die siebziger Jahre des 18. Jahrhunderts, nämlich mit 10,61% die Hochzeit der Eintragungen von Gellert-Texten in studentische Stammbücher. Der Ruhm Gellerts wurde von einem Studenten auch ausdrücklich als verdient betrachtet.

> „‚Er hat nicht einmal den Gellert gelesen.'
> Kann man das von einem Deutschen sagen;
> so würde das eine eben so schlimme Empfehlung
> für ihn seyn, als bei den Griechen ein:
> ‚Er hat nicht den Aesop einmal gelesen.'" (Tübingen 1773)[48]

Ähnlicher Beliebtheit erfreute sich Gellert nur schon in den sechziger Jahren mit 7,87%, während für ihn in den fünfziger Jahren erst 2,38% verzeichnet werden können. In den achtziger und neunziger Jahren fällt der Anteil Gellerts an den literarischen Zitaten auf 4,12% und schließlich sogar auf 1,55%. Inhaltlich handelt es sich bei den eingetragenen Texten in den neunziger Jahren um Bekundungen der Freundschaft und um Bekenntnisse zur Tugend, einzeln und miteinander verbunden. Dies gilt auch für die übrigen noch in Frage kommenden Dekaden. Im besonderen Maße gilt dies für die siebziger Jahre, in denen auch der Weisheit ein hoher Stellenwert eingeräumt wurde. Gegen Ende der sechziger Jahre wird mit Gellert-Texten eine adelskritische Tendenz angedeutet, die sich noch in den achtziger Jahren, in der Schärfe zurückgenommen, als altruistische Pflicht findet. Als geschlossenen Teil

[47] Vgl. das Kapitel 2.1.
[48] UBT Mh 868, S.103.

seiner Werke trugen Studenten am häufigsten aus Gellerts „Moralischen Gedichten“ (27 mal) in Stammbücher ein. Eines dieser „moralischen Gedichte“, nämlich „Die Freundschaft“ ist mit 14 Belegstellen nicht nur das meistzitierte Gedicht, sondern auch die beliebteste Quelle aus Gellerts Werken überhaupt.[49]

Aus dem Gedicht, das diesem folgt, „An den Herrn Grafen Hanns Moritz von Brühl bey seinem vierzehnten Geburtstage.“ (aus den „Vermischten Gedichten“), wird sechsmal zitiert,[50] wie auch aus der sechsten der „Moralischen Vorlesungen“[51] Die zweite Stelle innerhalb der „Moralischen Vorlesungen“ nimmt deren 24. mit vier in Stammbüchern eingetragenen Auszügen ein.[52] Mit insgesamt 15 Eintragungen stehen die „Moralischen Vorlesungen“ hinter den „Fabeln und Erzählungen“ (23 Belege, davon entfallen 20 auf deren erstes Buch; es fallen keine einzelnen Fabeln durch gehäufte Eintragungen auf) und den „Geistlichen Oden und Liedern“ (19 Belege). Aus letzteren wurde vor allem „Vom Tode“ (sechsmal),[53] „Der Kampf der Tugend“ (fünfmal)[54] und „Zufriedenheit mit seinem Zustande“ (viermal)[55] zitiert.

---

[49] UBT Mh 675, S.131; UBT Mh 675, S.267; UBT Mh 863b, S.113; UBT Mh 863c, Bl.85v; DLA A:Stbb.6729, S.5; DLA A:Stbb.6086, Bl.38; DLA A:Stbb. 60.588, S.299; UBT Mh 1026, S.288; UBE Ms.2518, Bl.39b; DLA A:Stbb.54.730, S.151; UBE Ms.2471, S.160; UBE Ms.2650, Bl.33v; UBE Ms.2456, S.211; SAW 200/307, S.116.

[50] LBS cod.hist.oct.139, S.151; UBT Md 743, S.307; UBE Ms.2134, Bl.125v; UBE Ms.2741, S.57; NSW VI Hs.Gr.13 Nr.120, S.202; MKF L.St. 395, S.141.

[51] SAW 200/302, S.124; DLA A:Stbb.892, S.157; UBT Mh 863c, Bl.97v; UBJ 57, S.77; DLA A:Stbb. 68.410, S.81; UBJ 81, S.219.

[52] UBT Mh 963, S.312; LBS cod.hist.oct.219, S.149; NSW VI Hs.Gr.13 Nr.101, S.143; HAAB 535, Bl.43v; HAAB 535, Bl.43v.

[53] DLA A:Stbb.60.588, S.179; MKF L.St.303, S.45; MKF L.St.338, S.281; HAAB 501, S.143; NSW VI Hs.Gr.13 Nr.117b, S.64; MKF L.St.395, S.87.

[54] GNM Hs. 117184, S.192; DLA A:Stbb. 48809, S.79; DLA A:Stbb.48809, S.201; UBT Mh 1026, S.344; DLA A:Stbb.54.730, S.457.

[55] LBS cod.hist.oct.87a, S.349; LBS cod.hist.oct.87a, S.238; UBE Ms.2134, Bl.194v; DLA A:Stbb.60.588, S.273.

Haller: Der Bescheidene

Der Schweizer Arzt und Schriftsteller Albrecht von Haller wurde mit 85 Zitaten in Stammbüchern eingetragen. In den fünfziger Jahren betrug die Häufigkeit der Haller-Zitate noch 7,94%, in den Sechzigern etwas weniger. In der siebten und achten Dekade wurde nur noch etwa die Hälfte des Ausgangswertes erreicht und in der neunten ist gar ein Abfall auf ganze 1,43% zu konstatieren. Hallers Texte wurden benutzt, um Gedanken über Tugendhaftigkeit im allgemeinen wie auch Bescheidung und Weisheit im besonderen Ausdruck zu geben. Nicht seine naturwissenschaftlichen Schriften interessierten die Studenten, sondern sein „Versuch schweizerischer Gedichte". Wiederum, wie bei Wieland, fand nicht das Werk größter historischer Wirkung auch die größte Beachtung. Aus „Die Alpen" wurde nur einmal zitiert.[56] Enormer Beliebtheit erfreute sich hingegen das Gedicht „Die Tugend" mit 26 Belegen.[57] In dieser Hinsicht wichtig waren auch noch „Über den Ursprung des Übels" (sieben Belege),[58] die „Ehmalige Zueignungsschrift an den hochwohlgebornen gnädigen Herrn, Herrn Isaac Steiger, des Standes Bern Schultheißen." (fünf Belege)[59] und „Die Falschheit

[56] LBS cod.hist.oct.207, S.47.

[57] LBS cod.hist.oct.139, S.251; LBS cod.poet.fol.63, Vh, S.225; GNM Hs.117184, S.98; LBS cod.hist.oct.87a, S.34; GNM Hs.84104h, S.279; GNM Hs.84104h, S.173; UAT S 127/22, S.106; UBT Mh 973, Bl.38v; UBT Mh 863b, S.266; UBT Mh 963, S.139; UBT Mh 863c, Bl.50v; LBS cod.hist. oct.291, S.305; DLA A:Stbb.892, S.132; UAT S 127/4, Bl.11v; UBT Mh 863c, Bl.61v; UAT S 127/4, Bl.56; DLA A:Stbb.60.588, S.137; IHKW INH 44660, S.38; LBS cod.hist. oct.297, Bl.72; NSW VI Hs.Gr.13 Nr.106, S.13; MKF L.St.324, S.140; MKF L.St.61, S.133; DLA A:Stbb.Z2284, Bl.48v; MKF L.St.455, S.176; IHKW 46, Bl.119; GNM Hs. 117185g, Bl.36v.

[58] LBS cod.hist.oct.139, S.267; LBS cod.hist.oct.87a, S.207; UBE Ms.2134, Bl.63v; DLA A:Stbb.Z2527, Bl.17; NSW VI Hs.Gr.13 Nr.101, S.76; GNM Hs.112748, S.177; MKF L.St.424, S.77.

[59] GNM Hs. 31634, S.169; NSW VI Hs.Gr.13 Nr.105a, S.164; NSW VI Hs.Gr.13 Nr.120, S.103; MKF L.St.424, S.152; IHKW INH 44675, Bl.34.

menschlicher Tugenden“ (vier Belege)[60].

Klopstock: Der Freund und Freiheitskünder

Klopstock war mit 83 Belegen von den sechziger bis zu den neunziger Jahren in studentischen Stammbüchern vertreten. Bis auf einen zaghaften Beginn in den sechziger Jahren erreichen seine Zitate einen Anteil von 2,93% bis 3,93% an allen in den achtziger Jahren. Für die neunziger Jahre können nur 0,05% mehr verzeichnet werden als für den eben erstgenannten Wert der siebziger Jahre. Klopstock kann als Dichter der Freundschaft, Weisheit und Tugend gelten, der aus diesen Werten eine neue Form des menschlichen Überlebens nach dem Tode propagierte. Zudem wurde sein „O Freiheit, Silberton dem Ohre!“ schon damals zum geflügelten Wort und zum vom Rest des Gedichts völlig isolierten Bekenntnis.[61] Sein beliebtestes Gedicht war die „Fahrt auf der Zürcher See“, die 25 mal zitiert wurde.[62] 17 Eintragungen entfallen auf den „Psalm“.[63]

---

[60] LBS cod.hist. oct.291, S.344; LBS cod.hist.oct.104, Bl.66v; MKF L.St.455, S.119; HAAB 478, S.63.

[61] Vgl. das Kapitel VI,1,2

[62] UBT Mh 868, S.173; DLA A:Stbb.17278, Bl.3v; UBT Mh 863c, Bl.76r; LBS cod.hist.oct.207, S.325; UBJ 38, S.39; NSW VI Hs.Gr.13 Nr.104, S.61; GNM Hs.110415d, S.22; MKF L.St.52, S.241; HAAB 501, S. 145; UBG Hs.1216g, S.140; HAAB 117, S.62; MKF L.St.441, S.221; LBS cod.hist.oct.280, Bl.159v; LBS cod.hist.oct. 280, Bl.160v; UBJ 45, S.93; GNM Hs.31534, S.191; NSW VI Hs.Gr.13 Nr.120, S.103; UBG Hs.1216x, Bl.29; SAW 200/307, S.14; NSW VI Hs.Gr.13 Nr.127, Bl.50a; UBE Ms. 1983, Bl.115r; NSW VI Hs.Gr.13 Nr.127a, S.121; NSU oct.Hist.Lit.48zh, S.64.

[63] UBT Mh 863c, Bl.87v; UBT Mh 863c, Bl.92v; DLA A:Stbb.6086, Bl.50; SAW 200/303, S.110; DLA A:Stbb.54.730, S.43; UAT S 128/12, Bl.19; NSW VI Hs.Gr.13 Nr.101, S.91; GNM Hs.145105, Bl.3; GNM Hs. 37734, S.140; HAAB 501, S.106; UBJ 45, S.80; HAAB 497, Bl.57v; UBJ 88, S.149; DLA A:Stbb.29324, S.68; MKF L.St.424, S.198; GNM Hs.117185g, Bl.71.

Young: Der rigorose Tugendverfechter

Denselben Rang wie Klopstock nimmt Edward Young (83 Belege) ein. Er wurde von den fünfziger bis zu den neunziger Jahren in studentische Stammbücher eingetragen. Auch hier liegt der Höhepunkt mit 4,68% in den achtziger Jahren. Die zitierten Texte aus Youngs „Night Thoughts on Life, Death and Immortality“ (mit 24 Belegen allein aus der zweiten Nacht)[64] heben die Freundschaft hervor. Menschliche Bindungen sind ihnen wichtiger als Güter und Macht. Ihr Ferment, auch das von zwischengeschlechtlichen Verbindungen, ist die Tugend. Motiviert ist solch ein von Liebe geprägtes Leben durch die Vergänglichkeit, die mahnt, die Zeit des Lebens nicht zu verschwenden. Alle diese Aspekte sind über den ganzen genannten Zeitraum vertreten. Sie werden in den neunziger Jahren, als die Französische Revolution die ihnen innewohnende Adelskritik eingeholt hatte, durch die in der Realität erwiesene Vergänglichkeit auch von „Königreichen“ (Altdorf 1798)[65] in einem revolutionären Sinne interpretierbar.

Hölty: Der „lebenslustige“ Dichter der Vergänglichkeit

Bei dem mit 78 Zitaten in den siebziger bis neunziger Jahren vertretenen Ludwig Christoph Heinrich Hölty führt das Bewußtsein der Vergänglichkeit allen Seins zu einer sehnsüchtigen Lebensbejahung, daneben aber auch zu einer von Gottesglauben bestimmten Tugendhaftigkeit. Bei den eingetragenen Texten handelt es sich

[64] LBS cod.hist.oct.139, S.147; GNM Hs. 84104h, S.208; UBE Ms.2134, Bl.111v; IHKW INH 44655, S.246; LBS cod.hist.oct.291, S.14; LBS cod.hist.oct.207, S.135; DLA A:Stbb.60.588, S.232; UBT Mh 965, Bl.64v; GNM Hs.116393, S.15; NSW VI Hs.Gr.13 Nr.110, S.162; NSW VI Hs.Gr.13 Nr.110, S. 165; GNM Hs.112748, S.162; MKF L.St.338, S.131; GNM Hs.110415d, S.243; UBE Ms. 2284, S.207; HAAB 501, S.84; HAAB 335, Bl.27v; NSW VI Hs.Gr.13 Nr.117, S.63; NSW VI Hs.Gr.13 Nr.122, S.223; SB N Nor.H. 1458, S.191; UBG Hs.1216g, S.43; DLA A:Stbb.I2267, S.64; MKF L.St.338, S.79; NSW VI Hs.Gr.13 Nr.127, Bl.108a.

[65] GNM Hs.141128, S.248.

vor allem um Teile aus folgenden drei Gedichten: „Aufmunterung zur Freude“ (23 Belege), [66] „Der rechte Gebrauch des Lebens“ (17 Belege)[67] und „Der alte Landmann an seinen Sohn“ (10 Belege)[68]

Hagedorn: Der Fürsprecher einer moralischen Elite

Mit Zitaten aus Friedrich von Hagedorns Werk trugen sich Studenten über den gesamten Untersuchungszeitraum hinweg 75 mal in Stammbücher ein. Dies gilt vor allem für die fünfziger (7,14%), sechziger (6,94%) und siebziger Jahre (5,42%). Bis zu den neunziger Jahren fiel der Anteil Hagedorns an allen literarischen Zitaten auf nur noch 0,93% ab. Hagedorn wurde vor allem im frühen Untersuchungszeitraum auch mit „tändelnden“ Texten eingetragen, die allgemein als typisch für die Anakreontiker gelten. Damit ist sein Bild, wie es sich in den Stammbüchern darstellt, aber noch nicht ausreichend erfaßt. Nicht von harmlos-spielerischen Versen ist es geprägt, sondern von der Überzeugung, daß Weisheit und Tugend den Menschen eigentlich bilden. Nur moralische Integrität kann den Anspruch begründen, herausgehoben zu sein. Nicht der Geburts-, sondern der *Seelenadel* ist die wahre Aristokratie. Zitate

[66] DLA A:Stbb.892, S.56; DLA A:Stbb.17278, Bl.53v; IHKW INH 44655, S.8; GNM Hs.110415d, S.155; GNM Hs.116393, S.309; GNM Hs.110415, S.232; UAT S 128/10, Bl.14; GNM Hs.37734, S.59; NSW VI Hs.Gr.13 Nr.104a, S.257; NSW VI Hs.Gr.13 Nr. 110, S.149; LBS cod.hist.oct.278, S.186; MKF L.St.65, S.77; IHKW 63, S.241; NSW VI Hs.Gr.13 Nr.105a, S.70; UBE Ms.2284, S.189; MKF L.St.379, S.81; UBJ 43, Bl.10r; UBJ 81, S.217; MKF L.St.324, S.48; NSU oct.Hist.Lit.48z, S.30; MKF L.St. 61, S.89; NSW VI Hs.Gr.13 Nr.117, S.32; HAAB 553, S.54.

[67] LBS cod.hist.oct.207, S.214; NSW VI Hs.Gr.13 Nr.101, S.41; DLA A:Stbb.68.410, S.199; NSW VI Hs.Gr.13 Nr.104a, S.238; HABW Cod.Guelf.1147.2 Nov., S.158; SAW 200/306, Bl.41v; GNM Hs.110415, S.125; MKF L.St.401, S.27; UBJ 44, Bl.65; NSW VI Hs.Gr.13 Nr.117, S. 76; MKF L.St.352, S.135; SB N Nor.H.876, S.82; HAAB 505, S.36; NSW VI Hs.Gr.13 Nr.122, S.51; DLA A:Stbb.29324, S.68; MKF L.St.253, S.149; NSW VI Hs.Gr.13 Nr. 123, Bl.35.

[68] HAAB 505, S.230; DLA A:Stbb.54.730, S.161; LBS cod.hist.oct.97, S.4; NSU oct.Hist.Lit.48z, S.144; UBE Ms.2018, Bl.79r; MKF L.St.379, S.89; MKF LSt.324, S.157; IHKW 63, S.79; MKF L.St.265, S.138; HAAB 485, Bl.44v.

solchen Inhalts werden schon für die fünfziger Jahre verzeichnet. In den neunziger Jahren nehmen sie aber dann 73,68% der hier noch von Hagedorn stammenden Texte ein. Das heißt, wer sich in der neunten Dekade des 18. Jahrhunderts noch mit einem Text Hagedorns eintrug, wählte einen, der einen Führungsanspruch der Gemeinschaft der Tugendhaften gegen den Adel behauptete. Der in den neunziger Jahren solchermaßen beliebte Text ist das Gedicht „Die Glückseligkeit", das auch insgesamt der am häufigsten, nämlich 23 mal,[69] zitierte Text Hagedorns ist. Dagegen stehen die in der Häufigkeit diesem folgenden „Der Lauf der Welt" (fünf Belege)[70] aus den „Oden und Liedern" und das „Schreiben an einen Freund" (vier Belege) [71] deutlich zurück. In gleicher Weise fallen bei den nach Gattungen geordneten Werken die „Fabeln und Erzehlungen" mit zwei Nennungen gegenüber den „Moralischen Gedichten" (27 Belege, dabei ist der hohe Anteil zu beachten , der auf „Die Glückseligkeit" entfällt) und den „Oden und Liedern" (18 Belege) auffallend ab. Bei Eintragungen von Fabeln hielt man sich mehr an deren Meister Gellert.

Das Gedicht „Der Weise" aus Hagedorns „Moralischen Gedichten" betreffend, dessen achte Strophe einmal zitiert wurde[72], muß noch eine Besonderheit angemerkt werden. Die letzten beiden Verse der genannten Strophe wurden von Klaus Hurlebusch in der „Hamburger Klopstock-Ausgabe" fälschlich als 107.Epigramm,

---

[69] LBS cod.hist.oct.87a, S. 135; GNM Hs.117184, S.208; LBS cod.hist.oct.290, S.303; UAT S 127/22, S.156; DLA A:Stbb.892, S.89; DLA A:Stbb.892, S.90; SAW 200/302, S.24; UBE Ms.2518, Bl. 19r; IHKW INH 44666, S.257; MKF L.St.354, S.277; LBS cod.hist.oct.280, Bl.51v; UBE Ms.2471, S.165; LBS cod.hist.oct.280, Bl.191r; SA N FAL E 17/I Nr.731, S.30; MKF L.St.319, S.161; MKF L.St. 352, S.184; MKF L.St.319, S.267; IHKW 62, S.9; MKF L.St.395, S.109; MKF L.St. 424, S.85; UBE Ms.2066, Bl.22v; IHKW INH 44675, Bl.80; IHKW 59, Bl.43v.

[70] LBS cod.poet.fol.63, Vh, S.178; UBT Mh 1016, S.272; LBS cod.hist.oct.87a, S.208; SAW 200/302, S.244; IHKW INH 44655, S.253.

[71] LBS cod.hist.oct.290, S.349; UBE Ms.2134, Bl.96r; DLA A:Stbb.60.588, S.391; MKF L.St.61, S.29.

[72] UBT Mh 1016, S.264. Vgl. das Kapitel V,5.

das vorher noch nicht veröffentlicht worden sei, vielmehr lediglich als Stammbucheintragung Klopstocks selbst bestanden habe, Klopstock zugeschrieben. Dazu ordnet Hurlebusch die vermeintliche *Entdeckung* den Texten gesicherter Autorschaft Klopstocks zu, obwohl er für Texte ohne Nachweis eine entsprechende Rubrik gehabt hätte.[73] Tatsächlich zitiert Klopstock hier Hagedorns Verse.[74]

> „Der Geist, durch den ein Kato groß geworden,
> Fährt in kein Band, und ruht auf keinem Orden."

Die Eintragung ist datiert „Kiel den 11ten Sept., 1777" und unterschrieben „Seinem lieben Stolberg von Klopstock".[75]

Cicero: Der gerechte Tugendfreund

Der Anteil von Zitaten Ciceros am hier zugrundeliegenden Bestand an literarischen Zitaten beträgt insgesamt 73 Belegstellen. Er nimmt im Laufe der Zeit von zunächst noch 9,64% in den vierziger Jahren auf schließlich 1,5% in den achtziger Jahren ab. Für das letzte Jahrzehnt des 18. Jahrhunderts ist ein leichter Anstieg auf 1,99% zu bemerken. In der Mehrzahl der Fälle wurde aus Ciceros Schriften über die Freundschaft, „Laelius de amicitia" (21 Belege)[76], und über die Pflichten, „De officiis"

---

[73] S. Friedrich Gottlieb Klopstock: Epigramme. Text und Apparat. Hrsg. von Klaus Hurlebusch. Berlin/New York 1982 (Friedrich Gottlieb Klopstock: Werke und Briefe. Historisch-kritische Ausgabe. Abteilung Werke II.), S.38 und 229.

[74] Vgl. Kapitel 4.5 dieser Arbeit.

[75] Nach Anmerkung der „Hamburger Klopstock-Ausgabe" lautet der Nachweis folgendermaßen: Schleswig-Holsteinische Landesbibliothek, Kiel: 29-1979 Stammbuch Magnus Graf von Stolberg, dort: S.29.

[76] GNM Hs.173690, S.236; GNM Hs.113305b, S.125; UBT Mh 1016, S.266; GNM Hs.84104h, S.246; UBT Mh 863b, S.134; UAT S 127/8, Bl.123r; UAT S 127/4, Bl.31v; IHKW INH 44669, S.182; IHKW INH 44666, S.93; IHKW INH 44669, S.81; NSW VI Hs.Gr. 13 Nr.105, S.67; NSW VI Hs.Gr.13 Nr.102a, Bl.41; IHKW 25, S.295; MKF L.St.678, S.200; MKF L.St.441, S.175;

(10 Belege)[77], zitiert. Damit sind auch schon zwei Themen benannt, für die Cicero-Texte hauptsächlich herangezogen wurden. Bekenntnisse zur Freundschaft nehmen über ein Viertel aller von Cicero stammenden Texte ein und halten in den verschiedenen Dekaden relativ konstante Anteile. Die Bedeutung der Erfüllung von Pflichten für den einzelnen wie auch für die Gemeinschaft war vor allem in den neunziger Jahren eine Eintragung wert gewesen. Im frühen Untersuchungszeitraum (vierziger- bis sechziger Jahre) spielten solche Texte eine Rolle, die Recht und Gerechtigkeit als eine wesentliche Bedingung einer funktionierenden Gesellschaft ansahen. Neben den schon genannten Werken waren noch andere in geringerem Maße die Quelle von Zitaten: „Pro Archia poëta" (vier Belege)[78], „Tusculanarum disputationum" (vier Belege)[79], „In M.Antonium orationes Philippicae" (drei Belege)[80], „Pro Q.Ligario" (drei Belege)[81], „De finibus bonorum et malorum" (zwei Belege)[82] und „De natura deorum" (zwei Belege)[83]. Darüberhinaus gibt es noch Einfachnennungen aus weiteren Schriften Ciceros.

MKF L.St.401, S.146; MKF L.St.253, S.103; GNM Hs.121648, S.56; NSU oct.Hist.Lit.48zh, S.222; IHKW 18, S.68; DLA A:Stbb.Z2284, Bl.34v.

[77] LBS cod.hist.oct. 77, Bl.99; LBS cod.hist.oct.77, Bl.21v; GNM Hs.173690, S.234; LBS cod.hist.oct. 231, S.245; LBS cod.hist.oct.139, S.34; UBT Mh 863b, S.277; GNM Hs.37734, S.263; NSW VI Hs.Gr.13 Nr.131, Bl.79; NSW VI Hs.Gr.13 Nr.127a, S.30; IHKW 2, Bl.58.

[78] UBT Mh 981, Bl.79r; DLA A:Stbb.15462, S.220; GNM Hs.84104h, S.222; HAAB 553, S.231.

[79] UBT Mh 1016, S.54; DLA A:Stbb.17278, Bl.17; DLA A:Stbb.48809, S.186; MKF L.St.369, S.129.

[80] GNM Hs.113301c, S.228; LBS cod.hist.oct.290, S.163; SB N Nor.H.965, S.47.

[81] UBT Mh 675, S.145; NSW VI Hs.Gr.13 Nr. 117, S.234; DLA A:Stbb.60.12, Bl.88v.

[82] LBS cod.hist.oct.139, S.296; DLA A:Stbb.60.588, S.121.

[83] UBT Mh 863b, S.275; MKF L.St. 50, S.118.

Goethe: Der „revolutionäre Konservative“

Erst an zwölfter Stelle steht der Autor, der uns heute als der größte in Deutschland gilt. Von Goethe sind von den siebziger bis zu den neunziger Jahren 70 Zitate vor allem aus dem Gedicht „Das Göttliche“ (neun Belege)[84] aus dem Roman „Die Leiden des jungen Werthers“ (acht Belege)[85] und aus den Dramen „Götz von Berlichingen“ (acht Belege)[86], „Torquato Tasso“ (fünf Belege)[87], „Egmont“ (vier Belege)[88] und der „Iphigenie“[89] nachgewiesen, wobei in den achtziger Jahren ein Einbruch seiner Beliebtheit zu vermerken ist. In der siebten und achten Dekade drehen sich die aus seinen Werken zitierten Texte um das individuelle Glück des Menschen im Leben. Daraus ist auch der Ruf nach Herrschaftsfreiheit zu erklären. In den Neunzigern setzt sich diese Tendenz fort und verstärkt sich teilweise mit der Betonung auf ein gesellschaftlich wirksames Handeln und eine Kritik an fürstlicher Willkür. Texte dieser Art wurden auch, entgegen der Intention Goethes, revolutionär umcodiert. Dagegen entspricht eine ansonsten verbreitete konservative Instrumentalisierung der Texte Goethes Haltung. Über die genannten Schriften Goethes hinaus sind noch zwei erwähnenswert, die heute kaum noch bekannt sind, im 18. Jahrhundert aber wohl gelesen wurden oder durch Aufführungen be-

[84] HAAB 501, S.76; LBS cod.hist.oct.280, Bl.210v; MKF L.St. 436, S.200; HAAB 351, Bl.89v; NSW VI Hs.Gr.13 Nr.122, S.104; NSW VI Hs.Gr.13 Nr. 122, S.105; NSU oct.Hist.Lit.48zg, Bl.6; NSW VI Hs.Gr.13 Nr.131, Bl.94a; NSW VI Hs.Gr.13 Nr.123, Bl.57.

[85] LBS cod.hist.oct.219, S.281; LBS cod.hist.oct.219, S.230; UBT Mh 868, S.214; DLA A:Stbb.17278, Bl.44r; LBS cod.hist.oct.207, S.43; GNM Hs.110415, S.29; UBJ 44, Bl.36; IHKW 61, S.239.

[86] IHKW INH 44655, S.196; DLA A:Stbb.6086, Bl.45; DLA A:Stbb.Z2358, Bl.44; DLA A:Stbb.Z2527, Bl.104; UAT S 127/13, Bl.35; MKF L.St.401, S.147; UBJ 82, Bl.75v; MFK L.St.455, S.47.

[87] MKF L.St.678, S.334; DLA A:Stbb.60.590, S. 183; UBJ 45, S.114; HAAB 351, Bl.54v; IHKW INH 44672, S.129.

[88] UBJ 78, Bl.36v; MKF L.St.253, S.52; IHKW 46, Bl.61; MKF L.St.253, S.42.

[89] UBT Mh 858a, Bl.32; HAAB 351, Bl.89v; NSW VI Hs.Gr.13 Nr.122, S.165.

kannt waren. Es sind dies die Singspiele „Claudine von Villa Bella“ (drei Belege)[90] und „Erwin und Elmire“ (zwei Belege)[91]. Der als Hauptwerk geltende „Faust“(I)[92] wurde ebenso wie die „Unterhaltungen deutscher Ausgewanderten“[93] und „Reineke Fuchs“[94] nur einmal zitiert. Dasselbe gilt für die meisten Gedichte.

Ewald von Kleist: Der Dichter einer „natürlichen“ Freiheit

Zwischen den sechziger und neunziger Jahren wurde der Dichter Ewald von Kleist 66 mal zitiert. Eine Rezeption machte sich also erst nach seinem Tode (1759) bemerkbar. Über 40% seiner Texte insgesamt, 40% in den siebziger und 68,75% in den achtziger Jahren, machen sich die Tugend als lebensbestimmendes Element zueigen. Sie sind von Weisheit und Bescheidung geprägt und damit implizit und teilweise auch explizit adelskritisch, letzteres vor allem in den neunziger Jahren. Dort gewinnt auch der utopische Gesellschaftsentwurf Kleists, der sich auf Natürlichkeit, Liebe und Freiheit beruft und von Gott begründet ist, auf dem Hintergrund der Revolution in Frankreich an inhaltlicher Bedeutung. Die Instrumentalisierung von Texten über die Tugend nimmt hingegen ab, entsprechend der Verteilung der Inhalte im ganzen. Das mit Abstand meistzitierte Gedicht von Kleists ist mit 26 Nennungen das „Geburtslied“[95], das von den lediglich sechsmal belegten „Ge-

[90] UBE Ms.2518, Bl.28; IHKW 46, Bl.206; UBJ 49, Bl.31v.
[91] DLA A:Stbb.17278, Bl.7v; UBT Mh 868, S.216.
[92] UBJ 82, Bl.10r.
[93] HAAB 553, S.173.
[94] IHKW INH 44675, Bl.1.
[95] GNM Hs.84104h, S.194; LBS cod.hist.oct.92, S.10; DLA A:Stbb.60.11, S.183; UAT S 127/4, Bl.2v; DLA A:Stbb.48809, S.217; UBT Mh 1026, S.75; SAW 200/303, S.26; DLA A:Stbb.48809, S.38; UBT Mh 1026, S.178; DLA A:Stbb.Z2527, Bl.118; DLA A:Stbb.Z2527, Bl.70; SAW 200/303, S.187; GNM Hs.102250, S.204; UAT S 128/10, Bl.35; MKF L.St.303, S.208; GNM Hs.102250, S.160; MKF L.St.285, S.49; GNM Hs.37734, S.101; IHKW INH 44656, Bl.39; NSW VI Hs.Gr.13 Nr.107a, Bl.23; MKF L.St. 303, S.91; IHKW

danken über verschiedene Vorwürfe“[96] gefolgt wird.

Seneca: Die moralische Instanz

Die 58 Zitate von Seneca bestätigen noch einmal die Richtigkeit meiner Annahme, daß die antiken Autoren von den Studenten als vielfältiger Zitatenschatz benutzt wurden. Ihre Hochzeit hatten Seneca-Texte eindeutig in den beiden ersten Dekaden des Untersuchungszeitraums mit 6,02% bzw. 7,14%. Für die restliche Zeit bewegen sich die Werte bei knapp über 2%, für die neunziger Jahre fallen sie auf 1,12% ab. Fast ein Fünftel aller Texte thematisieren die Tugend, wobei ebenfalls in den neunziger Jahren ein Abfall festgestellt werden kann. Auch zu Freundschaftsbekundungen konnten Senecas Texte herangezogen werden. Innere Qualitäten des Menschen, die einen Seelenadel begründen, und göttliches Wirken in der Welt, versuchte man mit Seneca darzustellen. Auch hier ist wieder eine deutliche Vorliebe der Studenten für ein Werk festzustellen. Aus den „Ad Lucilium epistulae morales“ wurde allein 21 mal zitiert.[97] Dagegen nur noch je viermal aus „De brevitate vitae“[98] und „Thyestes“[99]. Andere Schriften sind lediglich ein-/zweimal belegt.

25, S.258; MKF L.St.403, S.159; MKF L.St.467, S.7; HAAB 553, S. 195; GNM Hs.95595, S.118.

[96] LBS cod.hist.oct.139, S.42; UBE Ms.2134, Bl.86r; UAT S 127/17, Bl.3v; LBS cod.hist.oct.219, S.234; DLA A:Stbb.17278, Bl.21v; UBT Mh 1026, S.96.

[97] GNM Hs.122096, S.218; LBS cod.hist.oct.289, Bl.106r; DLA A:Stbb.51641, S.18; LBS cod.hist.oct.231, S.359; UBT Mh 1016, S.53; LBS cod.hist.oct.231, S.205; UBT Mh 863b, S.123; UAT S 127/4, Bl.53v; UBJ 57, S.65; UBJ 57, S.263; DLA A:Stbb.68.410, S.267; GNM Hs.112748, S.98; GNM Hs.121639, Bl.83v; HABW Cod.Guelf.1147.2 Nov., S.83; NSW VI Hs.Gr.13 Nr.108, S.127; SAW 200/306, Bl.36v; NSW VI Hs.Gr.13 Nr.110, S.186; SAW 200/306, Bl.16v; MKF L.St.65, S.279; SB N Nor.H.1458, S.127; NSW VI Hs.Gr.13 Nr. 127a, S.15.

[98] DLA A:Stbb.51641, S.82; UBT Mh 863c, Bl.14v; UBJ 57, S.166; UAT S 128/12, Bl.36.

[99] DLA A:Stbb.892, S.151; UBJ 44, Bl.25; MKF L.St.65, S.39; MKF L.St.369, S.288.

5.2 Weitere Autoren

Im folgenden handelt es sich um Autoren, deren Texte einen Anteil von weniger als 2%, aber mehr als 0,25% aller literarischen Zitate in den untersuchten Stammbüchern ausmachen. Dennoch weisen sie zuwenig Belegstellen auf, um eine Differenzierung derselben in die verschiedenen Dekaden als sinnvoll erscheinen zu lassen. Das rechtfertigt, nur summarische Andeutungen zu geben und die absolute Zahl der Nennungen zu vermerken.

So wurde Johann Peter Uz 51 mal in studentischen Stammbüchern zitiert. Hier lassen sich noch verhältnismäßige Häufungen von Zitaten in den sechziger und siebziger Jahren feststellen. Inhaltlich wurden in ihnen vorwiegend Tugend und Weisheit angesprochen. In den neunziger Jahren bekannten sich vor allem Jurastudenten dazu, Gerechtigkeit in altruistischer Weise durchzusetzen. Friedrich Matthison wurde in den achtziger und neunziger Jahren 47 mal zitiert, wobei ein Viertel aller Texte auf die Vergänglichkeitsthematik entfällt. Darüberhinaus wendeten sie sich in den neunziger Jahren aber auch gegen Sklaverei und Despotismus und in einem Falle wurde Stellung für die Französische Revolution bezogen. Luther schlägt in dieser Aufstellung mit 41 Nennungen zu Buche. In deren überwiegendem Teil wurde ein lebenslustig-geselliger Spruch zitiert („Wer nicht liebt Wein, Weiber und Gesang, der bleibt ein Narr sein Leben lang.“). Den 40 Zitaten Alexander Popes, mit deutlicher Steigerung des verhältnismäßigen Anteils in den siebziger Jahren, war die Tugend hingegen der wichtigste Gegenstand. Sie ist nicht nur Bedingung für den wahren Menschen, sondern auch für eine glückliche Gesellschaft. Mehr den persönlichen Aspekt der Tugendhaftigkeit betonten die 38 Voltaire-Zitate. Nichtsdestotrotz führt auch er zu einer gesellschaftlichen Wirksamkeit, wenn die Überlegenheit der Tugendhaften über den Geburtsadel festgestellt wird. In den neunziger Jahren konnte ein isoliertes Voltaire-Zitat zum Revolutionsaufruf werden. Shakespeare konnte mit 36 Zitaten[100] für Eintragungen, die das menschliche Leben im allgemeinen sowie Tugend und Verderbtheit betreffen, aber auch für einfache Abschiedswünsche nutzbar gemacht werden. 34 Belegstellen stammen von Ovid. Sie wurden für Freundschaftsbekundungen gebraucht und handeln ansonsten von Tugend und Liebe. Ein Beleg weniger (33) entfällt auf Gottfried August Bürger. Seine Texte fordern eine von der Vernunft bestimmte Tugend. In den neunziger Jahren wurden sie für Kritik am Adel im allgemeinen und am Despotismus im besonderen benutzt. Kronegk wurde 32 mal mit Texten zitiert, die eine von Gott bestimmte Tugend und Weisheit meinen. Der Mann, dessen Gedanken wegbereitend für die Französische Revolution waren, Jean-Jacques Rousseau, wurde nur 29 mal zitiert. In den entsprechenden Eintragungen ging es im zivilisationskritischen Sinne um den Menschen, das Gefühl, das Glück, die Weisheit, aber auch um die Freiheit und um mögliche Revolutionen, die zum Zeitpunkt des Zitats in den neunziger Jahren schon eingeläutet waren. Vergil-Zitate finden sich 28. Sie sprechen meist von der Vergänglichkeit, der man den durch Tugend erworbenen Ruhm entgegensetzen kann. Claudius, der auch unter seinem Pseudonym *Asmus* zitiert wurde, konnte 26 Belege auf sich vereinen. In seinen Gedichten ging es meist um die allgemeine Tugendhaftigkeit mit der Betonung auf eine die bestehenden Zustände affirmierenden *Bescheidung* . Lessings Werk schlug sich in studentischen Stammbüchern nur mit 26 Zitaten, und kaum als das des toleranten und tugendhaften Bürgers nieder. Nur zwei Zitate, aus denen die Aufklärung spricht, stammen aus „Nathan der Weise“. Eines ist noch aus „Emilia Galotti“. Letzteres ist allerdings durch seinen vom Einträger gewollt fragmentarischen Charakter nur auf die persönliche Bekanntschaft der beiden beteiligten Studenten bezogen und trägt keinerlei aufklärerischen Gehalt mehr. Solcherart sind auch die meisten anderen Zitate.

[100] Diese geringe Anzahl von Zitaten ist auffällig im Vergleich zu der Rolle, die Shakespeare für die Literatur der Zeit spielte.

Sie erklären die Freundschaft oder sind ganz einfach Trinkspruch, frivole Tändelei oder Witz. Die Gebrüder Grafen zu Stolberg, Christian und Friedrich Leopold, vereinen 24 Belege auf sich. Die Brüder werden gemeinhin nicht unterschieden. Eindeutig wird einmal Christian als Autor zitiert, zweimal Friedrich Leopold. Der Christian zugeschriebene Text (die dritte Strophe aus „An meinen Bruder") konnte als der einzige tatsächlich von diesem stammende verifiziert werden. Ansonsten war mit *Stolberg* immer Friedrich Leopold gemeint. Hauptsächlich wurde aus dessen Gedicht „Das eine Gröste" (11 Belege) zitiert. Neben Weisheit, Tugend und einer inbrünstig vertretenen Gottesgläubigkeit handeln die Texte meist von einer durch die Gotteserfahrung zu lebenden Idylle. In den neunziger Jahren aber wird ein Konstituens der Idylle, die Freiheit, oft isoliert zitiert, so daß Fr.L. Stolberg in diesem Sinne mit einem an sich auf die Liebe zu Gott bezogenen Text in den Stammbüchern zum Freiheitsdichter werden konnte. Die Studenten, welche Nicolas Boileau mit 22 Texten zitierten, legten Wert auf das Ideal des in einer Idylle für die Wahrheit und die Gerechtigkeit lebenden Menschen. 21 Zitate entfallen auf Hippokrates. Sieben davon sind das bekannte „Vita brevis, ars longa", andere sind Stellungnahmen zur Heilkunst.

Von den 18 Zitaten Immanuel Kants wurden die Hälfte von Jenaer Studenten gemacht. 17 der betreffenden Eintragungen stammen aus den neunziger Jahren des 18. Jahrhunderts. Siebenmal wurde dabei der kategorische Imperativ zitiert. Auch ansonsten sind Pflicht und Sittlichkeit die bestimmenden Momente, welche letztlich das Glück des Menschen ausmachen. Quellen dieser Zitate waren die „Prolegomena einer jeden künftigen Metaphysik", die „Kritik der Urteilskraft", die „Kritik der praktischen Vernunft", „Die Religion innerhalb der Grenzen der bloßen Vernunft", die Schrift „Zum ewigen Frieden" und die „Anthropologie in pragmatischer Hinsicht". Die 18 LaFontaine zitierenden Texte in Eintragungen drehen sich in der Hauptsache um die Tugenden, vor allem die der Wahrheit, die mit der Freiheit verknüpft ist. Günther ist 17 mal vertreten, zwar auch mit geselligen und tändelnden Texten, für die er heute vor allem bekannt ist; aber auch von ihm formulierte Postulate der Bescheidung und Vernunft fanden ihren Weg in studentische Stammbücher. Bei Voß verteilen sich die 17 Texte, welche auf ihn entfallen, auf die verschiedensten Themen. Texte dieses Autors konnten für Bekundungen der Freundschaft genauso gebraucht werden wie für Postulate der Bescheidung. Seine Texte waren per se adelskritisch und wurden von den Studenten auch so eingesetzt. Als Besonderheit sei hier das zweimalige Zitat eines plattdeutschen Textes angemerkt, der die Geschlechterbeziehung ironisch beleuchtet. Es handelt sich um einen Auszug aus der Idylle „De Geldhapers", nämlich um die Verse 78 bis 117.[101] Neun der 16 Pfeffel-Zitate (zumeist aus Fabeln) sind gegen eine despotische Fürstenherrschaft gerichtet. Juvenal ist mit 15 Belegen vertreten, die die *Tugend* , die Freundschaft und die *Weisheit* loben. Die 14 Stammbucheintragungen, die den Dichter von Salis zitieren, rufen auf, sich der *Vergänglichkeit* bewußt zu sein und das Leben weise handelnd für das Wohl anderer zu nutzen. Die 14 Zitate des imaginären Dichters „Ossian" thematisieren, bis auf eines, entweder direkt den topos der Vergänglichkeit oder stehen mit diesem unmittelbar in Beziehung. Terenz wurde 13 mal, vor allem mit Texten über den Menschen, das Leben und die Weisheit zitiert. Auf Kosegarten entfallen 12 Belege, die die *Vergänglichkeit* , die *Tugend* und eine auf Gott gegründete *Jenseitshoffnung* thematisieren. Die elf Texte des Schweizers Arztes Zimmermann, hauptsächlich aus „Über die Einsamkeit", geben Ratschläge zur Lebensbewältigung und beziehen Stellung für eine *innere Freiheit* . Außer zweien stammen alle zehn Fichte-Zitate des Untersuchungsmaterials aus Jena, wo Fichte Professor war. Bei sechs Eintragungen handelt es sich

[101] Einmal zitiert von „Ludwig Ronck ut Lübek" (1783; DLA A:Stbb.60.588, S.228.), das zweite Mal von „C. Iken ut Bremen" (1793; HAAB 497, Bl.29r.). Aus den Eintragungen ist zu ersehen, daß den beiden Studenten wohl unterschiedliche Fassungen der Idylle vorgelegen haben müssen.

um einen Text, der den unbedingten Willen des Menschen betont („Beitrag zur Berichtigung der Urteile des Publikums über die Französische Revolution“ *und* „Wissenschaftslehre“). Eine andere Eintragung parodiert denselben. Die restlichen drei bestimmen die Rolle des Menschen im allgemeinen („Beitrag zur Berichtigung der Urteile“) und des Gelehrten im besonderen („Über die Bestimmung des Gelehrten“). Auch die folgenden drei Autoren vereinen jeder noch zehn Eintragungen auf sich. Gotter läßt sich vor allem die *Freundschaft* und die *Vergänglichkeit* angelegen sein. Sternes Texte sind auf den Menschen, die Liebe und das Leben bezogen. Zachariae wurde mit Auszügen aus seinem Werk zitiert, die an die Vergänglichkeit allen Seins gemahnen und ein idyllisches Leben mit durchaus adelskritischen Zügen befürworten. Jeweils neunmal trugen sich Studenten mit einem Text der nächsten fünf Autoren in Stammbücher ein. Blumauer wurde allein mit einem Text um die *Freundschaft* dreimal zitiert, ansonsten mit solchen über die Geschlechterbeziehung und das Leben. Owens Texte in Eintragungen handeln von *Weisheit, Verderbtheit* und *Tod* . Bei Sallust dreht es sich meist um die Tugenden. Wer aus Christian Felix Weisses Werk zitierte, wollte als zivilisationskritischer aber dennoch lebenslustiger Freund erkannt werden. Auch Mendelssohn, einer der Hauptprotagonisten der Aufklärung, wurde nur neunmal zitiert. Mit ihm betonte man den Primat einer auf ein jenseitiges Dasein ausgerichteten Tugend im Leben, welch letztere aber auch den einzelnen zum Glied einer an Wahrheit und Handeln ausgerichteten Gesellschaft erziehen soll. Genausoviele Zitate konnte Jacobi auf sich vereinen, wobei es sich wahrscheinlich um *zwei* Autoren, nämlich die Brüder Johann Georg und Friedrich Heinrich, handelt. Sicher ist nur ein Zitat (aus dem „Woldemar“) Friedrich Heinrich zuzuordnen. Die anderen stammen wohl von Johann Georg. Bei letzteren ist die Tugend das prägende Element des menschlichen Lebens, das direkt von Gott kommt und zu ihm führt, wenn nach ihren Maximen gehandelt wird. Anderenfalls war Gott auch eine Drohung.

Als letztes können hier mit einer wenigstens in Ansätzen noch zu bestimmenden Aussage zwei Autoren besprochen werden. Von Fénelon stammen acht Zitate (meist aus dem «Télémaque»). Sie erklären die Tugend zur Grundbedingung menschlichen Glücks. Auch die ebenfalls acht Eintragungen, welche von Lavater stammen, sind in diesem Sinne gehalten. Außerdem halten sie die *Wahrheit* und die *Freiheit* als Werte hoch.

Insgesamt gesehen ist eine stärkere Rezeption zeitgenössischer und deutscher Autoren zum Ende des 18. Jahrhunderts hin zu bemerken. Die Überzeugungen dieser Zeit wurden zwar auch mit älteren, hierfür instrumentalisierten Texten ausgedrückt. Die Probleme der Zeit angemessen artikulieren zu können, wurde aber mehr und mehr Schriftstellern zugestanden, welche selbst durch ebendiese Probleme geprägt worden waren.

Kapitel 6

Schluß: Wandel der studentischen Mentalitäten

6.1 Allgemeine Entwicklung

Von der Mitte bis zum Ende des 18. Jahrhunderts veränderten sich die studentischen Mentalitäten von der Religion über die Tugend zur Freiheit. Zunächst ist eine Verschiebung von Denkmustern, die sich auf das Innere des Menschen, zu solchen, die sich auf die Gesellschaft bezogen, festzustellen. Dem korrespondiert das Vorherrschen „religiöser" Themen zu Beginn des Untersuchungszeitraums, während in dessen Verlauf der Mensch sich von Gott emanzipierte.[1] Nicht Wissen, sondern die Erkenntnis Gottes war zunächst das wichtigste gewesen. Die Kurve ihres Stellenwerts fällt allerdings schon seit den sechziger Jahren kontinuierlich und steil ab, wird aber aufgrund ihrer vorher innegehabten Höhe erst in den neunziger Jahren zu der eines nur noch untergeordneten

[1] Vgl. auch die im Anhang B.2 auf S.387 dieser Arbeit abgedruckte *Übersicht über die Entwicklung einiger Mentalitäten.*

Werts. Im frühen Untersuchungszeitraum war das Diesseits dem Jenseits nachgeordnet. In den siebziger Jahren gingen die Vorstellungen von Gott auf in den Vorstellungen von einer durch die Tugend begründeten Gesellschaft. Gott war nun Mittel zu deren Erreichung, nicht mehr Selbstzweck. Der Mensch hob den Primat des Jenseits auf und stellte sich auf Erden neben Gott. Wenngleich einer imaginierten göttlichen Voraussicht noch in den vierziger und fünfziger Jahren Vertrauen entgegengebracht worden war, so nahm dies danach doch stetig und in den neunziger Jahren schließlich gar schlagartig ab. Die Ordnung der Welt, die bisher dem Plan Gottes überlassen worden war, nahm spätestens von da an der Mensch selbst in die Hand. Der Abnahme des Vertrauens in Gott steht die Zunahme der Überzeugung von der Notwendigkeit und dem Sinn menschlichen Handelns korrespondierend gegenüber. Sie steigt in den achtziger und neunziger Jahren auf ca. das Dreifache des Werts der siebziger Jahre an, wobei der größte Umbruch in den achtziger Jahren erfolgte. Menschliches Handeln mußte zunächst aber gleichwohl immer noch gottgefällig sein. Wiederum erst in den siebziger Jahren wurde die Autonomie des Menschen in seinem Handeln erkannt und in Folge davon der Einfluß menschlichen Handelns auf das Leben und das Wesen des Menschen herausgestellt. In den neunziger Jahren wurde Handeln zunehmend auf den gesellschaftlichen Bereich bezogen. Dabei mußte es immer im weitesten Sinne tugendhaft sein, um sowohl weltlichen als auch religiösen Hoffnungen auf Unsterblichkeit eine Begründung geben zu können. Diese Hoffnungen bezogen sich in den neunziger Jahren fast ausschließlich auf ein Überdauern der menschlichen Werke in der Nachwelt. Das ist die Konsequenz aus einem verlorenen Glauben an die Macht Gottes. In der Zeit zuvor machten die beiden Vorstellungen in der Tendenz die gleiche Entwicklung durch. Hiervon waren die achtziger Jahre ausgenommen. In diesem Zeitraum wurde der Hoffnung auf eine wie auch immer geartete Form von Unsterblichkeit, um ca. 36% gegenüber der bisherigen Häufigkeit vermehrt, Ausdruck gegeben. Dies lag wohl in dem Bestreben begründet, Unsterblichkeitsvorstellungen mit der Tugend zu verknüpfen. Eine nach menschlichen Maßstäben gelebte Tugend sollte den Weg ins Jenseits öffnen. Dies ist als ein letzter Versuch zu betrachten, die Unsterblichkeit im Jenseits zu suchen, obwohl sich der Mensch hier eigentlich schon von Gott zu emanzipieren begann. Letzteres war auch der Grund dafür, daß in den neunziger Jahren dieses Bestreben plötzlich nicht mehr verfolgt wurde. Zu der Einsicht der Unvereinbarkeit kam noch das Postulat des Verdiensts des einzelnen um die Gesellschaft. Aus dem erstgenannten Grund nahm auch das ausdrücklich auf die christliche Lehre bezogene Denken, das sowieso keine herausragende Rolle spielte, in den neunziger Jahren ebenfalls –um ca. 60%– ab.

Andere Inhalte, die sich nicht mehr auf ein zu erwartendes Jenseits bezogen, sondern auf den Menschen, der seinen Individualismus entdeckt, waren gleichwohl über den ganzen Untersuchungszeitraum von 1740 bis 1800 gegenwärtig. So wie die „religiösen" Themen aber eher in der Frühphase des letzteren anzusiedeln sind, so hatten jene ihren Schwerpunkt um die siebziger Jahre. Vor allem das Streben nach Glück nahm bis zu den siebziger Jahren stark zu. Dieser Gipfelpunkt kann wohl aus dem Einfluß des amerikanischen Vorbildes erklärt werden, das „pursuit of happiness" zum Menschenrecht deklarierte. Die Glückseligkeit wurde zunächst in einem nach stoischem Vorbild geführten Leben gesucht. Ihr Inhalt wandelte sich in das Glücksgefühl des Tugendhaften, dann in das des persönlich unabhängigen und schließlich in das des gesellschaftlich freien Menschen. Analog zum Streben nach Glück ist die Sehnsucht nach einem natürlichen Leben zu sehen, oder nach dem, was als „natürlich" empfunden wurde. Für letztere bezeichnet der Häufigkeitsverlauf in der Tendenz die gleiche Entwicklung wie für erstere, wenn auch die Naturbegeisterung nach einem Abfall in den achtziger Jahren in den Neunzigern wieder zunimmt. Natur versus Künstlichkeit, mit der Natur gegen Unmenschlichkeit hieß das Programm. Als „natürlich" wurde ein bescheidenes und tugendhaftes Leben empfunden, das aber in jedem Falle frei von Zwängen jedwelcher Art sein mußte. Leben ließ sich diese Natürlichkeit in der Utopie eines idyllischen Zustands, die ebenfalls in den siebziger Jahren ihren Höhepunkt hatte. Der Raum der Idylle war ein herrschaftsfreier Gegenentwurf vor allem zu höfischen Formen, aber auch zur Zivilisation in den Städten. Gegen deren verfeinerte Formen und/oder berechnendes Kalkül standen die Ideale der Natürlichkeit und der Wahrheit. Letzteres bestand über den ganzen Untersuchungszeitraum hinweg. In den siebziger und achtziger Jahren verlor es an Wertigkeit, erlebte in den neunziger Jahren aber eine Renaissance in gewandelter Gestalt, d.h. die Wahrheit ging eine Verbindung vor allem mit der Freiheit ein. Wahrheit wurde von einer göttlichen Instanz zur Bedingung wohlverstandenen menschlichen Lebens und zu einer gesellschaftspolitischen Kraft. Überhaupt halfen solche als fortschrittlich empfundenen Werte, wie auch die Überzeugung von der Notwendigkeit des Handelns, dem Menschen durch sein ansonsten als fremd erfahrenes Leben hindurch. Der Mensch lebte in der Gemeinschaft und durch sie. In den achtziger und neunziger Jahren wurde dies nicht nur postuliert, sondern sogar reflektiert. Der Mensch wurde erst durch seine Mit-Menschlichkeit, die man ihm zur Pflicht machte, zum eigentlichen Menschen. Auffällig ist dabei der unbedingte Glaube daran, daß der Mensch nach seinem Willen handeln könne. Die Erfüllung der Pflicht war der Sinn des Lebens. Sie wurde von einer allgemeinen Forderung nach individueller Tugendhaftigkeit im Verlaufe des Untersuchungszeitraums zu einer im zeitgenössisch-politischen Sinne bürgerlichen Pflicht des Wirkens für das Allgemeinwohl.

Bei dieser Tendenz einer zunehmenden Weltoffenheit mag die große Häufigkeit von Vergänglichkeitsvorstellungen (die meisten Belege nach denen, die die *Tugend* betreffen) und ihr zeitlicher Höhepunkt in den achtziger Jahren verwundern. Letztere waren aber über den ganzen Untersuchungszeitraum hinweg auf ein tätiges menschliches Wirken bezogen. Der topos der Vergänglichkeit menschlichen Seins wurde für ein weitgefaßtes Tugendideal instrumentalisiert. Die Vergänglichkeit sollte daran gemahnen, sein Leben nutzbringend anzuwenden. Das Ziel verschob sich im Laufe der Zeit vom Nutzen für das *Seelenheil* des einzelnen durch individuelle Erkenntnis Gottes hin zum *Nützlich-sein-wollen* für eine Gemeinschaft von Menschen im allgemeinen wie auch im besonderen. In den neunziger Jahren wurde die allgemeine Vergänglichkeit auf den Untergang des «ançien régime» bezogen gedeutet und in dieser Ausprägung ausdrücklich bejaht. Im geschilderten Sinne war auch die jeden betreffende Form der Vergänglichkeit, der Tod, ein Mahner. Seine egalisierende Funktion tröstete zugleich über das Leben. Darüberhinaus hatte er in den neunziger Jahren noch eine revolutionäre Qualität, nicht nur als Drohung gegen die Monarchie, sondern auch als Konsequenz aus gescheiterten Freiheitsidealen, wie sie sich an einer Parole der Französischen Revolution zeigt, die auch Studenten in Deutschland sich zueigen machten („Freiheit oder Tod"). Damit wird auch die Abnahme des Stellenwerts erklärbar, welchen man der Macht des Schicksals einräumte, der in den vierziger Jahren des 18. Jahrhunderts noch dreimal so hoch war wie zu dessen Ende. Zudem glaubte sich der Mensch zunächst noch dem Schicksal ausgeliefert, dem er aber mit Gelassenheit begegnete. In den neunziger Jahren festigte sich dagegen die Überzeugung, sein Leben selbst in die Hand nehmen zu können und zu müssen.

Daß dies der Mensch könnte, lag in einem gewandelten Bild begründet, das er von sich selbst hatte. Es beruhte vor allem auf einer aus dem Gottbezug gelösten Existenz. Seinen Sinn bezog der Mensch nun aus einer sich selbst zur Aufgabe gemachten Tugendhaftigkeit, die zunächst noch göttlichen Ursprungs war, schon bald aber aus den Regungen des menschlichen Gefühls heraus eigenständig wurde. Schon die Tugend in einem weitgefaßten Sinne war das Ideal, das die Studenten am meisten bewegte, etwa sechs mal so oft wie andere von der Häufigkeit her im Mittel belegte Mentalitäten. Dazu wären dann noch verschiedene Tugenden mit ganz bestimmten Inhalten zu zählen, mit denen sich der Anteil aller Tugenden auf fast ein Drittel der hier als Gesamtheit gesetzten Mentalitäten beläuft, so daß schon aus den Verhältnissen deutlich wird, welche wichtige Rolle die Tugendvorstellungen gespielt haben. Die allgemeine Vorstellung von Tugend hatte schon in den sechziger Jahren des 18. Jahrhunderts ihren Höhepunkt erreicht und fiel von da an in der Häufigkeit kontinuierlich ab. Tugend wurde als Grundlage aller menschlichen Gemeinschaft empfunden. Sie war immateriell, herrschaftsfrei und Mittel einer zu erstrebenden Utopie einer besseren Gesellschaft. Der Lohn der Tugend lag vor allem im Wissen um den Nutzen für andere und im Bewußtsein um die eigene moralische Integrität. Die altruistische Zielsetzung der Tugend wurde von einer religiösen, auf das Jenseits ausgerichteten zu einer republikanischen Vorstellung, die die diesseitigen Verhältnisse verändern wollte. Verstärkt in den neunziger Jahren hatte die Tugendvorstellung also auch eine politische Qualität. Sie war genuin standesunabhängig. Die Gemeinschaft der Tugendhaften wurde jedoch immer mehr im bzw. als Gegensatz zum Adel aufgebaut. Mit der Virtus, der antiken Tugend mannhafter Tapferkeit, gebärdete sie sich teilweise auch kämpferisch. Hier einschlägige Äußerungen nahmen, nachdem sie von den vierziger bis zu den sechziger Jahren stark nachgelassen hatten, seit den siebziger Jahren wieder stetig zu. Vorstellungen von der *virtus* waren sich durch den ganzen Untersuchungszeitraum hindurch sehr ähnlich und vor allem durch eine ausgeprägte Gerechtigkeitsliebe bestimmt. Im ganzen gesehen galt die Tugend aber eher als still denn als kämpferisch. Eines ihrer Prinzipien war die *Bescheidung* . In ihrer relativen Häufigkeit fiel sie in den neunziger Jahren allerdings auf die Hälfte ihres als Durchschnitt aus allen sechs Dekaden ermittelten Werts ab. Ein sich aus Gottvertrauen speisendes Ideal der Selbstgenügsamkeit wurde zu einer mehr stoischen Ruhe. In den sechziger Jahren war ein Wechsel vollzogen worden hin zu einem nun ausdrücklich selbstgewählten Leben in einem mittleren Zustand zwischen Armut und Reichtum. Die *Bescheidung* war gegenüber bestehenden Zuständen affirmativ. Unter dem Eindruck der Ideale der Französischen Revolution erwies sie sich als überlebt, weshalb sie hier, im Gegensatz zur *Virtus* , jetzt eine geringere Rolle spielte. Das gleiche Schicksal war der *Weisheit* beschieden. Sie wog, von der Häufigkeit her gesehen, im Durchschnitt der sechzig Jahre von 1740 bis 1800 immerhin gut ein Drittel mehr als die allgemeine *Tugend* und steht damit in der verhältnismäßigen Rangfolge der Mentalitäten hinter der *Tugend* und der *Vergänglichkeit* an dritter Stelle. Ihre relative statistische Ausgeglichenheit zwischen den einzelnen Jahrzehnten wird erst in den neunziger Jahren durch einen Verlust von beinahe 50%, gegenüber dem Durchschnitt, und von fast 70%, gemessen am Spitzenwert, gestört. *Weisheit* bedeutete zunächst noch die Hinwendung zu Gott und eine Lösung von Weltlichem. Schon in den sechziger Jahren wurde mit *Weisheit* aber bereits eine gewisse Offenheit gegenüber den Dingen des Lebens verbunden, da weise nur sein konnte, wer alles Menschliche erfahren hatte. Prinzipiell war die Weisheit ständeübergreifend. Da sie aber an sittliche Vollkommenheit im weitesten Sinne gebunden und somit nach dem Verständnis der Zeit nicht mit Macht in Beziehung zu bringen war, war sie in den neunziger Jahren des 18. Jahrhunderts in einem adelskritischen Sinne instrumentalisiert worden.

Auch das Verhältnis der Mentalitäten zueinander zeigt dieses Bild. Wenn die auf Göttliches und Tugendhaftes bezogenen Äußerungen zu Ende des 18. Jahrhunderts an Häufigkeit abnahmen, so gewannen diejenigen hinzu, welche sich kritisch mit den überkommenen Formen der Herrschaft auseinandersetzten. Bis zu den achtziger Jahren war die Kritik am Adel über die Jahrzehnte hinweg gleichmäßig vertreten. Dann nahm sie plötzlich um 60% zu. Neben einer aufgeklärten Kritik hatte hierbei vor allem die Revolution in Frankreich ein Beispiel gegeben. Aus einer durchgängig zu beobachtenden Ablehnung der vom Adel gepflegten Prunk und Dünkel wurde das Infragestellen der Existenzberechtigung des Adels als Stand. Der Geburtsadel wurde nicht mehr anerkannt. An seine Stelle setzte man einen Seelenadel, dessen Häufigkeit seit den siebziger Jahren steil, in den neunziger Jahren um über 250% gegenüber den vierziger Jahren stieg. Den Stand der neuen Besten erwarb man sich durch Tugend und Verdienst gegen die verhaßten Vertreter des despotischen Systems. Stellungnahmen gegen den Despotismus begannen erst seit dem Ende der achtziger Jahre des 18. Jahrhunderts. Dem Despotismus war Widerstand zu leisten, durch Aufklärung und auch durch Gewalt. Interessant ist dabei, daß auch der sogenannte aufgeklärte Absolutismus, anders als bei etablierten Intellektuellen, durchaus keine Resonanz unter den Studenten fand. Die Bevormundung und Unterdrückung von Menschen, gleich unter welchem Namen und in welcher Absicht, wurde abgelehnt. *Sklaverei* und *Despotismus* wurden zu Reizwörtern und Kampfbegriffen.

Die Mentalität der Studenten ist in ihrem Bejahen der Freiheit aber auch positiv zu bestimmen. Letzteres stieg seit den sechziger Jahren steil an und explodierte in den Neunzigern geradezu um weitere 250% gegenüber der vorausgegangenen Dekade. Die gemeinte *Freiheit* umfaßte mehrere Formen, die nebeneinander mit verschiedenen Gewichtungen standen. *Freiheit* ist die Freiheit des Menschen, sein Schicksal selbst bestimmen zu können. Sie ist auch die Freiheit von persönlichen Zwängen. Ebenso gibt es sie als verliehenes Privileg, hier als *akademische* Freiheit. Eher später im 18. Jahrhundert wurde mit *Freiheit* auch eine gesellschaftliche Freiheit gemeint, für deren Durchsetzung in den neunziger Jahren auch eine Revolution befürwortet wurde. Mit Freiheitsparolen, die vornehmlich erst in den achtziger und dann vor allem in den neunziger Jahren aufkamen, wurde der spartanisch-republikanische Charakter der von den Studenten erwarteten Freiheit noch unterstützt. Mit der *Freiheit* verbunden war eine Gerechtigkeitsliebe, die zunächst als jenseitig zu erwartende Gerechtigkeit faßbar ist. In den siebziger Jahren war damit eine persönliche Tugend gemeint. Der Schwerpunkt in den neunziger Jahren sah *Gerechtigkeit* als Naturrecht und als Grundlage menschlicher Gemeinschaft. *Gerechtigkeit* war rechtliche Gleichheit, die auch gewaltsam durchzusetzen war. Verwirklicht werden sollte diese Utopie in den neunziger Jahren in einem Vaterland, das, als Nationalstaat verstanden, damals selbst noch Utopie war.

Sowieso waren utopische Gedanken vermehrt, aber nicht ausschließlich, in der letzten Dekade des 18. Jahrhunderts anzutreffen. Evozierten sie zu Beginn des Untersuchungszeitraums noch die Vorstellung eines *Goldenen Zeitalters* , wurde im Zeitalter der Französischen Revolution dieses Denken auf eine zu erschaffende Zukunft projiziert. Jetzt beschäftigte man sich mit einer idealen Revolution oder auch mit dem Vorbild der französischen. Revolutionär gesonnene Studenten gaben ihre Sympathie unter anderem in Revolutionsparolen und Datierungen nach dem französischen Revolutionskalender kund. Darüberhinaus kann man auf eine Bejahung der Französischen Revolution auch während der «Terreur» und auf die Bereitschaft schließen, revolutionäre Ideale auf Deutschland zu übertragen. Insgesamt läßt sich die studentische Mentalität im 18. Jahrhundert so beschreiben, daß eine Entwicklung von auf die einzelne Persönlichkeit beziehbaren hin zu immer mehr gesellschaftlich relevanten Tugenden stattgefunden hat.

6.2 Die verschiedenen Fakultäten

Grundsätzlich kamen alle Studenten für die ganze inhaltliche Bandbreite der unterschiedlichsten Eintragungen in Frage, egal welcher Fakultät sie waren. Dennoch lassen sich gewisse Eigenheiten feststellen, die als Merkmale der betreffenden Fakultät greifbar werden. Sie äußern sich in der Betonung der Theologie-, Juraoder Medizinstudenten auf ganz bestimmte Aspekte. Damit sind auch schon die drei großen Fakultäten im 18. Jahrhundert genannt. Ausdrücklich als Philosphiestudenten (nicht als solche der Theologie) trugen sich nur 3,02% (72), als Kameralwissenschaftler gar nur 0,88% (21) aller Studenten ein, die sich nach ihren Studien differenzierten. Die Gesamtzahl der Letztgenannten beläuft sich auf

2385. Demnach sind, auf die verschiedenen Fakultäten verteilt, faßbar: als Studenten der Theologie 41,97% (1001), der Rechtswissenschaften 39,25% (936) und der Medizin –einschließlich der Studenten der Chirurgie– 14,30% (341). Mit diesen Ergebnissen zur Verteilung der Studenten auf die Fakultäten können die von Jarausch einerseits und Dieterici andererseits ermittelten Verhältniszahlen relativiert werden. Ersterer stellt für die Zeit um 1800 fest: „Ungefähr die Hälfte der Studenten hörte Jura, etwa um 1/4 Theologie, etwas weniger Medizin und schließlich zog Philosophie nur zwischen 1/20 und 1/10 aller Immatrikulierten an.“[2] Jarausch selbst räumt ein, daß seine Resultate für die Zeit vor 1797 (ab 1776) in ihrer Aussagekraft beeinträchtigt seien, da sie sich ausschließlich auf Tübinger Matrikel stützten.[3] Dazu merkt er noch an: „Die untersuchten Universitäten konnten leider nicht nach sozialwissenschaftlichen Gesichtspunkten ausgewählt werden, sondern stellen eine Zufalls[s]tichprobe dar, die durch die Zugänglichkeit der Quellen bestimmt wurde. Die Gültigkeit der in ihr zu Tage tretenden Tendenzen muß noch durch weitere Paralleluntersuchungen erhärtet werden.“[4] Aus Dietericis Einzeldarstellungen nur altpreußischer Universitäten zwischen 1797 und 1805 ermittelte Jarausch[5] Durchschnitte für die Fakultäten im gesamten. Danach entfallen nach Dietericis Material auf die Theologie 31,6% der Studenten, auf Jura 55,1%, auf Medizin 8,6% und auf Philosophie 5,0%.[6] Die hier vorliegende Arbeit nun fußt auf den Stammbucheintragungen der Studenten von regional und der Größe nach unterschiedlichen Universitäten. Sie kann deshalb als Ergänzung zu den beiden genannten Abhandlungen gesehen werden. Ich muß aber meinerseits anmerken, daß die Zahlen zur Verteilung der Stu-

[2] S. Konrad H. Jarausch: Die neuhumanistische Universität, S.45.

[3] Vgl. Jarausch: Die neuhumanistische Universität, S.14/15.

[4] S. Jarausch: Die neuhumanistische Universität, S.15.

[5] S. Jarausch: Die neuhumanistische Universität, S.45.

[6] Vgl. Karl Friedrich Wilhelm Dieterici: Geschichtliche und statistische Nachrichten über die Universitäten im Preußischen Staate. Nachdruck der Ausgabe Berlin 1836. Aalen 1982, S.138-188.

denten auf die Fakultäten mit Vorbehalt zu lesen sind, da die Überlieferung von Stammbüchern und damit das Verhältnis des auf die jeweiligen Universitäten entfallenden Materials zueinander zu einem großen Teil vom Zufall abhängig sind.

Von diesem Einwand bleibt die Untersuchung der studentischen Mentalitäten, unterschieden nach Fakultäten, unberührt. Sie stellt das Quellenmaterial jeder einzelnen der drei zu betrachtenden Fakultäten als Einheit dem gesamten Material der Stammbucheintragungen gegenüber. Das Verhältnis der Fakultäten zueinander ist dafür irrelevant. Es werden die, für eine jeweils bestimmte Mentalitätengruppe im gesamten, ermittelten Prozentzahlen mit den entsprechenden einer Fakultät verglichen.[7] So kann durch Akzentuierungen der Mentalitäten in je verschiedene Richtungen eine je besondere Ausprägung der studentischen Mentalität für die Fakultäten nachgewiesen werden.

Im Verhältnis zu allen Eintragungen thematisierten Theologiestudenten mehr als doppelt so häufig die Rolle des Christentums für das menschliche Leben. Bezeichnend für den Einfluß des Zeitgeschehens auf das Denken ist es aber, daß auch die potentiellen Kandidaten für das Priesteramt den Trend einer starken Abnahme solcher Gedanken mitmachten. Letzteres gilt auch für Eintragungen, die sich mit dem Glauben an Gott beschäftigen. Der Glaube an die *göttliche Voraussicht* nahm bei den Theologiestudenten nicht nur entsprechend der allgemeinen Entwicklung, sondern sogar noch stärker ab. Er war aber selbst in den neunziger Jahren noch um 10% häufiger in Stammbüchern eingetragen worden als bei der Gesamtheit der Studenten; aufschlußreich ist aber die starke Abnahme von noch in den siebziger Jahren fast 50% mehr diesbezüglichen Texten. Diese Tatsachen sind dadurch zu erklären, daß sich die in der Ausbildung befindlichen Theologen in den neunziger Jahren zunehmend auch an anderen als rein

[7] Die absolute Anzahl der auf die einzelnen Fakultäten jeweils entfallenden Texte sind: für Theologie 1572 Texte, für Jura 1450 Texte und für Medizin 538 Texte.

religiösen Werten orientierten. So nahmen die bis in die siebziger Jahre in etwa dem gleichen Verhältnis wie im Durchschnitt geäußerten Bemerkungen zur *Bescheidung* in den achtziger und neunziger Jahren auf 134% bzw. 140% des Vergleichswerts aus den Eintragungen aller Studenten zu. Auch zum *Nutzen* und zur *Pflicht* bekannten sich Theologen in den neunziger Jahren häufiger (um ca. 40% bzw. 76%) als der Durchschnitt. Nichtsdestotrotz gaben sie ihre *Hoffnung auf ein Jenseits* nicht auf, wie man an dem, gegenüber dem Durchschnitt, um fast 40% höheren Wert auch in den neunziger Jahren sehen kann.

Die Studenten der juristischen Fakultäten beschäftigten *Tod* und ein etwaiges *Jenseits* nicht so sehr, nämlich nur mit einem Drittel bzw. ca. 70% des Vergleichswerts aller Studenten. Für die neunziger Jahre können dabei keine signifikanten Veränderungen gegenüber dem vorigen Zeitraum bemerkt werden. Die angehenden Rechtsgelehrten richteten ihr Augenmerk vielmehr auf die gesellschaftlichen Verhältnisse. Kritik am Adel übten sie in den neunziger Jahren zu ca. 37% häufiger als der Durchschnitt. Alle Äußerungen gegen den *Despotismus* in den achtziger Jahren stammen von Jurastudenten. In den neunziger Jahren ist ihre relative Häufigkeit nur noch unbedeutend höher als der von allen diesbezüglichen Texten gebildete Wert. Positiv ist diese Haltung in der doppelt so starken Betonung des Primats eines *Seelenadels* in den achtziger Jahren faßbar. Sie ist dann in den neunziger Jahren immer noch etwas höher als der entsprechende Wert für den Durchschnitt (um ca. 13%), aber schon deutlich niedriger als in der vorigen Dekade. Dies liegt daran, daß im neunten Jahrzehnt des 18. Jahrhunderts auch Theologiestudenten vermehrt den Anspruch einer moralischen Führung artikulierten.

Der oben erwähnte anteilige Rückgang der Jurastudenten an gegen den *Despotismus* gerichteten Texten ist so zu erklären, daß sich in den neunziger Jahren Medizinstudenten um ca. 72% häufiger als der Durchschnitt aller Studenten solchergestalt in Stammbücher eintrugen. Gegen die Verderbtheit der Despoten stellten die künftigen Ärzte das Ideal der *Wahrheit* , und zwar im Verhältnis zu 50% häufiger als die Gesamtheit der Studenten. Als einzige Gruppe unter den Studenten betonten sie auch das *Handeln* , nämlich mit ca. 170% des Durchschnittswertes. Ihre Liebe zur *Freiheit* wird daran deutlich erkennbar, daß sie diese schon in den achtziger Jahren doppelt so oft bekundeten wie der Durchschnitt. In den neunziger Jahren sind es gemessen an letzterem noch ca. 14% mehr solcher Eintragungen. Das liegt daran, daß sich inzwischen auch die Studenten anderer Fakultäten nahezu dem Verhältnis ihres Anteils an der Gesamtzahl der Studenten entsprechend zur *Freiheit* bekannten. Das am Durchschnitt gemessene Verhältnis von 170% Eintragungen von Freiheitsparolen ist ein weiteres Anzeichen für die Progressivität von Studenten der Medizin.

Wenn sich die Studenten der hier besprochenen drei Fakultäten bei solchen Inhalten der Eintragungen, wie dem *Streben nach Glück* , der *Tugend* und der *Vergänglichkeit* über den ganzen Untersuchungszeitraum hinweg mit, an ihrem Verhältnis zueinander gemessenen, fast gleichen Anteilen eintrugen, so gilt dies in den neunziger Jahren auch für Texte, die sich zu *Freiheit* und *Revolution* bekannten oder sie gar forderten. Diesen Prozeß machte unter dem Eindruck der Französischen Revolution jede der drei Fakultäten mit. Für die Studenten von Jura und Medizin war dies eine folgerichtige Entwicklung ihrer schon vorher aufgeklärten Mentalitäten. Für Theologen bedeutete es aber eine Abkehr von überkommenen und auch an den theologischen Fakultäten gepflegten Werten.

6.3 Regionale Besonderheiten

Obwohl man nicht von je universitätsspezifischen Mentalitäten der Studenten sprechen kann, zumal sie meist mehrere Universitäten besuchten, so daß sich gar keine bestimmte Form herausbilden konnte, waren doch einige der beschriebenen Mentalitäten in manchen Universitätsstädten auffällig ausgeprägt oder auch unterrepräsentiert. Dies lag wohl auch an den unterschiedlich stark ausfallenden Attraktionen der Universitäten auf verschiedene Studenten in betreff auf deren ökonomische Situation.[8] Die schon zeitgenössischen geläufigen Klassifizierungen z.B. Leipzigs als einer „Stutzeruniverität“ und der Jenas als einer von „Raufbolden“ waren nicht ganz unbegründet[9]. Gleichwohl dürfen sie aber auch nicht absolut gesehen werden. Solche Apostrophierungen bezeichnen Auffälligkeiten, die aber auch für bestimmte Universitäten überbewertet wurden. Sie konnten keinesfalls das jeweilige Gros der Studenten treffen. Dies gilt auch für die hier vorgelegten Ergebnisse. Man kann nicht sagen, daß es ausgesprochen revolutionäre oder konservative Universitäten gab. Diese Polarisierungen ergeben sich nur aus den Äußerungen einer Avantgarde von Studenten.

Die Auswahl der unter dem Gesichtspunkt regionaler Besonderheiten in Frage kommenden Universitäten war zunächst abhängig von der Menge des ihre Studenten betreffenden Materials. Das heißt, es war eine gewisse Quantität an Eintragungen notwendig, um Aussagen machen zu können. Trotzdem sind manche Aussagen nur unter Berücksichtigung der Tatsache der nicht gleichmäßigen Verteilung des Datenmaterials zu treffen. Da sich das Gesamtmaterial auf viele Eintragungsorte verteilt, schieden so die meisten Orte von vorneherein aus. In sachlicher Hinsicht waren die Verteilungen nach Regionen und nach der Größe wichtig. Die acht ausgewählten Universitäten verteilen sich so

[8] Vgl. Carl Heun: Vertraute Briefe an alle edelgesinnte Jünglinge die auf Universitäten gehen wollen. Zwey Theile. Leipzig 1792. Hier der zweite Teil: Carl Heuns Allgemeine Übersicht sämmtlicher Universitäten Deutschlands oder der vertrauten Briefe Zweyter Theil. Leipzig 1792. Heun gibt neben Urteilen über die Qualität von Wissenschaft und Lehre Einblicke in die jeweiligen Lebenshaltungskosten und unterschiedlichen Freizeitmöglichkeiten der Studenten an verschiedenen Universitäten.

[9] Vgl. Adolf Pernwerth von Bärenstein: Beiträge zur Geschichte und Literatur des deutschen Studententhumes, S.24.

über Nord- (Helmstedt, Göttingen), Mittel- (Halle, Leipzig, Jena) und Süddeutschland (Erlangen, Altdorf, Tübingen). Sie sind in vier Klassen mit abnehmender Studentenzahl einzuteilen (I: Halle, Göttingen, Jena, Leipzig. II: Tübingen, Erlangen. III: Helmstedt. IV: Altdorf.) Die Darstellung orientiert sich aber nicht an diesen Kategorien, sondern nimmt aufgetretene verschiedene Gewichtungen von Mentalitäten zum Kriterium der Besprechung.

Im ganzen betrachtet war keine Studentenschaft der acht angeführten Universitäten insgesamt ausgesprochen konservativ. Sie waren alle progressiv mit verschiedenen Ausprägungen von eher reformerischen bis hin zu revolutionären Werten. In Altdorf (insgesamt 326 Texte) wurde die Tugend der *Bescheidung* bis in die neunziger Jahre hinein um 50% mehr betont als im Durchschnitt aller Äußerungen zu diesem Thema. Dreimal so häufig wie in letzterem wurden Texte mit der *Virtus* eingetragen. Die Verbindung der im Zeitalter der Französischen Revolution progressiv gebrauchten *Virtus* mit der ansonsten in diesem Jahrzehnt eher die bestehenden Verhältnisse affirmierenden *Bescheidung* läßt hier auf eine Konkurrenz gleichzeitig bestehender Mentalitäten schließen, wobei sich insgesamt ein Hang zum Konservativen feststellen läßt.

In einem nicht ganz so starken Maße gilt dies auch für Halle (268 Texte). Hier war revolutionäres Gedankengut nur weit unterdurchschnittlich vertreten. Das Handeln war nicht so sehr gefragt. Nichtdestotrotz war man fortschrittlich gesonnen, wie sich daran zeigt, daß die Rolle der *Gerechtigkeit* sehr stark (um ca. 160% gegenüber dem Durchschnittswert erhöht) im Bewußtsein vertreten war. Überhaupt wird hier ein sehr starker Primat persönlicher Integrität in den Vordergrund gestellt. Bekenntnisse zur Tugend sind noch in den neunziger Jahren um ca. 60% höher als im Durchschnitt. Die Folge davon ist, daß Äußerungen zu einer auf Moral begründeten Elite ebenfalls um 60% mehr eingetragen wurden als im Durchschnitt aller Eintragungen dieser Art. Man geht wohl nicht fehl, diese Besonderheiten auf die in Halle dominierenden Einflüsse des Pietismus zurückzuführen.

In Helmstedt (514 Texte) räumte man der Einsicht in die Notwendigkeit des Handelns (50% mehr) wie auch der Existenz einer tugendhaften Führungsschicht (15% mehr) eine etwas über dem Durchschnitt liegende Wichtigkeit ein. Gleichwohl muß ebenso der in den neunziger Jahren, gegenüber dem durchschnittlichen, um ca.160% erhöhte Wert der Rubrik der Gottesgläubigkeit ausdrückenden Texte bedacht werden. In dieses Bild paßt auch der hohe Anteil der Bekenntnisse zur persönlichen Bescheidung (ca.70% höher als im Durchschnitt), der vor allem in den neunziger Jahren auffällig ist sowie die in den achtziger Jahren besonders ausgeprägte Häufigkeit von Gedanken über die Vergänglichkeit menschlichen Seins (um ca.60% höher als der Durchschnitt). Bei diesem leichten Hang zur Ichbezogenheit des Fühlens und Denkens kann der um ca.35% unter dem Durchschnitt liegende Anteil von Freiheitspostulaten nicht mehr verwundern.

In Leipzig (240 Texte) war der Glaube an eine göttliche Voraussicht sehr stark ausgeprägt (mit 340%iger Steigerung in den Neunzigern gegenüber dem Durchschnittswert), die noch durch Äußerungen über die Schicksalhaftigkeit des Seins (116% mehr als im Durchschnitt) im gleichen Sinne ergänzt wurden. Dem entsprechen auch die oft geäußerten Hoffnungen auf ein jenseitiges Dasein, die hier, entgegen den Erfahrungen aus dem Gesamtmaterial, auch in den neunziger Jahren noch unvermindert anhalten. Gegenüber dem Vergleichswert des Durchschnitts ist derjenige für Leipzig weit über doppelt so hoch (237%). Für das irdische Leben blieb hier nur die Sehnsucht nach der Idylle. Sie fiel zwar auch in Leipzig wie im Durchschnitt zu den neunziger Jahren hin ab, hatte aber selbst in letzteren einen um 65% höheren Wert als der Spitzenwert des Durchschnitts in den siebziger Jahren. Die siebziger Jahre bezeichneten auch in Leipzig den Höhepunkt der Idyllensehnsucht. Fast schon zwangsläufig sind auch die Bekenntnisse zur *Natürlichkeit* noch in den neunziger Jahren um 140% mehr vertreten als im Durchschnitt. Der *Seelenadel* ist wie in Helmstedt mit etwas erhöhten (ca.17%), die Forderung nach Gerechtigkeit mit mehr als doppelt so hohen Werten in den Texten vertreten. Dagegen zeigt das geringe Vorkommen derjenigen Äußerungen, die sich zur *Freiheit* und zu einer Revolution bekannten, daß *diese* Konsequenz nicht notwendig aus einer Sehnsucht nach einer besseren Gesellschaft gezogen werden mußte. Auch das Postulat des Handelns fiel in Leipzig von einem in den achtziger Jahren gegenüber dem Durchschnitt mehr als doppelt so hohen Wert (265%) auf einen fünffach niedrigeren in den neunziger Jahren. Damit verhielt sich Leipzig in diesem Punkt sogar gegenläufig zur sonstigen Tendenz, die einen leichten Anstieg des *Handelns* in den Neunzigern beinhaltete.

In Göttingen (318 Texte) dagegen stieg der Anteil, den das *Handeln* an den Mentalitäten auf sich vereinigte, von den achtziger zu den neunziger Jahren sehr stark an und betrug dort damals ca.50% mehr als im Durchschnitt. Dem entsprechen der, wieder gemessen am Durchschnitt, fast doppelt so hohe Stellenwert (276%), den man der Pflicht in den neunziger Jahren einräumte, der 140% höhere Wert der Forderungen nach Wahrheit, wie auch der nochmals um 150% gesteigerte Primat des aufklärungstypischen Nutzens ebenda. Die Überzeugung von der lebensbestimmenden Rolle der *Natürlichkeit* war bei Göttinger Studenten besonders in den siebziger Jahren –dem Höhepunkt auch im Durchschnitt– sehr ausgeprägt (um ca.265% mehr als durchschnittlich), dauerte aber auch in den neunziger Jahren, mit doppelter Stärke gegenüber dem Durchschnitt aller Universitäten, noch an. Aus der Wertschätzung solcher Tugenden und Ideale ist auch die hier verbreitete Stellungnahme (um 50% häufiger als im Durchschnitt) für eine auf moralischer Integrität aufbauender Führung zu erklären, die in den Neunzigern noch durch Freiheitsparolen ergänzt wurden, welche aber nicht im selben Maße wie sonst auch Bekenntnisse zu einer Revolution mit sich brachten, wie der gegenüber dem durchschnittlichen Wert um fast ein Drittel niedrigere zeigt. Nicht in dieses Bild der neunziger Jahre in Göttingen paßt die nur nicht ganz drei Viertel des Durchschnitts betragende verhältnismäßige Häufigkeit von Kritiken am Adel. Möglich scheint deren Kompensation im positiven Ausdruck für einen sogenannten *Seelenadel* . Diese dann zusammen zu betrachtenden Einstellungen entsprächen somit der festgestellten allgemeinen Mentalität. Möglich, daß sich in diesen Göttinger Besonderheiten die engen Beziehungen des Kurfürstentums Hannover zu England niederschlagen.

Dasselbe gilt analog wohl auch für Jena (1489 Texte), wo die Bekenntnisse zu einem Seelenadel noch in den achtziger Jahren, gemessen am Durchschnitt, um 74% höher lagen, in den neunziger Jahren aber der sonstigen Tendenz entsprachen. Dem korrespondiert der hier wiederum große Anteil an Freiheitsbekundungen und -parolen (30%/20% mehr) sowie Revolutionsparolen (50% mehr). Eine adelskritische Stimmung, die es auch anderswo gab, hatte sich hier eindeutig radikalisiert. Dafür sprechen auch der etwas größere Stellenwert, den man der Tugend des Handelns einräumte, vor allem aber die tatsächliche Bereitschaft zu einem politisch motivierten Aufbegehren der Studenten. Ebenso politisch war hier schon in den achtziger und neunziger Jahren des 18. Jahrhunderts die Idee eines *Vaterlandes* . Jenenser Studenten hingen ihr in den achtziger Jahren fast doppelt so häufig (um 83%) an wie im Durchschnitt aller Universitäten. In den neunziger Jahren wares es gegenüber dieser Bezugsgröße noch 40% mehr diesbezügliche Äußerungen. Diese Ergebnisse stimmen mit dem Urteil über die Universität Jena als Hochburg der idealistischen Philosophie als auch der Studentenunruhen überein.

In Erlangen (559 Texte) waren in den achtziger und neunziger Jahren die adelskritischen Stimmen ebenfalls stärker (um 145% bzw.70%) als im Durchschnitt. Diese Tendenz zeigt sich auch in der verhältnismäßig um ca.80% vermehrt häufigen Geißelung des Despotismus in den neunziger Jahren und in der um 40% gesteigerten Revolutionsbegeisterung. Unterstützend wirkte dabei bestimmt auch der hier um ca. 80% mehr vertretene Glauben an den Menschen. Daß Erlangen nach den Ergebnissen dieser Untersuchung zu den Universitäten mit stark revolutionärer Studentenmentalität gehört, ist überraschend. Ein solches Bild wurde von dieser Universität bisher nicht gezeichnet.

Einen interessante Entwicklung der Mentalitäten zeigt sich auch an der Universität Tübingen 1057 Texte). Ihre Werte entsprechen großenteils dem sonstigen Durchschnitt, ändern sich dann aber schlagartig in den neunziger Jahren. Dies gilt zunächst für die Ideale persönlicher Art. Das Bekunden einer altruistischen Einstellung fiel in den neunziger Jahren ab, obwohl es ansonsten damals stark anstieg. Deshalb nimmt Tübingen hier nur einen Anteil von etwas über zwei Dritteln gegenüber dem Durchschnitt ein. Wiewohl der Wille zur Bescheidung in seiner Häufigkeit auch insgesamt gesehen in den neunziger Jahren abfällt, so fällt der Sturz des Werts für Tübingen, indem er schließlich nur die Hälfte des Durchschnitts beträgt, krasser aus. Auch die allgemeine Tugendhaftigkeit wurde in der neunten Dekade des 18. Jahrhunderts nicht einmal mehr halb so oft vertreten, gemessen an der Gesamtheit der studentischen Äußerungen an allen Orten, mit der die der Tübinger Studenten in den anderen Dekaden übereinstimmt. Besonders interessant scheint mir das Verhältnis zu Gott zu sein. Es war von den fünfziger bis zu den siebziger Jahren um ca. 40% bis ca. 90% stärker ausgeprägt als anderswo, um dann in den achtziger und neunziger Jahren auf den Durchschnittswert zu fallen, der ebenfalls abgenommen hatte. Dem Abfall der Werte in diesen Bereichen korrespondieren Zuwächse in anderen. Wenn der Glaube an Gott sank, so stieg demgegenüber die Hoffnung auf den Menschen entgegen dem Durchschnitt in den Neunzigern stark an und wurde im Verhältnis beinahe doppelt so oft geäußert. Noch stärker ist diese Tendenz in der Häufigkeit der artikulierten Idyllensehnsucht zu erkennen. Als diese im Durchschnitt in den achtziger und neunziger Jahren geringer wurde, gewann die Vorstellung eines paradiesischen Zustandes auf Erden unter Tübinger Studenten immer mehr Anhänger, so daß hier um 80% höhere Häufigkeiten erreicht wurden. Dem entspricht auch das Streben nach Glück. Bei ansonsten dem Durchschnitt entsprechenden Werten ist es in den neunziger Jahren besonders ausgeprägt, macht dann den Abfall in den achtziger Jahren mit, um, entgegen der sonstigen Entwicklung, in den neunziger Jahren auf das Doppelte des Durchschnitts anzusteigen. Verbunden mit einem erhofften Glück in der Idylle war die *Gerechtigkeit* . Und auch hier ist wieder in der neunten Dekade des 18. Jahrhunderts ein sich von den übrigen Dekaden besonders stark absetzender steiler Anstieg zu verzeichnen. Der so erreichte Wert übersteigt den ebenfalls gestiegenen aus dem Durchschnitt der Universitäten um über 130%. Die Ablehnung von Despotismus war deshalb nur folgerichtig. Von da war es qualitativ nur noch ein kleiner Schritt, die Freiheit zu fordern, wie dies schon in den achtziger Jahren 70% mehr und in den neunziger Jahren noch über 50% mehr Tübinger im Vergleich zur Gesamtheit der Studenten taten. Die Äußerungen zur Revolution, zusammen mit Revolutionsparolen, entsprachen dann wieder dem Durchschnitt. Aufgrund der festgestellten politischen Radikalisierung zum Ende des 18. Jahrhunderts läßt sich die auch in der Literatur vertretene These erhärten, daß die Französische Revolution der Grund hierfür war, und daß die Radikalisierung in Tübingen durch die Nähe zu Frankreich und durch Vermittlung von Mömpelgarder Studenten bewirkt wurde. Die Möglichkeit, daß die Schließung der Stuttgarter *Hohen Carlsschule* 1794 und eine etwaige Abwanderung ihrer Studenten nach Tübingen der Grund für die geänderten studentischen Mentalitäten in Tübingen gewesen sein könnten, ist auszuschließen. Die beschriebenen Veränderungen sind nämlich schon seit Beginn der neunziger Jahre, und nicht etwa erst ab deren Mitte, zu verzeichnen. An den anderen Universitäten scheint die Französische Revolution nicht so entscheidend gewirkt zu haben. Der allgemeine Mentalitätenwandel setzte an den meisten Hochschulen schon vor 1789 ein, wurde dann aber durch die Pariser Revolutionsereignisse beschleunigt.

Anhang A

Stammbuchblatt

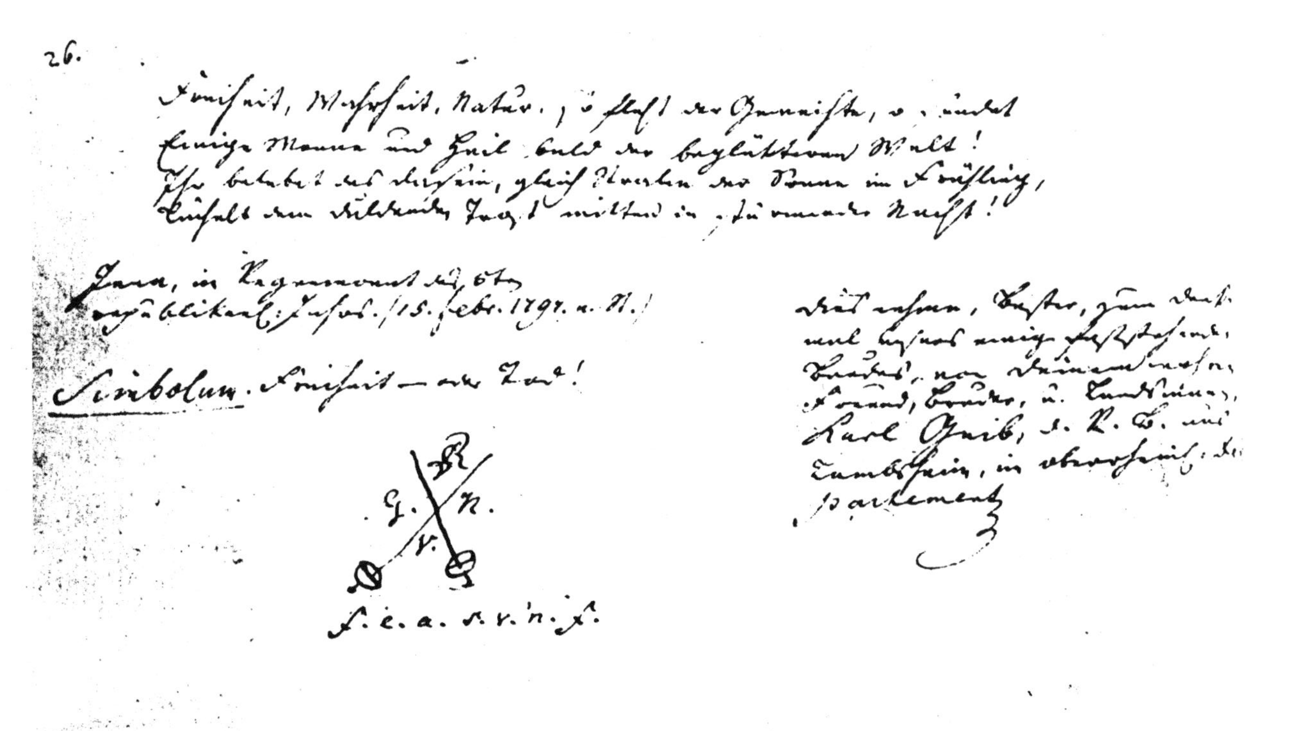

Nachweis: SAW 200/307, S.26. Zu dieser Eintragung vgl. S.137 der vorliegenden Arbeit.

Anhang B

Schaubilder

B. 1 Übersicht über die 14 beliebtesten Autoren

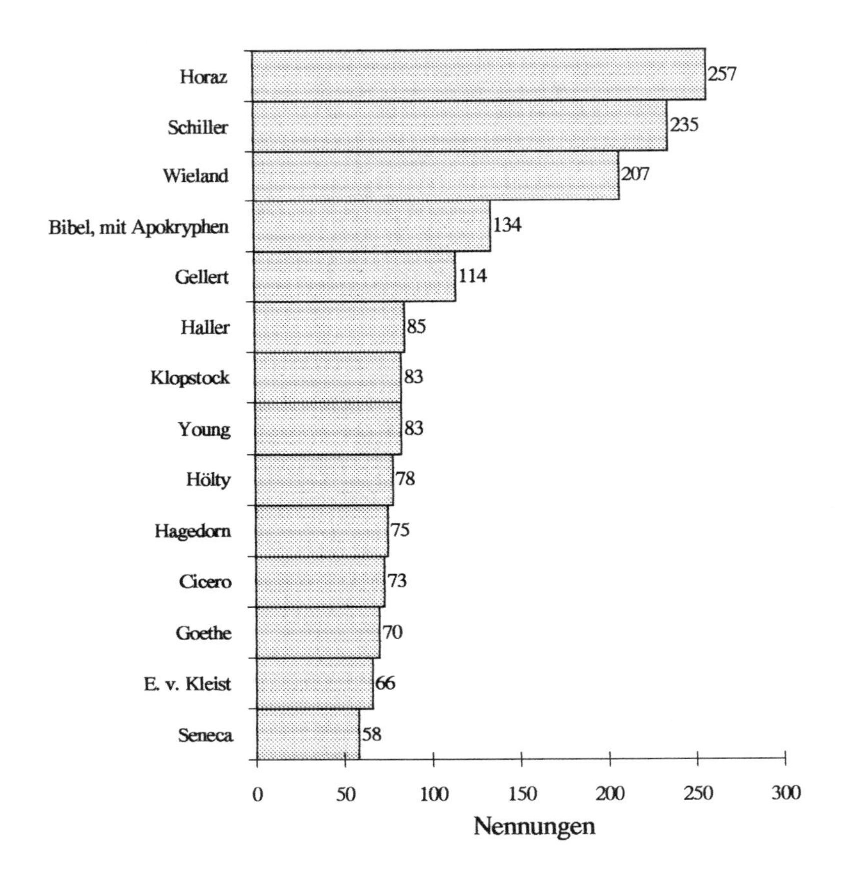

B. 2 Übersicht über die Entwicklung einiger Mentalitäten

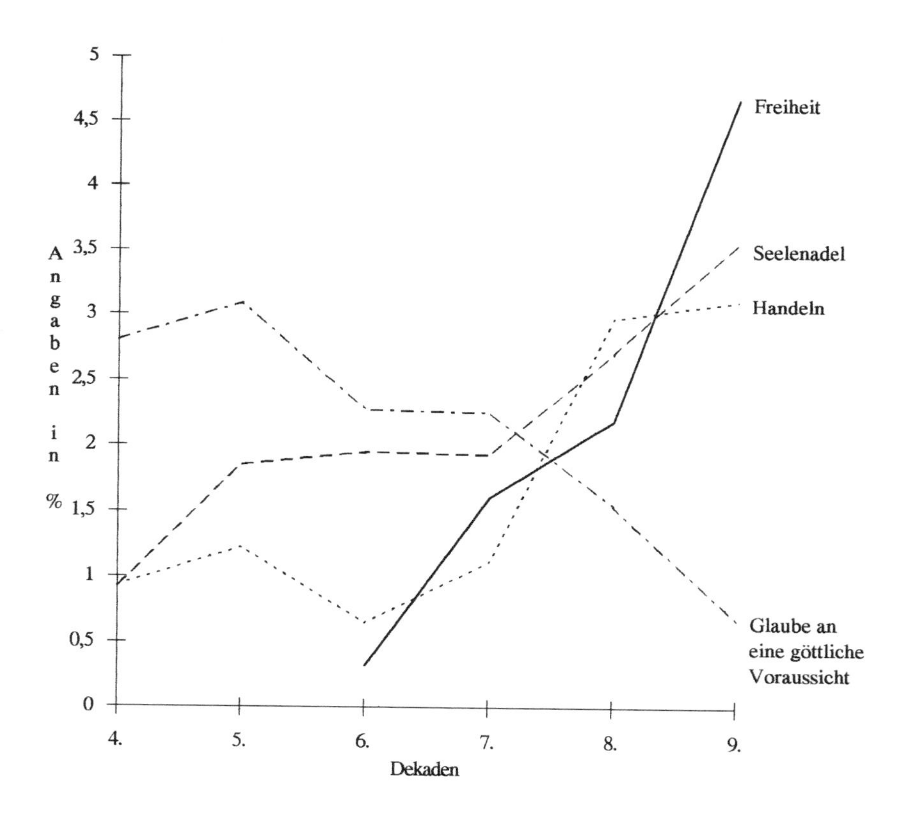

Die horizontale Achse des Koordinatensystems zeigt die Entwicklung der Mentalitäten von der vierten bis einschließlich der neunten Dekade des 18. Jahrhunderts. Die vertikale Achse gibt in Prozent den jeweils erreichten Wert innerhalb des betreffenden Jahrzehnts an.

Anhang C

Literaturverzeichnis

Es werden nur ausgewählte Schriften verzeichnet. Keinesfalls handelt es sich bei dieser Zusammenstellung um eine auf Vollständigkeit zielende Bibliographie. Letztere wäre wegen des interdisziplinären Ansatzes der hier vorliegenden Arbeit sinnvoll auch gar nicht zu leisten. Wenn ein Titel in der hier vorliegenden Arbeit mehrfach zitiert wird, so wird er ab der zweiten Nennung mit einem Kurztitel nachgewiesen. Letzterer ist dann in diesem Literaturverzeichnis das Ordnungskriterium, und zwar in **Fettschrift** ; der bibliographische Nachweis folgt auf den Kurztitel. Bei Werken, für die kein Kurztitel notwendig war, erfolgt der bibiliographische Nachweis an erster Stelle.

C.1 Stammbücher

Die von mir untersuchten Stammbücher werden nach ihren Fundorten mit ihren jeweiligen Signaturen aufgeführt. In Klammern ist der Name des Stammbuchbesitzers vermerkt, den die älteren Untersuchungen zu Stammbüchern oft als Nachweis verwenden. Die im Textteil gemachten Seiten-/Blattangaben zu Stammbüchern folgen in der Regel den vorgefundenen Paginierungen. Sollte es letztere nicht geben oder sollten sie lückenhaft sein, habe ich die

Seiten durchgezählt.

C.1.1 BSM : Bayerische Staatsbibliothek München

Cgm 7402 (Schmidt)
Daffneriana 29 (Graf von Enger)

C.1.2 DLA : Deutsches Literaturarchiv Marbach

(Stbb. = Stammbücher)
A:Hölderlin 51639 (Johann Friedrich Blum)
A:Stbb.892 (Wilhelm Ludwig Rodowé)
A:Stbb.59.29 (Johann Heinrich Varnhagen)
A:Stbb.60.11 (Christian Albrecht Schott)
A:Stbb.60.12 (Josef Friedrich Chambon)
A:Stbb.60.86 (Johann Christian Weckherlin)
A:Stbb.6729 (Stahl)
A:Stbb.11572 (Weibel)
A:Stbb.14219 (Christian Gottlob Ebner)
A:Stbb.15462 (Friedrich Carl Schafeitel)
A:Stbb.17278 (Fraas)
A:Stbb.29324 (F. L. J. Bodemann)
A:Stbb.48809 (Ferdinand Moser)
A:Stbb.48810 (Daniel Friedrich Theophil Faber)
A:Stbb.48811 (August Christian Reuss)
A:Stbb.51640 (Volmar)
A:Stbb.51.641 (Ludwig Christoph Reyscher)
A:Stbb.54.730 (Johann Christian Friedrich Weinland)
A:Stbb.54.739 (C. F. N. Becker)
A:Stbb.57.172 (Wilhelm Christian Friedrich Elsässer)
A:Stbb.60.588 (Christoph Maximilian von Griesinger)
A:Stbb.60.590 (Carl Siegfried Trier)
A:Stbb.68.410 (Gerhard Döderlein)
A:Stbb.J2267 (C. L. Wirsing)

A:Stbb.Z2284 (Karl Heinrich Fetzer)
A:Stbb.Z2328 (Johann Carl Albrecht Kümmerer)
A:Stbb.Z2527 (Heinrich Victor Friedrich von Schauroth)
A:Stbb.Z2528 (Hauff)
Nachlaß Göckingk, Kasten 27 (Natanael Göcking)

C.1.3 GNM : Germanisches Nationalmuseum Nürnberg

Frau Dr. Lotte Kurras gewährte mir im Sommer 1992 freundlicherweise Einblick in ihre Manuskripte zur Stammbuchkatalogisierung. Ich möchte ihr an dieser Stelle noch einmal herzlich danken.
(Hs. = Handschrift)
Hs.31534 (Gottlieb Christian Kocher)
Hs.31634 (E.L. Calmberg)
Hs.37734 (J.A.G. Lützel)
Hs.56636 (Johann Christoph Lochner)
Hs.84104h (Ammann)
Hs.95595 (Heinrich Weber)
Hs.102250 (Eugen Esper)
Hs.109691 (Christian Gottfried Martini)
Hs.110415 (Schmid)
Hs.110415d (Mahlendorff)
Hs.112746 (C.H. Meinhardt)
Hs.112748 (Christian Berger)
Hs.113062 (Carolus Friedericus Treuttel)
Hs.113301c (Paulus Christophorus Gugelius)
Hs.113305b (Hieronymus Kaiser)
Hs.113894 (Unbekannt)
Hs.115675a (Gottlob Ernst Graf)
Hs.116393 (Matthäus Funk)
Hs.116757 (Ortloph)
Hs.117184 (J.F. von Holstein)
Hs.117185g (Langwerth)
Hs.117196 (F.C.J.A. Wulfflef)

Hs.117729a (Aemilius Ernst Daniel Schneider)
Hs.119170 (Gottfried Zapf)
Hs.121639 (F.A.C.)
Hs.121648 (J.K. Wirsing)
Hs.122096 (Conrad Christoph Solger)
Hs.118760 (C.M. Weiss)
Hs.141128 (C.W.C. von Kress)
Hs.141130 (C.W.C. von Kress)
Hs.143078 (Georg Jakob Lindner)
Hs.145105 (lose Blätter)
Hs.161861c (Georg Reck)
Hs.173690 (Michael Händler)
Hs.185172/109 (Hans Friedrich Ludwig Wilhelm Carl Alexander Löffelholz v. C.)
Hs.198430 (Unbekannt)
Hs. Merkel 456 (Johann Christoph von Schükher)

C.1.4 **HABW** : Herzog August Bibliothek Wolfenbüttel

Cod.Guelf. 1147.2 Nov. (E.H.A. Lentz)

C.1.5 **HAAB** : Herzogin Anna Amalia Bibliothek Weimar

300 (G.H. Masius)
335 (Carl von Beulwitz)
351 (Max Carl Jacobi)
478 (Joh. Carl Friedr. Hartwig)
485 (L. Maurer)
497 (W. Harcke)
501 (K. Verlich)
505 (J.A. Pernice)
525 (Christ. Friedr. Hövet)
526 (als „Anonymus“ geführt [Weineck])

527 (Joh. Friedr. Merkel)
533 (Strick)
535 (Joh. Georg Mäckel)
553 (E.A.C. Slevogt)
575 (Möller)
578 (Fritzsch)
593 (J.E. Hering)
606 (August Schmid)
608 (Schmid)
626 (Kiessler)

C.1.6 IHKW : Institut für Hochschulkunde Würzburg

(Stb. = Stammbuch) Stammbücher mit der Signatur *INH* stammen aus der Sammlung Bechthold.
Stb.1 (Angerstein; Sammlung Schmidgall Nr.535)
Stb.2 (Eberhard Ludwig von Arnold; Sammlung Schmidgall Nr.534)
Stb.18 (A.M. Claussen)
Stb.25 (J.G. Fassmann)
Stb.46 (Heinr. Aug. Meinhard)
Stb.58 (Friedrich Georg Leopold Reihe)
Stb.59 (Friedrich Georg Leopold Reihe)
Stb.60 (Ant. Wilh. Wallrave von Reneße)
Stb.61 (Ant. Wilh. Wallrave von Reneße)
Stb.62 (F.W. Ritter)
Stb.63 (von Roos)
Ring (Karl Ludwig Ring)
INH 44655 (Christian Neunhöfer)
INH 44656 (Joh. Konradin Beyerbach)
INH 44660 (Ludwig Ernst Reuther)
INH 44666 (J.F. Ackermann)
INH 44669 (als „Unbekannt“ geführt [Schubert])
INH 44670 (Christian Benjamin Frobrig)

INH 44672 (Düring)
INH 44675 (Peter Joseph von Biegleben)

C.1.7 LBS : Württembergische Landesbibliothek Stuttgart

cod.hist.oct.69 (Johann Schmidt)
cod.hist.oct.77 (Johann Adam Osiander).
cod.hist.oct.87a (Johann Friedrich Seyffer)
cod.hist.oct.87b (Johann Friedrich Seyffer)
cod.hist.oct.92 (Ludwig Gottlieb Uhland)
cod.hist.oct.97 (Pistorius)
cod.hist.oct.104 (Johann Christian Roller)
cod.hist.oct.116 (Albrecht Karl Christian Ernst Krauss)
cod.hist.oct.117 (Karl Ludwig Wolff)
cod.hist.oct.121 (Christoph Tobias Schmid)
cod.hist.oct.122 Kaps. (Johann Karl Christoph Helfferich)
cod.hist.oct.123 (Johannes Haas)
cod.hist.oct.133 (Max Philipp Burk)
cod.hist.oct.139 (Gottlieb Immanuel Siegfried Mezger)
cod.hist.oct.141a Kaps. [Fragment]
cod.hist.oct.176 (Daniel Friedrich Leypold)
cod.hist.oct.182 (Daniel Andreas Manskopf)
cod.hist.oct.194 (Johann Friedrich LeBret)
cod.hist.oct.207 (Friedrich Karl Wagner)
cod.hist.oct.209 (Georg Chr. Bezner)
cod.hist.oct.219 (Ludwig August Hoelder)
cod.hist.oct.230 (Gottfried Posselt)
cod.hist.oct.231 (Johann Peter Ludwig Scheyd)
cod.hist.oct.234 (Johann Christian Albrecht Camerer)
cod.hist.oct.254 (Christian Friedrich Osiander)
cod.hist.oct.278 (Felix Buttersack)
cod.hist.oct.280 (Christian Friedrich Hiller)
cod.hist.oct.289 (Conrad Hallwachs)
cod.hist.oct.290 (Christian David Kessler)

cod.hist.oct.291 (Friedrich Wilhelm Dillenius)
cod.hist.oct.294 (C [Karl August?] Luz)
cod.hist.oct.297 (Victor Wilhelm Friedrich Hauff)
cod.hist.oct.319 (Johann Caspar Camerer)
cod.hist.quart.736, 582-674 (Franz Karl Leopold Frhr. von Seckendorff)
cod.poet.fol.63, Vh (Friedrich H. Hölderlin und Friedrich Hölderlin)

C.1.8 MKF : Museum für Kunsthandwerk Frankfurt a.M.

L.St.50 (Joh. Traugott Pohl)
L.St.52 (Jean George Sigismund Müller)
L.St.61 (C.W. Cordier)
L.St.65 (F. Eicke)
L.St.226 (A. Boos)
L.St.253 (Johann Jacob Rössing)
L.St.265 (Johann Gottlob Krantz)
L.St.270 (Unbekannt)
L.St.276 (Delieu?)
L.St.285 (August Reinhard)
L.St.287 (Mangelsdorf)
L.St.288 (May)
L.St.303 (F.K. Wolfhardt)
L.St.310 (J.H. Schweder)
L.St.318 (J.H. Reinicke)
L.St.319 (Heyer)
L.St.324 (Oppenrieder)
L.St.325 (C.L. Hatzfeld)
L.St.338 (Brata Fernch)
L.St.352 (Carl David Schatt)
L.St.354 (L.H. Schneider)
L.St.369 (Matthias Pfändler)
L.St.379 (J.L. Milchsack)

L.St.384 (Carl Gutike)
L.St.395 (E.J.F. Hesselbarth)
L.St.401 (Unbekannt)
L.St.403 (Heinrich Carl Krumm)
L.St.423 (Bruhn)
L.St.424 (F. Schreck)
L.St.436 (E.C. Klein-Schmidt)
L.St.441 (Joh. Friedr. Christian Junge)
L.St.455 (Anton Kirchner)
L.St.467 (Z. August Oppenrieder)
L.St.473 (Unbekannt)
L.St.604 (Blenkner)
L.St.678 (H.M. Eberstein)

C.1.9 NSU Niedersächsische Staats- und Universitätsbibliothek Göttingen

oct.Hist.Lit.48z (Philipp Ernst Greineisen)
oct.Hist.Lit.48zg (Franz Driver)
oct.Hist.Lit.48zh (Friedrich Christian Tiedemann)

C.1.10 NSW : Niedersächsisches Staatsarchiv Wolfenbüttel

VI Hs.Gr.13 Nr.101 (Joh. Friedr. Otto)
VI Hs.Gr.13 Nr.102a (Nathalius Ferdinand Gelhud)
VI Hs.Gr.13 Nr.104 (Joh. Friedr. Wilh. Himly)
VI Hs.Gr.13 Nr.104a (Gottfried Christoph Willemer)
VI Hs.Gr.13 Nr.105 (Joh. Ludw. Huhle)
VI Hs.Gr.13 Nr.105a (Anton Friedr. Wilhelm Leiste)
VI Hs.Gr.13 Nr.106 (Ferdinand Christian Gottlieb Scholz)
VI Hs.Gr.13 Nr.107 (Aug. Wilh. Fied. Westphal)
VI Hs.Gr.13 Nr.107a (Friedr. Georg Werner Kähle)

VI Hs.Gr.13 Nr.108 (Ferdinand Albrecht Albrecht)
VI Hs.Gr.13 Nr.110 (Friedr. Otto Kalbe)
VI Hs.Gr.13 Nr.112 (Heinr. Christopor. Aug. Bernh. Seidel)
VI Hs.Gr.13 Nr.117 (Christoph Wilh. Cappel)
VI Hs.Gr.13 Nr.117b (Georg Wilhelm Gerloff)
VI Hs.Gr.13 Nr.118 (Joh. Georg Flick)
VI Hs.Gr.13 Nr.119 (Heinrich Albert Friedr. von Gebhardi)
VI Hs.Gr.13 Nr.120 (G. Schröter)
VI Hs.Gr.13 Nr.122 (Fr. Aug. Hoffmeister)
VI Hs.Gr.13 Nr.122a (Johann Christian Leiste)
VI Hs.Gr.13 Nr.123 (Rud. Heinr. Aug. Lüddersen)
VI Hs.Gr.13 Nr.127 (Martin Heinr. Aug. Schmidt)
VI Hs.Gr.13 Nr.127a (Johann Christian Lieber)
VI Hs.Gr.13 Nr.131 (Wilh. Jul. Ludw. Bode)
VI Hs.Gr.13 Nr.132 (Brandan Aug. Friedr. Dankworth)

C.1.11 **SA N** Stadtarchiv Nürnberg

(FAL = Familienarchiv Löffelholz)
FAL E 17/I Nr.731 (Georg Gottlieb Wilhelm von Löffelholz)
FAL E 17/I Nr.802 (Stein)

C.1.12 **SAW** : Stadtarchiv Worms

200/302 (Philipp Gottfried Freytag)
200/303 (H.M. Sandherr)
200/306 (Heinrich Philipp Leister)
200/307 (Johann Friedrich Goldbeck)

C.1.13 SB N Stadtbibliothek Nürnberg

Nor.H.876 (Georg Heinrich Geiger)
Nor.H.965 (Johann Georg Hermann)
Nor.H.1220 (Johann Andreas Jacob Sebald)
Nor.H.1458 (G.E.F. Seidel)

C.1.14 UAT : Universitätsarchiv Tübingen

S 127/4 (Christian Heinrich Günzler)
S 127/8 (Johann Heinrich Harpprecht)
S 127/9 (Georg Heinrich Offterdinger)
S 127/13 (Christoph Friedrich Rueff)
S 127/17 (David Hermann Heinrich Duvernoy)
S 127/18 (Gottfried Eberhard Hoffmann)
S 127/22 (Georg Friedrich Offterdinger)
S 127/23 (Johann Philipp Ernst Stoll)
S 128/5 (Christian Sigmund Heinrich Heider)
S 128/10 (Johann Christian Eberhard Schmoller)
S 128/12 (Rudolf Emanuel von Lerber)
S 128/21 (Johann Philipp Weigelin)
S 128/44 (Andreas Friedrich Weinland)
S 128/48 (Johann Friedrich Gott. Osterloh)
S 161/793 (Christian Friedrich Gevers)

C.1.15 UBE : Universitätsbibliothek Erlangen

(Ms. = Manuskript)
Ms.1983 (Freudel)
Ms.2018 (Johann Wolf)
Ms.2064a (J.G. Müller)
Ms.2066 (J.F. Pflüger)
Ms.2134 (P.Ja. Feuerlein)
Ms.2284 (Heinr. Karl Christoph Keerl)

Ms.2294 (Heinr. Carl Erdmann Barnickel)
Ms.2456 (Fritz Hoffmann)
Ms.2518 (Jacob)
Ms.2650 (Franz Carl von Stadler)
Ms.2741 (Georg Friedrich Schallern)

C.1.16 UBG : Universitätsbibliothek Gießen

(Hs. = Handschrift)
Hs.1216g (Ludwig Wilhelm Pfaff)
Hs.1216w (Ludwig Heinrich Baumbach)
Hs.1216x (als „Unbekannt“ geführt [Blankmeister])

C.1.17 UBJ : Universitätsbibliothek Jena

37 (Johann Sigismund Hermann)
38 (Christian Philipp Walter)
40 (Färber)
41 (Nicolai)
42 (Johann Wilhelm Troetschel)
43 (Johann Chr. Fr. Hochhausen)
44 (Nicol. Died. Böhtlingk)
45 (Joannes Herbart)
47 (Färber)
48 (Johann Michael Christoph Färber)
49 (Christian Ferdinand Hiecke)
50 (Georg Philipp Bufleb)
57 (Johann Wilhelm Wagner)
76 (Unbekannt)
77 (Fried. Aug. Bothast)
78 (Christ. Fried. Gevers)
81 (Ludw. Wilh. Ferd. Hübner)
82 (Joh. Sigism. Friedr. von Fürer)

88 (Georg Ludw. Schwenk)
111 (Wilh. Karl Friedr. Suckow)
112 (Joh. Heinr. Klinghammer)

C.1.18 UBT : Universitätsbibliothek Tübingen

Md 659 (Johann Georg Marmalle)
Md 660 (Jeremias Benjamin Richter)
Md 743 (Karl Johann Engels)
Md 852 (Gottfried Daniel Hoffmann)
Md 853 (Christian Gottfried Hoffmann)
Mh 675 (Karl Philipp Diez)
Mh 858a (Georg Wilhelm Friedrich Hegel)
Mh 863 (Carl Friedrich Adolf Steinkopf)
Mh 863a (Johann Tobias Gaab)
Mh 863b (Friedrich David Textor)
Mh 863c (Karl Friedrich Schnizlein)
Mh 865 (G.F. Fulda)
Mh 866a (J.F. V.)
Mh 868 (Johann Gottfried Württemberger)
Mh 963 (Christian Eberhard Hoser)
Mh 964 (Johann Karl Eberhard von Zech)
Mh 973 (C[hristian C]onrad Abel)
Mh 981 (Andreas Scherb)
Mh 1016 (Johann Ferdinand Gaum)
Mh 1026 (Johann [Friedrich] Mayer)
Mh 1031 (Johann Andreas Klaiber)

C.2 Archivalien außer Stammbüchern

DLA . Deutsches Literaturarchiv Marbach
Karl Philipp Conz: Briefe an Reinhard. Signatur: A:Reinhard.

HStA . Hauptstaatsarchiv Stuttgart
Ludwig Timotheus Frhr. von Spittler: Briefe an seine Schwester Louise Hedwig, verh. Hummel. Signatur: Rep.: Q 2/6 Bü.20.

UBT . Universitätsbibliothek Tübingen
Fulda: Briefe. Signatur: Md 613.

Lebensläufe der Eheleute Christian Jakob Zahn in Calw. Masch. einer sich in Privatbesitz befindlichen Handschrift. Signatur: Mh 985.

Tagebuch eines Tübinger Studenten [Friedr. Ludw. Wilh. Theus]. Signatur: Mh 855.

C.3 Nachschlagewerke

Allgemeine Deutsche Biographie . Allgemeine Deutsche Biographie. Hrsg. durch die Historische Kommission bei der Bayerischen Akademie der Wissenschaften. 56 Bde. 1875-1912.

Dominicus Bo: Lexicon Horatianum. 2 Bde. Hildesheim 1965/66.

Büchmann . Geflügelte Worte. Der Zitatenschatz des deutschen Volkes. Gesammelt und erläutert von Georg Büchmann. Berlin 22. Aufl./1905.

Hadumod Bußmann: Lexikon der Sprachwissenschaft. Stuttgart 1983.

Concordantiae Senecanae. Curaverunt R. Busa S.J., A. Zampolli. (Alpha-Omega. Reihe A. Lexika - Indizes - Konkordanzen zur klassischen Philologie. XXI.) 2 Bde. Hildesheim, New York 1975.

Emblemata . Emblemata. Handbuch zur Sinnbildkunst des XVI. und XVII. Jahrhunderts. Hrsg. von Arthur Henkel und Albrecht Schöne. Stuttgart 2. Aufl./1976.

Herbert A. und Elisabeth Frenzel: Daten deutscher Dichtung. Chronologischer Abriß der deutschen Literaturgeschichte. München 24. Aufl./1988.

Konrad Fuchs und Heribert Raab: dtv-Wörterbuch zur Geschichte. München 6. Aufl./1987.

Goedeke . Karl Goedeke: Grundriß zur Geschichte der deutschen Dichtung. Aus den Quellen. 2. bzw. 3., ganz neu bearbeitete Auflage. 15 in 22 Bänden. Dresden, Berlin 1884-1966 (Neudruck: Nendeln/ Liechtenstein 1975).

Goethe-Wörterbuch. Hrsg. von der Akademie der Wissenschaften der DDR, der Akademie der Wissenschaften in Göttingen und der Heidelberger Akademie der Wissenschaften. Stuttgart, Berlin, Köln, Mainz [3 Bde. ersch.] 1978 ff.

Jakob und Wilhelm Grimm: Deutsches Wörterbuch. Leipzig 1854 ff.

Hermann Grotefend: Taschenbuch der Zeitrechnung des deutschen Mittelalters und der Neuzeit. Hannover 12. Aufl./1982.

Kant-Konkordanz zu den Werken Immanuel Kants (Bände I-IX der Ausgabe der Preußischen Akademie der Wissenschaften). Hrsg. von Andreas Roser und Thomas Mohrs. (Alpha-Omega. Lexika - Indizes - Konkordanzen. Reide D. Deutsche Autoren.) 10 Bde. [8 Bde. ersch.] Hildesheim, Zürich, New York 1992/93.

Larousse. Grande encyclopédie alphabétique. 20 Bde. 1971.

LCI.Allg.I. Lexikon der christlichen Ikonographie. Hrsg. von Engelbert Kirschbaum. Allgemeine Ikonographie. 4 Bde. Rom, Freiburg, Basel, Wien 1968-1972.

Lexikon der Goethe-Zitate. Hrsg. von Richard Dobel. Zürich, Stuttgart 1968.

Lexikon zu den Philosophischen Schriften Cicero's. Mit Angabe sämtlicher Stellen. Von H. Merguet. 3 Bde. Jena 1887-1894.

Lexikon zu den Reden des Cicero. Mit Angabe sämtlicher Stellen. Von H. Merguet. 4 Bde. Jena 1877-1884.

Real-Enzyklopädie der classischen Altertumswissenschaft. Hrsg. von Pauly, Wissowa u.a. 1893 ff.

Thesaurus Linguae Latinae. Begr. von E. Wölfflin. 1900 ff.

Gero von Wilpert: Sachwörterbuch der Literatur. Stuttgart 6. Aufl./1979.

C.4 Arbeiten zum Stellenwert autobiographischer Schriften

Vom Anderen und vom Selbst. Beiträge zu Fragen der Biographie und Autobiographie. Hrsg. von Reinhold Grimm und Jost Hermand. Frankfurt a.M. 1982.

Georges Benrekassa: Die Französische Revolution und das Autobiographische: Überlegungen und Forschungsvorschläge. In: Die Französische Revolution als Bruch des gesellschaftlichen Bewußtseins, S.398-408.

Die Französische Revolution als Bruch des gesellschaftlichen Bewußtseins. Die Französische Revolution als Bruch des gesellschaftlichen Bewußtseins. Vorlagen und Diskussionen der internationalen Arbeitstagung am Zentrum für interdisziplinäre Forschung der Universität Bielefeld 28.Mai-1.Juni 1985. Hrsg. von Reinhart Koselleck und Rolf Reichardt. München 1988.

Sabine Groppe: Das Ich am Ende des Schreibens. Autobiographisches Erzählen im 18. und frühen 19. Jahrhundert. Würzburg 1990.

Hans W. Gruhle: Die Selbstbiographie als Quelle historischer Erkenntnis. In: Hauptprobleme der Soziologie. Erinnerungsgabe für Max Weber. Hrsg. von Melchior Palyi. Bd.1. München, Leipzig 1923, S.155-177.

Jacques Guilhaumou: Autobiographischer Akt, Kommunikationssituation und Geschichtlichkeit der Texte. In: Die Französische Revolution als Bruch des gesellschaftlichen Bewußtseins, S.413-415.

Jacques Guilhaumou: Zeitgenössische politische Lebensgeschichten aus der Französischen Revolution (1793-1794): Autobiographischer Akt und diskursives Ereignis. In: Die Französische Revolution als Bruch des gesellschaftlichen Bewußtseins, S.358-378.

Erik Homburger Erikson: Identität und Lebenszyklus. Drei Aufsätze. Frankfurt a.M. 1974.

Jürgen Jacobs: Prosa der Aufklärung. Moralische Wochenschriften. Autobiographie. Satire. Roman. Kommentar zu einer Epoche. München 1976.

Theodor Klaiber: Die deutsche Selbstbiographie. Beschreibungen des eigenen Lebens, Memoiren, Tagebücher. Stuttgart 1921.

Reinhart Koselleck: Autobiographie und Typen der Konstituierung personaler Identität. In: Die Französische Revolution als Bruch des gesellschaftlichen Bewußtseins, S.411/412.

Jürgen Kuczynski: Probleme der Autobiographie. Berlin/Weimar 1983.

Lebenslauf und Lebenszusammenhang. Autobiographische Materialien in der volkskundlichen Forschung. Hrsg. von Rolf Brednich u.a. Freiburg 1982.

Jürgen Lehmann: Sprechhandlung und Gattungsgeschichte. Anmerkungen zur Geschichte der deutschen Autobiographie zwischen dem Beginn des 18. und dem letzten Drittel des 19. Jahrhunderts. In: Literatur und Sprache im historischen Prozeß. Vorträge des deutschen Germanistentages Aachen 1982. Bd.1: Literatur. Hrsg. von Thomas Cramer. Tübingen 1983, S.269-286.

Hans-Jürgen Lüsebrink: „Autos“ – „Bios“ – “Graphein“ im Kontext der Französischen Revolution. In: Die Französische Revolution als Bruch des gesellschaftlichen Bewußtseins, S.415-418.

Bruce Mazlish: Autobiographie und Psychoanalyse. Zwischen Wahrheit und Selbsttäuschung. In: Psychopathographien des Alltags. Schriftsteller und Psychoanalyse. Hrsg. von Alexander Mitscherlich. Frankfurt a.M. 1982, S.243-266.

Gabriele Michel: Biographisches Erzählen – Zwischen individuellem Erlebnis und kollektiver Geschichtentradition. Untersuchung typischer Erzählfiguren, ihrer sprachlichen Form und ihrer interaktiven und identitätskonstituierenden Funktion in Geschichten und Lebensgeschichten. Tübingen 1985.

Georg Misch: Begriff und Ursprung der Autobiographie. In: Ders.: Geschichte der Autobiographie. Frankfurt a.M. 3./1949. Bd.1, S.1 ff.

Klaus-Detlef Müller: Autobiographie und Roman. Studien zur literarischen Autobiographie der Goethezeit. Tübingen 1976.

Bernd Neumann: Identität und Rollenzwang. Zur Theorie der Autobiographie. Frankfurt a.M. 1970.

Günter Niggl: Geschichte der deutschen Autobiographie im 18. Jahrhundert. Theoretische Grundlegung und literarische Entfaltung. Stuttgart 1977.

James Olney: Autobiography. Essais Theoretical and Critical. Princeton 1980.

Horst Oppel: Vom Wesen der Autobiographie. In: Helicon. 1942. 4/1, S.41-63.

Roy Pascal: Die Autobiographie. Gehalt und Gestalt. Stuttgart 1965.

Helmut Pfotenhauer: Literarische Anthropologie. Selbstbiographien und ihre Geschichte – am Leitfaden des Leibes. Stuttgart 1987.

Rolf Reichardt: Typen der Selbstbiographie undd Stufen geschichtlicher Bewußtwerdung in der Revolution. In: Die Französische Revolution als Bruch des gesellschaftlichen Bewußtseins, S.409-411.

Joachim Ritter: Subjektivität. Sechs Aufsätze. Frankfurt a.M.

1974.

Daniel Roche: Bruch und Kontinuität im Zeitalter der Französischen Revolution: Der Beitrag der Autobiographien zur Präzisierung der politischen Visionen. In: Die Französische Revolution als Bruch des gesellschaftlichen Bewußtseins, S.379-397.

Wulf Segebrecht: Autobiographie und Dichtung. Eine Studie zum Werk E.T.A. Hoffmanns. Stuttgart 1967.

Selbstthematisierung und Selbstzeugnis: Bekenntnis und Geständnis. Hrsg. von Alois Hahn und Volker Kapp. Frankfurt a.M. 1987.

Frank Thiess: Notizen zum Problem der Selbstbiographie. In: Jahrbuch der Akademie der Wissenschaften und der Literatur. Mainz 1965, S.278-287.

Helmut Winter: Der Aussagewert von Selbstbiographien. Zum Status autobiographischer Urteile. Heidelberg 1985.

Ralph-Rainer Wuthenow: Autobiographien und Memoiren, Tagebücher, Reiseberichte. In: Deutsche Literatur. Eine Sozialgeschichte. Hrsg. von Horst Albert Glaser. Bd.IV: Zwischen Absolutismus und Aufklärung: Rationalismus, Empfindsamkeit, Sturm und Drang. 1740-1786. Reinbek 1980, S.148-169.

Ralph-Rainer Wuthenow: Das erinnerte Ich. Europäische Autobiographie und Selbstdarstellung im 18. Jahrhundert. München 1974.

C.5 Stammbuchforschung

Peter Amelung: Die Stammbücher des 16./17. Jahrhunderts als Quelle der Kultur- und Kunstgeschichte. In: Zeichnung in

Deutschland. Deutsche Zeichner 1540-1640. Katalog von Heinrich Geisler. Bd.2. Stuttgart 1980, S.211-222.

Gertrud Angermann: Stammbücher und Poesiealben als Spiegel ihrer Zeit nach Quellen des 18.-20. Jahrhunderts aus Minden-Ravensberg. Münster 1971.

Anneliese Bodensohn: Das Ich in zweiter Person . Anneliese Bodensohn: Das Ich in zweiter Person: Die Zwiesprache des Poesiealbums. Frankfurt a.M. 1968.

Fechner: Stammbücher als kulturhistorische Quellen . Jörg-Ulrich Fechner: Stammbücher als kulturhistorische Quellen. In: Stammbücher als kulturhistorische Quellen. Hrsg. von Jörg-Ulrich Fechner. (Wolfenbütteler Forschungen. Hrsg. von der Herzog August Bibliothek. Bd.11.) München 1981, S.7-21.

Fiedler: Vom Stammbuch zum Poesiealbum . Alfred Fiedler: Vom Stammbuch zum Poesiealbum. Eine volkskundliche Studie. Weimar 1960.

Willibald Franke: Deutsche Stammbücher des XVI. bis XVIII. Jahrhunderts. In: Zeitschrift für Bücherfreunde: Monatshefte für Bibliophilie und verwandte Interessen. Hrsg. von Fedor Zobeltitz. 3.Jahrgang 1899/1900. Heft 9. Dezember 1899, S.329-338.

Hubert Freund: Aus der deutschen Gesellschaft des 18. Jahrhunderts. Nach Stammbuchblättern. Wissenschaftliche Beilage zum Jahresbericht des Königl. Kaiserin Augusta-Gymnasiums zu Charlottenburg. Berlin 1902.

Eva Maria Hanebutt-Benz: „Der Freundschaft gewidmet“. Stammbücher der Goethezeit. Austellung vom 20.März 1982 bis

9.Mai 1982.

Wolfgang Harms: Geleitwort. In: Stammbücher des 16. Jahrhunderts. Hrsg. von Wolfgang Klose. (Wolfenbütteler Forschungen. Hrsg. von der Herzog August Bibliothek. Bd.42.) Wiesbaden 1989, S.7-11.

Heinzer: Das Album amicorum (1545-1569) des Claude de Senarclens . Felix Heinzer: Das Album amicorum (1545-1569) des Claude de Senarclens. In: Stammbücher des 16. Jahrhunderts. Hrsg. von Wolfgang Klose. (Wolfenbütteler Forschungen. Hrsg. von der Herzog August Bibliothek. Bd.42.) Wiesbaden 1989, S.95-124.

Hans Henning: Die Weimarer Stammbuchsammlung der Zentralbibliothek der deutschen Klassik. In: Marginalien. Zeitschrift für Buchkunst und Bibliophilie. Hrsg. von der Pirckheimer-Gesellschaft im Kulturbund der DDR. H.66 (1977), S.46-60.

Hoelbe: Geschichte der Stammbücher . Fr. Wilh. Hoelbe: Geschichte der Stammbücher nebst Bemerkungen über die bessere Einrichtung derselben für jeden, dem Freundschaft lieb ist. Camburg a.d. Saale 1798.

Robert und Richard Keil: Die deutschen Stammbücher des sechzehnten bis neunzehnten Jahrhunderts . Robert und Richard Keil: Die deutschen Stammbücher des sechzehnten bis neunzehnten Jahrhunderts. Ernst und Scherz, Weisheit und Schwank in Original-Mittheilungen zur deutschen Kultur-Geschichte. Berlin 1893.

Wolfgang Klose: Frühe Stammbücher (Alba Amicorum). Stammbuch Hans Gal (1585-1598). In: Librarium. Zeitschrift der Schweizerischen Bibliophilen-Gesellschaft 26 (1983). Heft 3, S.150-164.

Klose: Corpus Alborum Amicorum . Wolfgang Klose: Corpus Alborum Amicorum. Ein Bericht über die Sammlung und Beschreibung von Stammbüchern der frühen Neuzeit. In: Internationales Archiv für Sozialgeschichte der deutschen Literatur. Bd.10. Hrsg. von Wolfgang Frühwald, Georg Jäger, Alberto Martino. Tübingen 1985, S.154-169.

Wolfgang Klose: Stammbücher – eine kulturhistorische Betrachtung. In: Bibliothek und Wissenschaft Band 16. Wiesbaden 1982, S.41-67.

Wolfgang Klose: Stammbücher des Pfalzgrafen Christoph. In: Bibliotheca Palatina. Ausstellungskatalog. Heidelberg 1986. Textband, S.222-224.

Axel Kuhn: Schwarzbrot und Freiheit . Axel Kuhn: Schwarzbrot und Freiheit. Die Tübinger Studentenbewegung zur Zeit Hölderlins und Hegels. In: Bausteine zur Tübinger Universitätsgeschichte. Folge 6. Hrsg. von Volker Schäfer. Tübingen 1992, S.9-62.

Lotte Kurras: Die Stammbücher. Erster Teil. Die bis 1750 begonnenen Stammbücher. Beschrieben von Lotte Kurras. (Kataloge des Germanischen Nationalmuseums Nürnberg. Fünfter Band.) Wiesbaden 1988.

Lotte Kurras: Zu gutem Gedenken. Kulturhistorische Miniaturen aus Stammbüchern des Germanischen Nationalmuseums. 1550-1770. Ausgew., eingel. u. erl. von Lotte Kurras. München 1987.

Lotte Kurras: Zwei österreichische Adelige des 16. Jahrhunderts und ihre Stammbücher. Christoph von Teuffenbach und Johann Fernberger von Egenberg. In: Stammbücher des 16. Jahrhunderts. Hrsg. von Wolfgang Klose. (Wolfenbütteler Forschungen. Hrsg. von der Herzog August Bibliothek. Bd.42.) Wiesbaden 1989, S.125-135.

Michael Lilienthal und Joh. Balthasar Charisius: Schediasma Critico-Literarium de Philothecis varioque earundem usu et abusu, vulgo von den Stammbüchern. Regiomonti Prussorum: Typis Zaenckerianis 1711.

Konrad Marwinski: „Der Freundschaft und der Tugend heilig.“ In alten Weimarer Stammbüchern geblättert. In: Marginalien 34 (1969), S.33-50.

Karl Masner: Die Schlesischen Stammbücher und ihre künstlerische Ausschmückung. In: Schlesiens Vorzeit in Bild und Schrift. Jahrbuch des Schlesischen Museums für Kunstgewerbe und Altertümer. Bd.4. Breslau 1902, S.137-161.

M.E. Nickson: Early Autograph Albums in the British Museum. London 1970.

Max Rosenheim: The Album Amicorum. In: Archaeologia 62. London 1910, S.251-308.

Rossin: Das Poesiealbum . Jürgen Rossin: Das Poesiealbum. Studien zu den Variationen einer stereotypen Textsorte. Frankfurt a.M., Bern, New York 1985.

Alain Ruiz: Universität Jena anno 1793/94. Ein jakobinischer Student und Geheimagent im Schatten Reinholds und Fichtes. In: Revolution und Demokratie in Geschichte und Literatur. Hrsg. von J.H. Schoeps und I. Geiss. Duisburg 1979, S.95-132.

Volker Schäfer: Ein unbekanntes Stammbuchblatt des jungen Hegel. In: „...aus der anmuthigen Gelehrsamkeit". Tübinger Studien zum 18. Jahrhundert. Dietrich Geyer zum 60. Geburtstag. Hrsg. von Eberhard Müller. Tübingen 1988, S.100-105.

Volker Schäfer: Neue Stammbuchblätter von Hölderlin und Hegel. In: In Wahrheit und Freiheit. 450 Jahre Evangelisches Stift in Tübingen. Hrsg. von Friedrich Hertel. (Quellen und Forschungen zur württembergischen Kirchengeschichte. Bd.8) 1986, S.177-204.

Hugo Schuenemann: Stammbücher. In: Schrifttumsberichte zur Genealogie und zu ihren Nachbargebieten. 2.1965, S.67-108.

Wilhelm Schultz-Oldendorf: Der Wechsel der Zeiten im deutschen Stammbuch. In: Zeitwende: Hrsg. von Tim Klein, Otto Gründler, Friedrich Langenfaß. Zweiter Jahrgang. Zweite Hälfte. München 1926, S.198-203.

Wielfried Setzler: Studentenstammbücher als Kulturdokumente. Streiflichter zur Tübinger Universitätsgeschichte. In: Schwäbische Heimat. Zeitschrift zur Pflege von Landschaft, Volkstum, Kultur. Hrsg. vom Schwäbischen Heimatbund. 28. Jahrgang. Stuttgart 1977, S.241-247.

Studentische Stammbücher. Studentenalben, Stammbuchblätter und Kupferstiche des 16. bis 19. Jahrhunderts. Ausstellung in der Landesbibliothek Coburg. 2. bis 6.6.1979 (Katalogtext von Ulrich Becker). Institut für Hochschulkunde Würzburg. Archiv des Coburger Convents Würzburg in Zusammenarbeit mit der Landesbibliothek Coburg. Coburg 1979.

C.6 Sprüchesammlungen

Blätter der Erinnerung. Aus Stammbüchern von Frauen des 18. und 19. Jahrhunderts. Hrsg. von Hans Henning. Leipzig

1988.

Blumenkranz gewunden für die Freundschaft und Liebe oder Aufsätze zum Andenken in Stammbücher. Ulm 1839.

Devisen für Stammbücher in teutscher, lateinischer, französischer, italischer und englischer Sprache. Stuttgart 1794.

Die neuesten Devisen und Stammbuchstückchen gesammelt aus den besten Dichtern und Prosaisten in deutscher, lateinischer, französischer, englischer und italienischer Sprache. Reutlingen 1807.

Kleines Stammbuch für Jugend-Lehrer, welche ihren Schülern bey verschiedenen Gelegenheiten gerne etwas Schönes und Lehrreiches zum Andenken schreiben wollen. Ried 1832.

Neueste Blumensprache in morgen- und abendländischer Deutung und in Reimen. Auch zur Auswahl für Stammbücher. Reutlingen 1846.

Poesie aus Stammbüchern und Alben von 1789 bis 1991. Hrsg. von Hanna Wolff. Bremen 1991.

Sei glücklich und vergiß mein nicht. Stammbuchblätter und Glückwunschkarten. Hrsg. von Guenter Boehmer. München 1973.

Stammbuchsprüche und Devisen für Gedenkblätter. Zusammengestellt nach Inhalt und Hauptwort. Ulm 1843.

Stammbuchaufsätze und kleine Gelegenheitsgedichte, 400neune,sorgfältige ausgewählte, für Freunde und Freundinnen, Geschwister, Söhne und Töchter an ihre Aeltern, ihre Lehrer und Lehrerinnen, Verwandten etc. Aus den besten deutschen Classikern. Wien 1830.

Studentisches Stammbuch 1790-1840. Hrsg. von Walter Blankenburg und Fritz Lometsch.

Stammbuch-Verse. Widmungen, Sinnsprüche. Ausgew. von E.W. Fandrey. Reutlingen 1961.

Vergißmeinnicht oder Auswahl beliebter Stammbuchverse. Nebst einer Beigabe, die Bedeutung der Blumen enthaltend. Reutlingen 1875.

Vergißmeinnicht. Vollständige Blumensprache nach orientalischer und deutscher Art mit einer allegorischen Deutung der Farben und einer Auswahl der schönsten Stammbuchverse. Stereotyp-Ausgabe. Reutlingen 1881.

C.7 Mentalitätsgeschichtsschreibung

Philippe Ariés: Die Geschichte der Mentalitäten. In: Die Rückeroberung des historischen Denkens. Grundlagen der Neuen Geschichtswissenschaft. Hrsg. von Jacques LeGoff, Roger Chartier, Jacques Revel. Frankfurt a.M. 1990, S.137-165.

Fernand Braudel: Das Mittelmeer und die mediterrane Welt in der Epoche Philipps II. Übersetzt von Grete Osterwald und Günter Seib. 3 Bde. Frankfurt a.M. 1990.

Fernand Braudel: Histoire et sciences sociales. La longue durée (1958). In: Fernand Braudel: Ecrits sur l'histoire. Paris 1969,S.41-83.

Pierre Chaunu: Un nouveau champ pour l'histoire sérielle, le quantitatif au troisième niveau. In: Mélanges en l'honneur de Fernand

Braudel. T.2. Toulouse 1973, S.105-125.

Pierre Chaunu: Histoire, science sociale. La durée, l'espace et l'homme à travers l'époque moderne. SEDES 1974, S.73-75.

Duby: Über einige Grundtendenzen der modernen französischen Geschichtswissenschaft . Georges Duby: Über einige Grundtendenzen der modernen französischen Geschichtswissenschaft. In: Historische Zeitschrift Band 241 (1985), S.543-554.

Theodor Geiger: Die soziale Schichtung des deutschen Volkes. Soziographischer Versuch auf statistischer Grundlage. Stuttgart 1932.

Daniel Gordon: Michel Vovelles „Ideologies and Mentalities“. In: History and Theory. Studies in the Philosophy of History. Volume 32. Number 2. 1993, S.196-213.

Groethuysen: Die Entstehung der bürgerlichen Welt- und Lebensanschauung . Bernhard Groethuysen: Die Entstehung der bürgerlichen Welt- und Lebensanschauung in Frankreich. Bd.1: Das Bürgertum und die katholische Weltanschauung. Halle a.d. Saale 1927. Bd.2: Die Soziallehren der katholischen Kirche und das Bürgertum. Halle a.d. Saale 1930.

Bernhard Groethuysen: Philosophie der Französischen Revolution. Mit einem Nachwort von Eberhard Schmitt. Aus dem Französischen von M. Müller und G.H. Müller. Frankfurt a.M./New York 1989 (Französische Originalausgabe Paris 1956. Dabei handelt es sich um eine von Groethuysen im Wintersemester 1907/08 in Berlin gehaltene Vorlesung.)

Rolf Reichardt: Bevölkerung und Gesellschaft Frankreichs im

18. Jahrhundert. Neue Wege und Ergebnisse der sozialhistorischen Forschung 1950-76. In: Zeitschrift für historische Forschung 4 (1977), S.154-221.

Reichardt: «Histoire des Mentalités» . Rolf Reichardt: «Histoire des Mentalités». Eine neue Dimension der Sozialgeschichte am Beispiel des französischen Ancien Régime. In: Internationales Archiv für Sozialgeschichte der deutschen Literatur. 3.Bd. 1978, S.130-166.

Hans Sanders: Das Subjekt der Moderne. Mentalitätswandel und literarische Evolution zwischen Klassik und Aufklärung. Tübingen 1987.

Eberhard Schmitt: Bernhard Groethuysen. In: Bernhard Groethuysen: Philosophie der Französischen Revolution. Frankfurt a.M./New York 1989, S.193-207.

Erich Schön: Der Verlust der Sinnlichkeit oder Die Verwandlungen des Lesers. Mentalitätswandel um 1800. Stuttgart 1987.

Peter Schöttler: Mentalitäten, Ideologien, Diskurse. Zur sozialgeschichtlichen Thematisierung der „dritten Ebene“. In: Alltagsgeschichte. Zur Rekonstruktion historischer Erfahrungen und Lebensweisen. Hrsg. von Alf Lüdtke. Frankfurt/New York 1989, S.85-136.

Sellin: Mentalität und Mentalitätsgeschichte . Volker Sellin: Mentalität und Mentalitätsgeschichte. In: Historische Zeitschrift Band 241 (1985), S.555-598.

Volker Sellin: Mentalitäten in der Sozialgeschichte. In: Sozialgeschichte in Deutschland. Entwicklungen und Perspektiven im internationalen Zusammenhang. Hrsg. von Wolfgang Schieder und Volker Sellin. Bd.3: Soziales Verhalten und soziale Aktionsformen in der Geschichte. Göttingen 1987, S.101-121.

Michel Vovelle: Die Französische Revolution – Soziale Bewegung und Umbruch der Mentalitäten. München/Wien 1982 (Ital. Original Rom 1979).

Vovelle: Die Geschichtswissenschaft und die «longue durée» . Michel Vovelle: Die Geschichtswissenschaft und die «longue durée». In: Die Rückeroberung des historischen Denkens. Grundlagen der Neuen Geschichtswissenschaft. Hrsg. von Jacques LeGoff, Roger Chartier, Jacques Revel. Frankfurt a.M. 1990, S.103-136.

Vovelle: Ideologies and Mentalities . Michel Vovelle: Ideologies and Mentalities. Translates by Eamon O'Flaherty. Chicago 1990.

Michel Vovelle: Piété baroque et déchristianisation en Provence au XVIIIe siècle. Les attitudes devant la mort d'après les clauses des testaments (Civilisations et Mentalités). 1973.

Hans-Ulrich Wehler: Zum Verhältnis von Psychoanalyse und Geschichtswissenschaft. In: Geschichte und Psychoanalyse. Hrsg. von Hans-Ulrich Wehler. Berlin 2.Aufl./1974, S.9-30.

C.8 Historische Semantik

Helmut Berding: Begriffsgeschichte und Sozialgeschichte. In: Historische Zeitschrift Band 223 (1976), S.98-110.

Busse: Historische Semantik . Dietrich Busse: Historische Semantik. Analyse eines Programms. Stuttgart 1987.

Michel Foucault: Archäologie des Wissens. Frankfurt a.M. 1973 (Originalausgabe Paris 1969).

Michel Foucault: Die Ordnung der Dinge. Frankfurt a.M. 1971 (Originalausgabe Paris 1966).

Annie Geffroy, Pierre Lafon, Maurice Tournier: Lexicometrical Analysis of Co-occurrences. Centre National de la Recherche Scientifique 1972.

Geschichtliche Grundbegriffe . Geschichtliche Grundbegriffe. Historisches Lexikon zur politisch-sozialen Sprache in Deutschland. Hrsg. von Otto Brunner, Werner Conze und Reinhart Koselleck. 7 Bde. Stuttgart 1972-1992.

Guilhaumou: Sprache und Politik . Jacques Guilhaumou: Sprache und Politik in der Französischen Revolution. Vom Ereignis zur Sprache des Volkes (1789-1794). Aus dem Französischen von Kathrina Menke. Frankfurt a.M. 1989.

Hans-Ulrich Gumbrecht: Für eine phänomenologische Fundierung der sozialhistorischen Begriffsgeschichte. In: Historische Semantik und Begriffsgeschichte, S.75-101. **HPSG** . Handbuch der politisch-sozialen Grundbegriffe in Frankreich 1680-1820. Hrsg. von Rolf Reichardt und Eberhard Schmitt. München 1985 ff.

Wolfgang Hardtwig: Selbstbestimmung und Gemeinschaftsbildung. Zur Geschichte des Vereinswesens in Deutschland am Leitfaden der Begriffe Gesellschaft, Privatgesellschaft, Geheimgesellschaft, Verein, Assoziation, Genossenschaft, Gewerkschaft. Habilschr. Masch. München 1981.

Historische Semantik und Begriffsgeschichte . Historische Semantik und Begriffsgeschichte. Hrsg. von Reinhart Koselleck.

Stuttgart 1978.

Historisches Wörterbuch der Philosophie . Historisches Wörterbuch der Philosophie. Hrsg. von Joachim Ritter und Karlfried Gründer. Darmstadt 1971-1992 (8 Bde.).

Lucian Hölscher: Öffentlichkeit und Geheimnis. Eine begriffsgeschichtliche Untersuchung zur Entstehung der Öffentlichkeit in der frühen Neuzeit. Stuttgart 1979.

Karl H. Ilting: Naturrecht und Sittlichkeit. Begriffsgeschichtliche Studien. Stuttgart 1983.

Robert Jütte: Abbild und soziale Wirklichkeit des Bettler- und Gaunertums zu Beginn der Neuzeit. Sozial-, mentalitäts- und sprachgeschichtliche Studien zum Liber vagatorum (1510). Köln, Wien 1988.

Reinhart Koselleck: Begriffsgeschichte und Sozialgeschichte. In: , S.107-129.

Koselleck: Einleitung . Reinhart Koselleck: Einleitung. In: Geschichtliche Grundbegriffe. Bd.1, S.XII-XXVII.

Charles Kay Ogden und Ivor Armstrong Richards: Die Bedeutung der Bedeutung. Frankfurt a.M. 1974 (Originalausgabe New York 1923).

Hermann Paul: Prinzipien der Sprachgeschichte. (1880) Tübingen 8.Aufl./1968.

Reichardt: Einleitung zum HPSG . Rolf Reichardt: Einleitung. In: HPSG Heft 1/2. München 1985, S.39-148.

Rolf Reichardt: Revolutionäre Mentalitäten und Netze politischer Grundbegriffe in Frankreich 1789-1795. In: Die Französische Revolution als Bruch des gesellschaftlichen Bewußtseins, S.185-215.

Rolf Reichardt und Brigitte Schlieben-Lange: Die Französische Revolution als Revolution der Kommunikation und der Sprache. In: Guilhaumou: Sprache und Politik, S.9-19.

Robin: Langage et idéologies . Régine Robin: Langage et idéologies. In: Langage et idéologies. Le Discours comme objet de l'Histoire. Le mouvement social 85. Hrsg. von Régine Robin. Paris 1973, S.3-11.

Brigitte Schlieben-Lange: Die Französische Revolution und die Sprache. In: Sprache und Literatur in der Französischen Revolution (Zeitschrift für Literaturwissenschaft und Linguistik 11). Hrsg. von Brigitte Schlieben-Lange. Göttingen 1981, S.90-123.

Schlieben-Lange. Schriftlichkeit und Mündlichkeit in der Französischen Revolution . Brigitte Schlieben-Lange: Schriftlichkeit und Mündlichkeit in der Französischen Revolution. In: Schrift und Gedächtnis. Beiträge zur Archäologie der literarischen Kommunikation. Hrsg. von Aleida und Jan Assmann, Christof Hardmeier. München 1983, S.194-211.

Schultz: Begriffsgeschichte und Argumentationsgeschichte . Heiner Schultz: Begriffsgeschichte und Argumentationsgeschichte. In: Historische Semantik und Begriffsgeschichte, S.43-74.

Stierle: Historische Semantik . Karlheinz Stierle: Historische Semantik und die Geschichtlichkeit der Bedeutung. In: Historische Semantik und Begriffsgeschichte, S.154-189.

Jost Trier: Der deutsche Wortschatz im Sinnbezirk des Verstandes. Bd.1. Heidelberg 1931.

Stephen Ullmann: The Principles of Semantics. (1957) Oxford 3.Aufl./1963.

C.9 Zur Quantifizierung historischer Quellen

K. Arnold: Geschichtswissenschaft und elektronische Datenverarbeitung. Historische Zeitschrift. Beiheft 3. (Neue Folge).

Pierre Chaunu: Un nouveau champ pour l'histoire sérielle, le quantitatif au troisème niveau. In: Mélanges en l'honneur de Fernand Braudel. T.2. Toulouse 1973, S.105-125.

François Furet: Histoire quantitative et fait historique. In: Annales E.S.C. 26 (1971), S.63-75.

Gerd Hohorst: Historische Statistik und statistische Methoden in der Geschichtswissenschaft. In: Geschichte und Gesellschaft 3 (1977), S.109-124.

Methodenprobleme der Geschichtswissenschaft. Hrsg. von Theodor Schieder. München 1974.

Quantifizierung in der Geschichtswissenschaft . Quantifizierung in der Geschichtswissenschaft. Probleme und Möglichkeiten. Hrsg. und eingel. von Konrad Jarausch. Düsseldorf 1976.

Charles Tilly: Quantifizierung in der Geschichte aus der französischen Perspektive. In: Quantifizierung in der Geschichtswissenschaft, S.31-63.

C.10 Soziologische Modelle

Theodor W. Adorno: Ästhetische Theorie. Hrsg. von Gretel Adorno und Rolf Tiedemann. Frankfurt a.M. 1973.

Berger, Luckmann: Die gesellschaftliche Konstruktion der Wirklichkeit . Peter L. Berger und Thomas Luckmann: Die gesellschaftliche Konstruktion der Wirklichkeit. Eine Theorie der Wissenssoziologie. Übers. von M. Plessner. (engl. Original 1966) Nachdruck der 5.Aufl. Frankfurt a.M. 1980.

Pierre Bourdieu: Zur Soziologie der symbolischen Formen. Frankfurt a.M. 1970.

Peter Bürger: Institution Kunst als literatur-soziologische Kategorie. Skizze einer Theorie des historischen Wandels der gesellschaftlichen Funktion der Literatur. In: Romanistische Zeitschrift für Literaturgeschichte 1 (1977), S.50-76.

Norbert Elias: Über den Prozeß der Zivilisation. Soziogenetische und psychogenetische Untersuchungen. 2 Bde. Frankfurt a.M. 1976.

Jürgen Habermas: Strukturwandel der Öffentlichkeit. Untersuchungen zu einer Kategorie der bürgerlichen Gesellschaft. Darmstadt 17.Aufl./1987.

Christian Ludz: Ideologie, Intelligenz und Organisation. Bemerkungen über ihren Zusammenhang in der frühbürgerlichen Gesellschaft. In: Jahrbuch für Sozialwissenschaft 15, S.82-114.

Herbert Marcuse: Eros and civilization. Boston 1955.

Richard Münch: Mentales System und Verhalten. Grundlagen

einer allgemeinen Verhaltenstheorie. heidelberger Sociologica 10. Tübingen 1972.

A. Schütz, T. Luckmann: Strukturen der Lebenswelt. Bd.1. Frankfurt a.M. 1979, S.224-282.

Friedrich Tenbruck: Freundschaft. Ein Beitrag zu einer Soziologie der persönlichen Beziehungen. In: Kölner Zeitschrift für Soziologie und Sozialpsychologie 16 (1964), S.431-450.

C.11 Aufklärung und Revolution

Holger Böning: Revolution in der Schweiz. Frankfurt a.M. 1985.

Brunschwig: Gesellschaft und Romantik in Preußen im 18. Jahrhundert . Henri Brunschwig: Gesellschaft und Romantik in Preußen im 18. Jahrhundert. Die Krise des preußischen Staates am Ende des 18. Jahrhunderts und die Entstehung der romantischen Mentalität. Frankfurt a.M., Berlin, Wien 1976.

Ernst Cassirer: Philosophie der Aufklärung. Tübingen 3.Aufl./1973.

Ernst Cassirer: Freiheit und Form. Berlin 1916.

Alain Corbin: Pesthauch und Blütenduft. Eine Geschichte des Geruchs. Aus dem Französischen von Grete Osterwald. Frankfurt a.M. 1992.

Deutschland und Frankreich im Zeitalter der Französischen Revolution. Hrsg. von Helmut Berding, Etienne François, Hans-Peter Ullmann. Frankfurt a.M. 1989.

Udo Dickenberger: Liebe, Geist, Unendlichkeit. Die Inschriften des Stuttgarter Hoppenlau-Friedhofs und die poetische Kultur um 1800. Phil. Diss. Stuttgart. Hildesheim, Zürich, New York 1990.

„O Freyheit! Silberton dem Ohre...“. Französische Revolution und deutsche Literatur 1789-1799. Eine Ausstellung des Deutschen Literaturarchivs auf dem Salon du Livre in Paris und im Schiller-Nationalmuseum Marbach am Neckar. Hrsg. von Ulrich Ott. Ausstellung und Katalog von Werner Volke, Ingrid Kussmaul und Brigitte Schillbach. Marbach a.N. 1989.

Die Französische Revolution. Hrsg. von Grab . Die Französische Revolution. Eine Dokumentation. Hrsg. von Walter Grab. München 1973.

Die Französische Revolution als Bruch des gesellschaftlichen Bewußtseins . Die Französische Revolution als Bruch des gesellschaftlichen Bewußtseins. Hrsg. von Rolf Reichardt und Eberhard Schmitt. München 1988.

Die Französische Revolution – zufälliges oder notwendiges Ereignis? Akten des internationalen Symposions an der Universität Bamberg vom4.-7. Juni 1979. Hrsg. von Eberhard Schmitt und Rolf Reichardt. 3 Teile. München 1983.

Gerhard Funke: Fiat justitia, ne pereat mundus: Vernunftrecht der Freiheit, Vernunftstaat der Freiheit, Vernunftzweck der Freiheit im kritischen Idealismus. Mainz 1979.

Heinrich Gerhard und Wilhelm Küster: Der Dichter und Schriftsteller Karl Geib und die Familie Geib von Lambsheim. Frankenthal 1902.

Gerth: Bürgerliche Intelligenz . Hans H. Gerth. Bürgerliche Intelligenz um 1800. Zur Soziologie des deutschen Frühliberalismus. Hrsg. von Ulrich Herrmann. Göttingen 1976 (= Die sozialgeschichtliche Lage der bürgerlichen Intelligenz um die Wende des 18. Jahrhunderts – Ein Beitrag zur Soziologie des deutschen Frühliberalismus. Diss. Frankfurt a.M. 1935.).

René Gonnard: La légende du bon sauvage. Paris 1946.

Joseph Hansen: Quellen zur Geschichte des Rheinlandes im Zeitalter der Französischen Revolution. Gesammelt und hrsg. von Joseph Hansen. 4 Bde. Bonn 1931-1938.

L. Hautecoeur: Rome et la Renaissance de l'antiquité à la fin du XVIIIe siècle. Paris 1912.

Ernst Heilborn: Zwischen zwei Revolutionen. Bd.1: Der Geist der Schinkelzeit (1789-1848). Berlin 1927.

Hölderlin Jahrbuch 22 (1980/81).

Hornstein: Vom „jungen Herrn" zum „hoffnungsvollen Jüngling" . Walter Hornstein: Vom „jungen Herrn" zum „hoffnungsvollen Jüngling". Wandlungen des Jugendlebens im 18. Jahrhundert. Heidelberg 1965.

Werner Krauss: Zur Anthropologie des 18. Jahrhunderts. Die Frühgeschichte der Menschheit im Blickpunkt der Aufklärung. München, Wien 1979. (Erste Auflage in Berlin (DDR) 1978).

Hans-Jürgen Lüsebrink und Rolf Reichardt: Die Bastille. Zur Symbolgeschichte von Herrschaft und Freiheit. Frankfurt a.M. 1990.

Wolfgang Martens: Die Botschaft der Tugend. Die Aufklärung im Spiegel der deutschen Moralischen Wochenschriften. Stuttgart

1968.

André Monglond: Histoire intérieure du Préromantisme français. 2 Bde. Grenoble 1930.

André Monglond: Origines intellectuelles de la Révolution française. Paris 1933.

Monika Neugebauer-Wölk: Revolution und Constitution. Die Brüder Cotta. Berlin 1989, S.304.

Wolfdietrich Rasch: Freundschaftskult und Freundschaftsdichtung im deutschen Schrifttum des 18. Jahrhunderts vomAusgang des Barock bis zu Klopstock. Halle 1936.

Walter Rehm: Griechentum und Goethezeit. Geschichte eines Glaubens. Leipzig 1936.

Reichardt: Von der politisch-ideengeschichtlichen zur sozio-kulturellen Deutung der Französischen Revolution
. Rolf Reichardt: Von der politisch-ideengeschichtlichen zur sozio-kulturellen Deutung der Französischen Revolution. Deutschsprachiges Schrifttum 1946-1988. In: Geschichte und Gesellschaft. 15. Jahrgang 1989. Heft 1, S.115-143.

Alain Ruiz: „Die Großen scheinen uns nur deshalb groß, weil wir auf den Knien liegen. Stehen wir auf!" Zur Rezeption eines französischen Schlagworts in Deutschland zur Zeit der Revolution von 1789. In: Die demokratische Bewegung in Mitteleuropa von der Spätaufklärung bis zur Revolution 1848/49. Ein Tagungsbericht. Innsbruck 1988, S.141-155.

Albert Soboul: Die Große Französische Revolution. Ein Abriß ihrer Geschichte (1789-1799). Frankfurt a.M. 4.Aufl./1983 (Originalausgabe Paris 1962).

Soziale Unruhen in Deutschland während der Französischen Revolution . Soziale Unruhen in Deutschland während der Französischen Revolution. Hrsg. von Helmut Berding. Göttingen 1988.

Jean Starobinski: Das Rettende in der Gefahr. Kunstgriffe der Aufklärung. Aus dem Französischen (Paris 1989) und mit einem Essay von Horst Günther. Frankfurt a.M. 1992.

Horst Steinhilber: Das Erotische, die Liebe und die Tugend in den Idyllen Salomon Geßners. Magisterarbeit Masch. Stuttgart 1991.

Szondi: Der Fürstenmord, der nicht stattfand . Peter Szondi: Der Fürstenmord, der nicht stattfand – Hölderlin und die Französische Revolution. In: Peter Szondi: Einführung in die literarische Hermeneutik. Hrsg. von Jean Bollack und Helen Stierlin. Frankfurt a.M. 1975, S.409-426.

Pierre Trahard: La Sensibilité révolutionnaire (1789-1794). Paris 1936.

Jean Tulard: Frankreich im Zeitalter der Revolutionen 1789-1851 (Geschichte Frankreichs. Hrsg. von Jean Favier. Bd.4.). Stuttgart 1989.

Fritz Valjavec: Die Entstehung der politischen Strömungen in Deutschland 1770-1815. (1951) Kronenberg/Ts., Düsseldorf 1978.

Ziolkowski: German Romanticism and Its Institutions . Theodore Ziolkowski: German Romanticism and Its Institutions. Princeton 1990.

C.12 Studentengeschichte

Max Bauer: Sittengeschichte des deutschen Studententums. Dresden [o.J.].

Dann: Jena: Eine akademische Gesellschaft im Jahrzehnt der Französischen Revolution . Otto Dann: Jena: Eine akademische Gesellschaft im Jahrzehnt der Französischen Revolution. In: Soziale Unruhen in Deutschland während der Französischen Revolution. Göttingen 1988, S.166-188.

Otto Deneke: Schwarzbrot und Freiheit. In: Beiträge zur Tübinger Studentengeschichte. Hrsg. von Schmidgall. Nr.IV (1940/41), S.15-18.

Karl Friedrich Wilhelm Dieterici: Geschichtliche und statistische Nachrichten über die Universitäten im Preußischen Staate. (Nachdruck der Ausgabe Berlin 1836.) Aalen 1982.

Franz Eulenburg: Die Frequenz der deutschen Universitäten von ihrer Gründung bis zur Gegenwart. In: Abhandlungen dr phil.-hist. Klasse der Kgl.-Sächs. Gesellschaft der Wissenschaften. Bd.XXIV/II. Leipzig 1904.

F. Gunther Eyck: The political Theories and Activities of the German academic Youth between 1815 and 1819. In: Journal of Modern History 27 (1955), S.27-37.

Fabricius: Die deutschen Corps . Wilhelm Fabricius: Die deutschen Corps. Eine historische Darstellung der Entwicklung des studentischen Verbindungswesens in Deutschland bis 1815, der Corps bis zur Gegenwart. Frankfurt a.M. 2.Aufl./1926.

Hardtwig: Die Burschenschaften zwischen aufklärerischer

Sozietätsbewegung und Nationalismus . Wolfgang Hardtwig: Die Burschenschaften zwischen aufklärerischer Sozietätsbewegung und Nationalismus. Bemerkungen zu einem Forschungsproblem. In: Aufklärung, Vormärz, Revolution. Bd.4. Hrsg. von Helmut Reinalter. Innsbruck 1984, S.46-55.

Hardtwig: Krise der Universität . Wolfgang Hardtwig: Krise der Universität, studentische Reformbewegung 1750-1819 und die Sozialisation der jugendlichen Bildungsschicht. Aufriß eines Forschungsproblems. In: Geschichte und Gesellschaft. 11. Jahrgang. 1985, S.155-176.

Wolfgang Hardtwig: Sozialverhalten und Wertwandel der jugendlichen Bildungsschicht im Übergang zur bürgerlichen Gesellschaft (17.-19. Jahrhundert). In: Vierteljahrschrift für Sozial- und Wirtschaftsgeschichte 73. Heft 3 (1986), S.305-335.

Hardtwig: Studentische Mentalität . Wolfgang Hardtwig: Studentische Mentalität – Politische Jugendbewegung – Nationalismus. Die Anfänge der deutschen Burschenschaft. In: Historische Zeitschrift 242 (1986), S.581-628.

Wolfgang Hardtwig: Studentenschaft und Aufklärung: Landsmannschaften und Studentenorden in Deutschland im 18. Jahrhundert. In: Sociabilité et Societé Bourgeoise en France, en Allemagne et en Suisse. 1750-1850. Hrsg. von Etienne François. Paris 1986, S.239-259.

Fritz Hartung: Das Großherzogtum Sachsen unter der Regierung Karl Augusts. Weimar 1923.

Jarausch: Die neuhumanistische Universität . Konrad H. Jarausch: Die neuhumanistische Universität und die bürgerliche Gesellschaft 1800-1870. Eine quantitative Untersuchung zur

Sozialstruktur der Studentenschaft deutscher Universitäten. In: Darstellungen und Quellen zur Geschichte der deutschen Einheitsbewegung im 19. und 20. Jahrhundert. Hrsg. von Christian Probst u.a. Heidelberg 1981, S.11-58.

Wilhelm G. Jacobs: Zwischen Revolution und Orthodoxie? Schelling und seine Freunde im Stift und an der Universität Tübingen. Stuttgart 1989.

Keil: Geschichte des jenaischen Studentenlebens . Robert und Richard Keil: Geschichte des jenaischen Studentenlebens von der Gründung der Universität bis zur Gegenwart (1548-1858). Eine Festgabe zum dreihundertjährigen Jubiläum der Universität Jena. Leipzig 1858.

Herbert Koch: Geschichte der Stadt Jena. Stuttgart 1966.

Kuhn: Schwarzbrot und Freiheit . Axel Kuhn: Schwarzbrot und Freiheit. Die Tübinger Studentenbewegung zur Zeit Hölderlins und Hegels. In: Bausteine zur Tübinger Universitätsgeschichte. Folge 6. Hrsg. von Volker Schäfer. Tübingen 1992, S.9-62.

Erich Maschke: Universität Jena. Köln, Graz 1969.

Ehrentraut Matz: Die Studentenunruhen an der Universität Jena im letzten Jahrzehnt des 18. Jahrhunderts. Diss. Phil. Jena 1957.

Paulsen: Geschichte des gelehrten Unterrichts . Friedrich Paulsen: Geschichte des gelehrten Unterrichts auf den deutschen Schulen und Universitäten vom Ausgang des Mittelalters bis zur Gegenwart. Mit besonderer Rücksicht auf den klassischen Unterricht. 2 Bde. Leipzig 2.Aufl./1897.

Pernwerth von Bärenstein: Beiträge zur Geschichte und Literatur des deutschen Studententhums . Adolf Pernwerth von Bärenstein: Beiträge zur Geschichte und Literatur des deutschen Studententhums von Gründung der ältesten deutschen Universitäten bis auf die unmittelbare Gegenwart, mit besonderer Berücksichtigung des XIX. Jahrhunderts. Photomechanischer Nachdruck der Ausgabe Würzburg 1882. Graz 1970.

Quellen und Darstellungen zur Geschichte der Burschenschaft . Quellen und Darstellungen zur Geschichte der Burschenschaft und der deutschen Einheitsbewegung. Hrsg. von Hermann Haupt. Heidelberg 1910 ff.

Ruiz: Universität Jena anno 1794/94 . Alain Ruiz: Universität Jena anno 1793/94. Ein jakobinischer Student und Geheimagent im Schatten Reinholds und Fichtes. In: Revolution und Demokratie in Geschichte und Literatur. Hrsg. von J.H. Schoeps und I. Geiss. Duisburg 1979, S.95-132.

Volker Schäfer: Ein unbekanntes Stammbuchblatt des jungen Hegel. In: „... aus der anmuthigen Gelehrsamkeit“. Tübinger Studien zum 18. Jahrhundert. Dietrich Geyer zum 60. Geburtstag. Hrsg. von Eberhard Müller. Tübingen 1988, S.100-105.

Volker Schäfer: Neue Stammbuchblätter von Hölderlin und Hegel. In: In Wahrheit und Freiheit. 450 Jahre Evangelisches Stift in Tübingen. Hrsg. von Friedrich Hertel. (Quellen und Forschungen zur württembergischen Kirchengeschichte Bd.8) 1986, S.177-204.

Schulze/Ssymank: Das Deutsche Studententum . Paul Ssymank: Das deutsche Studententum von 1750 bis zur Gegenwart. In: Friedrich Schulze und Paul Ssymank: Das Deutsche Studententum von den ältesten Zeiten bis zur Gegenwart. Leipzig 1910.

Paul Ssymank: Bruder Studio in Karikatur und Satire. Stuttgart 1929.

Günter Steiger: Brotgelehrte und Philosophische Köpfe: Universitäten und Hochschulen zwischen zwei Revolutionen. In: Magister und Scholaren, Professoren und Studenten: Geschichte deutscher Universitäten und Hochschulen im Überblick. Hrsg. von Günter Steiger und Werner Fläschendräger. Leipzig, Jena, Berlin 1981, S.72-102.

Uwe-Jens Wandel: „... in allen Stücken prudenter und reifflich eingerichtet." Tübinger Reformversuche im 18. Jahrhundert. In: Beiträge zur Geschichte der Universität Tübingen 1477-1977. Hrsg. von Hans-Martin Decker-Hauff, Gerhard Fichtner und Klaus Schreiner. Tübingen 1977, S.105-134.

Uwe-Jens Wandel: Verdacht von Democratismus? Studien zur Geschichte von Stadt und Universität Tübingen im Zeitalter der Französischen Revolution. Tübingen 1981.

Wentzcke: Geschichte der deutschen Burschenschaft .
Paul Wentzcke: Geschichte der deutschen Burschenschaft. Bd.1: Vor- und Frühzeit bis zu den Karlsbader Beschlüssen. Heidelberg 1919. (Quellen und Darstellungen zur Geschichte der Burschenschaft).

C.13 Literaturrezeption

Peter Bürger: Vermittlung – Rezeption – Funktion. Ästhetische Theorie und Methodologie der Literaturwissenschaft. Frankfurt a.M. 1979.

Gunter Grimm: Rezeptionsgeschichte. Grundlegung einer Theorie. München 1977. (Dort S.352-418 weitere Literatur).

Wolfgang Iser: Der Akt des Lesens. Theorie ästhetischer Wirkung. München 1976.

Jauß: Literaturgeschichte als Provokation der Literaturwissenschaft . Hans Robert Jauß: Literaturgeschichte als Provokation der Literaturwissenschaft. In: Literaturgeschichte als Provokation. Frankfurt a.M. 1970, S.144-207.

M. Naumann: Literatur und Probleme ihrer Rezeption. In: Sozialgeschichte und Wirkungsästhetik. Hrsg. von P.U. Hohendahl. Frankfurt a.M. 1974, S.215-237.

Mechthild Raabe: Leser und Lektüre im 18. Jahrhundert. 4 Bde. München, London, New York, Paris 1989.

C.14 Literarische Werke

Augustinus: Des heiligen Kirchenvaters Aurelius Augustinus Bekenntnisse. Aus dem Lateinischen übersetzt von Dr. Alfred Hoffmann. (Bibliothek der Kirchenväter Bd.18) München 1914.

Die Bibel oder Die ganze Heilige Schrift des Alten und Neuen Testaments nach der Übersetzung Martin Luthers. Stuttgart 1968.

Die Bibel oder Die ganze Heilige Schrift des Alten und Neuen Testaments nach der Übersetzung Martin Luthers. Stuttgart 1978 [Mit Apokryphen].

Georg Büchner: Gesammelte Werke. München 1984.

Gottfried August Bürger: Sämtliche Werke. Hrsg. von Günter und Hiltrud Häntzschel. München, Wien 1987.

Marcus Tullius Cicero: De officiis. Vom pflichtgemäßen Handeln. Lateinisch und deutsch. Übers., kommentiert und hrsg. von Heinz Gunermann. Stuttgart 1984.

Marcus Tullius Cicero: Laelius. Über die Freundschaft. Übers. von Robert Feger. Stuttgart 1986.

Johann Gottlieb Fichte: Schriften zur Französischen Revolution. Mit zeitgenössischen Rezensionen. Nach der Ausgabe Leipzig 1988. Köln 1989.

Johann Gottlieb Fichte: Über die Bestimmung des Gelehrten. Fünf Vorlesungen 1794. Stuttgart 1959 (Nach der Erstausgabe von Jena und Leipzig 1794).

Johann Gottlieb Fichte: Wissenschaftslehre nova methodo. Kollegnachschrift K.Chr.Fr. Krause 1798/99. Hrsg. von Erich Fuchs. Hamburg 1982.

Christian Fürchtegott Gellert: Werke. T.1-10. Karlsruhe 1774.

Johann Wolfgang Goethe: Werke. Hrsg. im Auftrage der Großherzogin von Sachsen-Weimar. 143 Bde. Weimar 1887-1919.

Herrn Friedrich von Hagedorns sämmtliche Werke. In drey Theilen. Hamburg 1757. Neuauflage Bern 1968.

Albrecht von Haller: Gedichte. Kritisch durchgesehene Ausgabe nebst einer Abhandlung ‚Haller als Dichter ‘von Harry Maync. Frauenfeld und Leipzig 1923.

Hesiods Werke. Übers. von Johann Heinrich Voß. Neu hrsg. von Bertha Kern. Tübingen 1911.

Carl Heun: Vertraute Briefe an alle edelgesinnte Jünglinge die auf Universitäten gehen wollen. Zwey Theile. Leipzig 1792.

Ludwig Christoph Heinrich Hölty's Sämtliche Werke. Kritisch und chronologisch hrsg. von Heinrich Michael. 2 Bde. Weimar 1914-1918.

Quintus Horatius Flaccus [Horaz]: Oden und Epoden. Lateinisch/Deutsch. Übers. und hrsg. von Bernhard Kytzler. Stuttgart 1990.

Horaz: Sämtliche Werke. Lateinisch und deutsch. Nach Kayser, Nordenflycht und Burger. Hrsg. von Hans Färber. München 1957.

Kant's Gesammelte Schriften. Hrsg. von der Könglich-Preußischen Akademie der Wissenschaften. Erste Abtheilung: Werke. Bde.1-9. Berlin/Berlin, Leipzig 1910-1923.

Ewald Christian von Kleist: Sämtliche Werke. Hrsg. von Jürgen Stenzel. Stuttgart 1971.

Friedrich Gottlieb Klopstock: Klopstocks Oden und Elegien. Nach der Ausgabe in vierunddreißig Stücken. Darmstadt 1771. Nachdruck Heidelberg 1948.

Friedrich Gottlieb Klopstock: Epigramme. Text und Apparat. Hrsg. von Klaus Hurlebusch. Berlin, New York 1982. (Werke und Briefe. Begr. von Adolf Beck u.a. Hrsg. von Horst Gronemeyer u.a. Historisch-kritische Ausgabe. Abteilung Werke II.)

Friedrich Gottlieb Klopstock: Der Messias. Text. 2 Bde. Hrsg. von Elisabeth Höpker-Herberg. Berlin 1974. (Werke und Briefe.

Begr. von Adolf Beck u.a. Hrsg. von Horst Gronemeyer u.a. Historisch-kritische Ausgabe. Abteilung Werke IV.)

Moses Mendelssohn: Gesammelte Schriften. Jubiläumsausgabe. Bde. 1-19. Stuttgart-Bad Cannstatt 1971-1993.

Gottlieb Konrad Pfeffel: Poetische Versuche. 10 Bde. Tübingen 4.Aufl./1802-1810.

Friedrich Schiller: Werke. Nationalausgabe. Im Auftrag des Goethe- und Schiller-Archivs, des Schiller-Nationalmuseums und der Deutschen Akademie herausgegeben von Julius Petersen und Gerhard Fricke, fortgeführt von Lieselotte Blumenthal und Benno von Wiese. Weimar 1943-1967.

Seneca: Vom glückseligen Leben und andere Schriften. Übers. nach Ludwig Rumpel. Hrsg. von Peter Jaerisch. Stuttgart 1982.

L. Annaeus Seneca: Philosophische Schriften. Lateinisch und deutsch. Hrsg. von Manfred Rosenbach. Bde. 1-5. Darmstadt 1969-1989.

Gedichte der Brüder Christian und Friedrich Leopold Stolberg. Hrsg. von Heinrich Christian Boie. Karlsruhe 1783.

Vergil: Des Publius Virgilius Maro Werke von Johann Heinrich Voss. 3.Bd. Braunschweig 2.Aufl./1821.

Johann Heinrich Voß: Sämtliche Gedichte. 6 Bde. Königsberg 1802. Nachdruck Bern 1969.

C[hristoph]. M[artin]. Wieland: Sämmtliche Werke. Hrsg. von der „Hamburger Stiftung zur Förderung von Wissenschaft und Kultur“ in Zusammenarbeit mit dem „Wieland-Archiv“, Biberach/Riß, und Dr. Hans Radspieler, Neu-Ulm. Hamburg 1984 (Reprintausgabe).

Dr. Eduard Youngs sämtliche Werke. 3 Bde. Mannheim 1780.

Johann Georg Zimmermann: Über die Einsamkeit. 4 Bde. Leipzig 1784/85.

Index

Alxinger, 197
Augustinus, 55, 56

Bibel, 341–343
    Daniel, 290
    Hebräer, 68
    Johannes, 69, 80, 211
    Lukas, 199
    Matthäus, 69, 211, 289
    Paulus, 79, 80, 84, 180
    Psalter, 56, 63
    Salomon, 215
    Sirach, 60
Blum, 168
Blumauer, 359
Böhlau, 226
Boileau, 93, 129, 177–179, 254, 357
Bürger, 230, 241, 279–281, 356

Ceß, 73
Chamfort, 329
Chesterfield, 158
Cicero, 92, 149, 175, 176, 291, 292, 297, 350–351
Claudius, 163, 175, 356
Condorcet, 305
Creuz, 88, 89

Dalberg, 157
Descartes, 99
Doederlein, 219
Dryden, 63
Dusch, 85

Erasmus von Rotterdam, 192
Eschenburg, 220

Fenelon, 149, 360
Ferdinand I., röm.-dt. Kaiser, 294
Fichte, 95, 213, 222, 358–359
Francke, August Hermann, 185
Friedrich II. von Preußen, 75

Gellert, 57, 58, 59, 63, 64, 68, 119, 123, 151, 153, 161, 162, 168, 187, 195, 199, 259, 260, 302, 343–344
Gemmingen, 65
Goethe, 89, 90, 96, 97, 98, 101, 105, 222, 229,

237, 266, 318, 352–353
Gotter, 359
Gottsched, 251
Günther, 61, 62, 178, 181, 186, 358
Geßner, 66, 200, 227
Geßner, Salomon, 131, 216

Hagedorn, 65, 144, 182, 192, 193, 195, 196, 253, 254, 256, 348–350
Halem, 194, 297
Haller, 100, 130, 138, 150, 152, 155, 182, 193, 194, 220, 221, 345–346
Herder, 81, 85, 86, 90, 219
Hesiod, 122, 225
Hippokrates, 357
Hölty, 91, 112, 144, 157, 275, 347–348
Homer, 110, 325
Hommel, 246
Horaz, 62, 64, 67, 106, 107, 120, 127, 140, 141, 174, 181, 240, 299, 334–336
Huber, 223, 224
Hume, 217

Jacobi, 237
Friedrich Heinrich, 359
Johann Georg, 143, 164, 165, 359
Jean Paul, 78, 232

Kaestner, Abraham Gotthelf, 195
Kaniz, 188
Kant, 94, 103, 172, 187, 211, 212, 286, 295, 357
Kleist, 133, 134, 228
Kleist, Ewald, 100, 131, 139, 155, 156, 200, 234, 245, 247, 353–354
Klopstock, 71, 77, 78, 113, 146, 201, 269, 346
Knigge, 218
Kosegarten, 102, 231, 358
Kronegk, 69, 71, 72, 162, 163, 194, 225, 302, 356

Lactanz, 191
Lafontaine, 86, 357
Lavater, 265, 360
Leibniz, 74
Lessing, 234, 356–357
Littleton, 171
Luther, 355

Macpherson, 108–110, 358
Matthisson, 74, 114, 116, 117, 242, 329, 355
Mendelssohn, 65, 66, 70, 86, 120, 205, 359
Miller, 252
Milton, 196, 197
Montaigne, 227
Müller, 85

Müller von Izehoe, 184

Ovid, 356
Owen, 118, 359

Paine, 202
Perez, Antonio, 293
Pfeffel, 236, 238, 239, 261, 268, 280, 358
Platon, 159, 262
Pope, 93, 105, 129, 130, 138, 141, 142, 160, 209, 290, 355
Prudhomme, 326

Racine, 167
Rousseau, 59, 94, 104, 145, 156, 228, 290, 323, 324, 356

Sackmann, 190
Saint-Evremond, 99
Saint-Just, 327
Salis, 358
Sallust, 359
Salzmann, 206
Schiller, 66, 76, 77, 102, 124, 133, 144, 147, 158, 171, 201, 217, 218, 237, 239, 240, 244, 245, 267, 277, 285, 287, 302, 320, 321, 324, 328, 336–339
Schleicher, 183, 184
Schulz, F., 296
Seneca, 56, 57, 58, 354
Septro, 80, 81
Shakespeare, 89, 124, 356
Spalding, 120, 208
Sterne, 359
Stolberg
  Christian, 357
  Friedrich Leopold, 59–60, 133, 357

Terenz, 191, 358

Uz, 70, 100, 123, 131, 132, 152, 163, 195, 201, 210, 211, 224, 231, 252, 355

Vergil, 106, 356
Voltaire, 101, 107, 108, 167, 204, 291, 315, 326, 355, 356
Voß, 247, 296, 358

Weiße, 264
Weiße, Christian Felix, 252, 299, 359
Werdenberg, 160
Wieland, 73, 102, 113–115, 124, 125, 131, 132, 141, 145, 146, 153, 154, 158, 166, 172, 190, 217, 235, 251, 263, 293, 294, 339–341

Xenophon, 91

Young, 91, 114, 118, 150, 164,
207, 210, 216, 347

Zachariae, 359
Zäunemannin, 215
Zimmermann, 183, 234, 358